한국
근현대사와
종교자유

한국
근현대사와
종교자유

이진구 지음

도서
출판 모시는사람들

책을 내며

종교자유를 주제로 학위논문을 쓰고 있던 어느 날 동료 연구자가 이렇게 말했다. "아직도 우리 사회에서 종교자유가 학문적으로 유효한 주제인가?" 가뜩이나 글이 진척되지 않아 고민만 하고 있던 중에 들은 이 한마디는 뒤통수를 치는 일격이었다. 그에 의하면 종교자유는 철지난 주제였다.

그의 말을 좀더 부연하면 이렇다. 1980년대까지는 종교자유가 우리 사회의 중요한 이슈라고 할 수 있겠지만 민주화 이후에는 더 이상 이슈가 되지 못한다. 군사정권 시절 진보 진영의 종교계 인사들이 민주화 운동을 하는 과정에서 받은 억압은 정치적 탄압인 동시에 종교 탄압이었다. 따라서 그들의 정치투쟁은 종교자유와 관련되어 있었고 종교자유를 위한 그들의 투쟁은 민주화 운동에 기여를 했다. 그러므로 군사정권 시절의 민주화 운동을 이해하기 위해서는 종교자유에 대한 탐구가 필요하다. 그렇지만 민주화 이후에는 국가권력에 의한 종교 탄압이 사라졌기 때문에 종교자유가 더 이상 중요한 의미를 지닐 수 없다.

그의 입론이 맞는 것 같았다. 1990년대 중반이었던 이 무렵에는 국가권력이 노골적으로 종교를 탄압하는 경우가 거의 없었고 사회적 차원에서도 종교자유가 중요한 쟁점으로 떠오르지 않았기 때문이다.

그런데 시간이 흐르면서 그의 입론으로는 설명하기 어려운 현상이 나타나기 시작하였다. 2000년대에 접어들면서 종교자유가 우리 사회의 뜨거운 쟁점으로 떠올랐기 때문이다. 양심적 병역거부 논쟁과 미션스쿨에서의 종교자유 논쟁이 대표적인 사안이다. 이 두 문제는 군사정권 시절에도 존재하였지만 당시에는 사회적 관심을 끌지 못했다. 군사정권 시절에는 진보적 종교계 인사들의 민주화 운동과 관련하여 종교자유가 문제로 되었을 뿐 소수파 종교집단이나 미션스쿨 학생의 인권 문제는 언론의 관심을 끌지 못했다. 그런데 민주화가 전 사회 영역으로 확산되면서 소수자의 인권 문제가 급부상하였고 그 과정에서 병역거부와 미션스쿨의 채플 문제가 공론의 장으로 올라온 것이다. 이들의 인권 문제는 종교자유 문제였다. 이 무렵에는 공직자의 종교자유의 권리와 종교적 중립의 의무 사이의 갈등을 둘러싼 논쟁도 벌어졌다.

이처럼 군대(병역), 학교, 공직사회를 둘러싸고 종교자유 문제가 뜨거운 쟁점으로 떠오르는 가운데 '종교자유정책연구원'이라는 시민단체까지 등장하였다. 이 단체는 '종교인권'을 기치로 내걸면서 우리 사회의 종교자유 문제에 대한 진단과 처방을 모색하고 있다. 필자는 이 단체의 설립을 보면서 종교자유가 철지난 주제가 아니라 현재 우리 사회의 핵심 이슈의 하나임을 확신할 수 있었다. 나아가 종교자유가 우리 사회의 문제를 진단하는 중요한 학문적 렌즈가 될 수 있다고 판단하였다.

필자는 박사학위 논문에서 일제하 식민지 당국과 개신교 선교부가 미션스쿨의 종교교육과 신사참배 문제를 둘러싸고 벌인 논쟁과 갈등, 그리고 일제의 종교법 제정에 대한 개신교계의 인식과 태도를 주로 다뤘다. 그 후 개신교 이외의 종교들은 종교자유를 어떻게 이해하고 있으며 해방 이후에는 종교자유 문제가 어떻게 전개되었는가에 관심을 갖고 글을 쓰기 시작하였다. 그러던 차에 한국연구재단의 인문저술 사업의 지원을 받게 되었다. 따라서 이 책은 박사학위 논문에서 시작된 문제의식을 토대로 하면서도 연구의 지평을 확장하여 개항 이후 현재에 이르는 시기 즉 한국 근현대사의 흐름 속에서 종교자유 문제를 다뤘다. 그렇지만 막상 집필을 끝내고 보니 개신교의 비중이 압도적임을 알 수 있었다. 이는 다른 종교전통과 종교자유의 관계에 대한 필자의 분석 작업이 충분치 못해서 나타난 현상이지만 한국 근현대사와 종교자유의 관계 속에서 개신교가 그만큼 큰 비중을 차지하고 있음을 보여주는 현상이기도 하다.

이 책은 필자의 두 번째 저서이다. 『한국 개신교의 타자인식』(2018, 모시는사람들)이라는 책에서는 해방 이전 개신교가 교파, 종교, 이데올로기 차원에서 타자에 대해 지닌 인식과 태도를 분석하였는데, 국가라는 거대한 타자는 본격적으로 다루지 않았다. 그 책의 말미에서 국가와의 관계는 후속 작업에서 다룰 것이라고 약속하였는데 이번 책에서 국가를 중요한 대상으로 삼았다. 종교자유와 표리관계에 있는 정교분리의 한 축을 담당하고 있는 것이 국가이기 때문이다.

서론과 결론을 제외하고 이 책의 각 장은 이미 지면에 발표한 글들이다. 해방 이전의 종교자유에 관한 장들은 대부분 이 책의 집필 이전에 쓴 글들을 수정 보완한 것이지만, 해방 이후의 종교자유에 관한 장들은 대부분 책을 집필하는 과정에서 중간 점검을 위해 지면에 발표한 것을 수정 보완한 것이다.

어느 책이나 마찬가지겠지만 이 책을 쓰는 과정에서도 일일이 거명할 수 없을 정도로 많은 사람의 도움을 받았다. 특히 필자가 몸담고 있는 한국종교문화연구소와 한국기독교역사연구소에서 활동하는 선후배 동료 연구자들의 도움에 감사한다. 때늦은 원고를 꼼꼼하게 다듬어 깔끔한 책으로 만들어 준 도서출판 모시는사람들에게도 깊이 감사드린다.

2019년 5월
이진구

차례

I

서론

1. 왜 종교자유인가?

이 책은 종교자유를 렌즈로 하여 한국 근현대사를 읽으려는 하나의 시도이다. 왜 하필이면 종교자유를 렌즈로 하여 한국 근현대사를 살피려고 하는가? '종교자유' 문제가 한국 근현대사를 읽는데 어떠한 통찰력을 줄 수 있다는 말인가? 그것은 너무 낡은 주제가 아닌가? 한때는 쓸모 있었는지 모르지만 이제는 용도가 다 되어 박물관에나 보관해야 할 렌즈가 아닌가?

그렇지 않다는 이야기를 먼저 해야 할 것 같다. 아직도 종교자유는 우리 시대를 읽는 꽤 쓸모 있는 렌즈라고 말이다. 만일 이러한 대답이 설득력을 얻지 못한다면 더 이상의 논의는 불필요할 것이다. 그러면 왜 종교자유는 아직도 우리 사회를 읽는 유용한 렌즈일까? 바꿔 말하자면 종교자유는 왜 우리가 아직도 관심을 가지고 살펴보아야 할 '문제'이며 '주제'일까?

이러한 물음에 답하기 위해서는 먼저 종교자유가 무엇을 가리키는지 말해두는 것이 좋을 것이다. 종교자유는 과연 무엇인가? 일단 '여러 종교 중에 자기가 좋아하는 종교를 선택할 수 있고 또 원하면 바꿀 수 있는 자유'라고 정의해 보자. 사실은 좀 더 복잡한 논의가 필요하지만 현재로서는 이 정도의 정의로도 충분하다. 종교자유에 대한 이러한 정의는 현재 우리의 상식으로 자리 잡고 있지만, 이것이 상식이 된 것은 그리 오래된 일이 아니다. 이러한 의미의 종교자유는 서구의 독특한 역사적 경험이 낳은 근대의 발명품이다. 중세 서구사회에서는 여러 종교 중에서 어느 하나의 종교를 선택하여 믿을 권리라는 개념 자체는 매우 낯선 것이었다. 사실 근대 사회 이전에는 '종교'나 '자유'라는 개념 자체가 없었으며 '종교자유'라는 개념은 더더욱 존재하지 않았다.[1]

우리의 경우 이러한 사고방식은 개항을 계기로 서구에서 수입된 것이다. 좀 더 정확히 말하자면 힘의 논리에 의해 강요당한 것이다. 종교자유를 강요받았다는 표현이 잘못된 것으로 이해될 수 있지만 역사적 진실에 가깝다. 어떻든 개항 이후 근대성의 확산과 함께 여러 종교 중에 어느 하나를 선택하여 믿을 권리라는 의미로서의 종교자유 개념이 매우 자연스러운 것으로 받아들여졌고, 이는 법적 제도적 차원의 정비 과정을 거쳐 뒷받침됐다.

그 과정을 스케치해 보자면 다음과 같다. 조선과 프랑스 사이에 체결된 조불조약(1886)을 기점으로 프랑스 선교사의 선교 활동이 묵인되고, 대한제국 시기에는 가톨릭 주교와 정부 관료 사이에 체결된 교민조약(1899)에서 '선교'와 '행정'의 상호불간섭 규정이 등장하였다. 식민지 시기의 제국헌법은 '황국신민의 의무와 안녕질서의 준수'라는 유보조항을 달았지만 신교(信敎)의 자유라는 이름하에 종교자유를 선포하였다. 제헌헌법(1948)에서는 아무런 유보조항 없이 신앙과 양심의 자유라는 이름하에 모든 국민에게 종교자유를 보장하였다.[2]

이러한 과정을 거쳐 현재 우리 모두는 종교자유를 기본권으로 부여받고 있다. 물론 헌법에서 종교자유를 선언하고 있다고 해서 구체적 현실에서도 종교자유가 반드시 보장되는 것은 아니다. 종교자유를 심각하게 억압하고 있다고 알려진 국가들도 대부분 헌법에서 종교자유를 보장하고 있기 때문이다. 그런데 미국의 여론조사 전문기관인 퓨 리서치 센터의 조사에 의하면 남한은 일본, 대만과 함께 국가의 종교규제가 가장 낮은 국가군에 속한다.[3]

이처럼 법적 측면이나 현실 사회에서 종교자유가 충분히 보장되는 것으로 보이는 국가에서 종교자유에 대한 논의가 필요한가? 천주교에 대한 탄압이 혹심했던 개항 이전, 혹은 종교 탄압이 아직도 심각한 것으로 알려진 북한 지역이라면 몰라도, 종교자유가 충분히 보장되고 있는 것으로 보이는 현재의 남한 사회에서 종교자유를 논하는 것은 다소 식상해 보일 수 있다. 물론 이 책의 논의 범위는 식민지 시대와 군사정권 시대를 포함한다. 따라서 종교 탄압으로 보이는 사태가 종종 일어난 권위주의 시대를 다루기 때문에 종교자유 논의가 나름의 의미는 있을 것이다. 그렇지만 지금은 권위주의적 국가권력이 사라진 민주화 이후 시대가 아닌가? 따라서 이 시대에 종교자유를 논하는 것은 시대착오적인 시도로 보일 수 있다. 그런데 정말 우리 사회에서 종교자유는 시효가 지난 '철 지난' 주제인가?

조금만 관심을 갖고 보면 종교자유는 과거의 유물이 아니라 '살아 있는' 논쟁거리임을 알 수 있다. 과거완료가 아니라 현재진행형의 문제라는 말이다. 몇 가지 예를 들어보자.[4] 어느 기독교인은 일요일에 국가고시를 치르는 것이 어느 안식교인은 토요일에 국가고시를 치르는 것이 자신의 종교자유를 침해한다고 주장하면서 헌법소원을 제기하였다. 모두 기각되었으나 상당수의 기독교인과 안식교인은 아직도 이 판결에 불만을 품고 있을 뿐만 아니라 국가고시의 평일 시행을 위해 다각적인 방안을 모색하고 있다.[5] 종교적 신념을 이유로 자녀의 수혈수술을 거부하는 과정에서 신생아가 숨지는 사건도 있었는데, 이는 부모의 종교자유와 신생아의 생명권 중 어느 것이 우선인가 하는 논쟁을 야기하였다.[6] 얼마 전에는 강제 개종과 관련하여 20대 여성이 숨지는 사태도 있었다.[7] 어느 부대에서는 병사들에게 개신교, 불교, 천주교 중 어느 하나의 종교만을 선택하고 그 종교의 행사에 참여할 것을 강요한 사건이 일어났는데, 국가인권위원회는 그 사건을 종교자유의 침

해로 판단하였다.[8]

　다른 예들을 더 살피기 전에 종교자유와 관련하여 우리 사회를 뜨겁게 달구었던 두 사건을 살펴보자. 하나는 2018년 11월 대법원에서 최종 판결이 나온 양심적 병역거부 사안이다. 종교적 신념을 이유로 병역을 거부하는 양심적 거부자는 해방 이후부터 줄곧 있어 왔지만, 권위주의 시대에는 그들의 목소리가 거의 들리지 않았다. 2000년대에 들어와서야 그들의 존재가 언론에 의해 알려지기 시작하였으며, 소수자의 인권 보호 차원에서 병역거부 문제가 공론의 영역으로 떠올랐다.

　2001년 불교 신자이자 평화운동가인 오태양이 병역거부를 선언하면서 사회적 관심이 증폭되었고 2004년에는 서울 남부지원에서 사상 최초로 양심적 병역거부자에 대한 무죄 판결이 나왔다. 이 판결은 상급심에서 번복되었지만 그 후 1심만이 아니라 2심에서도 무죄 판결이 나오면서 뜨거운 쟁점으로 다시 떠올랐다. 2018년 대법원이 마침내 양심적 병역거부를 병역기피가 아닌 양심의 자유로 인정함으로써 종교적 이유 혹은 양심에 따라 병역을 거부하는 자들은 대체복무의 길을 걸을 수 있게 되었다. 70여 년의 세월에 걸친 양심적 병역거부자들의 감옥행에 마침표를 찍는 판결이었다. 그렇지만 아직도 양심적 병역거부자들을 위한 대체복무제 도입에 반대하는 여론이 적지 않으며, 도입할 경우에도 지뢰 제거와 같은 위험한 일이나 고강도의 장기 복무를 시켜야 한다는 이른바 '보복성' 징벌론도 등장하고 있다.[9]

　다른 하나는 2010년 대법원에서 최종 판결이 나온 '대광고 사건'이다. 이 판결이 나오기 이전까지 종립학교 특히 개신교 계열의 미션스쿨은 대부분 사전 동의를 구하지 않은 채 학생 전체를 대상으로 종교교육을 실시했다. 그런데 2004년 6월 대광고에 재학 중이던 강의석이 종교의 자유를 주장하면서 예배 선택권을 요구하는 사건이 일어났다. 그는 자신의 요구가 받아들여지지 않자 서울시교육청 앞에서 1인 시위까지 감행하였고, 학교로부터 제적을 당하자 단식투쟁을 하는 등의 우여곡절 끝에 복교할 수 있었다.

졸업 후 그는 재학시절 학교의 채플 강요로 인해 정신적 피해를 입었다고 하면서 학교와 관할 교육청인 서울시를 상대로 소송을 제기하였다. 1심 승소, 2심 패소, 3심 승소의 과정에서 나타나듯이 이 사건 역시 뜨거운 논쟁을 불러 일으켰다. 최종 판결에 따르면 종립학교는 종교교육을 실시할 수 있지만 그 경우에는 반드시 학생과 학부모의 사전 동의를 구해야 한다. 이 판결 이후 미션스쿨은 건학이념의 구현이 어렵게 되었다고 불만을 제기한 반면, 시민단체들은 판결 이후에도 미션스쿨의 종교교육 현실이 제대로 개선되지 않고 있다고 본다.

이처럼 널리 알려진 사건 이외에도 군의관 후보생의 가입교(假入敎) 기간 종교활동 불허,[10] 유치장 내 종교행사 강요,[11] 미결수 종교행사 불허,[12] 종교시설 내 투표소 설치,[13] 석가탄신일 및 기독탄신일의 공휴일 지정,[14] 종교적 이유에 의한 난민 신청,[15] 종교재단 설립 교육기관의 특정 종교인 채용[16] 등과 관련하여 종교자유 논쟁이 끊임없이 일어나고 있다. 이처럼 종교자유는 철지난 과거사가 아니라 일상 곳곳에 깊이 침투한 채 우리의 관심을 촉구하는 현재진행형의 문제이자 학문적 탐구를 필요로 하는 주제다.

2. 종교자유의 존재 방식

이처럼 종교자유는 매우 다양한 모습으로 나타나기 때문에 일정한 분류 작업이 필요하다. 가장 일반적이면서도 간단한 분류는 '신앙의 자유'와 '종교적 행위의 자유'의 구분이다. 전자는 내심상의 자유, 후자는 외적 행위의 자유로 불린다. 양심의 자유와 선교의 자유로 구분하는 것도 이와 비슷한 분류이다. 이러한 2분법을 보완한 3분법에 의하면 종교의 자유는 신앙의 자유, 예배의 자유, 종교적 결사의 자유로 분류된다.[17] 이러한 분류는 종교의 세계를 교리, 의례, 조직의 세 차원으로 구분하는 도식에 근거한 것이다. 이보다 더 자세하게 구분하는 경우도 있다. 신앙고백 혹은 침묵의 자유, 종교선택 혹은 종교를 갖지 않을 자유, 선교의 자유, 종교교육의 자유, 종교적 집회 및 결사의 자유 등으로 분류하는 방식이다.[18]

이러한 분류들은 나름의 효용성이 있지만 종교자유 논쟁에서 핵심 주체로 등장하는 국가와 종교, 개인과 집단 사이의 관계가 분명하게 드러나지 않는다. 종교자유 문제를 좀 더 분명히 파악하기 위해서는 상호 대립하는 주체를 부각시키는 분류가 필요하다. 여기서 잠시 양심적 병역거부와 대광고 사건에 다시 주목해 보자. 두 사건은 한국 근현대사에서 등장하는 종교자유 논쟁 중 가장 큰 관심을 불러일으켰을 뿐만 아니라 논쟁의 주체를 부각시키는 분류에 좋은 사례가 될 수 있기 때문이다.

양심적 병역거부 문제는 국가의 법과 개인의 양심이 충돌한 사건이다. 국가가 법을 통해 일률적으로 부과한 국민의 의무에 대해 개인이 양심 혹은 종교적 신념을 근거로 거부하면서 충돌한 사건인 것이다. 종교적 신념을 근거로 국기경례, 수혈, 예방 접종, 의무교육을 거부한 사건들도 이 유형에 포함된다. 일제시대의 신사참배 거부와 조선시대 천주교인의 조상제사 거부도 여기에 포함될 수 있다.

미션스쿨의 종교자유 문제는 종교집단의 선교 활동이 국가의 법이나 타인의 종교자유와 충돌한 사건이다. 대광고 사건의 경우 본래는 국가의 교육정책과 종립학교의 선교 활동 사이의 충돌 문제였다. 국가의 평준화 정책에 따른 무시험 제도로 인해 다양한 종교적 배경을 지닌 학생들이 미션스쿨에 입학하게 되었고 미션스쿨은 관행에 따라 모든 학생을 대상으로 종교교육을 실시하였는데,[19] 그 과정에서 학생의 종교자유와 학교의 종교교육의 자유가 충돌한 것이다. 이 문제를 해결하기 위해 국가는 종교교육을 원하지 않는 학생들을 위한 대체과목 설치를 지시했지만 학교 당국은 지침을 따르지 않았다. 그럼에도 불구하고 국가는 엄격한 시정 조치를 내리지 않았는데 선거정치 하에서 종교계가 지닌 '표의 힘' 때문이었다. 국가의 위탁을 받아 운영하는 종교계 복지기관이나 병원에서의 종교의식 강요도 비슷한 사례이며 일제하 미션스쿨에서도 이와 유사한 종교교육 논쟁이 있었다.

이처럼 양심적 병역거부 논쟁에는 국가의 법이 한 축을 차지하고 미션스쿨의 종교자유 논쟁에는 종교집단의 선교 활동이 한 축을 차지한다. 그런데 이 둘과 성격을 달리하는 두 유형의 종교자유 문제가 있다. 하나는 국가가 종교단체를 대상으로 법을 제정할 때 등장한다. 종교단체에 관한 법이 제정되면 종교단체는 일반법과 동시에 특별법에 의해서도 규제된다. 따라서 종교단체들은 이중 규제를 초래하는 특별법 제정에 부정적 태도를 취할 가능성이 높다. 물론 국가는 특별법이 종교단체의 보호와 진흥을 위한 것이라는 수사를 자주 사용하지만 종교단체는 종교집단의 자유가 침해될 수 있다고 주장한다. 실제로 종교단체에 관한 법의 제정을 둘러싸고 국가와 종교집단 사이에 논쟁이 자주 일어나며, 법 제정 이후에도 종교집단의 자유를 둘러싸고 논쟁이 끊이지 않는다. 일제하의 사찰령(1911), 포교규칙(1915), 종교단체법(1939)을 둘러싼 논쟁이 여기에 해당하고 해방 후 여러 차례 제정 논의가 있었던 종교법인법 논쟁도 같은 맥락이다.

다른 하나는 선교의 주체가 종교단체가 아니라 개인인 경우다. 물론 이때 개인은 공무원이나 기관장처럼 공직을 담당한 공직자를 말한다. 이들이 종교활동을 하는 경우 공직자의 정교분리 원칙과 개인의 종교자유 사이에서 충돌이 일어날 수 있다. 대표적인 사례는 '서울시 봉헌 사건'이다. 잘 알려져 있지만 이 사건을 잠시 되돌아보자. 2004년 5월 이명박 서울시장은 기독교인 집회에서 '서울시를 하나님께 드린다'는 표현이 들어간 문서를 낭독하였는데 이 봉헌서에는 서울시장 직함과 서울시 휘장이 새겨져 있었다. 이 사건이 알려지자 서울시민과 불교신자 108명은 서울시민으로서 정신적 피해를 입었다고 주장하면서 손해배상 청구 소송을 제기하였다. 소송을 제기한 측은 이명박 시장이 정교분리 원칙을 위반하였다고 주장하였으나 이명박 측은 개인의 종교자유권 행사였다고 맞섰다. 재판부는 이명박 시장의 행위가 공직자로서 적절치 못했음을 인정하였으나 금전적 배상을 해야 할 만큼 시장의 직무를 위반한 것은 아니라고 판시하였다.

서울시 봉헌 사건처럼 법정 소송으로 비화하지는 않았지만 이와 유사한 사건이 빈발하였다. 시 재정의 일부를 개신교의 선교운동인 성시화운동에 사용하겠다고 한 포항시장의 발언을 비롯하여 근무시간에 통성기도하고 공용전산망을 이용하여 기도회 참석을 홍보한 서울시 교육감, 그리고 경찰 워크숍 시간에 모든 직원을 대상으로 기도문을 낭독하고 기도문을 메일로 발송한 경찰서장 등 공직자들의 '종교편향적' 언행이 속출하였다.[20] 공직자들의 이러한 언행은 종교자유, 정교분리, 종교차별금지 원칙 사이의 복잡미묘한 관계 구도 속에서 많은 논란을 일으켰다.

지금까지 본 것처럼 국가와 종교를 두 축으로 설정하고 여기에 개인과 집단 변수를 추가하면 종교자유의 네 유형이 등장한다. 첫째는 국가의 일반법규가 개인의 양심과 충돌하는 경우이고, 둘째는 국가의 특별법이 종교단체의 자유와 충돌하는 경우다. 셋째는 종교계의 기관선교가 국법이나 타인의 종교자유와 충돌하는 경우이고, 넷째는 공직자의 종교자유가 정교분리 원칙이나 종교차별금지 원칙과 충돌하는 경우다.[21] 한국 근현대사에서 등장하는 종교자유 문제는 대부분 이 네 유형에 포함된다.

이러한 유형화 작업과 함께 우리가 주목해야 하는 것은 종교자유에 내재한 역설과 모순이다. 흔히 종교를 내면의 영역(forum internum)과 외면의 영역(forum externum)으로 구분하는데[22] 이는 앞서 살핀 내적 신앙(belief)과 외적 행위(practice)의 이분법과 조응한다. 그리고 이때 내적 신앙의 자유는 침해할 수 없지만 외적 행위의 자유는 제한할 수 있는 것으로 간주된다. 내적 신앙의 세계는 종교의 본질로서 침해 불가능한 영역인 반면 외적 행위는 규제 가능하다는 것이다.

그런데 매우 그럴듯해 보이는 이 논리에는 모순과 역설이 내재한다. 국가가 종교의 외적 측면을 규제할 때 종교의 내적 측면에도 개입하게 되기 때문이다. 베일 논쟁을 예로 들어보자. 프랑스 정부는 공공장소에서의 베일 착용을 라이시테(laïcité) 원칙의 위반으로 보고 금지시켰다. 이때 정부는 베일이 이슬람의 본질이 아니기 때문에 베일 착용 금지 조치는 무슬림의 종교자유의 본질을 침해한 것이 아니라고 주장하였다. 이는 정부가 이슬람이라는 종교의 본질을 나름대로 정의했음을 의미한다.[23] 이처럼 종교의 외적 측면을 규제하려고 할 때 국가는 필연적으로 종교의 본질을 나름의 방식으로 규정하게 된다. 따라서 종교의 내면에 개입하지 않는다고 주장하면서 실제로는 종교의 내면에 개입하는 역설이 발생하는 것이다.

신앙(내면)과 행위(외면)의 이분법은 신앙이 행위에 의해 형성된다는 점에 의해서도 그 모순이 드러난다. 예를 들면 국가는 교육이라는 외적 행위를 통해 국민의 내적 사고방식을 바꿀 수 있다. 국가가 교과서에서 어떤 행위들을 미신으로 분류하고 미신타파 캠페인을 벌이면 국민들의 내적 신념은 통제되기 때문이다. 이처럼 근대국가에서 개인의 내면세계는 침해 불가능한 영역이 아니다.[24]

내적 신앙과 외적 행위 사이의 모순과 역설은 종교-세속의 이분법과도 관련되어 있다.[25] 근대국가에서는 종교와 세속이 분리된다고 하는 신화가 널리 퍼져 있지만 실제로는 국가가 두 영역을 끊임없이 교차시키면서 종교를 규제한다. 이때 국가가 종교를 규제하면서 내세우는 것은 공공질서(public order)다. 그런데 공공질서는 중립성으로 포장되지만 실제로는 다수의 가치와 감성을 반영한다. 따라서 종교자유는 중립성의 원칙에 근거한 것으로 간주되지만 실제로는 주류적 가치에 근거한 국가의 지배 테크놀로지로 작동한다.

이때 주류적 가치와 관련하여 주목해야 하는 것이 아비투스(habitus)다. 한 사회의 구성원은 가정, 학교, 종교 등의 제도적 장을 통해 사회화되는데 그 과정에서 사회의 주류적 가치를 습득하게 된다. 이때 습득한 주류적 가치는 아비투스의 형태로 몸에 각인된다. 따라서 어린 시절부터 교육을 통해 주류적 가치에 깊이 침윤된 정치가, 법조인, 행정가와 같은 공직자들이 내리는 '공적 판단'은 주류가치에 근거한 것이며, 그러한 판단에 의해 형성된 공공질서는 중립적인 것이 아니라 다수파의 입장을 반영한 것이다. 이러한 구조에서 살아가는 소수자는 어느 집단으로부터도 도움을 받기 어렵다. 입법부, 사법부, 행정부를 불문하고 사회 전체가 다수결의 원칙이라는 이름하에 주류적 가치에 의해 움직이기 때문이다.[26]

이러한 메커니즘은 주류종교와 비주류종교의 관계에도 그대로 적용된다. 한 사회 안에서 주류종교는 주류가치를 재생산하는 통로 역할을 하는 동시에 주류가치의 대변자 역할을 하는 경향이 있기 때문이다. 반면 소수종교는 주류가치로 묶인 국가권력과 종교권력이 짜 놓은 판에서 새로운 틈바구니를 만들어야 생존 가능하다. 그런데 이때 소수종교가 기존 종교시장의 두터운 장벽을 뚫기 위해 활용할 수 있는 유일한 무기가 종교자유다. 이처럼 종교자유는 국가권력, 주류종교, 소수종교가 각자의 자리에서 자신들의 욕망을 실현하기 위해 활용할 수 있는 '비장의 무기'다. 따라서 종교자유의 본질과 의미에 대한 추상적 논의보다는 누가 어떤 맥락에서 누구를 상대로 종교자유를 내세우며 그 담론의 효과는 무엇인가를 추적하는 작업이 우선되어야 할 것이다.

3. 선행 연구 동향

그러면 그동안 종교자유에 대한 연구는 어떻게 진행되어 왔는지 스케치해 보자. 해외에서는 기독교 신학을 비롯하여, 법학, 정치학, 사회학, 역사학 등의 분야에서 교회와 국가(church and state),[27] 법과 종교(law and religion),[28] 종교와 정치(religion and politics), 국가와 종교(state and religion)와 같은 타이틀 하에 종교자유에 대한 연구가 활발하게 이루어져 왔다.

종교자유에 대한 연구의 토대는 역사적 연구라고 할 수 있다. 앞서 언급했듯이 오늘날 우리가 말하는 종교자유는 아득한 옛날부터 있었던 것이 아니라 서구 근대의 산물이다. 따라서 유럽의 종교개혁과 종교전쟁의 발발 이후 관용의 덕목과 종교자유 담론이 등장하는 과정이 집중적으로 탐구되어 왔다. 이러한 연구들을 통해 철학적 회의주의, 정치적 편의주의, 자연권 사상, 그리고 기독교의 양심 개념이 종교자유 출현의 이론적 실천적 기반이 되었음이 밝혀졌다.[29]

이러한 역사적 연구를 토대로 다양한 방면에서 종교자유에 대한 활발한 연구가 수행되고 있다. 종교와 인권의 접점에서 등장하는 종교적 인권(religious human rights)에 대한 연구[30]를 비롯하여 종교자유권과 평등권의 충돌,[31] 국가-종교 관계가 종교자유에 미치는 영향,[32] 통치자의 정치적 경제적 이해관계에 의해 규정되는 종교자유,[33] 종교 개념의 수용을 통한 종교자유의 추구,[34] 종교자유의 사회문화적 토대,[35] 종교자유에 대한 서구종교와 비서구종교의 개념의 차이,[36] 제도종교 중심의 종교자유 개념에 대한 비판,[37] 민주화와 종교자유의 관계[38] 등 다양한 측면에서 종교자유에 대한 연구가 이루어지고 있다.

오늘날 종교자유에 관해 가장 많은 관심을 가지고 논의를 하는 국가는 미국으로 보인다. 종교의 자유를 찾아 대서양을 건넌 '종교피난민'에 의해 건국되었다는 청교도 신화를 갖고 있는 미국은 세계 최초로 종교의 자유를 헌법에 보장한 국가라는 자부심을 가지고 있다.[39] 따라서 미국 헌법에 종교자유가 명문화되기까지의 역사적 과정에 대한 연구가 매우 많다. 한편 미국은 수정헌법 1조에 규정된 국교금지(no establishment of religion) 조항과 종교자유(free exercise of religion) 조항의 의미를 둘러싸고 매우 치열한 논쟁을 벌여왔다. 건국의 아버지들(founding fathers)이 이 조항을 마련한 본래의 뜻이 무엇인가를 놓고 벌이는 논쟁은 미국사회의 종교자유 담론을 풍부하게 하는 데 이바지하였다.[40] 또한 미국에서는 사법부가 내린 종교 관련 판례가 양적으로 매우 많이 축적되어 있어, 종교자유와 관련된 판례 연구(case studies)가 매우 활성화되어 있다. 오늘날 미국에서는 종교자유만을 다룬 사전이 나와 있을 정도로 종교자유 관련 연구가 매우 활발하며,[41] 일반 시민을 위한 종교자유 가이드북까지 나와 있다.[42]

그러면 국내의 연구 현황은 어떠한가? 한국사회의 경우 종교자유에 관심을 갖고 접근하는 대표적인 분야는 법학과 신학이라고 할 수 있다. 법학자들이 '국가와 종교'라는 주제 하에 종교자유의 문제를 접근한다면, 교회사가 및 신학자들은 주로 '교회와 국가'라는 주제 하에 논의한다.

법학적 접근은 주로 헌법학자들에 의해 이루어지고 있다. 헌법학자들은 종교자유를 법적 개념(legal concept)으로 파악하면서 종교자유의 법적 범위와 한계를 규명하는 데 관심이 있다. 따라서 이들은 종교자유의 법적 정의(definition)를 확립하는 데나 법적 차원으로 등장한 문제 및 판례를 중심으로 국가와 종교 사이의 바람직한 관계를 정립하는 데 관심이 있다.

그동안 헌법학자들이 종교자유에 대해 적지않은 논의를 해 왔지만,[43] 해방 이전의 국가와 종교의 관계나 일제하 종교자유에 대한 법학적 연구는 찾아보기 힘들다. 그런데 최종고는 일찍이 '국가와 종교'라는 주제 하에 종교자유의 보장과 한계, 정교분리의 내용과 의미, 종교 관련 판례, 종교 관련 입법의 필요성, 유교·불교 등 각 종교의 국가관, 대한민국 수립 후 4.19까지 기독교의 정치참여 등을 포괄적으로 다루었다.[44] 1981년에는 종교와 법의 관계에 관심을 가진 법률가 및 법학자들과 함께 한국종교법학회를 창립하였는데 이 학회는 왕성한 활동이 기대되었으나 그 후 지속적인 활동이 이루어지지는 못하였다.[45]

교회사가들은 한국 기독교사의 맥락에서 종교자유 문제를 다루어 왔다. 특히 국가권력에 의한 종교간섭과 교회의 대응 양상에 주목하는 경향이 있는데 천주교사와 개신교사로 나누어 살펴볼 수 있다. 먼저 천주교사 연구의 경우, 천주교가 한국사회에 종교자유를 정착시키는 데 선구적 역할을 하였다고 보고 소위 '박해사'와 '순교사'를 종교자유 획득을 위한 투쟁의 역사로 간주한 연구들이 많다. 조선 천주교사를 최초로 서술한 프랑스 신부 달레의 저서[46]로부터 시작하여 일본인 학자 야마구치(山口正之),[47] 한국사학자 조광,[48] 그리고 최근 시리즈로 발간하고 있는 한국교회사연구소의 천주교 통사[49]에 이르는 연구가 대표적이다. 이 저서들은 조선후기 남인 계열 유학자들이 『천주실의』를 비롯한 한역서학서를 읽고 자발적으로 천주교를 수용하는 과정 및 가성직제도의 실시, 조상제사 거부로 인한 박해와 순교, 황사영 백서 사건과 선교사 영입 운동 등을 서술하는 과정에서 천주교와 신앙자유의 관계를 부분적으로 다루고 있다. 도날드 베이커(Donald Baker)는 조선후기 서학과 유학의 사상적 갈등의 요인을 규명한 후 천주교가 근대적 의미의 종교자유 개념을 한국사회에 처음으로 출현시킨 맥락과 의미를 밝혔다.[50]

개항기 천주교와 종교자유의 관계 연구는 조불조약(1886)을 필두로 하여, 교민조약(1889), 교민화의약정(1901), 선교조약(1904) 등 조선정부와 천주교, 프랑스 정부 사이에 체결된 협약문 분석을 중심으로 이루어져 왔다. 초기의 연구[51]는 협약문의 내용을 충실히 소개하는 데 치중한 반면, 최근의 연구들은 협약문이 등장하게 된 시대적 배경을 좀 더 깊이 고려하면서 문서의 내용을 분석한다.[52] 또 종교사회학의 관점으로 조선후기에서 개항기에 이르는 천주교의 역사를 살피면서 부분적으로 종교자유 문제를 다룬 연구가 있는 반면,[53] 19세기 중반 프랑스 선교사들의 문명관과 조선출병 문제를 분석하면서 선교사들의 종교자유관을 부분적으로 다룬 연구도 있다.[54]

일제하 천주교의 종교자유와 관련해서는 역사사회학의 관점으로 1930-40년대를 분석한 연구[55]와 일제의 종교 관련 법령과 천주교의 대응을 중심으로 분석한 연구가 있다.[56] 한편 일제시대부터 최근에 이르기까지 국가권력의 종교정책과 천주교의 대응을 분석하면서 종교자유 문제를 간접적으로 다룬 연구도 있다.[57]

개신교사 연구자로서 초기 천주교의 종교자유 문제를 다룬 연구도 있지만[58] 종교자유와 관련된 개신교사 연구는 대체로 일제에 의한 종교탄압과 개신교의 수난 및 저항의 역사에 초점을 맞춘다.[59] 특히 일제하 교회와 국가 사이의 갈등을 초래한 기독교학교에서의 종교교육, 종교법 제정, 신사참배

문제와 관련한 연구에서 종교자유 문제가 주로 다루어진다.[60] 물론 일제시대 이전 개신교인의 교회와 국가 이해를 살펴볼 수 있는 연구도 부분적으로 있으며,[61] 해방 후 개신교와 국가권력의 관계를 중심으로 종교자유 문제를 부분적으로 다룬 연구도 나왔다.[62] 중국의 의화단 사건이 한국 기독교에 미친 영향이나[63] 북한 지역의 종교를 다룬 글에서도 종교자유 문제를 간접적으로 살펴볼 수 있다.[64]

종교자유에 대한 가톨릭교회의 신학적 입장을 보여주는 연구도 있다. 이 연구들은 제2차 바티칸공의회의 신학적 입장에 서서 종교자유 문제를 다루는데 특히 윤리신학의 입장에서 종교자유를 인권문제의 해결책으로 파악한 연구[65]와 국가권력에 의한 정교분리 개념을 강하게 비판하면서 교회와 국가의 바람직한 관계를 모색한 연구[66]가 대표적이다. 개신교 신학 분야에서는 기존의 정교분리 원칙에 대한 민중신학 진영의 비판적 접근[67]과 오늘날 한국사회의 종교자유 문제에 비판적 진단을 내리는 글[68]이 주목된다.

종교학 분야에서 종교자유 연구와 관련하여 통찰을 제공하는 글로는 정점과 중심 개념을 중심으로 종교 다원 문화의 구조에 주목한 연구,[69] 종교의 생존원리에 주목하여 다원 사회 속의 기독교의 존재방식을 검토한 연구,[70] 그리고 다종교 상황의 맥락에서 종교자유 문제를 접근한 연구[71]가 있다. 정교분리에 주목하여 종교자유를 다룬 글로는 동아시아 삼국의 정교분리 담론 형성 과정을 추적한 연구[72]와 '종교' 개념을 토대로 종교와 정치의 관계를 접근한 개념사적 연구가 있다.[73] 한국의 종교정책과 정교분리의 관계에 주목하면서 종교자유를 다룬 연구가 있는 반면,[74] 이제 우리 사회는 종교자유나 정교분리에 대한 관심을 넘어 종교평등의 문제에 우선적 관심을 보여야 한다고 주장한 연구도 있다.[75] 또한 한국사회에 적합한 종교-정치(국가) 관계 즉 한국형 정교관계의 모형을 모색한 연구도 나왔다.[76]

이처럼 법학, 교회사, 신학, 종교학 등 여러 분과 학문에서 종교자유 문제가 활발하게 연구되어 왔지만 종교자유를 렌즈로 한국 근현대사를 읽는 본격적 시도는 아직 없었던 것으로 보인다. 따라서 이 책은 종교자유라는 렌즈를 통해 한국 근현대사의 인식 지평을 넓히는 데 일조하고자 한다. 그렇지만 이 책은 종교자유를 위한 투쟁의 역사나 종교자유의 제도적 보장 과정을 세밀하게 서술하기보다는 '종교자유의 정치학'에 주목한다.[77] 종교자유를 자명한 규범으로 받아들이는 것이 아니라 그 자체를 탐구 주제로 삼는 것이다. 즉 각 주체가 자신의 욕망을 실현하기 위해 종교자유의 규범과 이상을 어떻게 활용하는가에 관심을 둔다. 요컨대 이 책은 종교자유 담론이 등장한 개항 이후 국가권력이 종교자유를 지배의 테크놀로지로 활용하는 방식과 종교권력이 선교의 도구로 종교자유를 활용하는 방식에 주목한다.

한국사회의
근대성 수용과 종교자유

대한민국 현행 헌법 제20조는 "대한민국 국민은 누구나 종교의 자유를 가진다(제1항)."와 "국교는 인정되지 아니하며, 종교와 정치는 분리된다(제2항)."는 두 조항으로 이루어져 있다. 이는 우리나라 헌법이 국교의 불인정과 정교분리를 통하여 모든 국민에게 종교의 자유를 보장하고 있음을 의미한다. 이처럼 우리나라에서는 종교의 자유가 헌법적 차원에서 기본적 인권의 하나로 분명하게 명기되어 있지만, 구체적 현실에서는 종교자유의 의미와 범위, 한계를 둘러싸고 다양한 논쟁과 해석 투쟁이 벌어지고 있다.

종교계 사립학교에서의 종교교육, 신앙과 양심에 따른 수혈 및 병역의 거부, 일요일에 행하는 국가고시를 둘러싼 논쟁에서부터 종교단체에 대한 정부의 재정지원에 이르기까지 종교자유의 범위와 한계를 둘러싸고 끊임없는 논쟁이 계속되고 있다. 종교자유를 둘러싼 논쟁은 국가권력과 종교집단 사이에서만이 아니라 종교집단과 종교집단, 국가와 개인, 그리고 종교집단 내부에서도 끊임없이 일어나고 있다.

서구사회와 마찬가지로 한국사회에도 종교자유가 지배 담론으로 정착하였지만 그 성격은 달라 보인다. 서구사회의 종교자유 담론이 개인의 신앙 및 양심의 자유를 중심으로 전개되어 왔다면, 우리 사회의 경우에는 개인의 양심자유보다는 종교집단의 자유가 종교자유 담론의 중심을 차지하고 있는 것으로 보인다. 한국사회에서는 거대한 규모로 성장한 종교집단이 외부의 비판을 차단하기 위해 종교자유를 전면에 내세우는 경향이 있다. 즉 종교권력이 언론이나 시민단체의 비판을 차단하기 위한 방어용 무기로 종교자유의 원칙을 내세우는 경향이 강하다.

한국사회에서 종교자유 담론이 처음 등장하여 본격적으로 유통되기 시작한 것은 개항기다. 개항기에 서구 근대성이 수용되고 서구 종교의 선교활동이 전개되는 과정에서 종교자유 담론이 등장하였으며, 식민지 시대를 거치면서 종교자유 담론은 좀더 복잡한 양상을 띠게 되었다. 따라서 여기서는 서구 근대성과 종교자유의 관계를 먼저 살핀 뒤 개항기에 종교자유 담론이 수용되는 과정을 근대 지식인과 서구 종교를 중심으로 살핀다. 즉 국권론과 민권론으로 대표되는 개항기 지식인과 천주교와 개신교로 대표되는 근대 종교의 종교자유 담론을 분석할 것이다.

1. 서구 근대성과 종교자유

서구사회에서 종교자유는 유대-기독교 전통의 출현 당시부터 중요한 문제로 부각되었지만, 현대적 의미의 종교자유 담론은 근대 서구사회의 형성과 더불어 등장하였다. 서구의 근대는 중세 가톨릭의 전일적 지배체제를 상징하는 기독교왕국(christendom)의 붕괴와 근대 민족국가(nation state)의 등장으로 특징지어지며 종교자유 담론은 이러한 역사적 과정의 산물이다.

16세기의 종교개혁(Reformation)은 종교자유 담론의 등장에 역사적 배경을 제공하였다. 마틴 루터를 비롯한 초기 종교개혁가들은 신앙과 양심의 자유를 내세워 가톨릭의 전통과 억압에서 벗어난 독자적인 교파를 형성하였다. 그러나 당시 루터파를 비롯한 대부분의 프로테스탄트 교파는 자기 교파의 자유는 주장하면서도 로마 가톨릭의 자유는 인정하려고 하지 않았다. 이들의 종교자유는 로마 가톨릭으로부터 단절할 자유를 의미하였다.[1] 더구나 이 교파들은 당시 새로이 흥기하고 있던 민족국가들과 결합하면서 다양한 국가교회(state church) 형태로 정착하였다. 그 결과 중세의 단일한 기독교왕국이 특정 교파를 국가의 엔진으로 삼는 수많은 소기독교왕국으로 분열하였을 뿐 종교자유를 위한 제도적 장치는 마련되지 못하였다.[2] '군주의 종교가 백성의 종교(cuius regio eius religio)'라는 말은 바로 이러한 소기독교왕국들의 국가교회 체제가 지닌 성격을 압축적으로 표현하는 말이다. 다른 말로 하면 '국가의 교파화(the confessionalization of the state)'와 '종교의 영토화(the territorialization of religions)'가 함께 일어난 것이다.[3]

종교개혁의 와중에서 자기가 속한 교파만이 아니라 모든 사람의 신앙과 양심의 자유를 철저하게 내세운 교파는 가톨릭이나 개신교의 주요 교파들이 아니라 오히려 이들에 의하여 '이단'으로 간주되어 강력한 탄압을 받은 재세례파, 침례파, 퀘이커교 등의 소수파 집단이었다. 이들은 신앙의 자유를 위해서는 교회와 국가가 분리되어야 한다는 주장, 즉 근대적 의미의 정교분리 원칙을 처음으로 내세웠다. 그러나 양심의 자유와 정교분리 원칙에 근거한 종교자유 원칙이 헌법 차원에서 처음으로 명문화된 곳은 유럽 대륙이 아니라 북미 대륙이다. 미국은 종교의 자유를 찾아 건너온 수많은 '종교 피난민'에 의하여 건설된 국가이기 때문에 종교의 자유를 건국의 기본 이념으로 삼지 않을 수 없었다.[4] 이렇게 미국에서 확립된 종교자유 담론이 다시 유럽 대륙으로 건너가 각국의 종교자유 담론 형성에 중요한 영향을 미쳤다.

16세기의 종교개혁과 17세기의 종교전쟁으로 인한 다교파 지형의 형성이 종교자유 담론의 등장을 위한 사회적 기반을 제공하였다면, 종교자유 담론의 형성에 이론적 기반을 제공한 것은 계몽주의 세계관이다. 특히 계시종교(revealed religion)를 비판하면서 합리적 이성에 근거한 자연종교(natural religion)를 주창한 이신론(deism)은 '이단 박해'와 종교전쟁을 광신적 행위로 규정하면서 종교적 관용을 주창하였다. 인간이 종교적 편견으로부터 벗어나기 위해서는 종교를 이성과 일치시켜야 한다는 것이 이신론의 기본적 관점이었는데,[5] 이러한 이신론적 담론은 근대 종교의 추상화와 보편화에 기여하였다.[6]

이신론이 종교의 추상화와 보편화에 중요한 역할을 하였다면, 낭만주의(romanticism)와 경건주의(pietism)는 종교의 내면화와 사사화(privatization)에 지대한 영향을 끼쳤다. 낭만주의와 경건주의는 계몽주의의 주지주의적 성격을 비판하면서 종교의 핵심을 지적 · 교리적 차원이 아니라 인간 내면의 감정과 경험에서 찾았다. 이로 인해 종교는 인간 내면의 은밀한 곳으로 은거하게 되었으며 외면적 교리에 대한 자유로운 비판이 가능해졌다.

계몽주의, 낭만주의, 경건주의라고 하는 이러한 지적 사조들은 근대성(modernity)이라고 하는 더욱 커다란 인식론적 틀 속에 자리잡고 있다. 서구 근대성은 매우 복합적인 측면이 있지만 개인성(individuality)의 확립을 근간으로 하여 성립했다. 근대사회 이전에도 개인(individual)이라는 관념이 부재한 것은 아니었지만 사회의 기본단위로서, 인식론적 주체로서 개인성이 확고부동한 지위를 차지하게 된 것은 서구 근대사회의 특성이다. 전통과 교권의 구속 및 권위로부터 벗어난 개인의 등장이야말로 근대적 주체의 형성이며, 개인의 자유라고 하는 담론은 이러한 과정에서 등장한 것이다. 근대 세계에서 자유로운 존재로서의 개인은 외부의 간섭으로부터 자유를 주장하고 다른 개인과 더불어 평등하게 취급받기를 요구함으로써 자기실현을 당연한 권리로 보장받는다.[7] 서구 근대성의 틀 안에서 개인의 권리는 지고성의 위치를 차지한다.

그러나 개인의 권리의 절대성은 내재적 갈등의 요소를 내포하고 있다. 개인의 권리가 무한정 확장될 경우 타자의 권리와 대립하며, 극단적인 경우에는 개인의 자유 자체가 위협받는 상황을 초래할 수 있기 때문이다. 따라서 자유로운 개인들이 합리적 계산을 통하여 서로의 이해를 조정하기 위해 사회(society)를 만들게 되며, 이렇게 형성된 시민사회는 다시 국가(state)와 구별된다. 근대사회를 특징짓는 공(public)과 사(private)의 분리는 이러한 맥락에서 등장한다. 즉 시장과 국가를 구심점으로 하는 경제와 정치 영역은 공적 영역으로, 개인과 가족의 영역은 사적 영역으로 편제된다.[8]

공과 사의 분리 과정 속에서 정교분리 원칙이 등장한다. 정치 영역과 종교 영역의 분리를 의미하는 정교분리 원칙은 기본적으로 정치 영역으로부터 요청된다. 근대성의 구조에서 정치는 합리성이 관철되는 공적 영역이고, 종교는 초자연적 비합리성이 지배하는 영역으로 궁극적으로는 공적 영역에서 배제되어야 하는 것으로 간주되기 때문이다.[9] 그러나 근대성의 구조하에서 종교 영역은 완전히 제거되는 것이 아니라 일정한 보호구역(reservation)을 할당받게 된다. 이 영역이 바로 사적 영역이며 종교의 자유가 보장되는 곳도 바로 이 영역이다.

이러한 사적 영역에서 개인들이 각자의 자유로운 신앙고백에 근거하여 신앙 공동체를 형성하게 되는데 그것이 '교회'이다. 근대 서구사회의 종교 공동체는 각 개인의 자유의사에 의하여 형성된 가장 대표적인 자발적 결사체(voluntary association)의 하나이다. 이러한 성격을 지닌 교회는 공적 영역에 개입하지 않는 한 국가의 간섭을 받지 않을 자유가 있다. 이것이 '교회의 자유'이다. 이와 동시에 각 개인은 신앙의 차원에서 국가와 교회의 권위에 의하여 억압받지 않을 권리가 있다. 이것이 '신앙의 자유' 혹은 '양심의 자유'이다.

이처럼 근대 서구사회의 종교자유 담론은 개인적 양심의 자유와 '교회의 자유'를 양대 축으로 하여 성립한다. 그리고 두 자유는 사적 차원에서만 보장되는 한계가 있다. 그런데 근대성의 구조에서는 개인의 권리가 지고의 위치에 있으므로 근대 종교의 영역에서도 개인의 양심자유가 중심적 위치에 있게 된다. 교회는 개인의 양심의 자유를 근거로 하여 성립된 것이며, 개인은 언제든지 신앙과 양심의 판단에 따라 자유로이 교회를 탈퇴하여 새로운 신앙 공동체를 형성할 수 있기 때문이다. 요컨대 근대 서구사회의 주체는 개인이며, 종교자유 담론의 장에서는 개인의 신앙 및 양심의 자유가 지고의 위치에 있다.

2. 서구 종교의 선교 활동과 종교자유

1) 천주교

이처럼 서구사회에서는 종교개혁과 계몽주의 담론의 확산 속에서 개인의 양심자유를 중심으로 하는 종교자유가 지배 담론으로 정착하여 갔다. 그러나 종교개혁 이후 다교파 상황에 처한 가톨릭교회는 종교적 관용은 인정하였지만, 종교자유 개념은 인정하지 않았다. 특히 18세기 후반에서 20세기 전반에 걸치는 '비오 시대'의 가톨릭은 종교를 자신의 양심에 따라 선택하고 신봉하고 표현하는 자유란 가톨릭교회를 말살시키는 것이라고 하면서 종교자유를 '괴물(monstrum)'이라고 공박하였다. 이러한 가톨릭교회의 태도는 자유의 주체를 구체적 '인간'이 아니라 추상적 '진리'에 두고 오류에 빠져 있는 타종교는 '관용'의 대상은 될지언정 '자유'의 주체가 될 수 없다는 논리에 근거한 것이었다.[10]

가톨릭이 다수파로 존재하는 사회에서는 이러한 태도가 가능했을지라도 가톨릭교회가 소수파로 존재하는 곳에서는 이러한 원칙이 성립되기 어려 웠다. 특히 선교지의 국가권력이나 전통 종교의 외압에 처해 있는 가톨릭교 회는 선교 활동의 정당성을 확보하기 위해 종교자유 담론을 적극적으로 확 산시킬 필요가 있었다.

19세기 조선 사회에서 비밀리에 활동하던 선교사들의 편지나 서한에는 종교의 자유(la liberté religieuse)라는 말이 자주 등장했다. 뿌르띠에(Pourthie) 신부는 편지에서 조선을 '종교자유(la liberté religieuse)를 인정할 생각을 도무 지 하지 않는 나라'[11]라고 썼으며, 베르네 주교도 "조선에서 종교자유를 바 랐던 우리의 희망이 실현되지 않았다."[12]고 썼다. 그리고 『조선천주교회사』 를 저술한 교회사가 달레도 '중국에서 방금 약정된 것과 같은 종교의 자유 를 요구하였더라면' 조선에서도 종교자유가 허용되었을 것이라고 서술하였 다.[13] 이처럼 가톨릭교회는 상황에 따라 종교자유 개념을 거부하기도 하고 인정하기도 하는 이중적 태도를 제2차 바티칸공의회(1962-1965) 시기까지 지속하였다.[14]

개항 이후 조선 정부와 프랑스 사이에 체결된 조불조약(1886)에서 프랑스 의 끈질긴 요구에 의해 '교회(教晦)'라고 하는 모호한 의미를 지닌 용어가 조 약문에 삽입되었다. 가톨릭 선교사들은 이 용어의 삽입을 선교 활동의 허가 라고 해석하여 본격적인 선교 활동에 나섰지만, 조선 정부는 이 용어에 별 다른 의미를 부여하지 않았으며 천주교의 선교 활동을 공식적으로 허락한 것이 아니었다. 그러나 이 조약을 계기로 선교사의 선교 활동은 사실상 '묵 인'의 단계로 접어들게 되었으며, 그 과정에서 선교사의 치외법권은 이른바 '양대인 자세(洋大人 藉勢)'[15]라는 현상을 초래하였다. 이처럼 당시 천주교도 로 자칭한 자들이 양대인의 힘을 통해 '세속적 이익'을 달성하려고 하는 과

정에서 지방 관리, 민중, 심지어는 개신교인과 충돌하게 되는 '교안(教案)'이
빈발하였다. 이러한 사회적 갈등과 문제를 해결하기 위해 대한제국 정부와
선교사 사이에 상호협정이 체결되었다. 1899년 당시 내부(內部) 지방국장과
가톨릭 조선교구장 사이에 체결된 교민조약(教民條約)의 전문(前文)에 그 취
지가 나와 있다.

> 근래의 어리석은 인민들이 간혹 이 교(教)의 본의에 몽매하여 오늘 입교하
> 고 내일 영세를 받으면 스스로 원수도 갚을 수 있고 억울한 일도 펼 수 있
> 으며 비리를 저지를 수 있고 불법을 행할 수도 있다고 말하면서 왕왕 분수
> 를 범하고 윤기(倫紀)를 어지럽히는 일이 있다. … 이에 의론하여 조약을
> 맺어 다음과 같이 나열한다.[16]

선교사와 교회의 힘을 빙자하여 불법적인 일을 자행하는 천주교인의 행
위를 통제하겠다는 것이 이 약정의 기본 취지의 하나임을 알 수 있다. 제주
도에서 일어난 천주교인과 일반 민중 사이의 폭력 사태를 해결하기 위하여
체결된 교민화의약정(教民和議約定, 1901)에서도 천주교인에 의한 신앙 강요
의 폐해를 지적하였다.

> 入教與 該民의 自願을 從할 것이니 强入함이 不可한지라 從前 教徒가 洗
> 禮히 教册을 勒授하는 弊가 有하니 마땅히 教堂으로서 隨規嚴禁하고 만
> 일 勒授를 放한 民이 告官하는 경우에는 勒授教民을 自官으로 無碍이 懲
> 治하고

천주교인들이 일반 민중에게 전도 책자를 강제로 배포하면 법으로 처벌

하겠다는 것이다. 대한제국 정부와 프랑스 정부 사이에 체결된 선교조약(宣敎條約, 1904)도 "법국 선교사가 한국 내지에서 선교하는 데 대하여 인민을 억지로 권유치 못할 일"이라는 문구를 통해 선교사에 의한 신앙 강요를 경계하였다. 그런데 이 조약의 원문이 관변 문서에는 보이지 않고 단지 '교민 범법단속조례'라고 기록되어 있는 것으로 보아,[17] 당시 대한제국 정부는 이 조약을 천주교 선교사와 교민의 불법적 행위를 단속하는 조문으로 이해한 것 같다.

이처럼 개항기 문헌에서 자주 나타나는 양대인 자세, 교안, 늑수, 강입 등의 용어는 당시 천주교가 서구적 종교자유의 토대가 되는 개인의 양심자유에 대하여 별다른 인식이 없었음을 잘 보여준다. 당시 천주교는 교회의 힘을 이용하여 '세속적 이익'을 추구하거나 개인의 양심을 억압하면서까지 신앙을 강요하는 행위를 '선교의 자유'로 이해하고 있었던 것이다.

앞의 조약문들에 나타나는 중요한 공통점의 하나는, 선교사는 '행정'에 관여할 수 없고 행정관은 '전교(傳敎)'에 간섭할 수 없다는 내용이다.[18] 이는 대한제국 정부와 천주교가 행정과 선교를 서로의 고유한 영역으로 간주하는 정교분리 원칙을 인식하기 시작하였음을 보여주는 중요한 표현이다.

천주교는 기관지《경향신문》을 통하여 이러한 원칙을 더욱 심화시켰다. 이 신문은 논설을 통하여 "나라는 세속의 일을 상관하여 이 세상에 복됨을 이루게 하고, 교회는 후세의 본일을 상관하여 후세의 복됨을 이루게 하여야 일이 다 잘 되느니라."[19]고 하면서, 국가는 세속과 세상의 일, 교회는 내세의 일을 각각 담당해야 한다는 논리를 전개하였다. 그리고 정부의 중요한 의무를 다음과 같이 규정하였다.

정부가 두 가지 할 일이 있으니 하나는 덕의와 종교에 해하게 함을 금하고 그 해하게 하는 이들을 벌할 것이니 덕의와 종교는 각 사람에게 요긴한 것인즉 그 두 가지 요긴함을 거스르는 이들은 사사 사람에게 해로운 자이라. 이러므로 그 사람들을 다른 아무 악한 일을 하는 자와 같이 금하고 벌할 것이요 또한 그 일에 대하여 정부가 조심할 일은 법이나 관리로 인하여 덕의와 종교에 해가 생기지 않게 할 것이로다. 둘은 덕의와 종교에 해로운 일이 나지 못하게 할 뿐 아니라 덕의와 종교를 세움과 번성케 함과 견고하게 하는 일에 정부가 특별히 도와줄 일이라.[20]

요컨대 도덕과 종교는 인간의 삶에 매우 요긴한 것이므로 국가가 보호하고 발전시켜야 한다는 것이다. 이와 동시에 이 신문은 교회가 국가의 정당한 법질서를 위반해서는 안 되고 세속적 일에 상관해서도 안 됨을 계속 강조하였다.[21] 심지어 '이 법이 이미 나온즉 우리가 그 법을 좋아하지 않으나 불가불 그 법대로 하기를 힘쓸'[22]것이라고 하면서 악법도 준수해야 한다고 했다. 나아가 천주교는 정치에 전혀 관여하지 않으므로 '한일합병이 되기 전이나 된 후나 일반'이라고 하면서 '한일합병'에 대한 정치적 순응의 태도를 표명하는 한편, 이것이 여타 신문들과 다른 점이라고 했다.[23] 천주교의 이러한 태도는 일제하에 들어가서도 지속되었다.

국가적 규범과 종교적 규범이 서로 배치되는 점이 없지 아니하다. 그러나 우리 가톨릭에 있어서는 절대로 국가위정에 유일한 원조가 되려니와 위정을 방해하는 점은 없는 것이다. 그리스도께서도 일찌기 말씀하시기를 천주의 것은 천주께 바치고 카이사르의 것은 카이사르에게 바치라 하시지 아니하였는가.[24]

이처럼 천주교는 국가의 교회 간섭 배제와 교회의 자발적인 정치적 불개입을 정교 관계의 기본 원칙으로 삼아 종교자유를 확보하고 유지하고자 하였다. 당시 천주교의 최대 과제는 국가권력으로부터 선교의 자유를 확보하고 교회를 보호하는 것이었다. 따라서 당시 천주교의 종교자유 담론은 교회적 차원의 종교자유를 강조하였으나, 개인적 차원의 양심자유에 대한 관심은 상대적으로 미약하였다. 앞서 언급한 양대인 자세 현상이나 그와 관련하여 나타난 교안은 '교회의 자유'에 중점을 두는 교회권력화의 한 조짐이며, 안중근 의사의 이토 히로부미 저격 사건에 대한 교회 당국의 태도 역시 양심의 자유에 대한 상대적 무관심에서 나온 현상으로 볼 수 있다. 요컨대 한국 근대 천주교는 '교회의 자유' 중심의 종교자유 담론을 지니고 있었던 것이다.

2) 개신교

개항기에 미국의 힘을 배경으로 하여 들어온 개신교는 천주교가 한국사회에서 겪은 수난의 역사를 잘 알고 있었다. 따라서 초기 개신교는 조선 정부를 상대로 선교의 자유를 직접적으로 요구하기보다는 병원과 학교로 대표되는 간접선교의 방식을 통해 직접선교의 기반을 마련하는 전략을 취하였다. 그 후 천주교가 조선 정부와 몇 차례의 협약을 통해 사실상 자유로운 선교 활동의 단계로 진입하자 개신교도 그 성과를 고스란히 물려받을 수 있었다. 이처럼 한국 개신교는 종교자유를 획득하기 위한 이론적 실천적 투쟁 없이 종교자유를 누리게 되는 '행운'을 얻었다.

1901년 선교사들로 구성된 장로교공의회의 결의 사항은 개신교의 종교자유에 대한 태도의 한 단면을 잘 보여준다. 5개 항으로 된 이 결의문의 제

4항에서는 "교회가 교인이 사사로이 나라 일 편당에 참예하는 것을 시킬 것 아니오, 금할 것도 아니오. 또 만일 교인이 나라 일에 실수하거나 범죄하거나 그 가운데 당한 일은 교회가 담당할 일 아니요 가릴 것도 아니오."[25]라고 선언하였다. 이 조항은 교인의 개인적인 정치활동에 간섭하지 않겠다는 의미에서 평신도의 양심의 자유를 존중하는 것으로 보이지만, 나머지 4개 항은 교회 지도자(목사)와 교회의 정치참여를 철저히 배제하는 것을 주내용으로 하고 있다. 따라서 이 결의문은 개인의 양심자유 보장보다는 교회의 비정치화를 통한 교회의 보호에 초점이 있다고 보아야 할 것이다.

그 후 개신교는 종교자유 문제를 둘러싸고 식민지 국가권력과 여러 사안에서 부딪쳤다. 선교부가 총독부와 부딪친 최초의 사건은 기독교학교(mission school)에서의 종교교육 문제였다. 당시 총독부는 '교육과 종교의 분리' 정책에 의하여 공립학교는 물론이고 사립학교에서의 종교교육도 금지시켰다. 즉 총독부는 '종교의 선전은 오직 교회의 관할'에 속하는 반면 '교육사업은 전적으로 정부의 관할'에 속한다고 하면서 정부가 종교에 관여해서는 안 되듯이 교회도 정치적 행정 일반, 특히 행정사업의 한 부분인 교육에 관여해서는 안 된다는 입장을 고수하였다.[26] 당시 총독부는 기독교학교에서 종교교육을 계속할 경우 '각종학교'로 격하시키겠다는 위협까지 하였으나, 장로교 선교부는 그러한 불이익을 감수하고서라도 종교교육을 고수하겠다는 입장을 내세웠다. 그러나 당시 한국인 학생들과 학부모들은 선교부의 입장이 졸업 후 학생들의 사회적 활동에 막대한 불이익을 초래한다고 하면서 종교교육을 필수과목에서 제외시켜 줄 것을 강력히 요청하였다. 이 사건에서는 학교에서의 종교교육을 선교 활동의 일환으로 보고 선교의 자유를 고수하려는 장로교 선교부의 확고한 의지는 읽을 수 있지만 개인의 양심자유에 대한 인식을 찾아보기는 어렵다.

종교자유를 둘러싸고 개신교와 식민지 권력이 부딪친 또 하나의 사건은 일본 제국의회에 의한 종교법 제정 시도이다. 이 법안은 1898년 제국의회에 처음 제출되었다가 몇 차례의 제안과 부결 과정을 거친 후 1939년에 마침내 통과되었다. 법안의 주요 내용은 종교단체 설립의 허가, 종교 지도자의 자격 제한, 종교단체의 법인화와 같은 종교단체의 통제와 감독에 관한 것이었다. 이 법안의 제정 움직임에 대해 한국 개신교는 범교단적으로 반대운동을 전개하였는데 법안 반대의 논리는 정교분리의 원칙이었다.[27] 교회가 자율적으로 운영해야 할 교회 고유의 사항을 국가가 관리하고 감독하는 것은 정교분리 원칙에 어긋나며 헌법이 보장한 종교자유 원칙에 위배된다는 것이다. 여기서도 교회의 자율권을 확보하기 위한 시도 속에서 교회의 자유에 대한 논의는 활발하게 나타났지만 개인의 양심자유에 대한 논의는 부상하지 않았다.

이처럼 개신교는 교회의 보호를 위한 교회의 비정치화, 종교교육을 위한 선교의 자유, 그리고 교회의 자율성 확보를 위한 국가의 종교 간섭 배제를 강조하였다. 그 과정에서 교회의 자유에 대한 관심은 부각되었으나 상대적으로 개인의 양심자유에 대한 관심은 부상하지 못했다.

3. 국권주의와 민권주의에 나타난 종교자유

천주교와 개신교는 선교 활동의 차원에서 종교자유 담론을 전개하였음에 비해, 근대 지식인들은 특정 종교의 맥락 밖에서 종교자유 담론을 전개하였다. 근대 지식인은 '민권'을 강조하는가 '국권'을 강조하는가에 따라 민권주의 진영과 국권주의 진영으로 구별하여 볼 수 있다. 전자는 개인의 자유와 권리를 지고의 가치로 내세우는 입장이며, 후자는 국권이 유지되어야 개인의 권리도 확보될 수 있다는 전제 아래 국권을 민권의 우위에 놓는 입장이다. 따라서 양 진영의 종교자유 담론은 일정한 차이점을 보이게 된다.

1) 국권주의와 국가종교 담론

개항기의 국권주의 진영은 서구 및 일본 제국주의의 침략에 대항하기 위하여 강력한 근대국가의 건설을 지상 과제로 삼았다. 이들은 강력한 국가 건설의 지표를 지력(智力), 무력(武力), 재력(財力)과 같은 유형의 것과 눈에 보이지 않는 무형의 것으로 나누고, 종교를 무형의 영역에 속하는 대표적인 것으로 간주하였다. 이때 무형의 자강은 유형의 자강을 산출하는 원인으로 간주된다. 따라서 그들은 국가의 재력이나 병력과 같은 유형의 힘이 약하더라도 무형의 힘인 종교를 잘 보전하면 독립정신이 사라지지 않아 국권을 회복할 수 있다고 믿었다.[28]

그런데 당시는 하나의 종교가 아니라 유교와 불교와 같은 전통 종교, 서구에서 들어온 천주교와 개신교, 그리고 새로이 생겨난 신종교들이 서로 각축하는 다종교 지형의 형성 시점이었다. 국권주의 진영은 이러한 다종교 상황을 '한 사람의 몸에 뇌수가 수십이 있는 것과 같은'[29] 병적 상태로 이해하면서 강력한 국가종교의 확립을 해결책으로 제시하였다.

> 今에 세계의 列國이 자국의 종교가 皆有함으로 其 인민을 교도하여 其 정신을 고착함이 곧 국시를 정하는 일대 관건이어늘 我韓 근일의 情形은 不然하여 信敎者의 자유설만 횡행하고 종교를 확정한 포고가 姑無하므로… 속히 我韓의 종교를 확실발표하여 국시를 一定키를 務치 않으리오.[30]

이는 당시의 서구 열강이 모두 특정 종교를 국교로 삼아 강성하여졌는데 우리나라에서는 사람들이 종교의 자유만 주장하고 있음을 탄식하면서 하루빨리 하나의 종교를 '국시종교(國是宗敎)'로 확정하자는 주장이다. 그 종교가 어떤 종교라고 구체적으로 명시하고 있지 않지만 '우리의 바라고 권하는 바는 신지식을 수입함과 자기 나라의 국성을 보존하는데 제일 긴요한 교를 취할진저'[31]라고 하는 표현에서 서구 종교인 기독교와 전통 종교인 유교가 암묵적 대안으로 제시되고 있음을 간파할 수 있다. 이는 기독교 특히 개신교를 문명의 기호로 보고 유교는 인민을 교화하는 효과적 수단으로 보는 관점과 연결되어 있다.[32]

국권주의의 국가종교 담론은 조선시대의 유교국가 담론과는 성격이 다르다. 국권론은 이미 서구 근대성을 수용하고 있기 때문이다. 정치와 종교 혹은 국가와 종교를 범주적으로 구별하지 않는 유교국가 담론과는 달리 국권주의는 양자를 구별하면서도 근대 민족국가의 주도하에 종교를 사회통합의 엔진으로 삼는 전략을 취하고 있기 때문이다.[33]

개항기의 국권주의는 시대적 위기 상황 속에서 개인적 주체보다는 집단적 주체를 강조함으로써 국권의 위기를 극복하고자 한 담론이다. 따라서 이 담론에서는 개인과 민권보다는 국가와 국권을 우선시함으로써 개인의 자유와 권리의 토대가 되는 종교자유에 대하여 소극적 입장을 보이게 되었으며, 종교집단을 포함한 사회 전반에 양심자유의 확산을 제약하는 요인으로 작용하였다.

2) 민권주의와 종교자유 담론

국권주의 담론이 서구 문명의 원동력을 강력한 국가종교에서 찾았음에 비하여 민권주의 담론은 자유사상과 자유주의에서 찾았다. 특히 루터의 종교개혁을 서구 자유사상의 출발점으로 간주하였다.

> 歐洲 各國이 羅馬 舊敎 壓制下에 在하여 人民의 思想 自由도 無하고 學術의 發明 自由가 無하니 政治의 進步自由도 亦 無하여 歐洲 全幅이 黑闇世界에 久在하더니 及其 馬丁路得이 … 世界文明의 起点을 作하여 人群의 自由主義를 發揮하며 人智와 敎化의 發達을 助成하며 政治社會의 自由基礎를 立하여 西曆 十六世紀上 第一 偉人의 資格을 發表하였도다.… 宗敎 專制의 極弊는 人의 心知와 才力을 束縛하여 奴隷를 不去하면 어찌 文明事業에 對하여 自由思想과 自由能力이 有하리오.[34]

중세 가톨릭의 종교적 전제주의는 인민의 사상과 학술을 탄압하고 정치적 통제를 가했지만, 16세기 루터의 종교개혁을 계기로 인지와 교화의 발달 및 정치사회의 자유가 가능해졌고 마침내 자유사상에 근거한 근대 문명이 성립할 수 있었다는 것이다. 따라서 당시에는 근대적 의미의 자유 담론이 활발하게 소개되었다. 계몽사상가 유길준의 동생이었던 유성준은 자유 개념을 다음과 같이 소개하였다.

> 盖 人은 萬物의 最靈이라 天賦한 性을 因하여 身과 心에 無限한 自由를 具有한 者니 不羈獨立하여 內로써 性情의 是非에 拘束치 아니하며 外로써 他人의 點望에 左右치 아니하고 善惡間에 오직 自己의 意向을 是從할지며 其 意思에 反하는 思想과 行爲는 何人에게든지 強要함을 被치 아니함이라.[35]

인간은 누구나 남의 간섭을 받지 않고 자기의 몸과 마음을 사용할 수 있는 천부적 권리를 갖고 태어난 존재라는 것이다. 당시 계몽지식인들이 소개한 근대적 자유에는 신명의 자유, 재산의 자유, 영업의 자유, 집회의 자유, 언론의 자유 등이 있으며 종교의 자유는 그중 하나로 항상 언급되었다. 유길준은 종교자유를 이렇게 소개하였다.

> 종교의 자유는 各人이 教하는 바와 宗하는 바에 一切 其心悅하는 者를 隨하고 禁遏拘碍하는 勒制를 不被하여 綽裕한 樂地에 任歸함이요 종교의 通義는 귀의하는 黨徒를 受하며 維持하는 規則을 設하기에 국법의 大紀를 不背한 時는 其行用하는 諸般事務가 자주하는 掌握에 在하여 타인의 操縱을 不受함이라.[36]

종교는 각 개인의 자유로운 선택에 의해 결정되는 것이므로 외적 구속을 받지 않아야 하며, 신도를 모으고 규칙을 제정하는 경우에도 국법에 위배되지 않는 한 자유가 보장되어야 한다는 것이다. 이처럼 당시에는 자유민권의 하나로서 종교자유 개념이 계몽지식인들에 의하여 활발하게 소개되고 있었지만 국권의 위기라고 하는 시대적 상황에 의하여 종교자유에 대한 유보조항이 설정되는 경향이 있었다.

개화파 지식인의 한 사람이었던 박영효는 국왕에게 바치는 건의문인 개화소(開化疏)(1888)에서 종교를 인민교화의 근본으로 보면서 종교가 융성해야 나라가 융성해진다고 주장하였다. 따라서 그는 쇠락해 버린 우리나라의 전통종교인 유교를 부흥시켜 국권을 강화시킬 수 있기를 희망하였다. 그의 입장은 앞에 서술한 국권주의의 관점과 동일하다. 그러나 모든 일에는 시운(時運)이 있기 때문에 이제는 그러한 시도가 가능하지 않다고 하면서 '종교란 것은 백성의 자유 신봉에 맡겨야 하고 정부가 간섭해서는 안 되는 것'이라고 잘라 말했다. 그럼에도 불구하고 당분간은 기독교의 선교 활동을 허용해서는 안 된다는 단서 조항을 붙였다.[37] 이처럼 한편으로는 종교의 자유를 인정하면서도 다른 한편으로는 서양 종교의 유입에 대해 부정적인 태도를 취했다. 이는 국권의 위기라고 하는 시대적 상황 속에서 종교자유 담론이 취한 독특한 형태이다.

앞서 언급한 유길준도 이와 유사한 입장을 보였다. 그는 특정 종교를 돕기 위해 국민에게서 세금을 거두는 것이 타당한가 하는 문제를 제기하였다. 그러면서 하나의 가상 상황을 제시하였다. 즉 어떤 사람은 종교가 세상의 도덕을 아름답게 하고 서로 사랑하는 덕을 가져오므로 종교를 지원하자고 주장하고 있고,[38] 다른 사람은 세상의 종교가 하나가 아닌데 하나의 종교를 택하고 다른 종교를 버리라고 하는 것은 백성의 자유에 위배되므로 실천하기 어렵다는 논리를 내세우고 있다. 특히 후자는 세금으로 하나의 종교만을 지원하는 것은 편향된 정책이며 그렇다고 다른 종교도 지원하면 번잡함만 증대하므로 이는 사실상 실현하기 어렵다고 주장한다. 그리고 그로 인해 국가의 정책에 시기하는 자가 나타나 국가의 평안이 방해받을 수 있음을 지적한다. 이 문제에 대해 유길준은 국민의 교육 수준을 가지고 해결책을 제시하였다.

> 邦國의 風氣가 穩開한 闔域에 未達하여 敎育이 不盛하고 人心이 未定한 者는 其 初論를 取用함이 可할 듯하니 此는 無他라 人民이 敎育을 不被한 故로 自己의 心으로 其 好惡를 擇執하기 不能하고 淫慝한 事에 見誣함과 妖怪한 道에 被惑하기 容易한 中에 愚한 者는 禍福으로 其 方向을 定하고 至貧한 者는 財物로 其 志趣를 傷하여 人心과 風俗이 散亂한 地에 歸할 지

라.[39]

우리나라는 아직 국민의 교육 수준이 낮기 때문에 인민이 호오(好惡)를 판단하지 못하고 음특(淫慝)하고 요괴한 도에 빠지기 쉽고 화복(禍福)과 재물만을 탐하게 되어 인심과 풍속이 어지럽게 된다는 것이다. 따라서 정부가 존중하는 종교를 도와 인민의 심성을 이끌어야 한다는 것이다.[40] 그러나 이때 국가가 존중하는 종교 이외의 종교를 신봉하는 자들을 강제로 금지시켜서는 안 되고 그들을 극진히 보호해야 한다는 단서를 붙였다. 모든 종교는 나라를 존중하는 의기(義氣)와 임금을 사랑하는 정성(精誠)을 공유하고 있기 때문이라는 것이다. 그렇지만 그는 국민이 모두 교육을 받은 경우에는 정부가 종교 문제에 개입해서는 안 되고 세금을 거두어 특정 종교를 지지해서도 안 된다고 주장하였다.[41]

이처럼 유길준은 종교의 자유를 문명국가의 기본적 전제로 받아들이고 있음에도 불구하고, 우리나라의 특수한 상황을 고려하여 특정 종교에 대한 우대를 과도기적으로 허용하였다. 즉 우리나라의 국민이 교육을 통하여 문명개화의 단계에 도달할 때까지는 국가가 국민의 종교생활을 어느 정도 지도하는 것이 필요하다는 입장이다. 이처럼 개항기 한국사회에서는 국권주의 진영과 달리 종교의 자유를 기본적 인권의 하나로 간주하고 있는 민권주의 진영마저도 개인의 종교자유에 상당한 제약을 설정하고 있었다.

지금까지 살펴보았듯이 한국사회에서 종교자유 담론이 형성된 것은 근대성 수용 과정과 맥을 같이한다. 서구 근대성의 핵심 원리인 정교분리와 종교자유 담론은 개항기 기독교의 선교 활동과 민권주의 진영의 근대성 수용 과정에서 등장한 것이다. 당시 천주교와 개신교는 정교분리와 종교자유를 문명개화와 근대 종교의 필수 조건으로 제시하였다. 따라서 문명개화를 지상 과제로 삼던 민권주의 진영은 정교분리와 종교자유의 원칙을 지고의 이념으로 받아들일 수밖에 없었으며, 동학이나 불교와 같은 종교들도 교단 근대화의 방편으로 두 원칙을 수용할 수밖에 없었다. 이처럼 개항기 한국사회에서 두 원칙은 문화적으로 '강요'된 것이나 마찬가지였다.

정교분리와 종교자유 담론이 이러한 과정을 통하여 전 사회적으로 확산되어 가자 전통 사회의 통치 이념이자 국가종교였던 유교의 위상이 급격히 하락하였다. 전통 사회에서 정치, 사회, 문화의 모든 영역을 관장하던 유교는 정교분리 원칙의 확산에 의하여 점차 국가권력으로부터 분리되기 시작하였다. 그 결과 유교는 공적 영역에서 헤게모니를 상실하고 일제하에서는 총독부의 정책에 의하여 '종교'의 영역에서도 제외되었다. 이처럼 유교가 새로이 형성된 '종교시장'에서 축출되자 가톨릭과 개신교와 같은 서구의 종교가 종교시장을 급격히 잠식하기 시작하였고 종교 지형에 급격한 변동이 일어났다.

이러한 시대적 상황 속에서 종교자유 담론은 일차적으로는 '전통으로부터의 자유'를 의미하였다. 근대 서구사회의 형성기에 종교자유 담론이 가톨릭의 교권으로부터의 자유를 의미하였듯이, 개항기 한국사회에서는 종교자유 담론이 유교 전통으로부터의 자유를 의미하였다. 각 개인이 유교적 가치로 침윤된 가족과 문중과 향촌의 전통과 권위로부터 벗어날 수 있는 자유를 의미하였던 것이다. 이처럼 당시의 종교자유 담론은 단절의 수사 (rhetoric)로 작용하였다.

이와 동시에 종교자유 담론은 새로운 종교로의 '개종의 자유'를 의미하였다. 이때 새로운 종교란 근대성을 가장 잘 표상하는 종교 즉 근대 종교로서의 가톨릭과 개신교를 의미하였다. 물론 당시에는 프랑스의 종교로 간주된 가톨릭보다는 미국의 종교로 간주된 개신교가 훨씬 더 문명화된 근대 종교로 인식되었다. 당시 개신교는 문명의 기호이자 상징이었다.

이처럼 정교분리 담론과 종교자유 담론은 한국사회의 종교 지형을 급격하게 재편성하고 새로운 종교시장을 형성하는 데 중요한 요인으로 작용하였다. 서양 종교 특히 개신교 우위의 종교 지형을 형성하는 데 두 담론은 결정적 영향을 미친 것이다. 그러나 당시의 종교자유 담론을 좀더 심층적으로 검토하면 근대 서구사회의 종교자유 담론과는 다른 모습이 나타난다. 근대 서구사회에서는 전통과 교권의 권위로부터 해방을 의미하는 개인의 자유가 무엇보다 강조되었던 데 비하여, 근대 한국사회에서는 서구 세력의 도전과 위협을 극복하기 위하여 개인의 자유보다는 국가와 민족의 자유가 강조되었다. 즉 근대 한국사회에서는 개인적 주체보다는 민족이나 국가와 같은 집단적 주체가 강조되었다. 이러한 시대적 상황은 종교자유 담론의 성격에도 중요한 영향을 미쳤다. 강력한 민족국가의 달성을 목표로 하는 국권주의 진영은 종교자유의 범람이 국론의 분열을 초래할 수 있다고 보고 강력한 국가종교의 건설을 대안으로 제시하였으며, 개인의 자유와 권리를 강조하는 민권주의 진영도 교육을 통한 문명화의 단계에 이르기까지는 국가의 종교시장 개입을 허용하였다. 따라서 이러한 국권주의와 민권주의 진영에서는 개인의 종교자유가 강조될 여지가 별로 없었다.

한편 개항기 천주교와 개신교는 국가권력으로부터 선교 활동의 자유를 확보하는 것을 최고의 과제로 설정하였고, 정교분리 담론을 통해 이러한 목표를 달성하고자 하였다. 따라서 천주교와 개신교는 정치권력의 부당한 질서에 도전하기보다는 체제에 순응하는 대가로 일정한 '보호구역'을 할당받는 전략을 구사하였다. 그 결과 양 종교의 종교자유 담론은 국가권력과의 관계에서 확보되는 교회의 자유는 강조하였지만, 개인의 양심의 자유에 대해서는 상대적으로 무관심하였다.

　그동안 한국 종교계의 문제점으로 지적되어 온 교단의 권력화 현상과 집단이기주의 문제는 이러한 역사적 조건과 일정한 관련성이 있다. 거대한 사회 세력으로 성장한 한국 종교들이 종교의 자유, 엄밀하게 말하자면 종교집단의 자유를 내세워 교단 내부의 억압 구조에 대한 사회적 비판과 감시를 차단하고 있는 것은 한국사회의 독특한 현상이다. 이러한 교단 내부의 억압 구조를 지속시키는 내적 원인의 하나는 개인의 자유와 양심의 자유에 대한 한국 종교의 역사적 경험의 결핍과 관련되어 있다고 할 수 있다.

일제하
종교교육 논쟁과 종교자유
― 기독교학교를 중심으로

미션스쿨(mission school)[1]로 불리기도 하는 종교계 사립학교는 한국 근대 교육사에서 매우 중요한 위치를 차지한다. 특히 사학(私學) 영역에서는 종교계 학교의 비중이 매우 높았고 그 중에서도 개신교계 학교의 비중이 압도적으로 높았다.[2] 배재학당과 이화학당으로 대변되는 기독교계 학교들은 양적 측면에서만이 아니라 한국사회의 근대화와 민족운동에도 상당한 기여를 한 것으로 평가된다. 따라서 기독교학교를 제외하고 한국 근대 교육사와 근대사를 논하기는 어려울 것이다.

이처럼 기독교학교는 한국 근대사에서 중요한 위치를 차지하고, 그에 상응하여 그동안 적지 않은 연구가 이루어져 왔지만 기존의 연구는 주로 근대화론이나 민족운동사의 관점에 서 있었던 것으로 보인다.[3] 근대화론은 기독교 사학이 학생들의 근대적 시민의식 양성에 기여한 점을 부각시키는 반면, 민족운동사의 관점은 기독교 사학이 민족의식의 고취와 민족운동에 기여한 점을 강조해 왔다.

이 장에서는 이러한 관점들과는 달리 서구 근대성의 수용과 확산 및 그 효과라는 측면에서 기독교 사학의 위상을 재조명해 보고자 한다. 구체적으로는 일제하 기독교학교의 종교교육을 둘러싸고 일제와 개신교계가 충돌한 사안에서 서구 근대성의 핵심 원리의 하나인 종교자유 담론이 어떻게 부상하였으며, 그러한 논쟁이 서구 근대성의 확산에 어떤 효과를 초래하였는가를 검토한다.

기독교학교를 둘러싼 일제와 개신교 진영 사이의 충돌은 식민 통치의 논리와 선교 전략의 논리가 만나는 지점에서 일어났다. 조선총독부는 통치 이데올로기의 효과적 확산을 위해 교육의 영역에서 헤게모니 장악이 필요하였고, 선교사들은 '복음'을 효과적으로 전파하기 위해 학교라는 선교의 장이 필요하였다. 이러한 양 진영의 확장 논리가 종교의 자유를 둘러싸고 충돌하였던 것이다.

일제와 개신교 선교부 사이의 갈등과 충돌은 일차적으로 일제의 통치 전략에 의해 촉발되었다. 특히 조선총독부의 교육정책과 종교정책이 강화되어 가는 과정에서 사립학교에서의 종교교육의 자유가 주요 쟁점으로 부각된 것이다. 이러한 충돌은 식민 모국인 일본 본토에서 먼저 일어났다.

따라서 일본 국내에서 메이지 정부의 종교정책과 교육정책이 어떠한 논리를 가지고 전개되었으며 일본 개신교는 어떻게 대응하였는가를 먼저 검토한다. 이어서 식민지에서는 이 문제가 어떻게 전개되었는가를 일본과의 차이를 염두에 두면서 살피는 동시에, 장로교와 감리교의 대응 방식의 차이에도 주목한다.

1. 근대 일본의 종교·교육 정책과 기독교학교

1) 메이지 정부의 종교정책과 기독교

19세기 중엽의 일본은 서세동점의 물결에 의해 총체적 위기에 직면하였다. 서양 제국주의가 무력을 동원하여 봉건 지배층에게 문호 개방을 강요하자 봉건 막부는 전통적인 쇄국정책을 포기하지 않을 수 없었고, 이 과정에서 봉건막부의 취약성이 드러났다. 따라서 서구 열강에 대항할 수 있는 더 강력한 지배체제가 사회적으로 요청되었다. 메이지유신은 이러한 시대적 위기를 해결하기 위한 과정에서 등장한 역사적 산물이다.[4]

메이지유신을 통하여 등장한 근대국가 일본은 봉건 막부 체제하에서 희미해져 있던 천황신앙을 부활시켜 국가를 통합하는 강력한 엔진으로 삼는 한편 서구사회를 모델로 한 근대화 정책을 추구하였다. 그 과정에서 일본 민족의 정체성을 강조하는 천황신앙은 국권론으로 발전하여 갔으며, 서구적 근대화를 지향하는 흐름은 민권론으로 귀결되어 갔다. 양자의 논리는 모두 문명개화와 부국강병을 궁극적 목표로 하고 있었지만 강조점에 차이가 있었다. 전자가 개인의 자유와 존엄성을 국권에 종속시키는 국가주의 이데올로기의 성격을 띠었다면, 후자는 개인의 자유와 권리를 무엇보다도 중시하는 자유주의 이데올로기의 성격을 띠었다. 근대 일본의 역사는 국권론과 민권론의 상호 대립과 보완의 과정이었다고 볼 수 있다.[5]

좀더 미시적으로 보면 메이지 10년대에 해당하는 1870년대 후반과 1880년대 초반의 일본사회는 문명개화의 열풍이 매우 강하게 몰아치던 시기였다. 따라서 이 시기에는 서구사회를 개화의 모델로 삼은 자유민권운동의 파도가 절정에 달하였으며, 문명의 상징으로 간주된 서양 종교도 이러한 사회적 풍조에 힘입어 널리 확산되었다. 그리고 이러한 민권운동과 기독교의 확산과 더불어 종교자유와 정교분리의 원칙이 근대성의 핵심 원리로 적극 수용되었다.[6]

종교자유와 정교분리 담론의 사회적 확산은 메이지 정부의 종교정책에도 영향을 미쳤다. 왕정복고와 제정일치를 내걸고 등장한 메이지유신 직후에는 정부가 직접적인 신도국교화 정책을 추진하였지만, 문명개화론의 대두와 확산으로 국교화 정책을 철회한 것이다. 문명개화론은 정교분리와 종교자유를 기본 전제로 삼았기 때문이다. 따라서 자유민권운동이 절정에 달했던 이 시기의 종교정책은 종교 불간섭 및 종교 행정의 자유화를 추구했다.

그러나 1880년대 중반에 접어들면 민권론이 국권론에 흡수되면서 종교에 대한 정부의 적극적인 통제 방안이 다시 강구되기 시작하였다. 당시 지배계급의 종교관을 잘 보여주는 예가 있다.

① 국가의 통치에 있어서 종교의 교의 내용은 그렇게 문제시되지 않는다.
② 통치자는 국민의 다수가 믿고 있는 종교를 경중(敬重), 농락(籠絡)해야 한다.
③ 그리고 그 종교를 통치의 기구 즉 국내 통치의 수단으로 이용해야 한다.
④ 또 동시에 그것을 공략의 기계, 공전(攻戰)의 기계 즉 외국 침략의 무기로 이용해야 한다.[7]

요컨대 종교의 교리에 관계없이 국민 대다수가 믿고 있는 종교를 대내적 통치와 대외적 침략의 무기로 이용하자는 논리다. 종교에 대한 소극적 태도가 아니라 적극적 개입과 통제의 의지가 역력하다. 이보다 더 구체적인 방략도 등장하였다.

① 법률상 신교의 자유를 인정한다.
② 그러나 행정상 인가교(認可教)와 비인가교의 구별을 둔다.
③ 그 구별은 신도 30만을 기준으로 한다.
④ 종교로 하여금 통치의 기구로 하려면 국민의 다수가 믿고 있는 종교를 이용하고 또 종교로 하여금 정략의 도구로 사용하려면 국민에게 익숙한 종교를 이용할 것이다.[8]

여기에 일본 제국주의의 종교정책의 핵심을 이룬 공인교 정책의 골격이 제시되고 있다. 법률적 차원[9]에서는 종교의 자유를 인정하면서도 행정상으로는 국가의 자의적 기준에 따라 공인종교와 비공인종교로 나누어 통제하는 방식이다. 이것은 종교의 자유라는 시대적 요청을 표면적으로 수용하면서도 종교를 행정기구로 활용하려는 발상이다. 여기에는 각 종교의 현실적 위상을 고려한 차별화 전략이 숨어 있기도 하다.[10]

거시적으로 보면 근대 일본은 이러한 종교관에 입각한 종교정책과 종교행정을 펼쳐 갔다. 종교의 자유와 정교분리라는 근대적 이념을 표방하면서도 실제적으로는 다양한 형태의 종교 관련 법령을 통하여 개별 종교를 통제해 갔던 것이다.

기독교에 대해서는 특히 적극적 간섭과 통제의 방식을 취했다. 일본 사회에서 기독교는 에도시대부터 지속되어 온 기리시탄금제(切支丹禁制) 정책[11]에 의해 입교나 포교활동 자체가 금지되어 있었으며, 이러한 금지 조치는 메이지유신 직후까지도 효력을 발휘하고 있었다. 그러다가 서구 열강의 지속적인 압력과 서구 제국과의 불평등조약을 개정하려는 일본 정부의 내재적 요구가 맞물려 1873년을 기점으로 엄금 조치가 해제되었다.[12] 이때부터 기독교 선교사들은 교회와 학교, 병원을 세우면서 합법적인 선교 활동에 돌입하였고, 1880년대 자유민권운동의 고조와 더불어 전성기를 맞이하였다. 그러나 앞서 언급했듯이 1890년대에 접어들어 메이지 정부가 제국주의의 길을 걷게 되면서 기독교는 다시 강력한 통제의 대상이 되었다.

2) 메이지 정부의 교육정책과 종교교육 문제

1890년대 이후의 메이지 정부는 종교정책만이 아니라 교육정책을 통해서도 기독교를 압박하였다. 그 이전까지는 서양 선교사들과 일본 기독교인들이 선교 활동의 일환으로 많은 학교를 세워 교육사업을 전개하였으며 상당한 성과를 발휘하였다. 그들은 정부의 재정적 지원에 의존하지 않고 자체의 힘으로 사학을 세웠으며 학생들에게 기독교 정신에 입각한 교육을 시행하였다. 당시 메이지 정부는 관공립학교에 대해서는 직접적인 관리와 통제를 가하였지만 사립학교에 대해서는 별다른 간섭을 하지 않았기 때문에 기독교학교에서의 종교교육은 비교적 자유로이 시행될 수 있었다.

그러나 1890년대에 접어들면서 사립학교에 대한 정부의 간섭과 통제가 강화되기 시작하였다. 1899년에 공포된 문부성훈령과 사립학교령은 기독교학교에 대한 직격탄이었다. 문부성훈령은 기독교학교의 정체성의 근간이라고 할 수 있는 학교에서의 종교교육과 예배의식을 전면적으로 금지하였기 때문이다.[13] 이 훈령이 공포되자마자 개신교계는 즉각적인 대응 조치를 강구하였다. 당시 저명한 일본 기독교인 7명과 선교사 7명으로 구성된 위원회는 문부성에 다음과 같은 내용의 항의문을 보냈다.

> 우리는 학교를 대표하는 동료들과 함께 종교교육이 지식의 차원에서만이 아니라 올바른 삶을 위한 가장 효과적인 자극제라고 하는 사실을 양심을 가지고 확신한다. 문부성은 우리의 이러한 신념을 굴복시키려고 하거나 우리 학교에 다니는 학생들에게 심각한 불이익을 주려고 하고 있다.… 사려 깊은 사람은 누구나 그러한 지시 사항이 종교자유의 원칙을 침해하고 있음을 분명히 인식하고 있다.[14]

일본 기독교계는 종교교육의 지적 도덕적 유용성과 제국헌법이 보장한 신교의 자유 조항을 근거로 종교교육의 허용을 요구하였던 것이다. 그러나 문부성은 종교의 자유를 '사적 종교'로서의 자유로 간주하는 반면 교육을 '공적인 것'이라 하여 개신교 측의 요구를 거절하였다.[15] 문부성의 논리에 의하면 교육과 종교의 분리는 근대 교육의 기본 원칙이므로 학교에서의 종교교육은 허용될 수 없다.

일본 기독교계의 건의가 받아들여지지 않자 각 학교는 나름의 대처 방안을 강구해야만 했다. 당시 기독교계 학교들은 통일된 입장을 취하지 않고 학교별로 다른 반응을 보였는데, 크게 보면 3가지 유형으로 나눌 수 있다. 첫 번째는 이 훈령과 기독교주의 교육이 양립될 수 없다고 보고 학교를 즉각 폐교한 경우이다. 종교교육을 하지 않고 세속교육을 행하는 것은 기독교 학교의 설립 취지에 근본적으로 어긋나므로 학교 경영을 포기한 사례이다. 훈령이 공포된 해에 즉시 폐교계를 제출한 사쿠라이소학교(櫻井小學校)가 대표적인 예이다.

두 번째는 학교의 위상을 낮추어 기독교교육을 지속한 경우이다. 당시 학제에 의하면 중학교는 중학교령에 의해 인가된 학교로서 여러 특권[16]이 부여되는 반면 보통학교는 그보다 학교의 격이 떨어지고 여러 특권도 부여되지 않았다. 그런데 문부성은 중학교에 대해서는 종교교육의 금지를 요구한 반면 보통학교에 대해서는 종교교육을 허용하였다. 따라서 당시 많은 기독교계 중학교는 종교교육을 지속하기 위해 여러 특권을 포기하면서 한 단계 낮은 보통학교로 전환하였다. 메이지학원(明治學院), 아오야마학원(青山學院), 도시샤학원(同志社學院)이 대표적인 예다.[17]

세 번째는 중학교의 위상을 유지하면서도 종교교육을 지속한 경우이다. 물론 이 경우에는 정규과목 시간에 종교교육을 한 것이 아니라 방과후에 기숙사나 다른 장소를 빌려 과외로 하였다. 성공회 계통의 학교인 릿교중학교(立敎中學校)가 대표적인 경우다.[18]

당시 일본의 기독교학교는 대부분 중학교였으며,[19] 거의 전부가 선교회에 의해 운영되거나 선교회의 원조 없이는 운영될 수 없었다. 문부성훈령이 공포되었을 때 선교회들은 기독교교육을 행하지 않는 학교에 대해서는 자금을 제공하지 않기로 결정하였다. 따라서 당시 대부분의 중학교는 폐교를 하지 않는 이상, 학교의 위상을 낮추고 종교교육을 행하는 두 번째 방안을 취하였다.

이로 인해 기독교학교의 사회적 위상이 격하되자 학교 운영에도 심각한 문제점이 나타나기 시작하였다. 재학생과 졸업생에 부여되었던 기존의 여러 특권의 상실은 학생 모집에 심각한 장애물이 되었던 것이다. 따라서 선교사들과 일본 기독교 지도자들은 정부와의 지속적인 협상을 통하여 상실된 특권을 회복하려고 노력하였다. 그 결과 도시샤학원, 메이지학원, 아오야마학원 등은 점차적으로 징병령 특전과 상급학교 수험자격 등을 얻게 되었다.[20]

이렇게 하여 기독교계 학교들은 내용적으로는 관공립학교와 거의 비슷한 수준의 위상을 회복했지만, 관계 관청에서는 이들 학교를 중학교로 취급하지 않았다. 기독교계 여자교육기관의 경우에도 마찬가지였다. 여자학교들도 기독교교육을 부르짖고 있는 이상 고등여학교란 이름을 쓸 수 없었고 여학교나 여학원 등과 같은 명칭을 사용해야만 했다.[21] 이러한 차별화가 최종적으로 폐지된 것은 패전 후인 1945년 10월이었다.

2. 조선총독부의 종교·교육 정책과 기독교학교

1) 조선총독부의 종교정책

식민지에서의 종교정책은 식민 모국의 그것과 동일하지 않다. 본토에서는 제국주의 정부 자체가 종교정책의 주체이지만 식민지에서는 총독부가 종교정책의 주체가 되고, 식민 통치의 논리가 종교정책에 반영되기 때문이다. 그렇지만 총독부 자체가 제국주의 국가의 대리 기관이므로 양국 사이의 종교정책에는 공통성도 존재하게 된다. 그러면 식민지 한국에서 종교정책이 어떻게 전개되었는지 구체적으로 살펴보자.

일제는 한일합병 이전인 통감부시대에 이미 재한(在韓) 일본인을 대상으로 종교의 선포에 관한 규칙(1907)을 공포한 바 있다.[22] 이 법령은 신도와 불교를 대표적인 종교로 간주하는 반면 기독교를 '기타 종교'에 포함시키는데서 드러나듯이 종교 간의 차별을 암묵적으로 전제하였다. 또한 포교활동의 인가를 통하여 종교 통제를 하였다. 이는 당시 일본 국내에서 보편화된 기독교에 대한 부정적인 인식과 종교 일반에 대한 통제 의지를 그대로 반영한 것이다.

이 시기에는 아직 식민지 사회의 종교에 대한 공식 방침이나 법률적 장치가 정식으로 공포되거나 시행되지 않았지만, 초대 통감이었던 이토 히로부미(伊藤博文)의 발언 내용에서 당시 일제의 종교 인식의 단초가 엿보인다. 이토 히로부미는 당시 일본 및 한국 감리교 감독을 겸하고 있던 해리스(M. C. Harris)에게 "정치상 일체의 사건은 제가 맡고, 이제부터 조선에서의 정신적 방면의 계몽교화에 관한 것은 간곡히 바라건대 귀하 등이 그것을 맡을 때 비로소 조선 인민을 유도하는 사업이 첫 결실을 맺게 된다."[23]고 말한 바 있다.

이 발언에는 정치적 방면과 정신적 방면을 구분하는 사고와 식민지 조선의 계몽교화를 위하여 정치와 종교의 상호 협력이 필요하다는 논리가 엿보인다. 물론 이때 정치와 종교의 관계는 상호 불간섭이라기보다는 종교의 정치 불간섭이었다. 종교가 정치에 간여하지 않고 비정치적인 순수한 교화활동에 전념할 때 정치와 종교의 협력이 가능하다는 논리다. 요컨대 종교의 철저한 탈정치화를 강조했다. 실제로 통감부는 기독교의 비정치화를 유도하기 위한 방편으로 특정 교회와 조직에 물질적 지원도 하였다.[24]

한일합병이 되자 일제는 본격적인 종교 통제를 위한 법령 마련에 나섰다. 당시에는 외국인 선교사와 한국인의 선교 활동이 매우 활발하게 진행되고 있었으나 이를 규제할 구체적 법령이 존재하지 않았기 때문이다.[25] 특히 민중계층을 배경으로 하여 자생적으로 형성된 신종교들은 정치와 종교를 혼합한 것으로 보였기 때문에,[26] 일제는 식민 통치의 차원에서 이들을 통제할 수 있는 법령 제정의 필요성을 강하게 느끼고 있었다. 이러한 상황에서 등장한 것이 포교규칙(布敎規則, 1915)이다.

> 본령(本令)은 결코 신교(信敎)의 자유에 하등의 제한을 가하려는 것이 아니다. 단지 포교상의 수칙을 규정하려는 데 지나지 않는다.… 본령을 시행한 결과 사실상 종교 선포에 종사해 온 조선인 및 외국인도 이에 처음으로 그 선교행위를 공인받고… 포교자 일반에게 평등한 대우를 함을 환영하고 이것을 기화로 더욱 포교의 효과가 현저해지도록 노력하는 경향이 나타나고 있다.[27]

이처럼 총독부는 종교자유의 보장, 포교행위의 공인, 그리고 종교에 대한 평등한 대우를 위해서 포교규칙을 제정하였다고 선전하였다. 그러나 이 법령의 핵심은 종교자유의 원칙에 위배되지 않으면서 종교를 통제할 수 있는 방안 즉 '종교공인' 정책에 있었다. 그렇지만 종교자유의 원칙과 종교공인 정책은 양립하기 어렵기 때문에 이 법령은 애초부터 종교자유를 제약할 가능성을 지니고 있었다.

이는 종교자유 보장의 필수 조건이 되는 종교에 대한 평등한 대우가 이 법령 자체의 전제로 인해 보장될 수 없는 데서 잘 나타난다. "본령에서 종교라 함은 신도, 불교 및 기독교를 일컫는다."(제1조)라고 하는 규정에 의해 세 종교 이외의 나머지 종교들은 '유사종교'로 간주되어 '종교'라는 '보호구역'에서 배제되기 때문이다.

총독부가 특정 종교만을 종교의 범주에 포함시킨 데에는 각 종교의 정치지향성 여부와 그 종교가 국민교화에 적절히 이용될 수 있는 조직과 교육 수준을 가지고 있는가 하는 점이 중요한 변수로 작용하였다.[28] 정치 지향적인 종교들에 대해서는 종교라는 보호구역을 제공하지 않고 일반 사회단체로 간주하면서 직접적 통제를 가하는 반면, 제도화된 종교들에 대해서는 '종교영역' 내에서의 자유를 보장하는 동시에 체제 이데올로기의 교화 수단으로 이용하려고 했던 것이다.

따라서 일제는 천도교와 같은 신종교에 대해서는 경찰범처벌규칙(1912)과 같은 일반 행정명령으로 통제하였으며, 공인종교의 범주에 들어가는 불교와 기독교에 대해서는 포교규칙을 통하여 포교활동을 법적으로 통제하고자 하였다. 이 법령에 의해 총독은 모든 종교의 포교행위를 사실상 철저하게 감독하고 감시할 수 있게 되었으며, 포교활동에 대한 보고서를 요구하고, 심지어는 교회당의 폐쇄 명령도 내릴 수 있게 되었다.[29] 이것은 결국 종교적 행위를 행정기구를 통하여 감독하고 통제하려는 시도였다.

일제는 특히 기독교와 같이 조직력이나 정치력이 큰 종교의 경우에는 정치 영역으로부터 배제하여 정치에 무관심한 개인구원이나 개인적 수행과 같은 영역에서만 활동하는 종교로 만들고자 하였다.[30] 이것이 바로 일제가 의도한 정교분리 전략이다. 물론 이때의 정교분리는 국가의 종교 불간섭이 아니라 종교의 정치 불간섭과 정치권력에의 순응을 의미하는 것이었다.

이처럼 일제는 헌법에서 종교자유를 선포하면서도 식민 통치의 일환으로 종교에 대한 다양한 통제 방안을 강구하였다. 일제의 종교정책의 기축은 종교공인 정책과 정교분리 정책이었다. 총독부는 불교와 기독교, 교파신도만을 종교의 범주에 포함시키고, 유교나 신종교, 민간신앙은 종교의 영역에서 배제하는 종교공인 전략을 구사하였다. 이와 동시에 공인종교들에 대해서는 정교분리 원칙을 강조함으로써 종교의 비정치화와 탈정치화를 유도하였다.

일제의 종교정책을 특징짓는 종교공인 정책에 의해 개신교는 종교의 하나로 공인받는 한편 정교분리 전략에 의해 비정치화와 탈정치화를 요구받았다. 따라서 일제하 개신교는 식민지 국가권력에 의해 '형식적'으로 부여된 종교의 자유를 '실제적' 내용을 가진 종교의 자유로 만들어 내야 하는 과제를 지니게 되었다.

2) 조선총독부의 교육정책과 기독교학교

일본 본토에서 메이지 정부가 종교정책과 교육정책을 통해 개신교를 통제하려고 하였듯이, 식민지 사회에서도 조선총독부는 종교정책과 함께 일련의 교육 관계 법령을 통해 개신교를 통제하였다. 특히 식민지에서는 일본 본토의 경우보다 교육의 장에서 기독교학교가 차지하는 비중이 훨씬 더 컸고 학교의 운영 주체도 치외법권을 지닌 외국인들이었기 때문에 더 경계하였다.

일제 강점 이전에는 사립학교를 설치하고자 할 경우 정부의 인가가 불필요하였을 뿐만 아니라 보고의 의무도 없었다. 따라서 한국인이나 선교사들이 사립학교를 활발하게 세웠으며, 종교계 사립학교의 경우에는 자유로이 종교교육을 행할 수 있었다.

그러나 통감부시대부터 일제는 사립학교에 대해 통제를 가하기 시작하였다. 이 시기에 공포된 사립학교령(1908)은 사립학교의 설립에 관한 사전 인가제를 도입함으로써 기독교학교에 커다란 부담으로 작용할 소지를 안고 있었다. 그렇지만 당시 일제의 당면 목표는 민족주의 세력의 제거였기 때문에 '순수한' 종교교육에 대해서는 직접적인 통제를 가하지 않으려고 하였다.

이 법령 제5조에서 '종교와 학교에 대하여는 자유로우나 현정부에 대하여 논란 공격하는 정론가가 있다면 주의할 일'이라고 표현했듯이, 종교활동과 교육사업에 정치적 요소만 없다면 이에 관여하지 않겠다는 것이 통감부시대 일제 통치의 기본 전략이었다. 합병 직후 나온 조선교육령(1911)과 사립학교규칙(1911)에서도 '충량한 일본 신민의 양성'과 민족주의적이고 정치적인 교육의 통제에 주안점을 두고 있을 뿐 종교교육 자체에 대해서는 직접적으로 언급하고 있지 않다.

그러나 사립학교규칙을 개정한 개정사립학교규칙(1915)이 나오면서 사립학교에서의 종교교육을 금하는 조치가 명문화되었다. 이 규칙은 제6조 제2항에서 "성서, 지리, 역사 등의 과정을 가하여서는 아니 된다."라고 규정하였다.[31] 총독부가 교과목으로부터 지리와 역사를 배제한 것은 민족주의적 교육을 방지하려는 의도에서이고, 성서과목을 배제한 것은 종교교육의 금지를 명하는 것이었다.

총독부 정무총감은 "사립학교의 교과과정 중 종교를 가할 수 없음은 물론 일반 교과과정 외에 수의과목(隨意科目)등의 명의를 쓰는 경우에도 학교사업으로써 종교상의 교육을 베풀 수 없으며 종교의식을 행할 수 없다."[32]고 하면서 사립학교에서의 종교교육에 대한 총독부의 입장을 더욱 명확히 하였다.[33]

이러한 주장들은 총독부가 지속적으로 내세우고 있는 '교육과 종교의 분리'라고 하는 원칙에 근거한 것이다. 당시 총독부 외사국장(外事局長)은 이렇게 말했다.

> 종교의 선전은 오직 교회의 관할에 속하는 반면 교육사업은 전적으로 정부의 관할에 속한다.… 정부가 종교에 관여해서는 안 되듯이 교회도 정치적 행정 일반과 특히 행정사업의 한 부분인 교육에 관여해서는 안 된다.[34]

요컨대 교육은 정부 행정의 고유한 영역에 속하는 것이므로 종교가 교육에 관여해서는 안 된다는 것이다. 그는 심지어 "교육은 오직 민족주의적이어야만 하고 보편적인 종교와 혼합되어서는 안 된다."[35]고 말하였다.

여기서 민족주의는 '국가주의'를 의미하며 보편적인 종교는 '초국가주의'를 암시한다. 따라서 보편주의 즉 초국가주의적 세계관을 가지고 있는 종교에 교육을 위임하게 되면 일제 통치의 이데올로기적 기반이 되는 국가주의 이데올로기가 위협당할 수 있음을 암시하는 논리이다. 이러한 맥락에서 총독부는 보편주의적·초국가주의적 신앙을 전제하고 있는 것으로 보이는 기독교의 교육사업 간여를 철저히 배제하려고 하였던 것이다.

총독부는 이 법령이 실시되기 이전부터 종교교육을 실시하여 왔던 사립학교에 대해서는 10년간의 유예기간을 주었지만,[36] 새로 설립되는 사립학교에서의 종교교육은 즉각적으로 금한다는 명령을 내렸다. 그러자 선교사들은 기독교학교에서의 종교교육을 사실상 금지시키는 이러한 조치를 '교육과 종교의 자유를 부정하는 행위'[37]로 간주하고, 마침내 선교사연합공의회[38]는 총독부의 교육정책을 반박하는 결의문을 채택하였다. 그 내용은 기독교교육을 허용하겠다던 당국의 종전의 확약이 개정사립학교규칙에 의해 지켜지지 않았음을 항의하면서 10년의 유예기간이 지나기 전에 최소한 일본 본토에서와 같은 수준으로 법령이 개정되기를 희망하는 것이었다.[39]

이에 대해 총독부는 사립학교에서의 종교교육 금지 조치가 결코 종교의 자유를 부정하는 것이 아니라고 주장하였다. 당시 총독 데라우치(寺內正毅)는 이렇게 말하였다.

> 우리는 완전한 종교적 신앙의 자유를 보장한다. 기독교에 대해서는 단지 관용이 아니라 우호의 감정을 가지고 있다. 기독교학교에서의 성서 공부를 금지시키는 것은 국가적 교육적 조치의 하나이지 결코 기독교에 대한 차별 대우는 아니다.[40]

이처럼 총독부는 교육의 영역에서 종교의 가르침을 제거하는 것이 종교자유의 원칙에 위배되는 것이 아니라고 계속 주장하였으나, 선교사들은 교회로부터 교육의 기능을 배제시키는 총독부의 교회관(definition of church)을 받아들일 수 없었다. 이들은 정부의 원조를 받지 않는 사립학교에서는 종교교육을 포함한 어떠한 교육도 행할 자유가 보장되어 있음을 서구의 예를 들어 주장하는 한편, 기독교학교에서의 교육이 국민도덕의 기초를 제공함으로써 궁극적으로 국가의 이익에 도움이 된다고 주장하였다.[41]

요컨대 대부분의 선교사들은 총독부의 구호에 해당하는 교육과 종교의 분리[42] 대신 교육과 종교의 통일(union of education and religion)을 전제하고 있었던 것이다.[43] 교육과 종교는 엄격하게 분리될 수 없으며 종교가 교육적 역할을 할 수 있다는 논리였다. 이처럼 개정사립학교규칙의 제정 이후 사립학교에서의 종교교육의 자유 문제를 둘러싸고 총독부와 개신교 측은 지속적으로 논란을 벌였다.

3.1운동을 계기로 문화통치가 행해지면서 사회정치적으로 상대적 유화 국면이 조성되자, 선교부는 총독부에 종교교육의 자유를 정식으로 건의하게 된다. 장감(長監)선교단체연합회가 제출한 연합종교회건백서는 교육사업만이 아니라 전도사업, 의료사업, 종교서적 출판, 종교재산에 관한 문제 등 선교 활동 일반에 관한 내용을 포함한다.[44] 이 건백서에서 선교사들은 대한제국 시대보다 일제시대에 들어와 오히려 종교 및 교육의 자유가 제한되어 왔음을 환기시키면서[45] "우리는 세계의 여러 대국과 같이 일본 제국 헌법이 이미 보증한 종교적 자유를 조선에 있어서 실제로 향유하기를 간절히 바랍니다."[46]라고 건의하였다. 이 건백서의 내용 중 종교교육의 자유에 관한 것은 '기독교 사립학교에서의 성서교육 및 종교의식을 교과목으로 허가하여 달라는 것'[47]으로서 다음과 같은 내용으로 되어 있다.

> 기독교주의 사립학교의 목적은 기독교에 기초한 고등보통교육을 실시하는 것이기 때문에 성서를 가르치고 종교적 의식을 행하는 것은 세계 각국에 있는 이러한 종류의 학교가 일반적으로 향유하는 특권이고 … 우리들의 견해에 의하면 … 교회 또는 전도단이 개정교육령에 따라 기독교주의 학교의 교과목으로부터 성서를 제외할 때에는 그 학교가 정부의 보호를 받는다고 하는 것이 공평하지 않다고 믿고 … 우리들은 조선에 있는 사

립학교가 종교교육상 내지[일본]의 학교와 동일한 자유를 얻기를 희망한
다.[48]

요컨대 세계 각국의 기독교학교에서만이 아니라 일본 본토의 기독교학
교에서도 종교교육의 자유가 보장되고 있으므로 식민지 조선에서도 종교
교육이 허용되어야 한다는 논리다. 곧 기독교 이념에 근거하여 세워진 사립
학교에서 종교교육을 행하는 것은 너무도 당연한 권리라는 입장이다. 한편
"학부형이 그 자녀를 기독교학교에 보내는 것을 관원의 위압에 의해 방해하
지 말아 달라."[49]는 건의도 하였다. 이는 기독교학교에 대한 일부 관원의 부
정적 경멸적 행동을 제지하여 달라는 것으로서 종교교육의 자유 보장과 밀
접한 연관이 있는 요구다.

총독부는 이러한 내용의 건의안을 어느 정도 수용하였다. 그리하여 모든
사립학교에 대해 종교교육의 금지를 적용했던 초기의 규정을 개정하여 학
교의 등급에 따라 다른 기준을 적용하였다. 고등보통학교에 대해서는 성서
교육과 예배의식을 정규과목으로는 인정하지 않고 단지 방과후에 별도로
이루어지는 과외 수업으로만 허용하고, 각종학교나 지정학교에 대해서는
성서교육과 예배의식을 정규과목으로 허용했다.[50]

3. 장로교와 감리교의 대응 양상

여기서 우리는 장로교와 감리교가 총독부의 교육정책에 대해 취한 대응
양상의 차이에 주목할 필요가 있다. 이를 위해서는 고등보통학교 승격 문제
를 이해해야 한다. 조선총독부는 1915년 조선교육령과 개정사립학교규칙

을 공포하면서 모든 중등 사립학교로 하여금 10년 내에 사립 고등보통학교로 새로 인가받을 것을 요구하였다.

총독부의 교육정책에 의하면 사립 고등보통학교는 관공립 고등보통학교와 동등한 특권이 주어지는 학교로서 졸업 후에 학생들은 상급학교 진학 자격을 부여받는다. 이와 달리 잡종학교나 각종학교는 상급학교 진학자격이 부여되지 않고 취직도 어렵게 되는 일종의 '무인가 학교'이다.

이러한 승격 요구를 받자 기독교학교들은 딜레마에 빠졌다. 만일 총독부의 요구대로 일정한 자격을 갖추어 고등보통학교로 승격되면 관공립 고등보통학교와 동등한 대우를 받을 수 있지만, 그 대신 성서교육과 예배의식을 정규과목으로 삼을 수 없게 된다. 이와 반대로 고등보통학교로 승격되지 않으면 종교교육은 지속할 수 있지만 사실상 무인가 학교로 전락되어, 학생 모집 자체가 어려워지고 결국에는 폐교 사태에 직면하게 된다. 요컨대 기독교학교들은 몇 년의 유예기간이 남아 있기는 하였지만 승격과 폐교 중 어느 한쪽을 택해야 하는 갈림길에 섰던 것이다.

이때 감리교와 장로교 선교부는 서로 다른 태도를 취했다. 감리교는 학교에서 성서교육이나 예배의식 등을 직접 행하지 못해도 간접적인 선교 효과를 위해서 학교를 존립시켜야 한다는 입장이었다. 요컨대 '승격론'의 입장을 취했다. 당시 조선감리교연회의 회의록은 이렇게 기록하였다.

참된 종교 교사가 가르치는 교육으로부터 종교를 분리시키는 것은 사실상 불가능하다. 기독교가 진리이고 인격이 그 진리를 전파하는 힘이고 기독교 교사들이 확보될 수 있는 한, 선교부의 교육사업에 조금의 지체도 있어서는 안 된다.[51]

이는 아무리 어려운 상황에 처할지라도 기독교학교의 운영을 포기해서는 안 된다는 결의로 보인다. 즉 학교에서 성서교육과 예배의식을 행하지 못한다 하더라도 기독교인 교사들이 인격적으로 학생들을 지도한다면 기독교 정신이 학생들에게 전달될 수 있을 것이라고 판단한 것이다. 이러한 노선에 따라 감리교계 학교들은 대부분 10년의 유예기간이 경과되지 않은 상황에서 배재학당과 이화학당을 선구로 광성학교, 호수돈여학교, 정의여학교, 배화여학교 등이 순차적으로 고등보통학교로 승격되었다.[52]

이와 달리 장로교는 기독교교육이라는 학교 설립 목적을 상실한다면 학교 존립의 의미가 없다는 입장을 고수하였다. 당시 장로교의 대표적 학교였던 평양 숭실학교의 교장 마펫(S. A. Moffett)은 이 문제에 관한 토론이 열릴 때 벌떡 일어나 다음과 같이 말하였다.

우리 좀 하나님께 의지하고 기다려 봅시다. 아직도 기한은 몇 해 남았으니 그대로 계속하면서 총독부에 우리들로서는 성경을 가르치지 못하고 하나님을 반대하는 학교는 유지해 나갈 수 없다는 것을 솔직히 말합시다.[53]

이처럼 장로교계 학교들은 최대한 시간을 벌면서 종교교육의 지속 방안을 모색하였다. 즉 감리교계 학교들처럼 고등보통학교로 등록하지 않고 무인가 학교 심지어는 폐교의 가능성을 염두에 두면서 총독부와 협상을 지속하였다.[54] 그러다가 마침내 '지정학교'[55]라는 새로운 형식으로 등록하여 종교교육의 자유를 확보할 수 있었다.

이처럼 장로교와 감리교가 종교교육의 문제에 대해서 서로 다른 대응을 한 이유는 우선 두 교파의 선교 원칙의 차이에서 찾아볼 수 있다. 장로교 선교부는 '교회의 첫 번째 그리고 주요한 과제는 어느 영혼에게나 그리고 도

달가능한 모든 영혼에게 복음을 전하는 것이며,[56] "비기독교인들에게 세속적 교육을 제공할 필요가 없다."[57]는 원칙을 가지고 있었다. 이러한 원칙에 근거할 때 종교교육을 포기한 상태에서의 세속교육은 애초부터 그 존재 의미를 상실하는 것이었다. 이는 장로교가 학교를 세속교육의 장으로서보다는 선교의 장으로 인식하고 있었음을 보여주는 것이다. 그러므로 장로교는 기독교학교에서의 성서교육 금지를 사실상 선교 활동의 포기를 요구하는 것으로 이해하였으며 나아가 이를 종교의 자유를 침해하는 것으로 받아들였던 것이다.

한편 감리교는 교회의 첫 번째 과제를 '복음 전파'로 삼은 것은 사실이지만 장로교에 비해 세속교육이 지니는 의미를 상대적으로 더 인정하고 있었다. 감리교의 이러한 특성은 신학교육의 커리큘럼에서도 잘 드러나 있다. 1920년대 초 감리교 협성신학교와 장로회신학교의 교과목을 보면, 협성신학교에서는 성경과 신학 과목이 53.4%를 차지하였으나 장로회신학교에서는 94.8%를 차지하였다. 반면 교양과목의 비중은 협성신학교의 경우 전체 교과목의 46.6%를 차지하였으나 장로회신학교의 경우에는 5.2%를 차지하였다.[58] 감리교 학교들이 장로교 학교들에 비해 표면적 차원에서 종교교육을 더욱 쉽게 포기할 수 있었던 것은 이러한 요인과 무관하지 않을 것이다.

이러한 선교 방침의 차이 이외에도 종교의 자유에 대한 장로교와 감리교의 관심 차이도 작용하였다고 볼 수 있다. 종교자유에 대한 장로교와 감리교의 차이는 양 교파의 헌법에 잘 나타나 있다.

장로교는 헌법에서 양심의 자유와 교회의 자유를 명기하고 있음에 비하여, 감리교의 헌법에 해당하는 『기독교조선감리회 교리와 장정』(1935)에는 종교자유에 관한 조항이 없다. 장로교는 『조선야소교장로회헌법』(1934)의 정치 조항의 제1조에 해당하는 양심자유 조항에서 "일반 인류는 종교에 관계되는 각항 사건에 대하여 속박을 받지 않고 각기 양심대로 판단할 권리가 있은즉 수모(誰某)든지 이 권리를 침해하지 못할 것이니라."라고 선언하였다. 이는 누구든지 종교생활에서 외부의 구속과 침해를 받지 않고 양심대로 판단할 권리가 있음을 명시한 것이다.

제2조 교회자유 조항에서는 "교회는 국가의 세력을 의지하지 아니하고 오직 국가에서 각 종교의 종교적 기관(機關)을 안전보장하며 동일시함을 기망(企望)하는 것 뿐이니라."라고 규정하였다. 이는 교회가 국가의 공권력에 의존하지 않겠다는 선언이자 동시에 국가의 종교 보호와 종교적 중립성을 요청한 것이다. 이 두 가지 조항에서 나타나듯이 장로교는 국가와의 관계에서 종교의 자유를 수호할 이론적 기반을 더욱 명확하게 확보하고 있었다.

이에 비해 감리교는 교회 헌법에서 교회의 자유를 언급하지 않았기 때문에 국가권력의 교회 간섭에 대항할 이론적 무기가 상대적으로 약했다고 볼 수 있다.[59] 그렇다고 하여 감리교가 종교자유 관념을 가지고 있지 않다거나 종교자유를 무시한다는 것은 아니다. 단지 종교자유의 영역으로 간주된 사안의 경우, 이를 지키는 데 장로교보다 소극적일 가능성이 높다는 것이다.

지금까지 살펴보았듯이 일제하 기독교학교에서의 종교교육을 둘러싸고 진행된 조선총독부와 개신교 사이의 논쟁에는 종교자유 담론이 핵심적 위치를 차지하고 있다. 종교자유 담론은 서구 근대성의 핵심 원리로서 개항과 더불어 한국사회에 급속하게 수용되기 시작하였으며 지배 담론으로 정착하였다.

개신교는 종교자유 담론의 확산에 힘입어 본격적인 선교 활동을 펼칠 수 있었으며, 그 어느 종교보다도 빠른 속도로 한국사회에서 기반을 닦았다. 그러나 한국이 일제의 식민지로 편입되면서 개신교의 선교 활동은 일정한 제약을 받게 되었다. 특히 개정사립학교규칙으로 대표되는 일제의 교육정책이 개신교의 선교 활동에 중대한 제약을 초래하였다. 이 법령은 10년의 유예기간을 주면서 기독교학교에서의 종교교육을 전면적으로 금지하였고, 개신교 선교사들은 이 법령이 제국 헌법이 보장한 종교의 자유를 전면적으로 부정하는 조치라고 주장하면서 총독부와 담론 투쟁을 전개하였다. 이 과정에서 '교육과 종교의 분리'라고 하는 새로운 담론이 등장하였는데, 이 담론은 '정치와 종교의 분리' 즉 정교분리 담론과 짝을 이루면서 일제의 주요한 이론적 무기로 활용되었다.

정교분리의 원칙과 교육-종교 분리의 원칙은 서구 근대성이 마련한 공사 이분법에 근거하고 있다. 근대적 공사 이분법에 의하면 정치와 교육은 공적 영역에 속하고 종교는 사적 영역으로 배치된다. 따라서 양자는 엄격하게 분리되어야 한다. 이러한 분류체계에 의하면 국가권력은 공적 영역을 담당하므로 정치와 교육을 관장할 수 있지만, 종교는 사적 영역을 담당하므로 정치와 교육의 장으로 진출해서는 안 된다.

실제로 근대 서구사회에서는 이러한 이분법이 작동하여 종교가 공교육의 장으로부터 철수하였다. 조선총독부는 이러한 근대적 이분법에 의하여 개신교의 교육활동을 통제하고자 한 것이다. 그러나 문제는 공립학교와 같은 '순수한' 공적 영역이 아니라 사립학교와 같은 '모호한' 공간이었다. 사립학교가 공적 영역에 속하는가 사적 영역에 속하는가, 혹은 사립학교가 공교육의 장에 속하는가 종교적 활동의 장에 속하는가 하는 물음이 총독부와 개신교 사이의 논쟁 속에 숨어 있었다.

총독부는 교육 영역 전체를 완전히 장악하고 싶은 '욕망'이 있었으므로 사립학교를 공교육의 연장선상에서 바라보았다. 따라서 사립학교를 공적 교육의 공간으로 해석하면서 종교교육을 허용하지 않으려고 한 것이다. 이에 비해 개신교 진영은 사립학교를 종교적 활동의 공간으로 인식하고 있었기 때문에 종교교육이 허용되어야 한다는 입장을 고수하였다. 그리고 종교와 교육은 절대적으로 분리될 수 없으며 오히려 종교교육이 건전한 국민의식의 형성에 도움이 된다고 하면서 종교교육의 필요성을 지속적으로 강조하였다.

이러한 논쟁은 결국 양 진영이 한 발짝씩 물러나면서 접점을 찾았다. 즉 고등보통학교와 같은 정규학교에서는 과외 시간에만 종교교육이 허용되고, 지정학교와 같은 한 등급 낮은 학교에서는 종교교육이 전면적으로 허용되었던 것이다.[60] 이는 공적 공간의 성격이 강한 곳에서는 종교교육에 대한 제약이 가해지고 사적 공간의 성격이 강한 곳에서는 제약이 완화되었음을 의미한다.

이와 더불어 이 논쟁에 숨어 있는 또 다른 대립 구도는 일제의 국가주의 프로젝트와 개신교의 선교 프로젝트 사이의 충돌이다. 당시 서구 국가들에서는 개인의 인권을 중시하는 자유주의와 개인주의가 지배적 패러다임으로 작용하고 있었으므로 사립학교에서의 종교교육을 종교자유의 권리로서 보장하고 있었던 반면, 국가주의의 논리가 강요되던 식민지 한국사회에서는 사립학교와 같은 공간에서의 종교교육의 자유마저 인정하지 않으려고 했던 것이다. 한편 개신교 선교사들은 사립학교를 세워 운영하는 근본적 이유가 종교교육이라는 이름의 선교 활동에 있었으므로 국가주의의 압력 앞에서도 종교자유의 원칙을 내세워 집요한 담론 투쟁을 전개하였던 것이다.

이처럼 일제하 기독교학교라고 하는 독특한 공간에서 일어난 종교교육 논쟁은 종교자유 담론을 축으로 하여 공과 사, 교육과 종교, 정치와 종교, 국가주의와 선교의 관계와 같은 근대적 담론을 우리 사회에 본격적으로 확산시키는 주요한 통로 역할을 하였던 것이다.

IV

일제하
신사참배 논쟁과 종교자유

일제하 신사참배 문제는 한국 기독교가 겪었던 가장 큰 시련의 하나였다. 개신교의 최대 교파인 장로교는 신사참배 문제로 인해 해방 직후 교단 분열을 경험해야 했다. 해방 이후 장로교는 총회를 통해 일제하에서 행한 신사참배 결의를 취소하였지만 지금까지도 개신교인들 사이에서는 이 문제에 대한 기억과 해석의 방식에서 상당한 차이를 보여주고 있다.[1] 천주교 내에서도 과거의 신사참배 허용을 신앙의 오점으로 간주하면서 반성해야 한다는 목소리가 나오고 있지만 제도교회 차원에서는 큰 관심을 부여하지 않는 것으로 보인다.[2]

지금까지 신사참배에 대한 연구는 고신파를 비롯한 보수 개신교 진영이 주도해 왔고, 이들은 신사참배 문제를 주로 기독교 신앙의 타락과 한국교회의 굴복이라는 시각에서 접근하고 있다. 일제하 한국교회가 천황제 신도국가의 종교 탄압에 굴복하여 변질되었고 오직 소수의 세력만이 순교자를 배출하면서 끝까지 저항했다는 것이다. 따라서 한국교회의 정통성은 신사참배거부운동을 계승한 자신들의 교단에서 찾아야만 한다고 주장한다. 그러나 이러한 시각은 신사참배 문제를 둘러싼 복잡한 요소들을 간과하는 약점이 있다.[3]

신사참배 문제는 일제의 교회 탄압과 저항으로만 규정할 수 없다. 거기에는 그보다 2세기 전 중국에서 일어난 조상제사를 둘러싼 '전례 논쟁'과의 연속성이 있다. 따라서 신사참배 논쟁을 심층적으로 규명하기 위해서는 조상제사 논쟁의 경우처럼 서구와 동양의 충돌, 종교와 문화의 이분법, 서구적 종교 개념의 등장과 같은 인식론적 층위를 고려해야만 한다. 신사참배 논쟁에는 인식론적 측면만이 아니라 법적 차원도 함께 작용하고 있다. 서구 근대성의 핵심 원리인 종교의 자유와 정교분리 원칙이 그것이다. 종교자유와 정교분리의 원칙을 기본 전제로 하면서 일제와 기독교 사이에 논쟁과 갈등이 벌어진 것이다. 이처럼 신사참배 문제에는 종교 개념을 중심으로 하는 인식론적 차원과 종교자유 개념을 중심으로 하는 법적 차원이 중첩되어 있다.

조선총독부는 신사참배 강요가 종교의 자유를 침해하지 않는 것이라고 주장한 반면, 기독교 진영은 신사참배 강제가 종교의 자유를 침해한다고 주장하였다. 양 진영의 논리에는 신사의 종교성을 둘러싼 해석의 차이가 존재하였다. 신사비종교론과 신사종교론의 대립이 그것이다. 총독부는 신사비종교론을 내세워 신사참배 요구가 종교자유를 침해하지 않는다고 강조한 반면, 기독교는 신사종교론을 내세워 신사참배 요구가 종교자유를 침해한다고 주장한 것이다. 그런데 기독교 내부에서 신사비종교론을 수용하는 입장도 나타났다.

따라서 이 장에서는 총독부와 기독교 사이, 그리고 기독교 내부에서 일어난 종교자유 문제를 신사비종교론과 신사종교론의 맥락에서 검토한다. 먼저 총독부의 신사정책과 신사비종교론이 지닌 성격을 검토하고 이에 대해 기독교계가 신사종교론과 신사비종교론으로 나뉘어 대응하는 과정과 그 의미를 추적한다.

1. 조선총독부의 신사정책

조선총독부의 신사정책은 일본 국내에서 시행된 신사정책을 근간으로 한다. 따라서 총독부 신사정책의 성격을 검토하기 위해서는 일본 국내에서 이루어진 신사정책을 먼저 살펴볼 필요가 있다. 주지하다시피 메이지유신을 통해 근대국가로 발전한 일본은 국가 통합을 위한 강력한 엔진을 필요로 하였다. 이때 메이지 정부가 주목한 것이 고대의 신기(神祇)제도와 천황제였다. 이 두 제도의 근대적 변형과 상호 결합이 근대 일본 국가주의의 골격을 형성했다고 말할 수 있다.

이 과정을 간략하게 살펴보자. 메이지 정부가 등장하면서 내건 왕정복고와 제정일치라는 구호 자체가 천황제와 신기제도의 부활을 암시하였다. 신도(神道)국교화 정책이 그러한 몸짓의 구체화이다. 메이지 정부는 신도의 위상을 높이고 신도가 일본의 고유한 종교임을 보여주기 위해 신도로부터 불교의 색채를 제거하는 신불판연령(神佛判然令, 1868)을 선포하였다. 1869년에는 신관과 국학자가 중심이 된 선교사 제도를 통해 '유신(惟神)의 대도(大道)'를 선양하는 국민교화 운동을 전개하였다. 이 작업이 성공을 거두지 못하자 교부성(1872-1877)을 통한 교도직 제도의 운영, 그리고 대교원(1873-1875) 설치를 통한 국민교화 운동을 전개하였다. 그렇지만 이러한 운동들도 성공하지 못했다.[4]

이처럼 정부 주도의 국민교화 운동이 한계에 이르자 신도의 요소 중 제사와 종교를 분리하는 제교분리(祭敎分離)의 움직임이 부상하였다. 이는 신사신도가 제사를 담당하게 하고, 교파신도는 교화를 담당하게 하는 분리 전략이다. 제사는 국가의 제사를 의미하므로 신사신도는 국가의 관할하에 들어가고, 교파신도는 관장의 책임하에 자유롭게 교화(종교)활동을 하게 되었

다.[5]

　제사와 종교의 분리는 '신사비종교론'과 동전의 양면을 이룬다. 신사비종교론에 의해 신사신도는 종교의 범주에서 벗어나 국가 의례를 담당하는 국가 제도가 되었다. 신사신도가 '국가적 신도' 혹은 '국가신도'로 불리게 된 것은 이 때문이다.[6] 메이지 정부는 신사신도의 비종교성을 보여주기 위해 신관의 교도직(教導職) 겸직 금지와 장의(葬儀) 관여 금지 조치를 내렸다.[7] 두 영역은 종교의 영역으로 간주되었기 때문이다. 1900년 사사국을 폐지하고 신사국(神社局)과 종교국(宗敎局)으로 분화시킨 것도 신사비종교론의 제도적 실천이었다. 메이지 정부는 신사신도를 관장하면서 근대적 사격(社格) 제도를 탄생시켰다. 이 제도에 의해 전국의 신사는 크게 관사(官社)와 제사(諸社)로 분류되고, 관사는 관폐사(官幣社)와 국폐사(國幣社), 제사는 부사(府社), 번사(藩社), 현사(縣社), 향사(鄕社)로 세분되었다. 이러한 사격 제도에서 천황과 관련된 이세신궁이 모든 신사의 정점에 위치하게 되었다. 이로 인해 황실신도와 신사신도가 결합되었으며, 천황제가 근대적 신기제도의 중요한 축이 되었다. 한편 우지가미(氏神)와 우지코(氏子)의 관계에 의해 유지되는 제사(諸社)는 지역사회를 통합하는 역할을 하지만, 이와 동시에 국가와 천황에 충성하는 충군애국의 장치로 기능하게 되었다. 이로써 신사비종교론을 이론적 근거로 하면서 천황제와 신사신도가 결합한 근대 일본의 국가신도 체제가 형성된 것이다.

　조선총독부는 일본 본국의 신사정책을 토대로 조선에서의 신사정책을 전개하였다. 1915년 신사사원(神社寺院)에 관한 규칙을 발포하였는데, 이 법령에 의해 모든 신사의 창립과 존폐는 총독의 허가를 받아야 했으며 신사는 관공립적 성격을 부여받았다. 1917년에는 신사(神祠)에 관한 건을 발표하여 신사로 공인받지 못한 소규모 집단의 소사(小祠)들을 보호, 육성하였다. 총독부는 신사의 설립을 적극 장려하여 전국적으로 신사의 수가 급증하였다. 1945년 현재 신사(神社) 82사, 1940년 현재 신사(神祠) 601사였다.[8]

총독부의 신사정책은 새로운 관폐사 혹은 국폐사의 창설로도 나타났다. 관립신사의 가장 대표적인 것은 조선신궁이다. 총독부는 '충군애국의 염(念)', '국풍이식(國風移植)의 대본(大本)', '보본반시(報本反始)의 성(誠)' 등의 용어를 구사하며 조선신궁 건립의 필요성을 제기하였고,[9] 마침내 1925년 서울 남산에 건립되었다. 일본의 이세신궁처럼, 조선신궁은 조선에 있는 모든 신사의 정점에 위치했다.

총독부는 신사 건립을 추진하면서 조선인의 신사참배를 권장하였다. 초기에는 신사참배를 그다지 강요하지 않았지만 점차 강요하는 분위기로 바뀌어 갔다. 1924년 7월 강경공립보통학교에서 일본인 교장의 신사참배 요구에 대해 몇몇 기독교인 학생이 참배를 거부한 사건이 발생했다. 학교 측과 천주교인 선교사 사이에 논쟁이 벌어졌다. 천주교 선교사는 이교(異教) 의식에의 참여를 금하는 교리와 헌법이 보장한 종교자유를 내세워 학생들의 강제 참배의 부당성을 지적하였다. 이에 대해 교장은 신사참배는 일종의 조상숭배이며 국민도덕의 신수(神髓)로서 학교교육만이 아니라 국민교육상 중요하다고 하면서 학생들에 대한 이 요구가 결코 불합리하거나 무리한 것이 아니라고 대답하였다.[10] 양자 간에 오고간 이 진술은 이후 전개될 신사참배 논쟁의 뼈대를 제공하였다고 볼 수 있다. 신사비종교론과 종교의 자유 개념이 핵심으로 등장하고 있기 때문이다.

천주교 신부가 사이토 총독에게도 동일한 진술서를 보내자 총독부 학무국장이 유사한 논리의 통첩을 보내왔다. 그 통첩에 의하면 신사참배는 국가의 종사(宗祀)이며, 조선숭배와 보본반시는 동양도덕의 진수(眞髓)이다. 따라서 이러한 아름다운 풍습을 조장하기 위해 학생들을 신사에 참배시키는 것이니 이를 오해하고 있는 자가 있으면 적당한 방법으로 설득해야 한다는 내용이었다.[11] 결국 이 사건은 개신교인 여교사 1명이 사직하고, 6명의 개신교인 학생 6명과 25명이 넘는 천주교인 학생 전원이 퇴학당하는 것으로 일단락되었다.[12]

강경학교 사건이 일어났을 때 먼저 반응을 보인 것은 당시 서울에 주재하던 일본인 기독교인들이었다. 1924년 12월 29일 경성 주재 일본기독교연합회가 당시 정무총감 시모오카 주우지(下岡忠治)를 초청하여 회합을 가졌다. 이때 일본기독교연합회 회원인 사이토 오토사쿠(齊藤音作)는 신사의 종교성을 지적했다. 그는 신사의 종교성의 근거로 일본 동경대 종교철학과 교수 이노우에 테쓰지로(井上哲次郞)와 가케히 가쓰히코(筧克彦) 등의 주장을 들었다. 나아가 그는 신사정책을 학무국 종교과에서 다루고 있으므로 신사는 명백히 종교적 행위라고 주장했다. 그는 신사로부터 종교적 요소를 제거하든지, 학생과 교직원의 신사참배를 선택의 문제로 할 것을 대안으로 제시했다.[13] 이 제안을 받아들여 총독부는 1925년 1월 신사 업무를 학무국 종교과로부터 내무국 사회과로 이관하였다.

이처럼 신사비종교론에 근거한 총독부의 신사참배 정책이 기독교계로부터 비판을 받고 있을 때 식민지 교육에 깊이 개입한 바 있는 다카하시(高橋濱吉)는 다음과 같이 말하였다.

> 신사참배는 결코 강요해야 할 것은 아니다. 그러나 '신사를 종교다'라고 자기가 단정을 하고 혹은 일부 학자가 "신사를 숭경하는 것은 분명히 종교다. 신사 숭경은 종교학상에서 생각하더라도 의심할 여지 없이 훌륭한 종교다."라고 말했다고 해서 '신사는 종교 기관이다'라고 단정하는 것은 경솔한 생각이다. 신사의 제전에서의 의식이 종교의식과 아주 비슷하다. 우

리 제국 국민의 신사참배 때의 마음가짐은 열심 있는 종교 신자의 신(God) 또는 부처에 대한 태도와 흡사하다. 흡사하다고 하여 신사 숭경을 종교로 단정하는 것은 그 논단이 약간 조급하다.[14]

종교학자들이 신사의 종교성을 주장하고 신사의식이 종교의식과 유사하다고 해서 신사를 종교로 간주해서는 안 된다는 논리이다. 요컨대 신사비종교론에 입각하여 신사참배의 정당성을 주장한 것이다. 그가 '종교학'을 언급한 것은 당시에 신사를 종교로 여기는 학자나 지식인이 많았다는 것을 반증한다.[15]

이처럼 천주교 선교사와 재한 일본인 기독교인 일부가 신사의 종교성을 지적하면서 신사참배의 부당성을 주장했지만, 당시 민족주의 진영은 조금 다른 관점을 취했다. 3.1운동 직후 출범한 임시정부는 신사를 '음사(淫祀)'로 규정하고 신사의 조선 진출을 일본 조합교회에 의한 조선 교회의 장악 시도와 같은 행위로 비판했다.[16] 음사 규정이 계몽주의적 합리성에 근거한 비판이라면, 조합교회의 침투와 연관시키는 것은 민족주의 시각에서의 비판이라고 할 수 있다.

《동아일보》도 제사 문제를 논하는 과정에서 신도의 상징물인 3종 신기(神器)에 대해 비판적으로 언급하였다.

우상숭배의 제일 현저한 자는 木刻泥塑하고 粉面金身하여 神이 玆에 在하며 혹 靈이 玆에 在하다 하여 이를 숭배할 뿐 아니라 有時乎 이에 대하여 降祥降福을 기도함이니 이는 확실히 우상숭배라 할 것이오. 설혹 人身을 모작한 우상은 無함일지라도 혹은 鏡으로 혹은 珠玉으로 혹은 劍으로 그 他 하등 모양으로든지 物形을 作하여 혹처에 奉置하고 神이 玆에 재하

며 혹 영이 자에 在하다 하여 이에 대하여 숭배하며 혹 기도함은 일체 우
상숭배라 할 것이니….[17]

여기서 신도의 삼종신기(칼, 구슬, 거울)에 대한 숭배를 우상숭배로 비판한
것은 유일신 신앙에 의한 비판이라기보다는 계몽주의적 합리성에 근거한
것으로 보인다. 즉 기독교적 관점의 우상 타파 논리가 아니라 과학과 미신
의 이분법이 낳은 우상 타파 논리로 보인다.

《동아일보》는 강경학교 사건을 민족주의 시선으로 접근하기도 했다. 사
설은 "역사적 이해관계가 다르며 신사에 대한 이해도 전혀 없는 아동에게
일본인과 같은 숭배 감정을 가지게 하는 것은 불가능하다."고 하면서 "일본
에서도 헤이(平) 씨나 겐(源) 씨의 자손이 상대의 조상에 대한 감정이 동일하
지 않은 것처럼 만일 일본인 아동에 대하여 조선인 조상의 묘에 신사에 대
한 것과 같은 감정으로 참배하라고 한다면, 상식 있는 사람이 조선인 동화
정책을 비웃는 이상으로 비웃고 논박할 것"이라고 하면서 강제 참배는 아동
에 대한 '폭거'라고 주장하였다.[18]

이처럼 강경학교 사태를 계기로 신사참배 문제가 사회적 주목을 받았지
만 그 후 총독부는 강경한 정책을 펼치지는 않았다. 1925년 조선신궁을 건
립하여 신사의 위엄성을 대외적으로 과시하였지만 신사참배를 식민지인들
에게 지나치게 강요하지는 않은 것으로 보인다.

그러나 1930년대 들어가면서부터 상황이 달라졌다. 1931년 만주사변,
1937년 중일전쟁, 1941년 태평양전쟁으로 이어지는 전시체제하에서 신사
참배는 총동원 체제의 일환으로 급격하게 부상하기 시작했다. 창씨개명, 황
국신민의 서사, 궁성요배 등과 함께 신사참배가 전 국민을 대상으로 강요되
기 시작한 것이다.

따라서 1930년대 중반부터 기독교계는 총독부와 신사참배 문제를 둘러싸고 본격적인 갈등 관계에 돌입하게 되었다. 신사참배 거부로 기독교학교들이 폐쇄되고 기독교인들이 감옥에 투옥되는 등의 사태가 발생하였다. 그러면 신사비종교론을 앞세우며 신사참배를 요구해 온 총독부의 논리에 대해 당시 기독교계는 어떻게 대응했으며 어떤 논리를 펼쳤는가?

2. 기독교계의 신사종교론과 신사비종교론

　1930년대에 접어들자 만주사변 전몰자들을 위한 위령회가 신사에서 자주 열리고 학생들의 참여가 요청되었다. 이때 기독교계 학교들은 불참하였기 때문에 총독부는 여러 차례에 걸쳐 경고를 하고 학교에 대한 사찰을 강화하였다. 그러다가 직접적인 제재를 가한 것은 '평양 기독교계 사립학교장 신사참배 거부 사건'이다.

　1935년 11월 14일 평남 도청에서 개최된 도내 공사립중등학교 교장회의에 참석한 교장들에게 도지사가 개회 벽두에 평양신사에 참배할 것을 요구하였다. 이때 이 회의에 참석하였던 숭실학교 교장 맥퀸(G.S.MaCune, 1878-1941)을 비롯한 기독교계 학교의 교장들은 기독교인의 교리와 양심상 이에 응할 수 없다고 하였다. 그 후 총독부가 몇 차례 압력을 넣었으나 끝까지 거부하여 마침내 맥퀸과 숭의여학교 교장 스누크(V.L.Snook)가 파면되었다.

　이 사건을 계기로 선교부 사이에서 신사참배를 둘러싸고 입장 차이가 나타나기 시작하였고, 같은 선교부 내에서도 선교사들 사이에 견해 차이가 나타났다. 크게 보면 총독부의 신사비종교론을 비판하면서 신사참배 거부를 주장하는 진영과 총독부의 신사비종교론을 받아들여 신사참배에 응하는 진영으로 나뉘었다. 가장 큰 세력을 지닌 장로교 선교부를 보면 캐나다장로 교만 신사참배를 허용하고, 호주장로교, 북장로교, 남장로교의 주류는 신사참배를 거부하는 입장을 취했다. 한국교회와 교인들 내부에서도 의견이 갈리기 시작하였다.

이하에서는 신사종교론과 신사비종교론으로 나누어 신사참배에 대한 기독교계의 인식과 대응 양상을 대표적 인물들의 논리를 중심으로 분석한다.

1) 신사종교론

신사종교론에 입각하여 신사참배를 거부한 가장 전형적인 사례는 숭실학교 교장 맥큔 선교사이다. 그는 1936년 평남 도지사에게 보낸 최후의 회신에서 신사참배에 응할 수 없는 자신의 입장을 다음과 같이 조목조목 밝혔다.

> (1) 현재 봉재하고 행하는 신사의식들은 나에게는 분명히 종교적 의미를 내포하고 있는 것으로 보이기 때문에, (2) 대부분의 일반인들이 실제로 거기서 신령들을 예배한다고 믿기 때문에, (3) 기독교인들은 효도와 구별하여 조상숭배는 하나님께 대한 죄라고 믿기 때문에, 그리고 (4) 나도 하나님의 말씀에 의해 기독교인들에게 그 같은 것이 금지되어 있다고 믿기 때문에[19]

신사의식의 종교적 의미, 신령 예배에 대한 일반인들의 믿음, 조상숭배의 죄, 성서에서의 금지 규정이 신사참배 불가의 근거가 된다는 것이다. 요약하면 신사참배의 본질은 조상숭배에 있으며 이러한 종교적 행위는 기독교

에서는 죄로 간주된다는 것이다. 맥큔은 이러한 인식과 함께 종교의 자유를
내세웠다.

> 나는 당신이 학교 교장으로서의 나에게 요구한 행위를 한 개인으로서 양
> 심적으로 행할 수 없습니다. 나는 내 자신이 개인으로서 신사에 참배할 수
> 없기 때문에 나의 학생들에게도 그것을 하도록 할 수 없음도 알려 드리게
> 됨을 유감스럽게 생각합니다.… 나의 양심에 의해 그렇게 하지 않을 수 없
> 었다는 것을 믿어 주시기 간절히 바랍니다.… 당신에게 이 결정을 알리는
> 데 있어서… 제국의 모든 주민들에게 헌법에 의해 보장된 종교의 자유를
> 전적으로 의지하면서 이렇게 합니다.[20]

여기서 맥큔은 양심(conscience)이라는 용어를 반복하여 사용했는데 이는
양심의 자유를 의미하는 것이다. 개신교 특히 장로교 전통에서는 양심의 자
유를 매우 중시하는데, 한국 장로교 헌법 제1조의 규정이 바로 양심의 자유
이다. 이러한 양심의 자유는 종교의 자유를 의미하는 것이기도 하다. 더구
나 제국 헌법 28조가 신교(信敎)의 자유를 인정하고 있으므로 그것을 내세우
며 양심에 근거한 종교의 자유를 요구한 것이다.

맥큔은 교장직에서 파면된 뒤 미국으로 돌아갔으며 거기에서 신사참배
거부 운동을 전개하였다. 그는 신사의 종교성과 신사참배의 부당성을 계속
해서 강조하였다. 그는 일본 대법원이 1901년 신도를 종교로 선언했는데 이
선언서가 아직 취소되지 않았으며, 정부가 보호하는 각종 인쇄물에서도 신
도를 일본의 국교로 표현하고 있으며, 일본인의 60%에서 90%가 신사를 종
교로 보고 있고, 조선인의 경우는 그 비율이 더 높다고 주장했다.[21]

조상제사와 관련해서 그는 다시 이렇게 말했다. 한국의 교인들은 지난

50년간 조상제사를 거부하여 주변 사회로부터 학대를 받아 왔는데 이제 그와 동일한 본질을 지닌 신사참배를 한다면 모순이 아니겠느냐는 것이다.[22]

그는 교육과 관련해서도 발언했다. 기독교학교의 목적이 장래의 교회 지도자를 양성하는 데 있는데 만일 신사참배를 한다면 그 정신적 생명의 중추신경이 단절되는 것이며, 현재 식민지 조선의 교육은 로마제국하의 교육과 같은 상황에 처해 있다는 것이다. 그러면서 그는 제국의 명령과 신의 명령 중 어느 것에 복종할 것인지, 우상숭배 정부의 명령과 기독교인의 양심 중, 어느 것이 교육행위의 표준이 될 것인지 물었다.[23]

여기서 우리는 맥퀸의 표현에 미묘한 변화가 있음을 감지할 수 있다. 앞서 살펴본 평남 도지사에게 보낸 최후의 회신에서는 일본 정부에 대한 존경을 표하면서 신사의 종교성을 지적하고 종교의 자유를 정중하게 요구했지만, 파면된 이후 참배 거부 운동을 하는 과정에서는 '우상숭배 정부'와 같은 노골적인 표현을 쓴 것이다.

지금까지 보았듯이 맥퀸은 헌법과 대법원 판례, 정부 발행 교과서[24]와 각종 인쇄물, 일본인과 조선인의 신사 인식, 그리고 조상제사와 신사참배의 동일 본질을 근거로 신사의 종교성을 부각시키는 한편, 기독교학교의 정체성과 기독교인의 양심을 내세워 학교를 폐쇄하더라도 신사참배를 끝까지 거부할 것을 요구했다.

1935년 12월 30일 학무국 관리들과 선교사들이 맥퀸 선교사의 교장 사임건과 관련하여 회합을 가졌는데, 이때 실행위원회 위원인 솔타우(T.S Soltau)는 "맥퀸 박사가 최근 시련의 중심에 서 있으며 그럼에도 불구하고 우리 선교사들 대부분은 그의 위치에 있었다면 그와 똑같은 태도를 취했을 것"이라고 말하였다.[25] 맥퀸의 이러한 입장에 동의하지 않는 선교사들도 있었지만 미국 북장로교 선교부의 다수파가 맥퀸의 입장을 지지하였다.

그러면 한국 기독교인들은 어떠한 입장을 취했는가? 1938년 9월 장로교 총회에서 신사참배를 공식적으로 결의한 이후 교회의 목회자들은 신사참배를 국민의 의무로 받아들이지 않을 수 없었다. 강단에서 신사참배의 부당성을 지적하거나 신사참배 거부를 부추기면 교인들의 고발에 직면할 수 있게 되었다. 따라서 개인적 차원에서 신사참배를 받아들일 수 없었던 목회자들은 교회를 사직할 수밖에 없었다. 일부 교회 지도자들이 해외로 망명하거나 시골로 은둔하게 된 것은 이 때문이었다.

신사참배를 거부한 인사들 중에는 망명이나 은둔과 같은 소극적 몸짓이 아니라 교인들을 상대로 불참배 운동을 전개하는 인사들도 있었다. 이들은 다양한 방법을 통해 신사참배 거부 운동을 전개하였는데 대체로 치안유지법 위반이나 불경죄로 체포되었다. 따라서 이들에 관한 기록은 주로 판결문이나 회고담의 형태로 남아 있다.[26]

신사참배 거부로 투옥되었던 이계원은 이렇게 진술했다. "구약성서 전도서 제12장에는 영혼은 이를 주신 신께 돌아가는 것이라고 말씀하셨기에 육체가 죽을 때 그 영혼은 지상에 있지 않다. 그러므로 신궁 신사는 영혼이 없는 우상에 지나지 않고 이를 참배함은 우상예배로서 십계명에 위배된다."[27]

이기선(李基善)은 신사를 '인간의 손으로 지어진 우상'이며 신사참배는 '술을 치고 향을 피우며 예배하는 것'으로서 '일종의 종교'라고 말했다. 따라서 신사참배를 하는 것은 성경의 제일 계명 급 제이 계명에 저촉되는 것'이라고 진술했다. 그는 신사참배를 우상숭배의 대죄이자 영적 간음으로 간주하면서 신사참배를 하면 지옥에 들어가게 될 것이라고 말하였다.[28] 이주원(李朱元)도 신사참배를 '신앙정조를 깨뜨리는 것'이라고 말했다.[29] 신사참배만이 아니라 궁성요배와 국기에 대한 경례도 우상숭배로 규정하는 사람들이 있었다.[30]

이처럼 신사참배 반대 운동을 하다 체포된 기독교인들은 대부분 우상타파의 시각에서 신사참배를 바라보고 신사참배를 허용한 교인들을 '영적 간음'을 범한 중죄인으로 단죄하였다. 근본주의 신앙의 소유자인 이들은 성서에 대한 문자적 해석을 선호하며 교리 수호에 대한 관념이 매우 강하였다. 그리고 신사참배를 허용한 교회와 교회 지도자들을 타락한 세력으로 규정하고 기성 교회로부터 분리된 새로운 교회를 세우려고 하였다. 예를 들면 "1. 신사참배 학교에 자녀를 입학시키지 말 것, 2. 신사불참배 운동을 일으켜 현실 교회를 약체화 내지 해체시킬 것, 3. 신사불참배 신도를 규합하여 가정예배를 보고 그것을 육성하여 교회를 신설할 것"과 같은 원칙을 정하였다.[31]

이처럼 보수 근본주의 신앙을 지닌 신사참배 거부 운동가들은 신사참배 문제를 바라보는 과정에서 종교자유라는 이론적 무기보다는 우상 타파라고 하는 교리주의적 신념을 우선시하였다. 맥퀸과 같은 선교사들이 종교자유라고 하는 근대적 자유권 입장에 확고하게 서서 신사의 종교성을 지적하는 모습과는 대조적이다.

천주교는 초기에는 신사참배를 이교(異敎) 의식으로 규정하다가 1930년대 접어들어 허용하였지만, 평양 메리놀교구에서는 신사참배에 반대하는 견해가 등장하기도 하였다. 대표적인 인물은 평양교구 중화본당의 주임신부였던 콜만(W.J. Coleman)으로서 그는 'De Jinja Sampai'라는 제목의 의견서를 일본 주재 교황 사절에게 제출하였다.

콜만은 이 문서에서 신사참배는 "국가의 현양 내지 신격화이며 명시적인 흠숭 행위"로서 "순수하고 완전하게" 이교 숭배 의식에 속한다고 주장하였다.[32] 그리고 신사에서 머리를 숙여 절하는 것은 실질적인 예식에 해당하며, 제관이 수행하는 행위에 협조한다는 신호를 보내는 것이므로 "거짓 종교를 외적으로 고백하고 허위로 행하는 자 역시 실질적으로는 하느님을 모욕하고 사기 행각을 하는 것이다."라고 주장하였다.[33] 콜만 신부를 포함한 메리놀 평의회 회합에서는 "신도의 사제들이 집전하거나 희생이 봉헌되거나 영령들이 현존한다고 여겨지는 곳의 어떠한 예식이든지 우리의 학교 학생들을 참가시키는 것은 허락하지 않는다."라는 문서를 발표하였다.[34] 그러나 콜만 신부는 신사에서 천주교인 학생들이 의사의 표시나 무언의 승낙 없이 머리를 숙이지 않고 그대로 서 있는 것이 허용된다면 시민으로서의 복종을 위해 신사참배에 참여할 수 있다는 대안을 제시하기도 하였다.[35]

천주교 안에서 그의 의견은 채택되지 않았지만 몇 가지 주목할 사항이 있다. 그는 종교적 행위의 기준을 사제의 집전, 희생 봉헌, 영령의 존재, 머리 숙여 절하기, 그리고 영령의 현존에 대한 믿음 등으로 삼았다. 이러한 요소들은 신사참배를 종교적 의식으로 간주한 대부분의 사람들에게 공통된 것으로서 당시 기독교인들의 종교 개념을 보여주는 것이다. 서구적인 종교 개념이 신사참배 논쟁에서 매우 중요한 역할을 한 것이다.

2) 신사비종교론

맥큔과 동일한 북장로교 선교부 소속이면서 신사참배 문제에 대해 상반된 입장을 보인 대표적 선교사는 언더우드(H.H. Underwood, 1890-1951)[36]이다. 신사참배 문제가 기독교계를 압박할 때 맥큔은 평양 소재 숭실전문학교의 교장이었고 언더우드는 서울 소재 연희전문학교의 교장이었다. 개신교의 경우 당시 평양은 보수적인 신학적 분위기가 지배한 반면, 서울은 상대적으로 덜 보수적인 신학적 분위기를 보였다. 이러한 신학적 분위기의 차이가 신사참배 문제에도 어느 정도 영향을 미쳤다고 볼 수 있다.

언더우드는 '가이사의 것은 가이사에게'라는 논리로 신사참배에 대한 자신의 입장을 표현하였다. 신사참배를 가이사의 영역 즉 세속적인 정치적 영역에 속하는 것으로 간주한 것이다. 그는 4가지 문제로 나누어 자신의 입장을 개진하였다.

첫째는 신사참배의 성격에 관한 것이다. 외관상 종교적 색채가 보이기는 하지만 일본 당국이 신사참배는 국가 의례라고 선언해 왔다. 그리고 이 의식은 국가적 영웅을 기념하고 애국정신을 함양하는 것을 목적으로 하므로, 신사는 미국의 '무명용사의 묘 또는 링컨 기념관과 같은 성격'의 것이다. 따라서 신사에는 종교성이 없다는 것이다.[37]

둘째는 신사참배 시의 자세에 관한 것이다. 참배 의식에는 간단한 경례만 있고 궤배(跪拜, genuflection)와 부복(俯伏, prostration)은 없다. 따라서 신사참배에는 예배행위가 포함되어 있지 않다. 불교 사찰에서는 여러 차례 손을 씻고 여러 차례 박수를 치며 또 무릎을 꿇고 분명한 종교의식을 행하지만 신사에서는 경례만 있기 때문에 예배의식으로 볼 수 없다는 것이다.[38] 이 두 가지는 각각 신사참배의 목적과 절차에 주목하여 참배의 비종교성을 찾아낸 것이다.

셋째는 신사참배에서 기독교인이 취해야 할 태도에 관한 것이다. 당국이 신사참배는 비종교적 행위라고 했으므로 연희전문 학생들은 종교적 갈등 없이 신사참배에 충실한 신민으로 참여한다. 그렇지만 신사참배의 외적 특성으로 인해 혹시 생길지도 모를 심리적 갈등을 없애기 위해 참배 전에 특정한 선서를 하자는 것이다. 언더우드에 의하면 실제로 연희전문 학생들은 신사에 참배할 때 이렇게 외친다. "정부의 명령에 따라 생도 0명 및 교원 0명은 명일 00신사에서 의식에 참여한다. 제국 정부에서 이 의식은 종교적인 것이 아니라고 성명한 것에 의해 우리 기독교인은 하등 종교적 의미 또는 목적으로서 참여하는 것이 아니요 충실한 신민으로 참여하는 것이다."[39] 이는 신사참배가 비종교적 행위라는 사실을 대내외적으로 선포하기 위한 몸짓이다.

세 가지 조항에 비해 네 번째는 매우 현실적인 문제 제기이다. 그는 만일 기독교학교에 관련된 교원과 학생들이 자신들의 양심에 따라 참배를 거부한다면 그 결과는 어떻게 될 것인지 물었다. 그들이 신사참배에 참여하지 않는다면 모든 기독교학교의 폐쇄, 기독교학교 학생들의 비기독교학교로의 전학, 의료 및 선교 방면에서의 사업의 중지, 정부 당국자로부터의 압박, 조선인 학부모 및 학생들로부터의 비난 등이 초래될 것으로 보았다. 신사참배 거부가 초래할 이러한 사태를 매우 우려한 것이다. 그러면서 그는 선교사들은 일본 당국의 '손님'이기에 일본의 법을 지키고 일본 정부와 국민들 간의 문제에 개입하지 않아야 한다고 덧붙이고 있다.[40]

이처럼 언더우드는 신사참배에서 사람들이 취하는 몸의 자세 등에서 비종교성을 찾고는 있지만 신사의 종교성 문제보다는 기독교학교의 유지에 더 큰 관심이 있었던 것으로 보인다. 신사에 종교적 요소가 들어 있는 것으로 보이지만 정부 당국의 해석을 믿고 신사참배를 국가 의식으로 수용하는 것이 한국에서의 선교 활동에 더 유리하다는 현실주의적 판단을 한 것이다. 즉 신사참배를 국가 의식으로 받아들이고 기독교학교를 통해 학생들에게 종교교육을 지속적으로 행하는 것이 그 반대의 경우보다 낫다는 판단이다. 이처럼 언더우드는 교육선교의 유지라는 목적을 위해 신사참배를 수용한 것으로 보이지만 그러한 선택 자체를 신앙 양심에 어긋난 것으로 판단하지는 않았다. 신사참배를 거부하는 다른 사람들의 행위도 양심에 따른 것이지만 신사참배를 받아들이는 자신의 선택도 양심에 따른 것으로 간주한 것이다. 그는 자신을 포함하여 모든 사람의 양심의 자유를 존중한 것이다. 실제로 교육 분야에서 활동한 대다수의 선교사들은 언더우드와 같은 입장을 취하였다.

신사비종교론을 수용하여 신사참배를 허용한 교파로는 천주교, 감리교, 성공회 등이 있다. 일제에 의해 해산된 교파들을 제외하면 사실상 모든 교파가 신사참배를 결의하였다. 1924년 강경학교 사건에서 나타났듯이 천주교의 경우, 처음에는 신사참배를 '이단'으로 규정하여 신자들에게 참배 금지를 요구하였다.[41] 그러나 1932년에 발간된 『천주교요리』에서 교리를 일부 수정하여 신사참배를 허용하였다.

> 신사참배는 비록 그 시작은 종교적이라 할지라도 지금은 일반의 인정과 관계 당국의 성명에 의하여 국가의 한 가지 의식으로 되어 있으니 저것과 혼동할 것 아니며 천황 폐하의 御眞 앞에 禮함도 이단이 아닌 즉 국민된 자 可히 행할 것이오.[42]

요컨대 신사참배의 '시대적 의미'가 변했다는 것이다. 과거에는 종교적 의미를 지닌 이단(異端)의 의식이었지만 이제는 국가와 시민사회에 의해 국가 의식의 하나로 변용되었다는 것이다. 따라서 천주교인은 신앙 양심에 거리낌이 없이 국민의 한 사람으로서 국가 의식인 신사참배에 기꺼이 참여할 수 있다. 결국 교황청 포교성이 "신사참배는 종교적 행사가 아니고 애국적 행사이므로 그 참배를 허용한다."는 지침을 내림으로써 한국 천주교는 공식적으로 신사참배를 허용하였다. 물론 천주교는 신사참배를 국가 의식으로 받아들임으로써 이와 동일한 성질을 지닌 조상제사도 허용하였다. 가톨릭 교황청의 이러한 태도 변화는 일본 제국주의와의 제휴라는 정치적 맥락을 고려할 수도 있지만, 그와는 별개로 기존의 종교 개념에 변화가 생겨난 것으로 볼 수도 있다. 그전까지 이교(異敎) 혹은 이단(異端)의 의식이라는 이름 하에 '종교적 범주'로 분류되었던 신사참배와 조상제사가 이제 동양인의 미 풍양속이라는 이름하에 '문화적 범주'로 배치된 것이다. 즉 신사참배와 조 상제사가 종교가 아니라 문화로 간주되면서 천주교 신앙에 의해 수용 가능 한 것으로 되었다. 여기서 우리는 서구에서 등장한 '종교와 문화의 이분법' 이 동양사회에서 어떠한 작용과 효과를 발휘하고 있는지를 읽을 수 있다.

감리교는 1937년 6월 17일 해외선교부 실행위원회에서 성명서를 내고 신 사참배를 허용하였다. 그 핵심 내용은 "신사가 애국적이요 비종교적이라는 정부의 성명을 그대로 받아들이고, 교파신도와 국가신도의 구별을 분명히 하도록 노력하며, 성서를 가르치고 매일 예배를 드릴 기회를 확보한다. 그 러나 만일 초국가주의 정부가 기독교 가르침과 움직임을 금지하는 때가 오 면 그때는 양심에 따라 용기를 가지고 일어설 것이다."[43] 이처럼 감리교 역 시 신사의 종교성 여부를 깊이 따지기보다는 선교부가 운영하는 수많은 기 독교학교들을 계속 유지하기 위해 신사참배에 대한 일본 정부의 해석을 기 꺼이 받아들인 것으로 보인다. 북장로교 소수파를 대변하는 언더우드의 입 장과 기본적으로 동일한 것으로 보인다.

지금까지 살펴본 것처럼 일제하 신사참배 논쟁은 총독부와 기독교 진영 사이에서 신사비종교론과 신사종교론을 기반으로 한 종교자유 개념을 중 심으로 전개되었다. 총독부는 신사비종교론에 근거하여 학생과 교원의 신 사참배를 요구하였고, 기독교계는 이에 대해 서로 다른 입장을 보였다. 북 장로교 다수파와 남장로교, 호주장로교 선교부는 신사의식에 내재한 종교 성에 주목하면서 총독부의 신사비종교론을 받아들이지 않았다. 이들은 신 사로부터 종교적 색채를 제거해 달라는 자신들의 요구가 수용되지 않고 신 사참배가 강요되자 학교를 폐쇄하여 교육선교에서 철수하는 강경한 입장을 보였다. 이에 비해 언더우드로 대변되는 북장로교 소수파, 캐나다선교부, 가톨릭, 감리교 등은 내부적으로 약간의 논쟁을 겪었지만 일제의 신사비종교론을 수용하여 신사참배를 국가 의식으로 받아들였다. 따라서 학교 운영을 계속할 수 있었다. 이 선교부들은 교육과 교회의 보호를 중시하였기 때문에 신사의 종교성 여부에 대한 인식에서 앞의 선교부들과 차이를 보였다. 신사종교론을 취한 선교부들이 '원칙주의자'였다면 신사비종교론을 취한 선교부들은 '현실주의자'에 가까웠다고 할 수 있다.

신사참배 논쟁은 기독교 이외의 종교전통에서는 부각되지 않은 것으로 보인다. 유교, 불교, 천도교 등의 종교전통에서는 신사참배 문제로 인해 총독부와 충돌하거나 내적 분규를 겪지 않았다. 이들의 경우 조상제사를 수용하고 있었기 때문일 것이다. 신사참배는 조상제사와 동일 본질을 지니고 있는 것으로 보았기 때문에 신사참배를 거부하지 않았을 것이다. 만일 그들이 신사참배를 거부했다면 그것은 우상숭배와 같은 교리적 이유가 아니라 이민족의 조상에 대한 민족주의적 거부 감정 때문이었을 것이다. 그러나 창씨개명, 황국신민의 서사, 궁성요배와 같은 행위를 어쩔 수 없이 하고 있는 전시체제하에서 유독 신사참배만을 거부할 필요는 없었을 것이다.

그런데 일제 말엽 신사참배를 철저하게 거부한 기독교인들은 대부분 창씨개명이나 황국신민의 서사, 천황의 사진에 대한 배례 등을 수용했다. 이러한 행위들은 제국의 신민으로서 당연히 받아들여야 한다고 보았기 때문이다. 이러한 것들은 정치 영역에 속한 것이기 때문에 수용한 것이다. 그러나 신사참배만은 우상숭배로서 교리에 위배되기 때문에 거부하였다. 신사참배는 종교적 성격을 지닌 행위이기 때문에 수용할 수 없었던 것이다. 이들에게 신사참배 거부 항쟁은 '국가(정치)와 교회(종교)의 대결'이 아니라 '종교(신도)와 종교(기독교)의 대결'로 다가왔다. 따라서 신사참배를 거부하다

투옥되거나 '순교한' 인물들을 민족운동가나 애국지사로 평가하는 것은 이들의 '순수한' 의도에 역행하는 행위일 것이다.

박정희 정권은 단군상 건립을 추진한 적이 있다. 이때 개신교계는 단군상 건립을 우상숭배로 규정하고 '제2의 신사참배 거부운동'을 전개하였다. 1999년부터는 한문화연합이라는 민간단체가 단군상을 제작하여 초등학교를 비롯한 공공장소에 보급하였다. 그러자 개신교계는 단군을 특정 종교의 신앙 대상이자 우상이라고 하면서 공공장소에서의 단군상 설치는 정교분리 및 종교자유 원칙의 위배라고 공격하였다. 이에 대해 단군상 건립 운동 진영은 단군은 신화적 존재가 아니라 한민족의 개국조라고 하면서 역사적 인물임을 강조하였다. 양 진영의 설전이 오고가는 가운데 단군상이 파괴되는 사태가 발생하고 개신교 목사인 범인이 법정구속되는 사태가 일어났다.

이러한 물리적 충돌 사태보다 더 중요한 의미가 있는 것은 이러한 논쟁의 과정에서 신화와 역사의 이분법, 종교와 문화의 이분법, 정교분리 등의 담론이 등장했다는 점이다. 이러한 개념과 사고방식들은 근대 이전의 동아시아 문화에서는 존재하지 않았던 것들로서 서구 근대성이 수용되면서 등장한 것들이다. 그런데 이러한 개념들이 우리 사회의 논쟁과 갈등의 현장에서 강력한 힘을 발휘하고 있다.

신사참배를 둘러싼 논쟁 역시 종교, 종교자유, 정교분리와 같은 서구 근대의 개념들이 식민지 국가권력과 기독교의 충돌 과정에 깊이 개입한 전형적 사례이다. 따라서 앞으로 신사참배 문제는 조상제사만이 아니라 단군상 파괴, 장승 파괴, 불상 훼손과 같은 사례들과 비교하면서 더 깊이 탐구할 필요가 있는 동시에 동아시아 국가들의 사례와 비교해서도 탐구할 필요가 있다.

일제하
종교법과 개신교

일제는 식민 통치 기간 동안 다양한 법령을 통하여 종교들을 통제하고자 하였다. 식민 통치 초기에는 사안별 혹은 종교전통별 특성에 따라 구체적인 '령'이나 '규칙' 혹은 '규정' 등으로 규제하였지만, 일제 말엽에는 종교 일반을 대상으로 하는 포괄적인 종교법을 제정하게 된다. 1939년에 제정된 종교단체법은 일제하 종교 관계 법령의 최종적 완성이다.

종교법은 제국의회의 의결을 거쳐야 할 뿐 아니라 일차적 적용 대상이 식민지의 종교보다는 일본 본국의 종교이기 때문에 국내에서는 종교법에 대한 논의가 별로 없었다.[1] 그 대신 사찰령이나 경학원규정 혹은 포교규칙에 대한 연구가 주종을 이루어 왔다.[2] 그러나 이 시기의 일본 본토와 식민지 조선에서는 일본 정부에 의한 종교법 제정 시도에 대하여 사회적 관심이 적지 않게 나타났으며 한국 종교계도 이에 대하여 독자적인 반대운동을 전개하였다. 따라서 일제의 종교정책의 기본 성격과 일제하 종교자유 문제를 파악하기 위해서는 종교법의 기본 내용과 그에 대한 한국종교계의 대응 양상을 검토하는 것이 필요하다.

1939년 일본 제국의회에서 종교단체법이 최종적으로 통과될 때까지 일본 정부는 총 4차례에 걸쳐 종교법 제정을 시도하였다. 이 중에서 일제하 한국 종교와 관련된 것은 1920년대에 등장한 제2차, 제3차 종교법 제정 움직임과 1939년에 통과된 제4차 종교법 즉 종교단체법이다.[3] 이 장에서는 4차에 걸친 종교법 제정의 배경과 그 내용을 살피고, 식민지의 종교 중에서 가장 적극적인 반응을 보인 개신교의 대응 양상을 중심으로 검토한다.

1. 종교법안과 일본 개신교의 대응

제1차 종교법안은 식민지 시대 이전에 추진된 것이기 때문에 한국 종교계와 직접적 관련은 없지만, 그 후 지속적으로 나타나는 종교법의 모태가 되기 때문에 법안 제정의 취지 및 기본 내용, 그리고 일본 종교계의 반응을 고찰할 필요가 있다.

1868년 왕정복고 이후 천황제에 근거한 독특한 절대주의 국가를 구축하여 가던 메이지 정부는 근대 문명국가의 틀을 마련하기 위해 의회를 개설하고 제국헌법(1889)을 제정하였다. 이 시기에는 이미 서구 제국을 통하여 종교자유와 정교분리 이념이 널리 확산되었다. 더구나 당시 대부분의 서구 열강은 일본 정부에 기독교 탄압의 금지를 요청하고 외교적 압력을 가하였다. 따라서 메이지 정부는 서구 제국과 맺은 불평등 조약을 개선하기 위해서라도 서구 열강의 요구를 받아들이지 않을 수 없었고,[4] 이는 마침내 제국헌법 제28조인 '신교자유' 조항으로 나타났다.

그러나 제국헌법에서 말하는 신교자유는 '안녕질서와 신민의 의무'를 벗어나지 않는 한에서의 자유를 의미하는 것으로서 그 후 모든 종교관계 법령의 근거가 되었다. 종교법안이 등장할 무렵에는 종교에 관한 몇 가지 세칙과 규정이 존재하고 있었지만 종교 일반을 더욱 통일적이고 효과적으로 통제할 수 있는 근본 법규는 아직 존재하지 않았다. 당시 수상 야마가타(山縣有朋)의 종교법안 제안 설명을 들어 보자.

종교에 관해서는 종래 각종 법률이 있지만 대개 각종의 사항에 따라 정해진 세칙에 불과하고 아직 종교 전체에 관한 법률이 결여되어 있다. 헌법 28조에 신교의 자유는 이미 인정되고 있지만 종교라고 하는 것은 사회의 풍교에 중대한 관계를 지니고 있기 때문에, 이에 하나의 근본적 법규를 정하여 종교로 하여금 국가에 대해 상당한 지위를 지니도록 하는 것이 금일의 필요라고 생각한다.[5]

그는 "국가와 종교의 관계를 정하고 종교단체의 권리 의무에 관하여 적당한 규정을 정하고 그것을 보호 감독해야만 한다."[6]는 취지하에 종교법 제정의 필요성을 역설한 것이다. 이때 야마가타는 "헌법이 보장하는 신교자유의 정신에 의거하여 종교의 유래 여하를 묻지 않고 또 종교의 이동(異動)에 관계없이 국가는 신앙의 내부에 들어가 간섭하지 않는 것"[7]이라고 하면서 종교의 보호를 강조했다. 그러나 외부로 나타나는 행위에 대해서는 "그것을 감독하여 사회의 질서 안녕을 방해하지 않고 또 신민의 의무를 버리지 않게 하는 것은 국가의 의무일 뿐만 아니라 또한 그 직책에 속하는 것"[8]이라고 하면서 종교에 대한 강력한 감시와 통제를 암시했다. 이는 종교의 자유를 내심상의 신앙의 자유와 외적인 종교적 행위의 자유로 구별하여, 전자는 철저히 보장하되 후자에 대해서는 철저한 제한을 가하겠다는 논리다.

이러한 입법 취지 아래 총 53개 조항으로 이루어진 종교법안이 의회에 상정되었다. 이 법안은 총칙, 교회 및 사(寺), 교파 및 종파, 교사(敎師), 벌칙 등 5개 장과 부칙으로 이루어져 있으며, 종교에 대한 강력한 통제 의지를 담고 있다.[9] 이 법안이 제국의회에 제출되자 자체 내에서 위원들 간에 열띤 찬반 양론이 일어났으며, 신도계와 불교계는 이 법안에 강력하게 반대하였다. 특히 불교계는 이 법안에 가장 강력하게 반대하였다. 정부가 종교법을 의회에 상정하기 이전부터 불교 각파는 불교의 국교화와 법적 공인, 본말사 관계의 인정, 불교 각 종파의 공법인화와 자치권 부여를 기대하면서 종교법 제정을 정부에 청원하였다. 그런데 불교계의 이러한 의도와 달리 정부의 제출안은 불교의 국교화를 공인하기는커녕 외래 종교인 기독교와 불교를 동등하게 취급하자 격렬한 반대운동을 전개한 것이다.[10]

반면 일본 개신교계는 대체로 종교법안을 환영하는 입장을 취했다. 당시까지 기독교는 신도나 불교에 비해 사회적으로 불리한 취급을 당하고 있었기 때문에 기독교를 전통 종교와 동등하게 대우하는 법안에 일단 긍정적 입장을 보인 것이다. 그러나 이 법안의 모든 내용에 대하여 적극 찬성하였던 것은 아니다. 당시 개신교 지도자들[11]은 종교법안의 내용을 검토한 결과 몇 가지 내용을 수정하여 통과시키는 것이 좋겠다는 결론을 내렸다.

이때 수정될 필요가 있다고 본 조항은, 교사(교역자)는 정치적 의견을 발표하거나 여타의 정치운동을 할 수 없다는 것(제37조), 교사의 자격을 칙령으로 정하는 것(제38조), 종교위원회를 조직하여 쟁의를 판결하는 것(제30조), 집회 시에는 24시간 이전에 행정관청에 신고할 것(제8조), 그리고 청년회처럼 교회 이외의 종교단체를 유지하는 사단이나 재단은 법인으로 할 수 없다는 규정(제6조) 등이었다.[12]

개신교 지도자 중에 종교법안의 문제점에 대해 가장 날카로운 인식을 가지고 있었던 인물은 우에무라(植村正久)다. 그의 반대 논리에도 앞에 언급한 사항들이 나타나 있다. 먼저 그는 교회의 권능자치(權能自治)와 충돌하는 규정을 삭제하거나 개정해야 한다고 주장하였다. 그에 의하면 교회는 민법상의 영역에서는 국가의 관할에 속하고 그 명령에 복종해야 하지만, 심령상의 일, 예배, 성례전, 교직의 임면, 회의의 소집 및 개폐 등에서는 국가의 간섭을 전혀 허락할 수 없다.[13] 우에무라는 '자유교회' 개념에 근거하여 자신의 논지를 전개하였다. 자유교회란 "오직 그리스도만을 수령으로 인정하고 국가의 억압과 지배 밖에서 그리스도의 법률을 해석하고 그것을 시행하는 권리를 운용하는 교회"[14]다. 특히 "법률상 죄인은 반드시 신의 죄인인 것은 아니며", "공권을 박탈당하였더라도 도덕적으로는 조금도 비난될 수 없는 사람"도 있기 때문에, "교회는 특수한 상황에서는 공권을 박탈당하거나 정지당한 사람을 그리스도의 이름으로 교사로 임명할 권리가 있다."[15] 요컨대 교사의 임명은 교회의 자치에 위임해야지 법률로 제한해서는 안 된다는 논리다.

두 번째로 우에무라는 집회의 자유를 방해하는 제8조의 삭제를 주장하였다. 제8조는 "관례에 의해 허용되는 경우를 제외하고는 종교상의 사항에 관하여 공중을 회동할 때에는 발기인은 24시간 이전에 회동의 목적, 장소 및 연월시기 등을 행정청에 신고할 것"으로 되어 있다. 그는 기독교처럼 '진격의 태도'를 갖고 있는 종교에서는 24시간 이전에 집회신고를 하는 것이 현실적으로 어려움을 지적하고, 동시에 이 조항이 인가받은 종교단체는 보호하고 새롭게 출현한 종교는 위험시하는 규정이라고 주장하였다.[16] 요컨대 신종교의 출현을 지나치게 경계하는 것은 '자연정신상의 발달'을 방해하고 신앙의 자유를 침해하는 행위라는 비판이다.[17]

세 번째로 우에무라는 선교에 종사하는 자의 정치상 의견 발표와 정치상 운동을 막는 규정의 삭제를 요구했다. 그에 의하면 기독교의 선교는 구약시대 예언자들의 예언활동과 같은 것으로서 국가의 일에 대하여 신의 성지(聖旨)를 선언하는 것이며, 오늘날의 기독 전도자는 당연히 국가의 운명과 정계의 '추세동작'에 대해 신의 성지를 설파하고 세상을 계도해야 한다.[18] 진정한 전도자로서 그러한 활동을 하지 않는 것은 스스로를 화에 빠뜨리고 저주하게 만든다는 것이다. 나아가 그는 교사는 정치적 선거권을 가지며 피선거권[19]도 가질 수 있다고 주장했다.

이처럼 일본 개신교계에서 종교법안의 문제점을 직시하고 있었지만 종교법안이 제국의회를 통과하지 못한 일차적 요인은 불교와 신도를 비롯한 전통 종교들의 강력한 반대였다. 그러나 1920년대에 들어와 일본 정부는 다시 종교법안 제정을 시도하였다.

2. 종교법안과 식민지 조선 개신교의 대응

1) 제2차 종교법안에 대한 반대의 논리

일본에서 종교법안 제정 움직임이 일어나자 식민지하의 개신교계에서도 이 법안이 미칠 간접적인 파급효과를 염려하여 반대운동을 펼쳤다. 당시 한국 개신교 교파 가운데 최대의 교세를 지닌 장로교 총회가 먼저 '종교법안 심사위원회'를 구성하였다.[20] 동 위원회는 종교법안의 제정에 반대하는 의사를 조선총독부에 표명하는 한편 장로교 목사 김영구(金永耇)를 동경에 파견하여 반대운동을 전개하도록 하고, 조선예수교연합공의회[21] 명의로 일본 귀·중(貴·衆) 양원에 "우리 조선에서도 종교법안을 반대함"이라는 내용의 전보를 보냈다.[22]

일본 문부대신 앞으로 보낸 진정서의 주요 내용은 종교교사의 자격과 통제, 교회 설립의 허가, 그리고 교단 관리자의 존재에 관한 문제 등이다.[23] 종교교사의 자격과 활동에 관련된 조항 중 특히 문제로 삼은 것은 제18조와 제21조이다. 제18조는 종교교사[24]의 자격을 중학교 졸업 이상의 학력을 지닌 자로서 중범죄(重犯罪)의 전력이 없는 사람에 한하고 있다.[25] 이는 종교단체가 자율적으로 정해야 할 고유한 사항을 외부의 기준에 의해 규정한 것으로서 종교적 결사의 자유를 침해할 소지를 안고 있는 조항이다. 그러나 진정서는 "종교교사 자격 제한은 불가"라고 간단하게 지적하고 있을 뿐 구체적인 논리를 전개하고 있지는 않다.

제21조는 "문부대신은 종교교사로서 안녕질서를 방해하고 풍속을 파괴하며 우(又)는 신민된 의무를 배(背)하는 자로 인(認)할 시(時)는 기(其) 업무를 정지하고 우(又)는 종교교사 되는 사(事)를 금지할 사(事)를 득함"이라고 규정하였다. 이 조항은 결국 '안녕질서와 신민의 의무'라고 하는 제국헌법 제28조의 신교자유 제한 규정에 근거하여 종교교사의 활동을 통제하고 있는 셈이다. 진정서는 이 조항이 '가혹'하다고 표현했으며,《기독신보》도 이 조항이 종교적 행동에 대한 '과도한 취체'가 될 수 있음을 지적하였다.[26]《기독신보》는 일선 경찰이 자의적으로 예배나 설교를 방해하는 경우도 이 조항에 해당된다고 하면서 이 규정이 '유한한 조건부'로 수정되어야 할 것을 주장하였다.[27]

제110조에서는 종교교사가 아니거나 종교교사의 자격이 없으면서 종교교사의 업무를 행한 자에 대해서는 벌금을 부과한다고 규정하였다.[28] 이에 대해 진정서는, 기독교에서는 신자들도 사실상 모두 종교교사의 역할을 하고 있기 때문에 이 규정은 기독교의 발전에 장애를 초래한다고 건의하였다.[29] 요컨대 이 규정은 개별 종교의 특수성을 무시한 것으로서 종교에 대한 획일적 인식을 보여줄 뿐만 아니라 종교집단 내부의 자율적 결정 사항을 간섭한 규정으로 간주되었다.

또한 진정서는 교회를 설립할 경우 지방장관의 허가를 받아야 한다는 규정[30]에 대해서도 이는 기독교의 관습상 불가능한 수속이라고 건의하는 한편, "교단에는 교단 관리자를 치(置)함이 가함"(제56조)이라는 규정도 기독교의 교리와 제도에 위배된다고 지적하였다. 교회 설립의 허가제나 교단 관리자 규정 자체가 기독교의 관습과 제도를 완전히 무시한 처사라는 것이다.

한편 기독교를 불교나 신도의 경우처럼 정식 명칭을 사용하지 않고 기타 종교와 함께 '교단'이라는 '잔여 범주'를 사용하는 것에 대해서도 불만을 제기하였다.[31] 즉 "기독교는 전 세계 오대 종교 중에서 제일위나 제이위를 점케 되는 것은 명약관화(明若觀火)의 사실이어늘 이제 본법에서 기독교가 이같이 희미불현(稀微不顯)하는 것은 하고(何故)인가?"[32]라고 하면서 '기독교'라는 독자적 명칭의 사용을 요구하였다.

이처럼 장로교와 감리교의 연합기관에 해당하는 조선예수교연합공의회와 《기독신보》는 제2차 종교법안의 조항들이 개신교 내부의 고유한 결정사항을 국가권력이 자의적인 기준에 의해 간섭, 규제하고 있다고 항의하였던 것이다. 다시 말해 헌법이 보장한 종교의 자유 특히 종교단체의 고유한 권리를 국가 스스로 침해하고 있다는 비판이다. 이 법안은 일본에서 야당과 종교계의 강력한 반대로 통과되지 못하였으므로 식민지 사회에 영향을 미치지 못했다. 그러나 1929년 일본 정부는 이를 약간 수정하여 종교단체법안이라는 명칭으로 다시 의회에 제출한다.

2) 제1차 종교단체법안에 대한 반대의 논리

일본 국내에서 종교법안을 수정한 종교단체법안을 제정하려는 움직임이 다시 일어나자 한국 장로교는 다시 회의를 소집하여 법안 심사를 한 결과 반대운동을 하기로 결의하였으며,[33] 조선예수교연합공의회에서도 새 법안이 종교자유에 배치된다 하여 반대의사를 표시하였다. 이번에는 두 단체의 공동대표로 전필순(全弼淳) 목사가 선출되었으며, 그는 동경에 파견되어 다음과 같은 내용의 반대의견서를 일본 문부대신과 귀족원에 제출하였다.

一.宗教自治를 干涉하는 것임. 一.文部大臣及 地方長官의 監督은 二重監督이 됨. 一.宗教團體의 報告를 徵하여 實況을 調査함은 過甚한 監督임. 一.宗教教師 資格에 對한 學力制限條件을 設하여 信仰에 依하야 宗教에 獻身하는 者를 刑罰로써 禁止하는 것은 宗教團體의 內規를 左右하여 宗教의 自由를 奪하는 者임. 一.宗教團體設立에 대하여 모든 것을 行政官廳의 許可(惑은 認定)를 得할 것이라는 것과 宗教團體 根本法規의 制定·變更을 一一히 許可를 得한다 함은 卽 神聖한 教義及 儀式에까지 許可制度를 適用하는 者이라 此는 宗教團體의 生殺權을 掌握하는 것이라 云하겠다. 一.教義宣布·儀式執行은 宗教의 生命이라 此를 監督官廳 더구나 地方官廳의 屬僚等의 無理解한 認定에 任한다 함은 宗教團體의 致命傷이라 思한다 이는 他法規에 讓할 者이라.[34]

이 반대의견서는 제2차 종교법안에 대해 연합공의회가 제출한 진정서보다 훨씬 구체적이고 명료한 내용을 담았다. 이는 종교교사의 자격에 학력 제한을 가하는 것을 종교의 자유를 박탈하는 것으로 규정하고, 종교단체 설립 시 허가를 요하는 것을 종교단체의 생살권을 장악하는 것으로 간주하며, 교의 선포나 의식 집행을 감독하는 것은 종교단체의 치명상이라고 격렬하게 비판하는 데서 잘 나타나 있다.

전필순은 귀국하여《기독신보》를 통해 "종교 자체에 대한 간섭이 있게 되는 때에는 이를 수수방관할 수 없는 것"이라고 하면서 "이 법안이 성립되기 전에 열심으로 힘써서 신지(神智)와 신의 능력으로 승리를 기도할 것"을 주장하였다.[35]

《기독신보》역시 "종교단체법안에 대하여"[36]라는 사설을 통하여 종교법 제정 움직임에 맹렬한 반대를 표하였다. 사설은 먼저 종교를 "하나님과 사람 사이에 사귀는 일"로 정의하면서 "이에 대하여는 간섭이나 제재할 것이 못되는 동시에 필요가 없을 것"이라고 천명하였다.[37] 물론 종교에 대한 법이 전혀 불필요한 것은 아니지만 "종교에 대한 법은 반드시 종교자라야 이를 제정하거나 또는 설치할 내적 권리를 소유한 것이다."[38]라고 하면서 종교법 제정 이전에 종교에 대한 충분한 이해가 전제되어야 한다는 입장을 취하였다. 이는 종교에 대한 충분한 이해를 지니지 않은 국가권력이 자의적인 기준으로 종교를 통제하려는 시도에 대한 비판이다.

《기독신보》는 또한 이 법안이 과거의 종교법안보다는 외면상 많이 개선된 것은 사실이지만, 본질적 내용에서는 큰 차이가 없다고 말하였다.[39] 따라서 이 법안은 "신교자유를 속박하는 동시에 교회의 권리를 문부대신과 행정관청의 수중에다 두려는 것"이라고 비판하면서 "우리가 헌법상으로 신교자유권을 가진 줄을 알 것 같으면… 이 법안조문을 어찌 등한히 보며… 또 어찌 묵과할 수가 있으랴."고 강력한 반대 의사를 보였다.[40] 종교단체법안에 대한《기독신보》의 비판은 "신교자유를 침해하는 간섭주의, 사이비의 허가주의, 종교에 몰이해한 관료적 획일주의, 이중감독, 치안 경찰적 벌칙 등"[41] 이라는 표현에서 압축적으로 나타나 있다.

이처럼 식민지 시기의 개신교는 제2차 종교법안과 종교단체법안에 대해 진정서와 건의문의 형태로 반대운동을 전개하였다. 이러한 반대운동이 이 법들의 부결에 어느 정도 영향을 미쳤는지 알 수 없으나 결국 일본 국내의 반대 여론에 의해 1927년과 1929년 2회에 걸쳐 의회에 상정된 법안은 "헌법의 자유정신에 어긋나고" "국가의 종교간섭은 시대적 착오"라는 여론에 부딪혀 통과되지 못하였다.[42]

이는 당시 일본 사회의 전반적 분위기와 관련되어 있다. 1920년대의 일본 사회는 다이쇼(大正) 데모크라시[43]의 분위기가 강하게 남아 있었기 때문에 야당과 종교계의 반대운동을 정부가 무시할 수 없었던 것이다. 따라서 종교에 대한 지나친 간섭과 통제를 담고 있는 법안이 통과되기 어려웠던 것이다. 그러나 1930년대 후반에 접어들어서는 군국주의의 대두로 인해 의회의 기능이 사실상 마비되면서 상황은 근본적으로 달라졌다.

3) 제2차 종교단체법안에 대한 반대의 논리

제1차 종교단체법안도 의회를 통과하지 못하였지만, 전시체제로 접어든 1939년에는 일본 본토나 식민지 어디서나 교회의 공식적인 반대 없이 종교단체법이라는 이름으로 종교법안이 통과되었다. 이때 식민지에서는 모든 교파가 이미 신사참배를 허용하는 데서 드러나듯이 교단 차원에서 국가의 종교 간섭에 저항할 힘이 없었다. 그렇지만 개인적 차원에서는 종교법 제정에 대한 반대운동이 있었다.

먼저 장로 박관준(朴寬俊)은 종교단체법을 심의하고 있던 일본 제국의회장에 들어가 "종교법안 제정 반대"라는 내용이 포함된 결의서를 투척하였다.[44] 그는 일제에 의한 신사참배 강요와 종교법 제정 시도를 모두 종교자유의 침해로 규정하고 반대운동을 하였던 것이다. 그러나 종교단체법에 대해 좀더 체계적인 인식과 반대의 논리를 전개한 것은 개신교인 법학도 윤태경(尹太京)과 감리교 목사 정일형(鄭一亨)이다.

(1) 윤태경의 경우

당시 동경에 체류하던 윤태경은 《기독신보》를 통하여 종교단체법 제정

움직임에 대하여 날카로운 비판을 가하였다

> 원래 인류는 어느 종교를 물론하고 선택의 자유가 있을 뿐 아니라 강제로
> 신앙생활에 들어가고자 하지 않는 본능을 가지고 있다. 즉 국가는 종교에
> 대하여는 선악정사를 판단할 만한 능력이 없을 뿐 아니라 신앙은 본래 자
> 유라 국가의 승인을 필요로 하지 않는다.[45]

이는 종교 선택의 자유와 신앙의 자발성, 그리고 국가권력에 의한 종교
간섭의 부당성에 대한 명확한 천명이다. 이러한 입장은 정치와 종교의 분
리에 대한 강조로 이어진다. 즉 "정치는 정치의 분역이 유(有)할지요 종교는
종교의 분역이 유할지다. 종교는 심령상 문제이요 정치는 국무상 행정이 아
닌가 피차 한계를 침범치 아니하여야 할 것이다."[46]라는 표현에서 드러나듯
이 그는 종교를 '심령상 문제'로 정치를 '국무상 행정'으로 보면서 종교와 정
치가 상대방의 고유한 영역을 침해해서는 안 됨을 강조하였다.

또한 그는 객관적 정세를 근거로 종교단체법 제정의 불가피성을 제시하
는 식민지 국가권력에 대해 "위정자가 정세를 만들어 놓고 여기에 대책을
강구함은 사족의 감(感)이 불무(不無)"[47]하다고 비판하였다. 정부가 시국 상
황을 이유로 종교를 통제하려는 조치를 비판한 것이다. 나아가 '사교에 대한
엄중 취체'를 근거로 법안의 필요성을 제시하는 논리에 대해서는 "본시 [헌법
상 공공한 질서와 인민의 본분을 떠나지 않는 한 신교에 자유]를 인정하였으니 만일
사교가 족출되어 여기에 저촉함이 있다면 단연 입법상 탄압함이 묘책"[48]이
아니냐고 반박하였다. 이는 '사교(邪敎)' 통제를 빙자하여 이미 존재하고 있
는 '공인종교'를 포함한 모든 종교에 감독제를 실시하는 것의 부당성을 비판
한 것이다. 이러한 입장에 근거하여 그는 종교단체법 제정 반대의 필요성을

세 가지 사안으로 나누어 구체적으로 논의했다. 먼저 국가에 의한 종교단체 감독은 "관료주의와 봉건제도의 산물"로서 "종교의 건전한 발달과 인류사 상의 일대 암영(暗影)을 투(投)하는 것"이라고 비판했다. 특히 "종교의 흥망 은 관리의 통제에 맡길 것이 아니라 종교 독자의 입장의 방임함이 양책(良 策)"이라고 하면서 문부대신에 의한 종교해산권을 공격했다.[49] 따라서 기독 교인은 국가에 의한 종교단체 감독을 기독교의 '사활 문제'로 인식하고 단호 히 저지해야 한다는 것이다.

두 번째는 목사, 주지, 승려에 해당하는 종교교사의 자격을 "소학교 졸업 혹은 그 이하"로 낮추려는 시도를 "대단히 우매한 입안"이며 "문명국의 일 대 자가당착"이라고 비판하였다.[50] 이는 1920년대의 종교법안 반대운동에 서 종교교사의 학력 규정 자체를 반대하였던 조선예수교연합공의회나《기 독신보》의 논리와는 상당히 다른 논리로서 종교교사의 자질 저하에 주로 관심을 둔 것이다. 그는 또한 목사의 임명권이 문부대신에게 주어지는 것은 실로 '참담한 현상'이라고 하면서 이에 대한 '맹렬한 반대운동'의 필요성을 언급하였다.

세 번째는 종교법인에 관한 문제이다. 그는 교회학교나 노회, 교회기관을 재단법인화하는 것은 인정할 수 있지만,[51] '종파'와 '교회' 자체를 법인화하는 것은 종교의 본질을 이해하지 못하는 "법률만능주의자의 몰이해적 경륜"에 불과한 것이라고 비판하였다.[52] 즉 이러한 발상은 '목적사회'가 아니라 '공 동사회(Gemeinschaft)'인 종교를 '유물주의 개인주의' 입장에서 평가한 것이 라고 보았다.[53] 이와 연관하여 '종파 인정'이야말로 사회생활을 유지하는 데 '불가무(不可無)의 묘약'이라는 논리에 대해서도 반박하였다. 당시까지 종교 단체법안이 제정되지 않았지만 종파나 교파로 인한 사회적 혼란은 찾아볼 수 없었다는 것이다.[54] 이는 국가가 종교단체의 법적 인정 즉 '법인화'를 통하여 종교를 보호하려는 것이 아니라 오히려 통제하고자 하는 의도를 찌른 비판이다.

결국 윤태경은 이 법안이 종교단체의 감독, 종교교사의 통제, 그리고 종교의 법인화를 통하여 종교 탄압을 지향하고 있음을 비판한 것이다. 다시 말해 국가가 정교분리의 원칙을 무시하고 종교의 고유한 영역을 침해함으로써 헌법이 보장한 종교의 자유를 부인하고 있다는 것이다. 그는 이러한 비판 논리에 근거하여 기독교인들에게 법안 반대운동에 나설 것을 촉구하였다.

> 조선의 신자여, 여러분들은 우리 종교계에 대한 현하 당국의 도전에 방관하려 하는가. 분산된 교계를 총동원하여 인물 자원의 노력으로써 기독교도를 위하여 의사표시가 있어야 할 것이다. 각파의 사명과 특징을 발휘해서 연락 협동하여 동(同) 법안에 대하여는 맹렬한 반대를 시(施)하여야 할 것이 아닌가. 전국적으로 회의를 소집하여 해 법안 통과 반대운동이 있을 것은 물론 대표자가 동경성에 모여서 맹렬한 활동이 있어 주기를 부탁하는 바이다.[55]

(2) 정일형의 경우

감리교 목사 정일형(鄭一亨)도 종교단체법이 종교를 통제하는 법안임을 간파하고 있었다.

> 새 법령으로써 종교와 교단을 통제하는 정교일체주의로 회전하는 소위 제정일여화하는 이 시대적 템포와 요소가 있는지는 모르나 하여간 정교분리 정책인 명치의 종교행정주의에서 제정일치국책으로 전환하는 시국

을 이해하게 되는 것이다.[56]

그는 일본 정부가 메이지시대의 정교분리 정책을 버리고 정교일체 혹은 제정일치 정책을 취하면서 종교 통제의 방향으로 나아가고 있음을 주목하였다. 그뿐만 아니라 이 법안이 종교단체에 대한 인가제를 채택하여 종교 간섭을 의도하고 있음을 경계하였다.

> 이 법령의 골자의 하나는 주무대신이나 지방장관의 인가제로 변한 그 사실이다. 종래의 계출제가 인가제로 변현(變現)된 것이다. 요컨대 신법안은 기독교와 다른 종교단체의 통제와 지배를 강요하는 그 점에 유의해야 할 것이다.[57]

과거에는 종교단체의 설립을 계출제(屆出制) 즉 신고제로 하였으나[58] 이 법안에서는 인가제를 취함으로써 종교단체의 통제와 지배를 강화하였음을 지적하였다. 또한 종교단체에 법인 자격을 허락하는 것이 종교의 사회적 신용을 높이는 점도 있지만, 결국 법인은 "국가 감독하에 있는 특수법인"[59]이라는 점을 간과해서는 안 된다고 지적하였다.

종교단체법에 대한 그의 비판의 요지는 국가의 정교일체주의, 허가주의, 그리고 종교단체의 법인화에 있다. 이는 윤태경의 비판 논리와 거의 비슷하다. 그러나 그는 종교단체법을 반종교적이거나 반기독교적인 법령으로 보기보다는 국가가 법을 실제적으로 운영하는 과정에서 종교단체에 대하여 지나친 감독과 간섭을 하지 않기를 희망하였을 뿐이다.[60]

결국 정일형은 종교단체법의 문제점을 알고 있으면서도 그것을 수용하는 입장에 서 있었던 것이다. 그러나 그는 "제국헌법 제28조에서 신교의 자유를 허하며 또한 근세 문명 제국과 같이 신앙의 자유, 종교적 행위의 자유 종교결사의 자유가 허락된 지라 제국 영토 내에서 기독교를 신봉함은 무론 제국 신민의 자유요 특전일 것이다.”[61]라고 주장하면서 국가의 종교 간섭을 간접적으로 견제하였다.

지금까지 살펴보았듯이 종교 통제를 목적으로 몇 차례에 걸쳐 의회에 상정된 종교법안에 대해 일제하 개신교 진영은 전반적으로 비판적이고 부정적인 인식을 가지고 있었다.[62] 장로교와 감리교의 연합 기관인 조선예수교연합공의회와《기독신보》가 수차례에 걸쳐 종교법안 문제에 관심을 보이고 이에 대해 비판을 가한 것이나, 윤태경이나 정일형과 같은 개신교 지식인들에 의한 종교법 제정 비판에서 개신교의 이러한 태도가 잘 나타나 있다.

개신교의 이러한 태도는 결국 종교단체의 활동에 관한 국가의 통제 방안과 간섭을 비판한 것으로서 엄밀하게 보면 종교적 결사의 자유를 확보하기 위한 반대운동이었다고 볼 수 있다. 종교적 결사는 효과적인 선교 활동을 위한 하나의 방편이기도 하므로 종교법 반대운동은 넓은 의미의 선교자유를 확보하기 위한 운동이라고 볼 수도 있다.

개신교가 종교법 제정 움직임에 대하여 여타의 종교들과 달리 매우 부정적인 인식과 태도를 보여준 것은 종교자유에 대한 개신교의 태도에서 기인한 것이다. 일제하 개신교 특히 장로교는 정교분리의 원칙에 입각하여 정치 영역에 대해서는 순응과 복종의 태도를 취하였지만, 종교 영역으로 간주되는 부문에 대해서는 매우 비타협적인 태도를 취하는 경향이 있었다. 이에 비해 감리교는 종교법 제정 움직임에 대해 교단 차원에서는 침묵으로 일관하였으나, 조선기독교연합공의회와《기독신보》에 관여하고 있었으므로 간접적으로 반대운동에 참여하였다고 볼 수 있다.

종교법에 대한 장로교와 감리교의 태도의 차이는 기독교학교에서의 종교교육 문제에 대해 장로교가 학생들의 사회적 이익까지 희생시켜 가면서 종교교육의 자유를 주장한 데 비하여, 감리교는 소극적인 태도를 보인 것과 맥락을 같이하는 것이다. 이는 장로교가 교단헌법에 양심의 자유와 교회의 자유를 명문화하고 있는 데 비해,[63] 감리교는 그러한 조항이 없는 것과도 관련되어 있다고 할 수 있다.

그러나 당시의 불교, 천주교, 천도교 등의 다른 종교전통과 비교하여 볼 때, 개신교계는 종교법에 의한 종교 간섭과 종교자유의 침해에 대해 더욱 예민한 태도를 지니고 있었다고 할 수 있다. 이러한 개신교의 태도는 해방 이후 오늘날까지도 기본적으로 지속되고 있다.[64]

군사정권 시대의
인권 문제와 종교자유

한국사회의 종교자유 담론은 개항기에 처음 등장한 이후 점진적으로 확산되어 왔다. 개항기의 종교자유 담론은 기독교의 선교 활동과 밀접한 관련을 맺고 전개된 반면, 일제하의 종교자유 담론은 식민지 정치권력의 종교정책과 밀접한 관련을 맺고 전개되었다. 해방 이후 미군정에서 군사정권에 이르는 동안에는 종교자유 담론의 성격이 권위주의적 정권의 영향을 깊게 받았다. 민주화 시대의 등장과 함께 종교자유 담론은 더욱 다채롭고 역동적인 모습을 보여주고 있는데, 특히 소수자의 인권과 관련된 양심의 자유가 전면에 부상하고 있다.

이 장에서는 해방 이후 종교자유 담론의 전개 과정을 양심의 자유와 선교의 자유에 초점을 두어 논의한다. 종교의 자유는 양심(신앙)의 자유, 종교교육의 자유, 예배의 자유, 종교적 집회의 자유, 종교단체 결성의 자유, 선교의 자유 등의 하위 요소로 구분해 볼 수 있지만, 이 요소들은 서로 독립해서 존재하는 것이 아니라 상호 밀접한 관련을 맺으면서 종교자유의 세계를 구성한다. 따라서 이 요소들은 서로 분리될 수 없지만, 구체적 현실 속에서는 종교의 자유를 구성하는 요소 중 특정 요소가 부상하는 경우가 있다. 해방 이후 한국사회에서는 양심의 자유와 선교의 자유가 종교자유 담론의 장에서 특히 부각되었다. 따라서 두 자유에 초점을 두면서 해방 이후 종교자유 담론의 특성을 파악하고자 한다.

분석 대상은 해방 이후 종교자유와 관련하여 사회적 쟁점으로 등장한 두 논쟁이다. 첫째는 군사정권과 기독교 진보 진영 사이의 산업선교 논쟁이고, 둘째는 안식교와 여호와의증인으로 대변되는 개신교 비주류 교단과 국가 권력 사이의 병역거부 논쟁이다. 따라서 이하에서는 군사정권 시대의 산업 선교 논쟁에서 선교자유 담론이 등장하는 과정과 그 성격을 살핀 다음, 양 심적 병역거부 논쟁에서 양심의 자유가 표출되는 과정과 그 의미를 살핀다.

1. 산업선교 논쟁과 선교의 자유

1945년 일제의 퇴각과 함께 남한 사회에 들어선 미군정은 친미 정권의 수립을 지상 과제로 삼았다. 미군정은 미국식 자유민주주의를 이식시키기 위해 다양한 조치와 제도를 마련하였는데 미국 선교사들과 친분을 지니고 있는 개신교에 상대적으로 유리한 정책을 펼쳤다. 따라서 미군정의 종교정책은 국가의 종교적 중립이라는 종교자유의 원칙에서 다소 벗어났지만 여타 종교들에 대해 직접적 간섭이나 통제를 가하지는 않았다.[1] 따라서 이 시기에는 종교자유를 둘러싼 담론이 크게 부상하지 않았다.

미군정을 이어 등장한 이승만 정권 역시 개신교에 유리한 물적, 제도적 특혜를 제공함으로써 개신교는 교세 확장에 매우 유리한 기반을 확보할 수 있었다. 물론 개신교는 그에 대한 보답으로 국가권력에 대한 전폭적 지지의 태도를 보였다. 따라서 제1공화국하의 개신교와 정치권력은 헌법에 천명된 정교분리의 원칙을 무색케 하는 정교유착 현상을 낳았다.[2]

이승만 정권은 당시 종교계의 분열에도 깊이 개입하였다. 이승만 대통령은 불교계의 비구-대처 논쟁과 관련하여 8차례에 걸쳐 '정화유시'를 발표하였는데, 이는 국회에 의해 위헌으로 결의될 정도로 심각한 의미가 있는 정부의 종교간섭에 해당하는 행동이었다.[3] 이승만 정권은 유림 분규에도 개입하여 특정 세력과 관련을 맺었을 뿐만 아니라,[4] 자유당 정권에 비판적인 가톨릭의 기관지《경향신문》을 폐간시켰는데 이 역시 국가에 의한 종교 통제의 한 형태로 볼 수 있다.[5]

이처럼 이승만 정권은 특정 종교에 대한 우대 조치와 여타 종교들에 대한 간섭과 통제를 통해 국가의 종교적 중립성 원칙을 훼손시켰지만 당시 종교계는 이러한 사태를 종교자유의 문제로 담론화하지는 못했다. 개신교는 국가로부터 특혜를 받는 처지였기 때문에 종교자유 문제를 담론화할 필요가 없었고, 여타 종교들은 교단 내부의 문제를 해결하는 데 급급하였기 때문에 이를 종교자유 침해의 시각에서 담론화할 여력이 없었던 것이다.

종교자유 담론이 공론의 영역에서 본격적으로 부상하기 시작한 것은 군사정권기에 들어와서이다.[6] 이 시기의 종교자유 담론은 한국기독교교회협의회(NCCK)로 대변되는 개신교 진보 진영이 채택한 하느님의 선교(Missio Dei) 개념과 밀접한 연관이 있다. 1952년 독일의 빌링겐 대회에서 최초로 사용된 하느님의 선교 개념은 1960년대부터 세계교회에서 일반화된 용어로 사용되었고, 한국에서는 세계교회협의회(WCC)와 관련을 맺은 에큐메니칼 진영에 의해 1960년대 후반에 소개되었다.

하느님의 선교는 전통적 선교 개념인 전도(evangelism)와 강조점을 달리했다. 하느님의 선교에서는 선교의 주체가 '교회'가 아니라 '하느님 자신'이며, 선교의 목표도 영혼구원보다는 공의의 실현과 인간화(humanization)에 중점을 둔다. 그리고 시간적 공간적 피안으로서의 내세적 천국보다는 이 땅에서의 하느님 나라 건설을 목표로 하는 현세적 종말론을 강조한다.[7]

이러한 선교 개념을 채택하게 되면 선교 영역이 확장될 수밖에 없다. 새로운 선교 개념을 수용한 개신교 진보 진영이 사회적 정치적 문제에 적극적 관심을 지니게 된 것은 이 때문이다. 개신교 진보 진영은 특히 민중의 고통에 주목하였는데, 민중의 수난에 대한 관심은 정치권력에 대한 비판으로 이어졌다. 민중의 고난은 지배계급의 억압에서 기인한 것으로 보였기 때문이다. 따라서 하느님의 선교 패러다임을 선택한 개신교 진보 진영은 민주화운동과 인권운동을 선교의 핵심 과제로 삼았다.

군사정권하 하느님의 선교와 관련하여 특히 주목해야 할 것은 산업선교이다. 1960년대 군사정권의 등장과 함께 한국사회는 본격적인 산업사회로 진입하기 시작하였고, 산업화 과정은 도시 노동자를 양산하면서 수많은 사회적 문제를 발생시켰다. 정부의 저임금 정책에 의해 노동자의 삶은 생존의 위기에 처했고 그들의 인권은 유린되었다. 산업선교는 노동 현장에서 나타나는 이러한 문제점을 해결하기 위해 등장한 특수선교의 하나이다.

산업선교는 노동자의 인권 개선을 목표로 하여 시작하였지만 군사정권과 충돌하지 않을 수 없었다. 자본가계급과 국가권력은 노동자계급을 착취하는 과정에서 공모 관계에 있었기 때문이다. 당시 군사정권의 눈에는 노동자의 인권 개선과 정치의 민주화를 요구하는 도시산업선교회의 활동이 종교의 정치활동으로 비쳤다. 따라서 정부는 도시산업선교회의 활동을 정교분리 원칙의 위반으로 비판하는 동시에 불순세력의 책동이라고 비난하였다.

1974년 공화당 의장서리 이효상은 "종교 지도자들은 정치에 관여해서는 안 된다."고 말하였으며,[8] 김동조 외무장관도 "주한 외국인 성직자들이 포교 등 종교활동이 아닌 국내 정치문제에 간여하고 있는 것은 엄연한 입국 목적 위반"이라고 경고하였다.[9] 김종필 총리도 "일부 사람들이 종교와 종교인으로서의 본연의 위치와 영역을 벗어나 정치적인 집단행동에 가담하거나 그러한 행동에 합류하라고 딴 사람들을 선동하고 있는 것을 매우 걱정스럽게 여기지 않을 수 없다"고 말했으며,[10] 더 나아가 "교역자들이… 자기 본연의 위치를 떠나서 세상일에 지나치게 참견해서 어느덧 믿음은 진실과 순수성을 잃게 되어 급기야는 세속인으로 타락하는 것"이라고 비판하였다.[11] 당시 성직자의 구속과 관련하여 "순수 종교활동"만 보장할 수 있다거나,[12] "법 테두리 안에서 온당한 포교의 자유는 보장할 것"[13]이라는 정부 관료들의 발언은 모두 이러한 맥락에서 나온 것이다.

이처럼 군사정권은 헌법에 천명된 정교분리 원칙을 무기로 산업선교 종사자들의 시국선언과 시위를 비난하였다. 이들의 눈에는 노동조합의 활동에 개입하고 민주화를 요구하는 산업선교 종사자들의 활동이 종교 본래의 영역 혹은 순수한 종교의 영역을 넘어선 것으로 비쳤으며, 그러한 행동들은 헌법이 보장하는 종교자유의 한계를 넘어선 종교자유의 남용으로 보였던 것이다.

당시 보수 개신교 진영과 법원, 그리고 관변 언론 등은 군사정권의 시각을 공유했다. 보수 개신교 진영은 정교분리를 국가권력에 대한 복종으로 이해했다. 한국예수교협의회(KCCC)라고 하는 보수 개신교 단체는 "국가권력이 하나님과 그의 진리를 거슬러 신앙의 자유를 말살시키려는 행위가 없는 한, 진정한 기독교인은 하나님이 정하신 권력에 순종하여야 성경적"[14]이라고 주장하였으며, 대한기독교연합회라는 또 다른 보수 단체도 "우리 교회는 민주주의 정권에 대하여서나 독재정권에 대하여서나 종교와 정치는 분리된다는 기본 처지를 굳게 지키고 있다. 로마서 13장에 명시된 모든 권세는 다 하나님의 정하신 바라고 한 것은 그것을 증거하고 있다."[15]고 주장하였다. 이처럼 보수 개신교 진영은 국가권력에 대한 복종을 정교분리의 원칙으로 이해하고 있었다.

당시 법원도 종교의 정치활동을 금하는 정부의 입장을 지지했다. 유신정권하의 대법원은 "성인이나 명현의 진리에 관한 어록이나 명언이라 할지라도 그것을 인용하는 시기와 장소 그 방법에 따라서는 법에 저촉될 수도 있을 것"이라고 하면서 어떤 교역자가 예배에서 "인간의 기본적 자유에 관한 연설"을 한 것에 대해 계엄법 위반으로 판결했다.[16] 이는 당시 법원이 국가주의에 포획되어 종교의 활동 범위를 제한하고 있었음을 보여준다. 관변 언론들도 "도시산업선교는 종교를 빙자하여 노동문제에 개입, 노동자들을 선동하여 폭력적 방법으로 사회주의 체제를 건설하려는 불순세력이다."라고 비판하였다.[17]

군사정권, 보수 개신교, 법원, 언론 등의 이러한 비판 논리에 대해 개신교 진보 진영은 정교분리 원칙에 대한 재해석으로 응수하였다. 먼저 에큐메니칼 진영은 정교분리에 대한 '잘못된 해석'을 비판적으로 반성하였다. 지금까지 교회가 정교분리의 원칙과 세속적 권위의 한계에 대한 잘못된 해석을 내세워 불의한 위정자의 탄압 정책을 변호하고 피압박 대중을 소외시키는 작업에 기여하는 '거짓 선지자'의 역할까지 담당해 왔음을 인정한 것이다.[18]

에큐메니칼 진영에 의하면 정교분리 원칙은 "정치권력과 종교적 권위의 야합에서 오는 권력의 절대화와 특정한 종교에 대한 정치적 우대를 막기 위해 설정된 것"[19]으로서 "정치와 종교의 분리는 기능과 질서에서 책임분담을 말하는 것이지, 관계의 단절이나 참여의 금지나 포기를 의미하는 것이 아니다."[20] 따라서 "정권이 무엇을 하든 종교는 일체 입을 다물어야 한다는 논리"[21]나, "종교인을 반공에 앞장서라 하면서 예배행위나 종교행사에만 종사하라는 것"[22]은 상식에 어긋난다는 것이다. 한국인권운동협의회도 "정부가 교회의 선교 정책과 방법을 일방적으로 시비하고 판단하여 그의 선교 활동을 정치활동인 양 말하는 것은 절대로 인정할 수 없으며", "어떤 것이 정치활동이고 어떤 것이 종교활동인가는 교회가 결정해야 될 것"이라고 주장하였다.[23]

1979년 10.26사태로 유신정권이 종언을 고하고 새로운 헌법이 모색될 때 '아카데미안'이 등장하였다. 이것은 신학자들이 주도한 헌법 초안인데 "국교는 인정되지 아니하며 국가는 종교에 관여할 수 없다."는 표현을 17조에 넣었다. "종교와 정치는 분리된다."는 유신헌법의 조항을 "국가는 종교에 관여할 수 없다."라는 표현으로 바꾼 것이다. 이는 "종교와 정치는 분리된다."는 표현이 정치와 종교의 무관성으로 해석되어 군사정권과 보수 개신교에 의해 교회의 발언이 봉쇄되었던 것을 기억하면서 새롭게 표현한 것이다.[24] 새롭게 바뀐 이 조항은 국가의 종교 간섭은 금지되지만 종교의 정치참여는 허용되어야 한다는 사고방식에 기초한 것이다.

이처럼 개신교 진보 진영은 정교분리 원칙에 대한 비판적 재해석을 통해 국가의 종교 간섭을 방지하고 종교의 자유를 확보하고자 하였다. 정교분리 원칙에 대한 에큐메니칼 진영의 이러한 재해석에 강력한 이론적 기반을 제공한 것이, 앞서 언급한 하느님의 선교 개념이다. 하느님의 선교 개념에 의하면 선교의 영역과 선교의 현장은 교회 울타리 안으로 제한되는 것이 아니라 버림받고 가난하고 억눌린 사람들이 사는 곳 자체이다.[25]

> 오늘 우리 교회의 선교는 하나님의 총체적인 구원의 역사 즉 '하나님의 선교'에 동참하는 행위다.… 교회의 선교는 불가불 인간 생활의 전 영역과 더불어 자연과 역사에까지 자동적으로 확대되는 것이며, 정치, 경제, 문화가 선교의 대상에서 제외될 수 없다. 선교의 영역을 한계 지으려는 대내적인 유혹과 대외적인 강요들은 하나님의 선교 역사에 동참하려는 교회의 선교적 사명을 저해하는 행위로 인정한다.[26]

이처럼 선교의 영역을 확장하면 선교의 자유도 새롭게 해석될 수밖에 없다. 전통적 의미의 선교 개념 즉 '전도' 개념을 수용하면 종교자유의 영역이 매우 제한되지만, 하느님의 선교 개념을 따르면 선교의 자유는 무한정으로 확장될 수 있는 것이다. 정치 영역만이 아니라 경제, 사회, 문화 등 모든 삶의 영역에서 불의를 고발하고 정의를 구현하는 활동이 모두 선교자유의 범위에 포함되기 때문이다.

> 정부 당국자가 때때로 한국에는 종교자유가 있다 하나 그 자유라는 것이 권력자와 그 권력구조에 복종하여 '예'라고 하는 자유만을 말한다고 하면 이는 공산독재정권하에서 가지는 자유와 다름없는 것이니 이는 자유가 아니다. 그러므로 우리는 예수님의 말씀에 따라 옳은 것은 '예'라 하나 아닌 것은 '아니라' 할 것을 결의한다.[27]

이처럼 군사정권하 개신교 진보 진영은 정교분리 원칙이 산업선교를 봉쇄하는 빌미로 사용되는 것을 자각하고 이 원칙에 대한 비판적 재해석과 확장된 선교 개념을 통하여 선교자유 담론을 활성화시켰다. 이러한 선교자유 담론은 선교자유대책위원회, 선교자유연구협의회, 선교자유수호위원회 등과 같은 기구를 통해 지속적으로 생산, 유통되면서,[28] 종교자유 담론의 장에서 핵심적 역할을 담당했던 것이다.

1980년대 말, 1990년대 초 군사정권이 퇴각하고 문민정부가 등장하면서 개신교 진보 진영의 선교자유 담론은 종교자유 담론의 영역에서 점차 그 위상이 약화되기 시작하였다. 민주화 시대의 도래와 함께 산업선교의 필요성이 감소되어 갔기 때문이다. 군사정권과의 대결 구도 속에서 적극적 의미를 지니고 있던 선교자유 담론은 이제 그 시대적 사명을 다하고 새로운 형태의 종교자유 담론에 그 자리를 물려주게 된 것이다. 시민사회 담론의 급속한 확산과 함께 사회적 소수자의 인권과 밀접한 관련이 있는 양심의 자유가 종교자유 담론의 영역에서 전면적으로 부상한 것이다.

2. 병역거부 논쟁과 양심의 자유

군사정권 시절에는 민중운동이 사회운동의 영역에서 주도적 역할을 담당했으나, 문민정부의 등장과 함께 생태운동, 여성운동, 평화운동, 생명운동, 소비자주권운동과 같은 신사회운동이 시민운동의 형태로 두각을 나타내기 시작하였다. 이러한 흐름 속에서 동성애자나 장애인과 같은 사회적 약자의 인권에 대한 관심이 급격히 부상하였다. 군사정권 시대에도 인권운동이 전개되었지만 당시의 인권운동은 도시빈민과 노동자, 농민층을 중심으로 하는 기층 대중의 생존권 수호 투쟁의 성격이 강했다. 1990년대 이후 등장한 인권운동은 민중운동의 논리 속에서도 가려져 있던 소수자의 인권에 초점을 두고 있다. 특히 군대, 학교, 감옥, 사설사회복지시설과 같은 인권의 사각지대에 있던 약자들의 인권에 대한 관심이 새롭게 조명되고 있다.

이러한 시대적 흐름의 영향을 받아 종교자유 담론의 영역에서도 소수자의 인권과 관련된 담론이 주목을 받기 시작하였다. 2000년대 초에 등장한 양심적 병역거부 문제가 대표적인 예에 속한다. 한국사회에서 양심적 병역거부가 소수자의 인권으로 주목받기 시작한 것은 얼마 되지 않는다. 양심을 이유로 병역을 거부하는 젊은이들이 과거에도 적지 않게 있었으나 당시에는 언론과 사회의 주목을 거의 받지 못했다. 남북이 대치하는 분단 상황과 징병제도, 국가안보를 최우선시하는 군사정권의 안보 이데올로기가 국방의 의무를 '성스러운 의무'로 규정함으로써 병역거부를 반국가적 행위로 단죄하였기 때문이다.

민주화 시대의 도래와 함께 급격히 확산된 시민운동 영역에서도 이러한 구조적 요인으로 인해 병역거부 문제가 인권문제로 쉽게 부상하지는 못했다. 그러다가 소수자의 인권에 대한 관심이 고조되는 가운데 마침내 양심적 병역거부 문제가 언론에 의해 공론화되기 시작하였다. 여기에 기폭제 역할을 한 것은 2001년 오태양의 병역거부 선언과 대만에서의 대체복무제 수용이다.[29] 그동안 양심적 병역거부는 여호와의증인이라는 특정 종파의 문제로 여겨졌으나, 여호와의증인이 아닌 불교신자이자 평화주의자로서 오태양이 선언한 병역거부를 계기로 그동안 외면되었던 양심적 병역거부 문제가 공론화되기 시작한 것이다.

2004년 5월에는 대한민국 헌정 사상 최초로 양심에 따른 병역거부자의 양심을 인정한 무죄판결이 내려지기도 했다. 이 판결은 동년 7월 대법원 최종심에서 번복되었지만, 이 판결로 인하여 양심적 병역거부에 대한 사회적 논란이 가속화되기 시작하였고 이 문제를 해결하기 위한 방안으로 대체복무제 논의가 급물살을 타기 시작하였다.

오태양의 경우처럼 평화주의적 신념에 의해 병역을 거부하는 사람들이 점차 늘어나고 있는 추세이지만, 아직까지 병역거부자의 대부분은 개신교 비주류 교단에서 배출되고 있다. 여호와의증인과 안식교인이 양심적 병역거부자의 대부분을 차지하고 있다.[30] 숫자적으로는 여호와의증인 약 1만명, 안식교인 약 1백 명으로 여호와의증인이 압도적 다수를 차지하고 있지만 사회적 주목을 먼저 끈 것은 안식교인이다. 여호와의증인이 입대 자체를 전면적으로 거부하는 '양심적 병역거부자'라면, 안식교인은 입영 명령은 따르되 집총만을 거부하는 '양심적 집총거부자'라는 차이점도 존재한다.[31] 이하에서는 안식교인과 여호와의증인의 양심적 참전거부에서 나타나는 종교자유 담론의 특성을 파악한다.

1) 안식교인의 집총거부와 양심의 자유

안식교인[32]들은 일제시대 말엽부터 병역을 거부하는 모습을 보였다. 제2차대전 중에 학도병이나 징병으로 끌려갈 수 있는 적령기의 안식교인들이 산악지역이나 다른 지역으로 이주하는 형식으로 병역을 기피하였던 것이다. 6.25 당시에는 집총을 거부했다 귀가조치를 받거나 지휘관의 배려로 집총훈련을 면제받는 안식교인들이 생겨났다. 한국전쟁 이후에는 집총거부죄로 실형을 사는 안식교인의 숫자가 늘기 시작하여 당시 훈련소 당국은 입소하는 입대 장병들에게 "안식교인 나오라!"고 공개적으로 호출하여 이들을 다른 훈병들과 분리시켜 별도로 관리하였다고 한다.[33]

당시 안식교는 이 문제를 해결하기 위해 교단 차원에서 정부와 접촉을 시도하기도 하였다. 휴전 직전인 1953년 6월 안식교는 국방부 장관에게 안식교의 군복무관을 밝히고 안식교 청년들이 안식일을 지키며 비무장으로 군복무에 종사할 수 있기를 청원하는 진정서를 제출하였다. 그 내용은 (1) 비무장 전투원으로 정부에 충성하고자 하는 안식교회의 입장, (2) 안식교회의 고유한 비무장 비전투원의 신념, (3) 안식교회가 군대에 입대하는 '재림청년'들이 군대에서 위생병으로 복무할 수 있도록 의무대(medical cadet corps) 훈련을 시킬 수 있도록 허가해 주기를 바람, (4) 안식일 준수를 요청하는 신앙적 입장 등 네 부분으로 되어 있었다.[34]

안식교는 1956년 12월 국방부에 다시 진정서를 제출하여 안식교회의 비전투원(noncombatancy)의 입장이 국민의 병역의무 자체를 거부하는 이른바 양심적 병역거부자들(conscientious objectors)의 입장이 아니라 다만 비폭력적 수단으로 군복무의 의무를 이행하고자 하는 양심적 협조자(conscientious cooperators)의 입장이란 사실을 거듭 강조하면서 안식교인 군복무자들에게 집총훈련을 면제하고 비전투 병과에 배치해 줄 것, 그리고 군대에서 안식일을 지킬 수 있도록 허락해 줄 것을 진정하였다.

이러한 진정서에 대해 국방부는 긍정적 답변을 제공하고 그에 상응하는 조치를 취했지만,[35] 실제로는 무자비한 구타 행위와 실형 선고로 말미암아 안식교인들의 고통은 크게 경감되지 않았다. 그래서 안식교회 지도부는 1959년 10월 국방부에 재차 〈군복무에 대한 제칠일안식일예수재림교도의 입장〉이라는 제목의 진정서를 제출하였는데 그 내용은 앞의 진정서와 비슷하였다. 이러한 안식교의 지속적인 진정서 제출에 의해 1960년대 훈련소 당국은 안식교인 병사들을 가급적 비무장 병과인 의무병과 등에 배치했다.

안식교와 군부의 이와 같은 협조 관계가 파기된 것은 군사정권의 등장 이후이다. 특히 1970년대 이후 남북 관계의 악화에 따라 군부가 군종병과 위생병에게까지 집총 복무를 강요하여 사실상 한국 군대에 비무장 병과가 사라짐으로써 안식교의 이른바 양심적 협조자로서의 입지 곧 신앙 양심을 지키면서 병역의무에 최선을 다하고자 하는 입지가 완전히 상실되었다. 그리고 이때부터는 집총 문제가 '교단적' 관심사로부터 '개인적 신앙' 관심사로 되었으며 양심적 집총거부자도 거의 찾아볼 수 없게 되었다. 한국 안식교가 비무장 복무를 교단 차원의 문제에서 개인의 신앙 양심에 맡긴 것은 세계 안식교의 결정과도 관련이 있다. 1972년 세계 안식교는 비무장 복무가 교단의 교리에 가장 부합한 행위임을 강조하면서도 신자들의 '무장 전투원 군복무'도 선택 가능한 대안의 하나로 인정하였던 것이다.[36]

이처럼 안식교는 비무장과 안식일 준수라는 두 신앙 원칙을 지키기 위해 1950년대에 세 차례에 걸쳐 정부에 진정서를 제출하고 어느 정도의 성과를 얻었지만, 1960년대 군사정권의 등장 이후에는 교단 차원의 노력을 포기하고 신자 개인의 양심에 맡기는 전략을 채택하였으며,[37] 그 결과 양심적 집총거부자의 숫자는 현저하게 줄어들었고 사회적 논란으로부터도 벗어나게 되었다.[38]

그렇다고 해서 안식교가 비무장 복무의 교리를 포기한 것은 아니다. 이 교리를 의무 조항에서 권장 사항으로 변경했을 뿐이다. 안식교 신자들이 비무장 복무를 지키지 않는다고 해서 교단 차원에서 제명하거나 도덕적 정죄를 하지는 않는다. 요컨대 안식교는 비무장 비폭력의 신앙 양심에 대한 불성실을 출교의 이유로 삼지 않으나, 여전히 비무장 비폭력의 신앙생활을 안식교인의 가장 바람직한 삶의 방식으로 권장하고 있다.[39]

1950년대에 안식교 교단이 정부에 진정서를 제출할 때 언론들은 안식교인들의 양심적 집총거부 사건을 부정적 시각에서 다루었다.[40] 《한국일보》는 '교리가 헌법보다 중요한가?'라는 사설과 '안식교와 병사 특권'이란 논설로 안식교인들의 비전투원 군복무를 특전적 배려로 비판하였다. 좀더 구체적으로 보면, "안식교도의 교리에 의하여 그의 주장을 용인한다면 그것은 헌법을 일(一) 교리(敎理) 밑에 종속시키며 국가 관념을 종교 관념에 뒤따르게 하는 결과가 되는데, 종교는 헌법과 법령에 종속하는 한 그 범위 내에서만 존재할 수 있으며 초헌법적 또는 초국가적인 종교라는 것은 있을 수 없는 일"이라고 주장하였다. 더 나아가 "국법과 저촉되는 교리나 종교상의 요구는 전혀 인정할 여지가 없는 것"이라고 목소리를 높였다.[41]

《서울신문》은 '괴(怪): 집총거부 진정'이란 표제를 사용하여 "국가보다 교회를 앞세운 안식일교도"라고 안식교인들을 비난하는 한편 '신앙의 자유를 위해서라도 용감히 총을 들라—해괴스런 안식교인들의 반론'이란 제목의 사설로 안식교회의 비전투원 신념을 극단적으로 비난하였다.[42] 이처럼 당시 언론은 냉전 논리에 근거하여 국방의 의무만을 강조하면서 집총거부를 양심자유의 표현으로 보려고 하지 않았다.

주류 개신교 역시 안식교의 집총거부에 대해 별다른 관심을 보이지 않은 것으로 보인다.[43] 1950년대 후반부터 언론에 의해 양심적 병역거부 사건이 보도될 때 『기독교사상』이 몇 편의 논문을 실어 관심을 표현했을 뿐이다. 이장식은 기독교 주류의 입장인 정당한 전쟁론(just war theory)의 문제점을 지적하면서도 전체적으로는 그 틀을 받아들였으며,[44] 강원룡 역시 평화주의 (pacificism)의 여러 형태를 소개하면서 그 한계를 지적하였다.[45] 감리교의 대표적 신학자였던 홍현설 교수는 개인의 사견임을 전제로 안식교도의 집총거부에 대한 입장을 표명했다. 그는 "안식교인은 엄밀한 의미에서 양심적인 반전론자(conscientious objectors)가 아니고 양심적인 협력자(conscientious co-operators)이며 애국적인 비전투원"이라고 하면서 "우리나라에도 하루속히 양심적인 비전론자를 보호하는 법령이 만들어지기를 원한다."고 말했다. 그렇지만 "이 세상의 아무도 남의 양심을 주장할 수는 없다."고 하면서 평화주의자와 비평화주의자 쌍방의 신념을 모두 존중해야 한다고 주장하였다.[46] 이처럼 그는 안식교인들의 집총거부를 양심의 자유로 인정하였지만, 이러한 입장이 당시 개신교계의 일반적 입장은 아니었다.

2) 여호와의증인의 병역거부와 양심의 자유

여호와의증인은 병역거부만이 아니라 국기에 대한 경례의 거부 및 수혈 거부로도 널리 알려져 있다. 국기에 대한 경례를 우상숭배로 간주하여 학교 조회 시간에 국기에 대한 경례를 거부한 학생들이 제적되거나,[47] 자식이 죽어 가는데도 수혈을 거부하여 세상 사람들을 놀라게 하는 '비정한 부모'로도 알려져 있다.

한국의 여호와의증인들이 양심적 병역거부자가 되기 시작한 것은 1950년 한국전쟁이 발발하면서부터이다.[48] 이들은 입영 자체를 거부하였기 때문에 병역법 위반 혐의로 민간 법정에서 징역형을 선고받았다. 1974년부터는 박정희 대통령이 군대 입영을 100%로 달성하라고 지시함으로써 여호와의증인들은 병무청에 의해 강제 징집되었다.[49] 군대에 강제 입영된 여호와의증인들은 군대 안에서 더이상 병역을 거부하는 것이 무의미하므로 집총훈련을 거부하여 항명죄로 형무소에서 복역하게 되었다. 따라서 이때부터 훈련소에서는 '안식교인 나오라'는 호출 대신 '여호와의증인 나오라'는 특별호출이 관례화되기 시작하였다고 한다.[50] 그러나 2001년부터 병무청이 더이상 여호와의증인들을 강제로 입영시킬 수 없게 되자 다시 양심적 병역(징집)거부자의 전통으로 돌아갔다.[51]

여호와의증인들은 군사적 기구에서든지 민간 시설에서든지 군복무에 해당하는 일체의 복무를 거부하며 그로 인해 실형을 선고받았다. 여호와의증인들은 이러한 처벌이 부당하다고 주장하면서 양심의 자유를 내세워 몇 차례(1969년, 1985년, 1992년)에 걸쳐 대법원에 항소하였으나 모두 패소하였다.[52] 1950년대 안식교가 교단 차원에서 정부에 진정서를 제출하여 집총거부 문제를 해결하고자 한 것과 달리, 여호와의증인은 처음부터 병역거부를 교단 차원의 문제로 취급하지 않고 철저하게 개인의 양심에 맡긴 것으로 보인다. 이러한 면에서 여호와의증인 교단은 개인의 양심자유를 철저하게 존중하고 있는 것으로 보인다. 그런데 이러한 추정을 부정하는 입장도 있다.

입영영장이 나오는 시기가 되면, 회중에서는 입대명령서를 받은 사람이나 관계되는 성원들을 소집합니다. 거기에서 일정한 정도의 격려를 한 뒤,

협회의 지침을 하달하게 되는데, 주요한 요지는 대략 "협회의 교리는 군복무를 거부하는 교리가 아니다. 군복무 거부는 순수하게 본인의 양심적 결정이다."라고 법정에서 진술하기를 강조합니다. 이것[병역거부]을 거부하면 증인으로서의 자격을 상실하게 되며 이탈자로 간주되고 '영적 사망선고'를 받습니다. 아버지는 장로직을 그만두어야 하고, 일가족은 그야말로 회중성원들로부터 경계의 대상이 됩니다.[53]

이 글은 한때 열렬한 여호와의증인이었다가 탈퇴한 사람이 자신의 카페에 올린 것인데, 교단이 신자 개인의 양심자유를 억압한다는 주장이다. 즉 여호와의증인 교단이 표면적으로는 개인의 양심자유를 존중하는 것 같지만 실제적으로는 병역거부를 강요하고 있다는 것이다. 그에 의하면 교단이 병역 문제에서 "나는 향후 안정된 신앙생활을 위해서 사회적으로 지나치게 치명적인 핸디캡은 피하고 싶다.", "어쩔 수 없이 원치 않는 입대를 하지만 살상에 가담하지는 않겠다.", "만약 전쟁 등으로 살상 명령을 받을 때에는 탈영이라도 해서 양심을 지키겠다.", "총을 사용하게 되는 경우 사람을 겨냥하지는 않겠다." 등과 같은 다양한 선택의 길을 전혀 허용하지 않으며 오로지 전적인 병역거부만을 요구한다는 것이다. 따라서 여호와의증인은 양심의 자유를 표방하면서 실제로는 양심의 자유를 억압하고 있다는 것이다. 이러한 주장의 사실성 여부는 확인하기 어렵지만 어느 정도의 개연성은 있다고 본다. 이는 종파적 성격을 지닌 종교 공동체에서 흔히 발견될 수 있는 것으로서 양심의 자유에 대하여 더 심층적인 접근을 요청하는 예라고 할 수 있다.

그러면 개신교 주류 진영은 여호와의증인의 양심적 병역거부에 대해 어떠한 태도를 취하고 있는가? 개신교 보수 진영의 집결체라고 할 수 있는 한국기독교총연합회(한기총)는 여호와의증인의 양심적 병역거부를 인정하는 대체복무제의 도입에 대해 강력하게 비판하였다.

> 여호와의증인은 미국에서 발생한 기독교의 탈을 쓴 이단으로서 '집총거부(병역기피)', '수혈거부', '국기배례거부' 등으로 사회적 문제를 야기해 왔음은 주지의 사실이다. 여호와의증인이 집총을 거부하고 병역을 기피하는 이유는 국가와 정부를 사탄의 조직으로 보기 때문이다. 종교의 자유와 소수의 인권 보장을 내세워 여호와의증인이 끼치는 폐해는 간과하고 마치 양심적인 종교인으로 포장하고 미화하는 발상은 위험한 것이다. 이 법안은 부작용이 클 것이다. 왜냐하면 살생을 금하는 종교도 있고, 어느 종교든 전쟁이나 군 입대를 거부할 수 있는 논리를 만들 수 있는 개연성이 있을 뿐만 아니라 이를 특화하는 새로운 종교의 출현도 예견해 볼 수 있을 것이다. 또 종교의 자유에는 개종의 자유가 있는 만큼 중간에 종교를 바꾸는 것을 강제로 막을 수 없는 문제점도 안고 있기 때문에 병역기피자의 도피처로 악용될 수 있을 것이다.[54]

요컨대 여호와의증인은 반사회적 행위를 일삼는 '이단' 종파에 불과한데, 이를 간과하고 대체복무제도를 도입하는 것은 이단을 미화하는 행위일 뿐 아니라 병역기피만을 부추기게 된다는 것이다. 이처럼 한기총은 이 문제를 인권의 증진이라는 차원보다는 정통-이단의 구도 속에서 파악하려는 경향을 보이고 있다. 이와 달리 개신교 진보 진영을 대변하는 한국기독교교회협의회는 양심적 병역거부자에 대한 법원의 첫 번째 무죄 선고에 대해 적극 환영하는 태도를 보였다.

한국기독교교회협의회 인권위원회는 서울남부지법 형사6단독부가… 병역법 위반으로 기소된 오모씨와 병역을 기피한 혐의로 기소된 정모씨에 대해… 각각 무죄판결을 내린 것에 대해 환영한다. 그동안 우리나라에서 한 해 수백 명의 사람들이 양심 혹은 신앙에 따른 병역거부를 결단하고 있으며, 세계 곳곳에서 진행되고 있는 전쟁을 직시하면서 많은 젊은이들이 평화주의자로 자기규정을 하고 있는 상황이다. 더욱이 우리나라는 재판부도 밝힌 것처럼, 1990년에 국제인권규약 B에 가입한 국가로서 "스스로 선택하는 신념을 가질 자유를 침해하게 될 어떠한 강제도 받지 않아야"(18조 2항)하며, 정부 당국은 이번 사법부의 판결을 참고하여 하루속히 대체복무제 실시를 통해 이 땅의 평화를 갈망하는 수많은 젊은이들을 범법자로 내몰지 말기를 촉구한다.[55]

이처럼 한국기독교교회협의회는 양심적 병역거부와 대체복무제의 도입을 정통-이단의 관점이 아니라 양심의 자유와 인권의 관점에서 접근하고 있다.

주류 개신교에 의해 '이단'으로 규정되어 온 안식교인 청년들과 여호와의 증인 청년들은 우리 사회에서는 최초로 집총거부와 병역거부를 실행했으며, 그로 인해 군사정권과 일반 사회, 그리고 기독교계로부터 최근까지 강력한 비난을 받아 왔다. 이들의 행위 속에는 "살인하지 말라."는 십계명의 조항이나 "이웃을 사랑하라."는 예수의 가르침에 근거하여 모든 전쟁을 반대하는 기독교 평화주의(Christian pacifism)가 한 요소로 자리잡고 있다. 기독교 평화주의는 역사적 평화교회들(historic peace churches)이 채택하고 있는 노선으로서 기독교 주류가 채택하고 있는 정당전쟁론(just war theory)과 대비되는 기독교 내부의 전통이다.[56]

또 안식교와 여호와의증인은 세상과 거리를 두는 경향이 있는데, 이러한 '분리주의적' 태도도 집총 및 병역거부의 한 요소로 작용하고 있다. 요컨대 이러한 평화주의와 분리주의적 신념이 개인의 양심과 강력하게 결합되어 구체적 몸짓으로 드러난 것이 집총거부와 병역거부이다. 그런데 그들의 이러한 행위가 국가안보와 국방의 의무를 절대시하는 군사주의 및 국가주의와 충돌하면서 양심의 자유에 대한 논의를 활성화시키는 효과를 가져오고 있는 것이다.

지금까지 살펴보았듯이 해방 이후 공공의 영역에서 종교의 자유 담론을 주도한 것은 개신교 진보 진영의 민주화 및 인권운동 과정에서 등장한 선교 자유 담론이다. 보수 진영은 해방 후에 주어진 종교의 자유 특히 전도의 자유를 토대로 교인 수의 증가 및 교세 확장에 주안점을 두었으며 정치권력과의 관계에서는 정교분리 원칙을 표방하면서 밀월 관계를 추구하였다. 반면 진보 진영은 하느님의 선교 신학에 근거한 광의의 선교 개념 즉 세계의 인간화와 사회공의를 추구하는 선교 개념을 받아들여 군사정권과 대결하였고 그 과정에서 선교의 자유 담론이 부각되었다.

개신교 주류에 속하는 보수와 진보 진영이 이처럼 전도자유와 선교자유 담론을 확산시키는 동안 비주류 교단들은 그와는 강조점이 다른 종교자유 담론을 생산하였다. 안식교의 집총거부와 여호와의증인의 병역거부 논리에서 나타난 양심의 자유가 그것이다. 안식교 청년들은 군대 내에서 비전투병과 배치를 요구하면서 집총을 거부하는 반면, 여호와의증인들은 입영 자체를 거부하는 전면적 병역거부자라는 차이점이 있지만, 양자 모두 양심의 자유 담론을 확산하는 데 주요한 역할을 하였다. 현재 시행을 앞두고 있는 대체복무제도는 이러한 양심자유 담론의 확산 효과로 볼 수 있다.

종교법인법과
한국종교

2007년 종교법인법제정추진시민연대(이하 종추련)라는 단체가 등장하여 종교법인법 제정 운동을 추진한 적이 있다. 그해 4월 발기인 대회를 마친 이 단체는 종교법인법 제정을 위한 구체적 준비 작업의 일환으로 "종교법인법 왜 필요한가?"라는 제목의 세미나를 개최하고, 입법청원을 위해 10,000인 서명인단 운동을 전개하였다.[1]

종교법인법 제정에는 실패하였지만 이 운동은 현대 한국사회와 종교계에 매우 의미 있는 메시지를 던져 주었다. 이 단체의 주장에 의하면 한국 종교계는 내적으로 심각하게 부패하고 타락했을 뿐만 아니라 사회적 차원에서도 수많은 병폐를 드러내고 있다. 예를 들면 대부분의 성직자들은 세금을 내지 않음으로써 납세의 의무를 위반하고, 교단 지도부는 의사결정 과정에서 여성을 차별함으로써 양성평등의 원칙을 깨고, 종립학교는 예배 참석을 강요함으로써 학생들의 종교자유를 억압하고, 개별 교회들은 유지재단이라는 것을 만들어 명의신탁을 함으로써 부동산실명제를 위반하고 있다는 것이다.[2]

종교계가 이처럼 국법 질서를 명백하게 위반하고 있음에도 불구하고 아무런 법적 제재를 받지 않고 있는 현실을 이 단체는 개탄하고 있다. 그러면서 이러한 종교계의 '잘못된 현실'을 바로잡기 위한 '종합처방제'로서 종교법인법의 제정을 제안하였다. 종교법인법이 제정되면 재정의 투명성이 확보되어 세습, 횡령, 배임, 추행 등과 같은 한국 종교계의 고질적 비리와 부패가 대부분 사라지고 한국종교계는 깨끗하고 건강한 종교로 되살아날 수 있다는 것이 이 단체의 주장이다. 이처럼 이들에게 종교법인법은 한국 종교계의 총체적 질병을 치유할 수 있는 유일한 '영약'이다.

우리 사회에서 종교법인법이 논의의 대상으로 떠오른 것은 이번이 처음은 아니다. 해방 이후 몇 차례에 걸쳐 이 법안의 제정 필요성이 제기되어 왔다. 그러나 이 법안이 제기될 때마다 반대 여론이 거세게 일어나 입법화에는 한 번도 성공하지 못했다. 그런데 다시 시민단체를 표방하는 종추련에 의해 종교법인법 제정 운동이 조직적 움직임으로 재등장한 것이다.

이 장에서는 종교법인법 제정이 한국 종교계의 문제점을 해결하기 위한 바람직한 대안이냐 아니냐 하는 문제에 대해서는 판단을 유보하고 이 법안의 제정을 둘러싼 논쟁의 맥락에 초점을 둔다. 즉 종교법인법이 끊이지 않고 사회적 이슈로 떠오르는 이유는 무엇이며 거기에는 어떠한 권력 작용이 숨어 있는가를 규명하고자 한다.

이를 위해 먼저 일본 종교법인법의 약사와 1960년대 군사정권에 의해 촉발된 사회단체등록법안 논쟁을 다룬다. 이어서 1970년대부터 1990년대까지 주기적으로 등장한 종교법인법 제정을 둘러싼 논쟁을 시민논단, 공청회, 방송토론회 등을 중심으로 검토한다. 마지막으로 종추련에 의해 전개된 종교법인법 제정 추진 운동의 맥락과 의미를 살펴본다.

1. 일본 종교법인법의 약사

해방 이후 한국사회에서 논의되어 온 종교법인법은 법안 제안자에 따라 그 내용을 달리하고 있지만 일본의 종교법인법이 암묵적 모델로 자리잡아

왔다. 따라서 국내에서의 종교법인법 제정을 둘러싼 논쟁의 역사를 검토하기 위해서는 먼저 일본 종교법인법의 역사를 간략히 살펴볼 필요가 있다.

일본 종교법인법의 역사는 19세기 말까지 거슬러 올라간다. 제국헌법의 제정(1889) 이후 종교 통제의 필요성을 느낀 메이지 정부는 1899년 제국의회에 종교법안을 제출했다.[3] 당시 수상 야마가타(山縣有朋)는 그 법안의 제안 설명에서 "국가가 종교를 감독하여 사회질서의 안녕을 해치지 않고, 또한 신민의 의무를 버리지 않도록 하는 것은 국가의 의무일 뿐 아니라 또한 그 직무에 속한다."고 말했다.[4] 이는 제국헌법에 명시한 '안녕질서와 신민의 의무' 규정에 근거하여 종교를 통제하겠다는 의미이다.

그러나 이 법안은 각계의 격렬한 반대운동에 부딪혀 통과되지 못했다. 당시 일본에서 이 법안에 가장 격렬하게 반대한 종교는 불교였다. 불교 측은 원래 이 법안을 통하여 불교의 국교화를 기대하였으나 정부가 이와는 반대로 외래 종교인 기독교를 불교와 동등하게 취급하려고 하자 격렬한 반대운동을 전개한 것이다.[5] 그 후 1927년과 1929년, 2회에 걸쳐 수정법안의 형태로 의회에 재상정되었으나 이 법안 역시 "헌법의 자유정신에 어긋나고 국가의 종교 간섭은 시대적 착오"라는 반대 여론에 부딪혀 통과되지 못했다. 당시 일본사회에는 다이쇼(大正) 데모크라시의 분위기가 아직 남아 있었기 때문에 종교 통제의 느낌을 강하게 주는 이들 법안이 통과되기 어려웠던 것이다.

그러나 1930년대 후반에 접어들면 정세 변동에 따라 종교법안 통과에 유리한 상황이 전개된다. 천황제 군국주의의 출현으로 엄격한 사회 통제가 실시되고 의회의 기능은 사실상 마비되어 갔기 때문이다. 이러한 상황에서 마침내 종교단체법(1939)이 통과되었다. 이 법안은 과거의 종교법안들을 다소 수정한 것으로서 전시체제하에서 종교단체를 통제하는 데 핵심적인 법적 장치로 기능했다.

1945년 일본의 패전과 더불어 종교단체법은 종교의 자유를 침해한 '악법'으로 간주되어 미군정에 의해 즉각적으로 폐지되었다. 맥아더가 이끄는 미군정은 대체입법을 통해 종교법인령(1945)을 공포하였는데, 이 법령은 종교단체법과 달리 종교의 자유를 최대한 보장하면서 종교 전반을 관장하는 법이었다. 그러나 조항이 너무 간단하였기 때문에 1951년에 그 내용을 보완하여 새로 공포한 것이 지금까지 존속하고 있는 종교법인법이다. 이 법은 그후 몇 차례 부분적인 개정 작업을 거쳤지만 지금까지 그 골격을 유지하면서 존속하고 있다.[6]

2. 사회단체등록법안과 종교계의 대응

이처럼 일본의 경우는 패전을 계기로 종교단체법 체제가 종교법인법 체제로 전환되었지만 한국의 경우에는 상황이 달랐다. 해방 직후 미군정이 실시되면서 일제하 종교단체법 역할을 한 포교규칙은 폐지되었지만 대체입법이 행해지지 않았던 것이다. 즉 포교규칙을 대신하여 종교계 전반을 통일적으로 관장하는 하위법으로서 종교법이 제정되지 않았다.

1공화국과 2공화국에서도 사찰령이나 향교재산관리법처럼 특정 종교의 재산 관리에 관한 법은 존재하였지만, 종교계 전반을 관장하는 종교법은 제정되지 않았다. 종교의 자유와 정교분리 원칙이 헌법에 선언된 가운데 하위법으로서 종교법이 부재한 상황은 국가에 의한 종교 통제를 어렵게 한 반면, 종교계의 활동 기반을 매우 확대하였다. 따라서 1공화국과 2공화국하의 종교계는 국가의 통제를 거의 받지 않은 채 종교의 자유를 충분히 향유할 수 있었다.

군사정권이 등장하면서 이러한 상황에 중대한 변화가 초래되었다. 5.16 군사쿠데타를 통해 권력을 장악한 '혁명정부'는 1961년 6월 사회단체등록에 관한 법률을 공포하였는데 이 법령에 의하면 모든 사회단체는 당국에 등록해야만 했다. 종교단체 역시 사회단체의 하나로 간주되어 등록의 의무를 지게 되었다. 이 법령에 따라 사회단체로 등록한다는 것은 종교단체들이 정부의 감시와 감독을 받는다는 것을 의미했다.[7]

그러나 1963년 민정 이양과 더불어 종교단체에 대한 간섭과 통제가 완화되었다. 제4차 법률안 개정을 통해 종교단체의 등록의무 조항이 폐지되었던 것이다.[8] 그렇지만 이러한 상황은 오래가지 않았다. 1965년, 정부는 사회단체등록법을 재개정하면서 종교단체의 등록을 강제하였는데,[9] 그 법안의 주요 내용은 다음과 같다.

> 종교단체는 대소를 막론하고 정부가 지정하는 등록청에 등록하여야 한다. 총회나 노회는 물론 각 개교회도 일정한 등록청에 그 종교단체 결성의 목적, 대표자, 주요 간부, 경리 책임자 등을 등록한 다음 정기적으로 교세, 활동 상황, 재산, 수입, 지출 등의 명세를 보고하여야 한다. 그 등록에 기재되어 있는 목적과는 다르다고 해석되는 활동에 종사할 때는 그 등록을 취소하고 만일에 취소를 당한 후에도 그 단체가 해산하지 않는 경우에는 6개월 이하의 징역이나 50만 원 이하의 벌금에 처하게 된다. 또 정기적으로 보고하는 일에 태만하거나 그 보고 사항이 허위임이 드러날 때에는 3개월 이하의 징역, 30만 원 이하의 벌금에 처하게 된다.[10]

이 법안의 기본 속성은 일제의 종교단체법을 연상시킬 정도로 종교단체를 간섭하고 통제하는 것이었다. 이 법안이 제출되자 종교계 특히 개신교계는 거세게 반발하였다. 보수 신학자 한철하는 종교단체에 대한 내사(內査)와 규제를 주된 특징으로 하는 이 법안은 전체주의 국가나 공산주의 국가에서만 볼 수 있는 것으로서 자유 우방의 조소와 의혹을 살 것이라고 강력하게 항의하였다.[11] 그는 특히 종교의 내적·사적 성격을 강조하면서 국가의 종교 간섭을 강하게 비판하였다.

> 종교단체란 인간의 내적 생활에 내재하는 것으로서… 극히 사적인 것에 속한다.… 우리 생활에 있어서 공적으로 내놓을 것이 있고, 공적으로 내놓으면 그 의미가 다 달라지기 때문에 이를 내놓을 수 없는 것들이 있다.… 교회의 생활을 외적으로 볼 때에는 그 주의가 전연 달라지는 것이다. 우리에게는 '간부' '경리인' 등이 없는 것이다. 헌금을 영리적인 뜻으로 '수입' '지출'로 본다는 것은 극히 부당한 일이다.[12]

이처럼 내적/외적, 사적/공적 이분법을 구사하면서 한철하는 간부, 경리인, 수입, 지출과 같은 세속적 언어를 종교단체에 적용하는 것은 부당하다고 말한다. 개인의 사생활에 대해 법률적 규제를 가하기 어려운 것처럼 비법률단체인 종교단체의 내적 생활에 대해서도 법률적 규제를 가하는 것은 불가능하다는 것이다.[13] 그는 한발 더 나아가 이렇게 말하였다.

> 만일에 사회질서를 문란케 하는 일이 있으면 이를 제재할 법안이 얼마든지 있지 않은가? 무엇 때문에 정부는 기독교회를 괴롭히려는가? 말로는 보호, 육성한다고 하지만 실상에 있어서 큰 괴로움이 되는 것이고 우리에게는 오히려 공포와 의구심이 앞선다. 또한 기독교회는 하등 국가의 육성

을 받을 필요가 없다. 우리에게는 다만 자유가 필요할 뿐이다.[14]

요컨대 교회는 국가의 지원을 필요로 하지 않는 독자적 조직이므로 종교의 보호와 육성이라는 구차한 명분을 내세워 종교 간섭을 하지 말라는 것이다. 교회에 필요한 것은 국가에 의한 육성이 아니라 국가로부터의 자유라는 것이다.

이처럼 한철하의 글에는 '공포'라는 표현에서 암시되어 있듯이 국가의 종교정책에 대한 강한 경계와 불신의 태도가 나타나 있다. 일종의 알레르기 반응처럼 그는 국가의 종교 개입에 대해 강한 거부의 몸짓과 간섭을 막으려는 강한 의지를 보여준다. 이는 신앙의 내적 자율성을 강조하는 보수 신학의 특성에서 나온 것으로 보인다.

당시 개신교 연합 기구인 한국기독교연합회의 총무 길진경도 이 법안의 위험성에 대해 날카롭게 지적하였다. 그는 '사이비종교단체들'을 단속하려는 정부의 취지에는 공감하지만 이 법안이 기성 종교단체들에 억압적 힘으로 작용할 수 있다고 보았다. 종교단체의 등록의무화 규정은 건전한 종교의 자유로운 활동을 제약할 수 있다는 것이다. 길진경에 의하면 이 법안은 '사이비종교'에 대해서도 역효과를 초래할 수 있다. '사이비종교'는 기존의 법률에 의해 충분히 단속 가능한데, 이 법안으로 인해 오히려 '사이비종교단체의 합법화' 현상이 초래될 수 있다는 것이다.[15]

한철하와 길진경의 논의에는 공통점이 많지만 미묘한 차이도 발견된다. 한철하가 종교단체의 자유를 강조하면서 종교에 관한 법령의 제정 자체에 강한 의구심을 표하는 반면, 길진경은 종교단체의 내정을 간섭하지 않는 종교법안의 제정에 대해서는 긍정적 입장을 취한다. 길진경은 다음과 같이 말하였다.

사회단체와 분리시킨 별개의 종교법령 제정에는 그 필요성을 정부가 인정하는 한, 이에 동의할 수 있다. 별개의 종교법안을 제정하게 되는 경우에 있어서는 종교 자체의 내정을 간섭하는 것을 피해야 하는 동시에 법을 위반하는 때 체형을 가한다는 등 조문은 국법에 의한 형법의 권위를 손상하는 결과를 초래할 것이라고 본다. 국시에 의한 건전한 종교법안을 제정함에 있어서 단지 단속 의욕에 치중하지 말고 육성 보호의 정신에 입각한 법이 제정되기를 바라는 바이다.[16]

요컨대 종교에 대한 단속이 아니라 종교의 육성과 보호를 취지로 하는 종교법 제정에 대해서는 찬성한다는 것이다. 당시 개신교 최대 교단의 하나인 대한예수교장로회(통합 측) 총무인 유호준도 종교법의 제정에 반대하는 목소리를 내었다.

종교행위나 활동을 정치 또는 행정력으로 통솔하려는 것은 독재국가나 공산권 내 이외에서는 찾아볼 수 없다.… 선진 국가에는 종교와 정치는 엄연히 구별하였으니 종교가 정치에 관여해서도 아니 되겠지만 정치가 종교를 간섭해서는 백해무익하다는 것을 역사는 말하여 주고 있다.… 문명국가에서는 종교단체를 사회단체에서 완전 분리하고 있다.… 정부의 이 처사는 우리 국민을 열등 국민의 반열에다가 떨어뜨리는 것이고 우리 국가를 후진성 국가들의 위치로 전락시킬 뿐만 아니라 우리 국가를 스스로 독재국가로 정죄하고 규정짓는 결과를 가져오고 말 것이다.[17]

이처럼 유호준은 종교단체와 사회단체의 철저한 구별을 강조하는 동시에 정교분리원칙을 내세워 국가에 의한 종교 개입을 강하게 비판하였다. 특히 정부의 종교 통제는 한국을 독재국가/공산국가/후진국가로 만들고 한국인을 '열등 국민'으로 전락시키는 길이라고 하면서 선진/문명국가로 발돋움하기 위해서는 종교 통제를 중지해야 한다고 경고하였다.

당시 초동교회 협동목사로 활동하고 있던 박형규도 이 법안의 위험성을 지적하였다. 그는 이 법안의 동기 자체에 근본적 의구심을 제기했다. 정부가 이 법안의 제안 이유를 종교단체의 실태 파악과 건전한 사회단체의 활동 보호 및 육성이라고 말하고 있지만 이러한 주장은 단순한 구실이자 무의미한 수사구에 불과하다는 것이다.[18] 그러면서 정부가 스스로의 경박성과 무식을 자인하고 이 법안을 즉각 철회할 것을 요구하였다. 만일 이 법안이 강행될 경우 종교인들은 신앙의 본질인 자유를 지키기 위해 생명을 걸 수 있다는 순교의 모티프까지 보여주었다.[19]

이처럼 개신교계의 주요 인사들은 지면을 통해 사회단체등록법 개정안에 반대의 목소리를 내었을 뿐만 아니라 범교단적 차원의 반대운동을 전개하였다. 한국기독교연합회 국제위원회가 주관한 개신교 기관들의 연석회의는 이 개정안을 악법으로 규정하고 당국에 이 법안의 철회를 요청하였다. 가톨릭, 불교, 유교 측에서도 반대운동에 참여하였다.[20]

그러면 종교계의 반발을 불러일으킬 것이 분명히 예상되는 데도 불구하고 정부는 왜 이 법안을 추진하게 되었는가? 당시 좌담회 석상에서 문교부의 한 실무자가 한 발언에서 그 해답의 실마리를 찾을 수 있다.

> 더러는 얼토당토않은 교리로 민심을 교란한 교단도 있었다. 구체적으로 지적하지는 않겠다. 몇 개 종교단체에서는 한일회담이 진행되는 때에 사회에 적지 않은 물의를 야기시켜 양식 있는 사람들에 지탄을 받는 사태가 발생하게 되었는데 이 행동이 형법상 규제를 받지 않으므로 미연에 방

지할 수가 없어 이를 미연에 방지하려는 의도하에서 개정안을 내게 되었다.[21]

결국 이 법안은 한일회담 비준에 반대하는 종교계의 운동을 압박하기 위해 정부가 제안했던 것이다. 사이비종교의 단속과 척결이라고 하는 것은 하나의 명분에 지나지 않았다. 박정희 정권이 한일회담을 추진하는 과정에서 개신교 진보 진영을 비롯한 종교계의 반대에 부딪치자 종교계를 압박하고 통제하기 위해 법안 개정에 착수한 것이다. 즉 이 법안은 종교의 사회참여 혹은 종교의 정치참여를 막기 위한 것이었다.

이처럼 개신교를 필두로 범종교적 차원에서 이 법안에 대한 반대운동이 거세게 전개되자 박정희 군사정권은 한발 물러나게 되었다. 정부는 일반 사회단체와 달리 종교단체에 대해서는 등록의무를 면제시켜 주었던 것이다. 따라서 종교단체들은 국가의 감독과 허가라는 통제의 메커니즘으로부터 벗어나 종교의 자유를 다시 구가할 수 있게 되었다.

3. 종교법인법 논쟁

1) YMCA 시민논단과 종교법인법

이처럼 1960년대의 종교계는 군사정권에 의한 사회단체등록법 개정안을 저지시키는 데 성공하였지만, 1970년대에 들어가면서 국가와 종교 사이에 새로운 갈등의 이슈가 등장하였다. 종교단체에 대한 세금 부과가 그것이다. 박정희 군사정권은 1963년 법률 제1489호로 공포된 법인세법 제5조 2항에 따라 종교법인체에 법인세 면세 조치를 하였지만, 1967년에 개정 공포된 법률 제1964호에 의해 종교법인체에 다시 법인세를 부과하였다.[22]

이 개정법안에 따라 1970년 12월 말 현재 루터교는 1,050만 원, 감리교는 1,120만 원의 법인세를 내야 하는 상황에 처했다. 두 종교단체가 세금 납부를 기피하자 과태료까지 부과하였다. 루터교는 세금을 완납했지만, 감리교는 계속 버티면서 세금을 납부하지 않았다.[23]

이러한 상황에서 1971년 한국기독교교회협의회는 법인세법 개정안이 종교적 활동의 자유를 심각하게 제한한다고 주장하면서 세법 재개정을 요구하는 진정서를 관련 부처에 제출했다. 개신교계가 주도하는 이 운동에 천주교와 불교도 합세하였다. 종교계로부터 진정서를 받은 문공부는 법인세 과세가 주로 '사이비종교단체의 거대한 기업'을 염두에 둔 것이라고 하면서 종교 지도자들에게 조속한 시일 안에 시정 조처할 것을 약속했다.[24] 그러나 종교계는 이 문제를 근본적 차원에서 해결하기 위해 정일형 의원을 비롯한 51인의 연서로 '법인세법 중 개정법률안'을 국회에 정식으로 제출하였다.[25]

세금 문제를 둘러싸고 논란이 진행되는 와중에 종교법인법에 관한 논의가 등장했다. 종교법인법이 제정되면 종교단체에 대한 법인세 면제가 더 분명한 근거를 확보할 수 있다는 판단에 따라 몇몇 인사가 종교법인법 제정의 필요성을 제기한 것이다. 그러나 종교법인법은 국가에 의한 종교 간섭도 초래할 수 있기 때문에 종교계 내에서도 입장이 갈렸다.

개신교 시민운동단체인 YMCA가 마침내 이 문제에 관한 공개 토론의 장을 마련하였다. 1971년 10월 "신앙의 기본권과 종교법인"이라는 주제하에 열린 시민논단에는 불교, 개신교, 가톨릭의 대표자들이 참여하여 각 종교의 입장을 제시했다.[26] 당시 동국대학교 상임이사로서 불교계를 대표하여 나온 오법안 스님은 불교계의 입장을 다음과 같이 밝혔다.

종교의 혼란은 사회 혼란으로 직결된다. 건전한 신앙생활과 종교활동을 육성 보호하기 위해서는 종교집단이 제대로 법인격을 갖출 수 있는 종교법인법의 제정이 필요하다고 본다. 문제는 법의 내용인데 규제 원칙이 아니라 종교 불간섭의 대전제를 살리는 인증과 준칙주의를 채택해야 할 것이다. 난무하는 사이비종교를 효과적으로 규제, 사회의 공공안녕질서에 도움을 주어야 한다. 종단 아닌 종단의 어지러운 발생은 막아야 한다.[27]

사이비종교의 규제와 건전한 종교의 보호를 위해 종교법인법 제정이 매우 필요하다는 입장이다. 그렇지만 정부의 자의적인 개입을 막기 위해 인증제와 준칙주의가 채택되어야 한다고 주장했다. 개신교는 이와는 다른 입장을 보였다. 당시 크리스챤아카데미 상임위원이었던 박형규 목사는 이렇게 주장했다.

우리 현실로 종교법인법을 만들 때가 아니다. 종교 분야에 정부가 관여할 수 있는 길을 터서는 안 된다. 잘 안 되어지는 모든 일은 정부가 간섭을 부족하게 해서가 아니라 정부가 간섭을 너무 많이 해서 그런 것이다. 법을 만드는 대신 국민 전체의 종교적 정신 자세를 선도 계몽하는 것이 요청된다. 또 이를 위해서는 정치 경제가 안정되는 것이 지름길이다.[28]

종교법인법은 종교에 대한 국가의 간섭을 합법적으로 초래하는 통로 역할을 하기 때문에 결코 제정되어서는 안 된다는 주장이다. 정부의 무개입이 아니라 정부의 과도한 개입이 문제를 일으키는 원흉이므로, 법령의 제정이 아니라 종교적 선도와 계몽을 통해서 종교계의 문제점을 해결하자는 논리다.[29] 여기서 우리는 국가권력의 종교 간섭에 대한 개신교계의 뿌리 깊은 부정적 태도를 다시 한 번 읽을 수 있다.

가톨릭 역시 종교법인법의 제정에 부정적 태도를 보였다. 당시 서울대교구 상서국장(尙書局長)이었던 김몽은 신부는 이렇게 말했다.

> 사회의 안녕질서를 위해 행동에 대해 최소한의 규제는 인정할 수 있지만 종교법인법과 같은 것으로 일괄 규제하려는 것은 타당치 않다. 현행법상으로도 민법 32조의 종교단체를 포함한 비영리법인의 성립과 허가 규정을 두었으므로 새로운 법 제정은 필요 없다.[30]

몇몇 종교집단이 일으키는 반사회적 행동은 현재의 법령으로 충분히 규제할 수 있기 때문에 종교 통제를 강화할 수 있는 종교법인법과 같은 새로운 법령의 제정은 전혀 필요하지 않다는 논리다.

종교법인법에 대한 종교계의 이러한 상반된 태도는 그 후에도 계속해서 나타났다. 1977년 당시 조계사 주지였던 정연산 스님은 "가능하다면 '범종교연합회' 같은 자체 기구를 통한 자율적 규제가 바람직하지만 신앙의 자유라는 미명 아래 발생되는 '종교 부조리'를 예방하고 단속키 위해서는 종교법인법의 제정이 절실하다."고 말했다.[31]

이와 달리 감신대 학장을 역임한 홍현설 박사는 "종교법인법보다는 건전한 종교 풍토의 조성이 시급하며, 혹세무민의 사이비종교는 일반 치안법으로 다스리면 된다."고 말했다.[32] 우리나라 상황에서는 종교법인법 제정이 자칫 종교 탄압의 인상을 줄 수 있기 때문이라는 것이다.

이처럼 개신교와 가톨릭은 종교법인법을 종교 통제의 제도적 장치로 파악하는 반면, 불교 측은 종교법인법을 '사이비종교'를 규제하는 효과적 무기로 이해하였다. 따라서 기독교계는 종교법인법의 제정에 '전적 거부'의 태도를 보인 반면, 불교계는 '안전장치'가 달린 종교법인법의 제정을 기대하였던 것이다.

2) 국보위와 종교법인법

1980년에 출범한 전두환 정권은 정통성의 결여로 인해 초기부터 강력한 사회통제 정책을 펼쳤다. '정의사회 구현'과 같은 구호나 사회정화법과 같은 법령은 그러한 시대적 분위기의 산물이다. 김흥수에 의하면 이 무렵 국보위가 '종교법'을 작성했다가 반대 의견에 부딪쳐 발표만 하였다고 하는데,[33] 이 역시 종교계를 통제하기 위한 하나의 시도였을 것이다.

1980년 12월 2일 서울 YMCA 중앙대강당에서 종교법인법 제정과 관련한 시민논단이 개최되었다. 이 시민논단은 10여 년 전 "신앙의 기본권과 종교법인"이라는 주제로 열린 YMCA 시민논단(1971)과는 상당히 다른 성격을 보여주었다. 주제는 비슷하지만 "종교법인법 제정의 입법성을 말한다"라는 제목에서 잘 나타나듯이, 이번에는 종교법인법 제정을 미리 전제하고 토론회가 열렸기 때문이다.[34]

발표자의 한 사람으로 참여한 연세대학교 신과대학의 민경배 교수는 종교법인법 제정의 필요성을 다음과 같이 말하였다.

> 종교법 제정이 곧 정부의 종교 탄압이라고 생각하는 일부의 선입관은 잘못된 것이라고 생각한다.… 헌법의 테두리 안에서 종교의 독특한 면을 살리고 종교 기관의 재산 보호와 사회봉사 활동 등 건전한 종교활동을 보장할 수 있기 위하여 특별법 제정을 서둘러야 한다. 다만 종교법인법이 정부의 종교 탄압의 도구로 되지 않기 위해서도 종교계 자체에 의해서 발의되

어야 한다.[35]

정부가 아니라 종교계가 발의하는 종교법인법은 종교 탄압이 아니라 종교 보호의 역할을 할 수 있기 때문에 조속한 시일 내에 특별법으로 제정해야 한다는 주장이다. 지금까지 언급한 개신교 인사들이 대부분 종교법인법 제정에 부정적이었던 것과 달리 민경배 교수는 매우 긍정적 태도를 보여주었다.

불교계를 대표하여 발표한 김지견 박사는 불교재산관리법이나 향교재산관리법과 같은 특정 종교 대상의 특별법은 실효성을 상실했다고 말하면서 모든 종교에 적용될 종교법인법의 제정이 필요하다고 주장했다. 물론 그는 종교계 전체의 의견 수렴 및 종교와 국가 간의 역사적 경험을 충분히 반영해야 한다는 단서를 달았다.[36]

종교학자이자 신학자인 나학진은 선진국의 예를 들어 종교법인법 제정의 필요성을 제안하였다. 그에 의하면 미국, 서독, 일본 등은 모두 종교법을 제정하였지만, 정교분리원칙에 의해 종교의 독립성을 부여할 뿐만 아니라 감세 조치 등을 통해 건전한 종교를 보호하고 육성한다. 따라서 우리나라에서도 건전한 종교의 보호 육성을 위해 종교법인법이 요구된다는 것이다.[37]

개신교 배경을 지닌 '이단 연구가'로 널리 알려진 탁명환은 종교법인법 제정에 가장 적극적인 태도를 보였다. 그에 의하면 일부 종교단체는 세금 포탈, 강제 노역, 재산 수탈, 타종교 배격, 병역 기피, 국기배례 거부 등 사회적 불안조성과 정치권력에 편승하는 타락을 일삼고 있다. 따라서 이러한 문제를 근본적으로 해결하기 위해서는 정치와 종교의 제도적 분리, 종교심의기구의 상설, 성직자 연합자격 교수제 등 건전한 종교단체의 육성을 주장하는 종교법 제정이 시급하다는 것이다.[38]

4인의 발표는 강조점이 약간씩 다르지만 종교법인법 제정의 필요성에 모두 공감하고 있다. 여기서 의문으로 떠오르는 것이 있다. 앞서 살펴보았듯이 한철하, 길진경, 박형규, 홍현설 등과 같은 개신교계의 지도급 인사들은 종교단체의 등록을 의무화하는 사회단체등록법 개정안이나 그것과 일정한 연속성이 있는 것으로 보이는 종교법인법 제정에 대해 모두 반대의 입장을 표명했는데, 1980년 YMCA 시민논단에 참여한 개신교계 인사들은 모두 종교법인법 제정을 적극 지지하였다.

왜 이 시기의 개신교계 인사들이 종교법인법 제정에 적극적 지지의 입장을 취하게 된 것인가? 이 물음에 대한 대답은 1980년 국보위와의 관련성 속에서 찾을 수 있다. 당시 YMCA 시민논단에 참여한 개신교 측 인사 즉 민경배 교수, 나학진 교수, 탁명환 소장은 모두 국보위 종교분과 위원이었다. 앞서 김흥수는 국보위가 종교법을 작성했다가 반대 여론에 부딪치자 발표만 했다고 말했는데 YMCA 시민논단이 바로 그 발표의 장이었다. 즉 국보위 종교분과 위원들이 YMCA 시민논단의 장을 빌려 종교법인법 제정의 필요성을 발표했던 것이다.

3) 문공부와 종교법인법

1980년대의 마지막 해인 1989년에 다시 한번 종교법인법을 둘러싸고 공론의 장이 마련되었다. 이번에는 학술단체인 사단법인 한국종교사회연구소가 주관하여 공청회를 개최하였다. 이 공청회에는 종교학자, 법학자, 그리고 종교계 인사들이 대거 참석하였으며, 회의는 기조 발제, 분과 토론, 종합 토론 형식으로 진행되었다.

문화부 종무실장을 역임한 성락승은 기조 발제를 통해 종교법인법 제정의 필요성을 역설하였다. 그는 법인 신청을 요구하는 종교단체의 수가 해마다 폭증하고 있으며 정부에 대한 진정 및 건의도 해마다 늘고 있다고 하면서 1988년 한 해에만 450여 건의 진정이 있었다고 밝혔다.[39] 문공부 종무실이 담당해야 할 종교 업무가 급증하고 있으나 대화 창구의 부족, 인력의 부족, 특히 통일적인 종교 관계 종합법의 부족으로 종교계에 많은 지원을 하지 못하고 있다는 것이다.

따라서 그는 종교에 대한 종합적 정책의 유도, 건전한 종교문화 풍토의 조성, 종교단체의 법인화와 보호 증진의 측면에서 종교관계 종합법이 절실히 필요하다고 말했다.[40] 그렇지만 종교법안이 관 주도로 되어서는 안 되고 종교계나 학계가 주도해야 한다는 단서를 달았다.[41]

이 공청회는 기조 발제 이후 5개의 분과(유교, 불교, 개신교, 천주교, 신종교 분과)로 나뉘어 진행되었다.[42] 유교 분과에서는 종교법인법보다는 향교재산관리법의 문제점에 대해 주로 토론하였다. 유교 분과에 의하면 향교재산관리법은 유교의 종교적 활동을 심각하게 제약하는 여러 독소조항을 지니고 있으며, 유교에 상대적 불이익을 제공하는 명백한 차별법이다.[43] 따라서 분과 토론에서는 향교재산관리법의 즉각적 개정과 폐지를 정부에 건의하기로 하는 데 대부분의 시간을 할애하였다. 이는 유교계가 한국의 종교 현실 전체와 관련되어 논의되는 종교법제에 대해서는 관심을 가질 여력이 없음을 보여준다.

불교 분과에서는 토론 사회자의 다음과 같은 결론이 당시 불교계의 입장을 잘 요약하였다.

먼저 목적법으로서의 종교법인법이 시급히 제정될 필요가 있다. 그리고 두 번째로 현행 종무행정의 인원이 항구적이고 영구적으로 되어 종교를 위한 봉사적 자세로 전환되어야 한다.… 세 번째로 종교 형평 문제에 따라서 불교만 불교법인법을 제정하지 말고 전체 종교법인법이 제정되어야 한다.[44]

요컨대 불교 측은 불교계를 넘어 한국 종교계를 통괄하는 종교법인법의 시급한 제정을 요청하였다. 이처럼 불교계는 과거의 공청회에서와 마찬가지로 종교법인법의 부정적 측면보다는 긍정적 측면에 주목하면서 법안 제정에 대해 적극적 지지의 입장을 표시하였다.

개신교 분과에 참석한 사람은 대부분 종교법인법 제정에 부정적 견해를 표출하였다. 한 개신교 언론인의 다음과 같은 발언 속에 개신교의 입장이 잘 나타나 있다.

> 법인법을 만드는 데 반대합니다. 종교는 철저하게 자율적이기 때문입니다. 그래서 종무실 자체도 필요 없다고 봅니다. 종교가 제대로 재산 관리하면 종무실에 재산 관리를 부탁하는 것인 재단법인은 필요 없습니다.… 좋은 면을 강조하여 법을 만들면 상당한 역기능이 있을 것입니다.[45]

종교는 자율성의 영역인데 법을 만들면 정부의 간섭이라고 하는 역기능이 발생하기 때문에 종교법인법 제정에 반대한다는 주장이다. 앞서 언급한 바 있는 개신교 신학자 김홍수도 종교법인법이 종교활동의 자유를 제약할 수 있다고 보았다.

> 종교법 제정 시 재산문제에 한정되고 교리나 신앙의 내용에 관한 것은 아니라고 하나, 그것이 분리 가능한 것인지 의문이 생깁니다. 만약 어느 법

인에 속한 성직자가 그 돈으로 북한에 갔다 왔다고 할 경우, 왜 돈을 종교 사업에 쓰지 않고 정치에 썼냐고 여러 압력을 받게 될 것입니다. 즉 종교 법인을 재산문제에 초점을 맞춘다고 하지만 신앙의 내용과 관련을 가진 다고 봅니다.[46]

종교재산의 운용과 종교활동이 현실에서는 분리되기 어렵기 때문에 종 교재산만을 감독한다고 하는 종교법인법이 종교활동의 제약을 초래할 수 있음을 지적한 것이다. 개신교 보수신학교의 하나인 총신대의 홍치모 교수 역시 정부가 통치의 편의를 위해 획일적으로 종교법을 제정하면 종교의 자 유가 제약된다고 주장하였다.[47] 이처럼 개신교계 인사들은 대체로 종교법 인법의 부정적 측면에 주목하고 있는데, 이는 국가권력에 의한 '뼈아픈' 종 교 통제의 역사적 경험에서 연유한 것으로 보인다. 그리고 '법의 본질'을 보 호보다는 규제에서 찾는 개신교인들의 경향성도 하나의 요인으로 보인다.

천주교 분파는 개신교 분파와 유사한 입장을 보였다. 천주교 측 인사로 나온 노길명 교수는 다음과 같이 발언하였다.

법인체 등록의 이점은 종무행정을 위해서가 아닌가 하는 생각이 듭니다. 오늘날까지 정부가 관료주의, 군사문화 행정을 지속해 왔던 것으로 미루 어 종교를 지원하려는 것보다 통제하고 자기 수중에 넣으려 하는 게 아닌 가 하는 생각이 듭니다.··· 종교단체의 일탈행동은 종교법제가 아니라 현 행 형법으로 처리해야 한다고 생각합니다.[48]

요컨대 종교법인법은 군사적 관료주의에 젖어 있는 정부가 종무행정의 편리와 효과적인 종교 통제를 위해 제정하려는 시도라고 보면서 그 '저의'를 의심하였다. 가톨릭 신학대의 염수정 교수도 종교법인법 제정 시도를 군사독재의 잔존으로 간주하였다.[49] 이처럼 가톨릭은 초지일관 종교법인법 제정을 반대하였는데 이는 가톨릭교회가 지닌 제도적 특성에서 연유한 것으로 보인다. 가톨릭은 교회 내부의 인적 물적 자원에 대한 자체 관리와 감독이 비교적 철저하기 때문에 국가에 의한 외적 감독이 필요하지 않을 뿐만 아니라 그러한 외적 감독이 종교의 자유를 침해할 수 있다고 본 것이다.

신종교(민족종교 및 자생 종교) 분과는 그 내부에 다양한 종단이 존재하기 때문에 여러 입장이 나타났다. 천도교, 원불교, 대종교, 태극도처럼 이미 재단법인으로 등록되어 있는 종단들은 재산 관리 및 운영에 대한 정부의 세세한 간섭에 불만을 가진 반면, 소규모 종단들은 정부가 등록을 허가하지 않아 불만을 가졌다. 그렇지만 전체적으로는 등록 절차를 간소화하면서 종교를 보호하는 형태의 종교법인법 제정을 요구하였다.[50] 이는 신종교의 상당수가 '유사종교' 혹은 '사이비종교'로 간주되어 온 역사적 배경 때문인 것으로 보인다. 특히 제도화되지 않은 소규모의 신종교들은 종교법인법을 통해 '사회적 공인'을 얻으려는 강한 욕망을 지니고 있는데 여기에는 '사회적 공인의 정치학'이 작동하고 있다.

그러면 한국종교사회연구소는 왜 이러한 공청회를 열었던 것인가? 공청회 자료집에는 명확하게 표현되어 있지 않지만, 이 공청회는 당시 문공부의 의뢰와 지원을 받아 개최된 것으로 보인다. 문공부에서는 효과적인 종무행정을 위해 종교법인법 제정의 필요성을 느끼고 있었지만 관 주도로 추진할 수는 없었기 때문에 학계가 주관하고 종교계가 참여하는 공청회 형식을 빌린 것이다. 그런데 막상 공청회를 열고 보니 종교법인법 제정에 반대하는 입장이 더 강한 것으로 드러났다. 특히 한국사회에서 막강한 사회적 영향력을 행사하고 있는 개신교와 가톨릭의 반대가 강함을 알게 되었다. 따라서 이 공청회 이후에는 정부가 주도하는 종교법인법 제정 시도는 더이상 나타나지 않았다.

4) 방송국 점거 사태와 종교법인법

종교법인법이 다시 사회적 이슈로 떠오른 것은 10년 뒤인 1990년대 말이다. 1999년 5월 교육방송 EBS가 종교법인법 제정을 둘러싼 공개 토론회를 개최하였는데, 이때 불교계, 기독교계, 그리고 종교학계 인사들이 패널로 참여하여 열띤 찬반 논쟁을 벌였다.

이때 불교계 대표로 출연한 각화사 주지 혜담 스님은 종교법인법이 신흥종교 및 소수 종교에 사회적 공신력을 부여하여 이들을 건전한 종교로 이끄는 방편이 될 수 있으므로 반드시 제정되어야 한다고 주장했다.[51] 조계종 총무원장이던 고산 스님은 "1사(寺)1종(宗)이라는 말이 생겨날 정도로 함량 미달의 종파가 지나치게 많이 생겨나 사회 전체에 부담이 되고 있다."며 "종교 자유를 침해하지 않는 범위 내에서 사회악적인 요소를 제거하는 장치가 필요하다."고 말했다.[52]

불교적 배경을 지닌 용태용 변호사도 종교법인법 도입의 필요성을 주장했다. 그에 의하면 최근의 종교는 '대형 공해'로 나타나고 있으며 교역자가 '신흥 귀족'이 되고 있다. 따라서 종교가 제 기능을 다하려면 종교단체의 재산과 시설물이 종교법인법에 의해 투명화되어야 한다. 그리고 '사이비종교'도 등록하여 국가가 충분히 검증하면 문제를 예방할 수 있다고 주장했다.[53]

이처럼 불교계 인사들은 종교법인법이 사이비종교의 규제, 소수 종교의 사회적 공인화, 종교계의 비리 척결, 그리고 재정 투명화 등의 긍정적 효과를 가져올 수 있다고 보면서 법안 제정에 적극적 지지를 표명하였다.

한편 기독교 배경을 지닌 학자들은 종교법인법 제정에 대해 부정적 태도를 보였다. 한신대학교의 류성민 교수는 종교법인법이 시행되면 국가가 종교단체를 인증(허가)해야 하는데 그 과정에서 국가기관의 종교 간섭이 가능해진다고 보았다. 그렇게 되면 정부와 사회에 대한 종교의 비판 기능이 약화되어 사회의 건강성이 떨어지게 된다고 예견했다.

서강대의 길희성 교수도 종교법인법이 종교단체의 인허가 과정에서 헌법에 보장된 신앙의 자유를 침해할 가능성이 많다고 보았다. 권력자의 성향에 따라 특정 종교의 활동에 대한 규제로 악용될 수 있다는 것이다. 또한 '함량 미달의 종교'가 법인으로 등록되는 경우도 생길 수 있다고 하면서 '사이비종교'에 대한 문제는 민간 차원에서 자율적으로 해결해야 한다고 주장했다.[54]

보수적 개신교 교단의 연합기구인 한국기독교총연합회(한기총) 사이비대책위원회 총무인 박찬성도 종교법인법이 '사이비종교'의 합법화 수단이 될 수 있다고 주장하면서 종교법인법 제정에 신중해야 한다고 말했다. 그는 국가가 종교단체의 재정 투명화를 위해 종교단체를 법으로 통제하려 한다면 반발에 부딪칠 것이라고 하면서 종교계의 개혁은 종교계의 자정 노력에서 출발해야 한다고 주장했다. 그러면서 '사이비종교'의 피해를 줄이기 위해서는 기존 관계법의 철저한 적용이 더욱 효과적이라고 주장했다.[55] 종교학계를 대표하여 출연한 김종서 교수는 다음과 같이 말했다.

우리나라 종교단체는 너무 폐쇄적인 경향을 띠고 있다. 종교법인법이 생기면 정기적으로 재정과 사업 계획을 보고해야 하기 때문에 자연스럽게 감시가 가능하다. 이를 통해 종교단체의 건실화를 유도하고 국민들에게는 종교단체를 선택할 수 있는 기본 정보를 제공할 수 있다.… 수많은 종교 조직의 재산은 교단, 사회, 국가의 공공재산이다. 그런데 주인도 없이 방치되고 있다. 종교단체에 법적 인격을 부여해 공공성을 확보해야 한다.[56]

요컨대 종교단체의 재정 투명화와 공공성 확보를 위해 종교법인법 제정이 필요하다는 것이다. 이처럼 종교법인법 제정의 필요성에 대해 불교계는 찬성, 개신교계는 반대, 그리고 종교학계는 찬성의 태도를 보이고 있다. 불교계와 개신교계는 과거에 종교법인법 문제가 대두하였을 때마다 취했던 논거와 입장을 거의 그대로 반복하고 있음을 알 수 있다.

그러면 EBS는 왜 종교법인법을 주제로 한 토론회를 개최한 것인가? 당시 사회를 떠들썩하게 만든 만민중앙교회 신자들의 MBC 난입 사건이 결정적 계기를 제공한 것으로 보인다. 잘 알려져 있다시피 1999년 5월 11일에 방영된 MBC 방송의 PD 수첩에 불만을 품은 만민중앙교회 신자 200여 명이 MBC 방송국 주조정실을 점거하는 사상 초유의 사태가 발생하였다.[57] 이 사건 이후 종교집단의 사회적 병폐를 조명하고 이를 해결하기 위한 법적 대안으로서 종교법인법 제정 문제가 다시 한 번 사회적 관심의 대상으로 떠올랐는데 이러한 분위기를 반영하여 EBS가 공개토론회를 개최한 것이다.

지금까지 살펴본 것처럼 해방 이후 종교법인법 제정을 추진해 온 주체 세력은 국가권력이다. 1960년대 박정희 정권은 종교법인법이라는 용어를 사용하지는 않았지만 사회단체등록법 개정안을 통해 종교단체의 통제를 시도하였고, 1980년대 초반 전두환 정권 시기에는 국보위가 YMCA 시민논단의 장을 빌려 종교법인법 제정의 필요성을 홍보하였고, 1980년대 후반의 노태우 정권은 학술단체에 의뢰하여 종교법인법 제정의 필요성을 타진하였다.

권위주의 정부에 의한 이러한 종교법인법 제정 시도에 대해 종교계는 서로 다른 입장을 취했다. 불교계는 종단의 난립 방지와 '사이비종교의 규제'를 위해 종교법인법 제정이 필요하다고 본 반면, 가톨릭과 개신교는 국가에 의한 종교 통제 및 사이비종교의 합법화 가능성을 주된 이유로 내세우면서 법안 제정에 반대하였다. 신종교 특히 군소 종교의 경우에는 종교법인법을 '사회적 공인'의 통로로 간주하면서 법안 제정에 긍정적 태도를 취했다.

이처럼 해방 이후 국가권력과 종교집단들이 종교법인법의 의미와 효과에 대해 서로 다른 진단을 내리면서 대치하고 있는 동안 시민사회는 논쟁의 현장에서 한발 물러나 있었다. 신문이나 방송과 같은 언론매체는 이러한 논쟁을 일회성 기사로 보도하는 데 그쳤고, 학계 역시 이 문제에 적극적으로 개입하지는 않았다.

그런데 2000년대 중반에 접어들어 종추련이 시민단체를 표방하면서 종교법인법 제정을 적극적으로 추진하였다. 정부나 종교계가 아니라 시민단체가 종교법인법 제정을 추진한 것은 해방 이후 처음 나타난 현상이다. 그러면 왜 시민사회가 종교법인법 제정을 주도적으로 추진한 것인가?

문민정부의 출현과 더불어 시작된 민주화 시대의 정부는 종교법인법 제정을 주도적으로 추진할 수 없다. 과거 권위주의 정부에 의한 종교법인법 제정 시도가 종교의 자유를 침해하는 것으로 인식되어 왔기 때문이다.[58] 종교계 중 불교는 종교법인법 제정의 필요성을 느껴 왔지만 가톨릭과 개신교의 반대가 워낙 강하기 때문에 직접 나서지 못하고 있으며, 군소 종단 역시 대사회적 영향력의 한계로 법안 제정을 추진하기 어렵다.

이처럼 정부와 종교계가 각기 다른 이유로 종교법인법 제정을 추진할 수 없는 상황에서 시민단체가 제3의 세력으로 나선 것이다. 그런데 시민단체가 종교법인법을 추진하기 위해서는 기독교계의 강력한 반대 논리를 논파할 수 있어야 한다. 앞서 살펴보았듯이 가톨릭과 개신교는 국가의 종교 통제 가능성과 사이비종교의 합법화 위험성을 내세워 종교법인법 제정을 줄기차게 반대해 왔다.

기독교계의 이러한 주장은 기독교의 뿌리 깊은 '자신감'과 연계되어 있다. 기독교처럼 오랜 역사를 지닌 '세계종교(world religion)'는 교회 안에서 발생할 수 있는 온갖 비리나 병폐 현상을 예방하거나 사후에 해결할 수 있는 제도적 장치를 갖추고 있다는 것이다. 어떤 교인이 도덕적 혹은 신앙적 측면에서 심각한 비행을 저질렀다면 교단 내부의 사법 기구에 의해 처리하면 되고, 그 사건이 교단 차원의 문제를 넘어선 경우에는 민법이나 형법과 같은 사회법에 따라 처리하면 된다는 논리이다. 이처럼 교회 내부의 처리 기구와 국가의 기존 법률에 의해 모든 문제가 해결될 수 있는데 굳이 종교법인법을 만들 필요가 있느냐는 것이다. 식민지 시대나 군사정권 시기의 예에서 보이듯 종교관련 법령을 제정하려는 시도 속에는 항상 종교를 통제하려는 정치권력의 '욕망'이 잠재해 있다는 것이다.

그런데 종추련의 입장에서 볼 때 기독교계가 주장하는 이러한 논리는 설득력이 매우 약하다. 민주화 시대의 정부는 과거의 권위주의 정부와 달리 종교 통제의 욕망을 지니고 있지 않다. 오히려 종교자유를 방패막이로 내세우는 거대한 종교집단의 '횡포' 앞에서 국가의 법률은 쉽게 무력화되고 있다. 더구나 현재 한국 기독교 특히 개신교 내부의 감찰 기구나 사법 기관은 교회 안에서 빈발하는 여러 문제를 해결하기에는 너무나 무력할 뿐 아니라 교권 세력의 이해관계를 관철시키기 위한 도구로 이용되는 경향이 있다.

종추련의 입장에서 볼 때 현대 한국사회의 종교계에서 문제가 되는 것은 국가에 의한 종교자유의 '억압'이 아니라 거대한 종교권력에 의한 종교자유의 '남용'이다. '제국'을 방불케 하는 거대한 종교집단은 종교단체의 면세 조항 등을 악용하여 부정한 방식으로 부를 축적할 뿐만 아니라 재산을 불투명하게 운영함으로써 온갖 비리를 일으키고 있다. 이러한 '종교제국'에 대해서는 도덕적 차원의 충고나 비판만으로는 기대한 효과를 얻을 수 없다고 보고 종추련이 마지막 카드로 꺼낸 것이 바로 종교법인법이다. 요컨대 2000년대 이후 등장한 종교법인법 제정 운동은 무소불위의 힘을 지닌 거대한 종교 권력에 맞서기 위해 시민사회가 내민 도전장인 셈이다.

VIII

성시화,
템플스테이, 땅밟기

2008년 여름, 승려 1만여 명을 포함한 불교도 20여 만 명(경찰 추산 6만 명)이 참여한 불교도대회가 서울시청 앞 광장에서 열렸다. 대회의 공식 명칭은 "헌법파괴 종교차별 이명박 정부 규탄을 위한 범불교도대회"였으며 '종교차별금지법' 제정을 핵심 요구 사항으로 내걸었다.[1] 이명박 정부가 불교계의 요구에 미온적으로 대응하고 있는 동안, 보수 개신교 진영을 대변하는 한국기독교총연합회(한기총)가 종교차별금지법 제정에 반대하는 성명을 발표하였다. 종교차별금지법 제정이 종교자유를 침해할 수 있다는 것이 반대의 근거였다.

불교와 보수 개신교 진영의 논란이 가속화되는 가운데 정부가 특별법 제정 대신 기존의 공무원법을 일부 개정하는 선에서 사태가 수습되었다. 그러나 불교계는 개정 공무원법에 처벌 조항이 없어 실효성이 없다고 불만을 제기한 반면, 보수 개신교 진영은 개정 공무원법으로 인해 공직자의 종교자유가 위축되었다고 불평을 토로하였다.

이처럼 종교차별 문제에 대한 해법을 둘러싸고 불교계와 보수 개신교계는 상반된 인식과 태도를 보였다. 양측의 논쟁에서 핵심 쟁점으로 떠오른 것은 공직자의 종교차별이다. 불교측의 주장에 의하면 개신교 공직자들이 지위와 권력을 이용하여 불교를 홀대하고 개신교를 우대하고 있는데, 이러한 종교차별 행위는 헌법에 규정된 정교분리 원칙에 위배된다. 이에 대해 보수 개신교 진영은 공직자들의 종교 활동은 헌법이 보장하는 종교자유의 권리에 속한다고 응수하였다. 이처럼 공직자들의 언행을 둘러싼 양측의 대립에는 정교분리와 종교자유라는 헌법적 개념이 주요 무기로 등장한다.

이러한 논쟁의 와중에 보수 개신교 진영은 템플스테이 문제를 끌어들이면서 불교계를 공격하였다. 템플스테이에 대한 정부의 재정지원이야말로 불교를 우대하는 종교차별이라고 공격한 것이다. 이에 대해 불교계는 템플스테이 지원은 종교활동 지원이 아니라 민족(전통)문화의 보존을 위한 재정지원이므로 종교차별과 관련없다고 응수했다. 논란이 가속화되는 가운데 정부가 템플스테이 관장 부서를 문화부 종무실에서 문화부 관광국으로 이관하면서 양측의 갈등은 해소된 듯 보이지만 논쟁의 불씨가 완전히 사라진 것은 아니다.

공직자의 종교차별과 템플스테이 문제를 둘러싸고 불교와 보수 개신교 진영이 갈등을 빚고 있는 동안 이른바 땅밟기 사태가 일어났다. 일부 개신교도들이 봉은사를 비롯한 몇몇 사찰에 들어가 불교를 폄하하고 모욕하는 장면이 동영상으로 유포되면서 개신교의 '무례한' 선교에 대한 논란이 일어난 것이다. 불교계는 사태의 재발 방지를 위해 '종교평화법' 제정을 촉구한 반면, 보수 개신교 진영은 선교자유의 침해 가능성을 이유로 법 제정에 반대하였다.

이처럼 공직자의 종교차별, 템플스테이, 땅밟기 논쟁으로 이어지는 일련의 사태는 최근 한국사회의 종교 갈등을 보여주는 대표적인 사례다. 이 세 사안은 종교적 측면에서는 불교와 보수 개신교의 대립을 배경으로 하고 있으며, 법적 차원에서는 종교차별(금지), 정교분리, 종교자유라고 하는 헌법 규정과 관련되어 있다. 따라서 최근 한국사회의 종교 갈등 양상을 파악하기 위해서는 이러한 법적 개념들이 불교와 보수 개신교 진영에 의해 어떻게 전유되고 있는지 살펴보는 작업이 필요하다.

주지하다시피 종교차별 금지, 정교분리, 종교자유라고 하는 세 개념은 모두 헌법의 기본권 조항에 속한다. 종교차별 금지는 평등권을 규정한 헌법 제11조 1항("누구든지 종교 등에 의해 차별을 받지 않는다.")에 근거하며,[2] 성차별, 장애인차별, 연령차별과 함께 차별금지 조항의 대표적인 영역이다. 문자적으로 해석하면 종교에 따른 우대 혹은 홀대의 금지를 의미하며 윤리적 범주의 성격이 강한 '종교 편향'과 물리적 탄압을 연상시키는 '종교 탄압'의 중간 범주에 속한다고 볼 수 있다. 종교자유와 정교분리는 헌법 제20조 1항과 2항에 각각 명기되어 있는 개념이다.[3] 종교자유는 양심의 자유와 함께 자유권 혹은 시민권으로 불리기도 하는 기본권의 하나로서 인권의 역사에서 핵심적 위치를 차지한다. 일반적으로 신앙의 자유, 예배의 자유, 선교의 자유, 종교교육의 자유 등이 종교자유에 포함되지만 '종교로부터의 자유'도 종교자유에 포함된다. 정교분리는 문자적으로는 정치와 종교의 분리를 의미하지만 그 의미는 매우 모호하다. 정치와 종교 개념 자체가 추상적일 뿐만 아니라 국가와 종교집단은 구체적 현실 속에서 어떠한 방식으로든지 관계를 맺을 수밖에 없기 때문이다. 따라서 정교분리는 국가의 종교적 중립성(neutrality)으로 표현되기도 하지만, 정치와 종교의 관계는 '정교분리의 원칙'을 표방하면서 언제든지 '정교유착의 현실'로 귀착될 수 있다.

이처럼 세 개념의 법적 의미를 간략히 언급해 보았지만 구체적 현실 속에서는 이 개념들의 의미를 둘러싸고 치열한 해석 투쟁이 전개된다. 더구나 세 개념은 독립적으로 존재하는 것이 아니라 서로 밀접한 관련이 있다. 어떤 사회에서 종교차별이 발생하면 차별을 받는 사람은 사실상 '2등 시민'이 되기 때문에 그 사람의 종교자유가 침해될 수 있다. 정교분리가 시행되지 않는 국교제도하에서는 비국교도가 종교차별을 받으면서 그들의 종교자유가 억압될 수 있다. 이러한 면에서 보면 정교분리는 종교차별 금지와 종교자유의 확보를 위해 필수적인 조건으로 보인다. 그러나 정교분리와 종교자유가 충돌하는 경우도 있다. 정교분리를 극단적으로 내세워 공적 영역에서 종교활동을 배제하면 시민들의 종교자유가 침해될 수 있기 때문이다. 심지어 종교차별 금지와 종교자유가 충돌할 수도 있다. 종교차별 금지(종교평등)가 극단화되면 타종교에 대한 비판이 금지되면서 종교(비판)의 자유가 침해될 수 있기 때문이다. 종교차별금지법 제정이 종교자유를 침해한다는 보수 개신교의 주장은 이러한 논리에 근거한 것이다.

이처럼 종교차별 금지, 종교자유, 정교분리라고 하는 세 가지의 헌법적 가치는 상호 수렴의 방향을 취할 수도 있지만 상호 충돌할 수도 있다. 따라서 세 개념의 의미와 상호 관계는 선험적으로 규정하기보다는 구체적 현실 속에서 파악되어야 한다. 여기서는 공직자의 종교차별, 템플스테이, 땅밟기 논쟁에서 이 개념들이 불교와 보수 개신교 혹은 국가(정부, 정치권, 법원)와 같은 주체들에 의해 어떻게 전유되고 있는가에 주목한다. 그러면 먼저 최근 한국사회 종교 갈등의 등장 배경을 살펴보도록 하자.

1. 개신교의 성시화운동과 불교의 반성시화운동

2008년 8월 불교계가 국가권력을 상대로 공개 시위를 한 범불교도대회는 한국 불교사에서 유례를 찾기 힘든 사건으로 간주된다. 그 이전까지 한국불교는 국가권력과 대결하기보다는 정권에 대한 지지나 종속을 통해 종단의 유지와 안정을 도모해 왔기 때문이다. 따라서 범불교도대회에 나타난 불교계의 새로운 국가 인식과 태도를 이해하기 위해서는 근현대 한국불교사에 대한 간략한 스케치가 필요하다.

개항 이후 한국사회에 '종교(religion)' 개념이 형성되고 개신교가 종교의 모델로 등장하면서 다종교 지형이 형성되었다. 당시 불교는 서구 기독교와 일본 불교의 근대성을 나름대로 수용하면서 근대적 종교성을 갖춰 갔지만 식민지하에서는 사찰령에 의해 주지 임면과 재산 관리가 통제되어 종단의 자율성을 발휘하기 어려웠다. 해방 이후 이승만 정권하에서는 비구대처 논쟁으로 내분에 휩싸여 대사회적 차원의 활동을 할 여력이 없었다. 반면 이 시기의 개신교는 국가권력으로부터 받은 다양한 특혜에 힘입어 교세 확장에 매우 유리한 제도적 기반을 마련할 수 있었다.

군사정권 시기에 접어들면서 불교는 군대나 감옥과 같은 국가기관으로 진출할 수 있게 되고 석탄일이 공휴일로 제정되는 등, 그동안 기독교가 독점적으로 누렸던 제도적 특권을 상당 정도 나누어 가질 수 있게 되었다. 그러나 이 시기에 일부 개신교인들에 의한 불교 폄하와 불상 훼손, 사찰 방화 등의 사건이 자주 일어났다. 이 사건들은 대부분 은밀하게 일어나서 범인이 잡히지 않거나 정신이상자의 소행으로 간주되어 법적 구속이 이루어지지 않았다. 따라서 언론의 주목을 받지 못하였을 뿐만 아니라 불교계에서도 일부 광신도의 소행으로 간주하여 '자비와 인내'를 강조할 뿐 종단 차원에서 크게 문제삼지 않았다.

1990년대 초 문민정부가 들어서면서 불교의 상황 인식은 크게 달라지기 시작하였다. 개신교 장로인 김영삼 대통령 재임 시 국방부 법당 차별 사건을 비롯하여, 군부대의 훼불 행위, 특수부대 법당 오물투기 사건 등이 연이어 발생하였는데 이는 공권력에 의한 불교 탄압으로 비쳤다. 일요일에 공무원 시험을 치르지 않겠다는 총무처 장관의 발언이나 부활절이라는 이유로 정부가 이미 정해 놓은 시험일자를 변경한 사건 등은 국가권력에 의한 기독교 우대 정책으로 보였다. 따라서 불교계 일각에서는 공권력에 의한 불교 탄압을 극복하기 위한 방안의 하나로 '권리에 대한 각성'을 강조하고, 교권수호 협의회나 불교수호위원회와 같은 조직을 만들어 불교권익에 대한 항시적인 감시와 수호 운동을 해야 한다는 주장이 등장하였다. 이는 불교가 자신의 권리와 권익에 새롭게 눈뜨고 있음을 보여주는 몸짓이라고 할 수 있다.

1994년 출범한 '개혁종단'은 불교의 대국가 인식에서 분기점 역할을 하였다. 서의현 총무원장 3선 연임 저지 운동을 계기로 탄생한 개혁종단은 불교의 자주성을 강조하면서 국가를 상대로 불교 나름의 목소리를 외칠 수 있는 기반을 마련하였다. 이 무렵부터 불교계에서는 종교 편향이라는 용어가 등장하기 시작하였으며, 불교에 대한 폄하나 불상 훼손의 사례를 체계적으로 수집하기 시작하였다. 이는 조계종 산하 종교 편향대책위원회의 결성(1998)과 『종교 편향백서』(2000)의 발간으로 구체화되었다.

이처럼 불교가 종단의 권익 수호와 대사회적 차원의 관심을 확장시켜 가고 있을 때, 보수 개신교 진영에서는 성시화운동이 확산되고 있었다. 1970년대 초 김준곤 목사에 의해 시작된 것으로 알려진 성시화운동은 한동안 침체 상태에 있다가 1990년대 들어와 활성화되기 시작하였다. 1990년대 초 평신도 법조인들이 춘천을 거점으로 본격적인 운동을 시작하면서 점차 다른 도시로 확산되었다.

성시화운동은 기관장 중심의 성경 공부 모임을 근간으로 하였는데 이는 각 도시에서 기관장이 차지하는 위상을 고려한 전도 전략이었다.[4] 나중에는 목회자도 참여하여 현재 성시화운동은 평신도 중심의 홀리클럽(holy club)과 목회자 중심의 성시화운동본부로 구성되어 있다. 성시화운동 측 자료에 의하면 홀리클럽은 7성(七聖)운동을 목표로 하는데 개인[聖民], 가정[聖家], 교회[聖會], 직장[聖職], 사회[聖社], 국가[聖國], 세계[聖世]로 이어지는 7개 영역을 거룩하게 하는 회개와 실천 운동이다. 반면 성시화운동본부는 '3전(三全) 운동'

즉 "전(全) 교회가 전(全) 복음을 전(全) 시민에게" 전하는 것을 목표로 하는 전도운동이다.[5] 이처럼 홀리클럽과 성시화운동본부는 별도의 목표와 조직을 지니고 있지만 성시화라는 공동 목표를 위해 연대 관계를 맺고 있다. 현재 서울을 비롯한 대부분의 도시에 성시화운동본부가 설립되어 있고 해외 성시화운동을 위해 세계성시화운동본부가 설립되어 있다.

성시화운동은 문자적으로 보면 도시의 성시화를 의미하지만 실제적으로는 민족복음화 운동의 흐름 속에 자리잡고 있다. 즉 도시를 거점으로 한 국가복음화 운동이다. 따라서 성시화운동은 도시의 기독교화를 넘어 국가의 기독교화를 목표로 하며 궁극적으로는 세계의 기독교화를 목적으로 한다. 이는 개신교 복음주의 진영에서 흔히 나타나는 정복주의적 선교 논리로서 새로울 것이 없지만 기관장과 같은 공직자들이 주도적 역할을 한다는 점에 특징이 있다.

불교계가 두려워하고 경계하는 것이 바로 이 측면이다. 불교계는 성시화운동을 개신교 공직자들이 행하는 종교차별의 배후 세력으로 간주할 뿐만 아니라, 정치와 종교의 분리를 명시한 대한민국 헌법을 전면 부정하는 선교운동으로 간주한다. 이러한 맥락에서 『성시화운동 편람』에 나와 있는 다음 구절을 상기시킨다.

시민은 신자가 되느냐 이주하느냐 양자택일을 하게 될 것이다. 학교는 주일학교화 되고 교사는 주일학교 교사화 되고, 학교는 곧 교구가 되며 춘천에 있는 모든 것들이 예수와 성경과 성령에 의해 다스려진다.… 성시 특별 보호 법안 같은 것이 국회에 통과되어 시정은 장로급 인사가 영도하는 시민회의에서 다스려지고 관공리의 수가 반감될 것이다. 시 예산의 십일조는 민족복음화와 세계복음화에 쓰여질 것이다.[6]

이것은 성시화운동이 첫 번째 성시의 대상으로 삼은 춘천시의 미래상으로서 불교도의 입장에서는 두려운 세상이다. 따라서 성시화운동의 실체를 제대로 파악하고 대처하지 않는다면 새로운 공포정치와 마주치게 될지 모른다거나,[7] 신정일치 사회를 저지하지 못하면 한반도에서 불교가 1,700년의 역사를 마감하게 될지도 모를 것이라고 경고한다.[8]

불교계는 특히 홀리클럽을 개신교라는 배타적 연줄망으로 이루어진 일종의 권력 카르텔로 보고 조선말의 붕당과 같은 엄청난 사회적 폐해를 초래할 수 있는 조직으로 간주한다.[9] 조계종에서 펴낸 『종교평화핸드북』에 의하면 성시화운동이나 홀리클럽의 본질은 시장근본주의와 종교근본주의의 결합이다.[10] 나아가 성시화운동이 "바다를 따라 종으로 성시화 벨트를 형성하고 이를 다시 횡으로 묶음으로서 대한민국을 거미줄처럼 엮어 가고 있다"고 두려워하고 있다.[11] 불교계의 입장에서 보면 거리 청소나 불우이웃돕기 등과 같은 봉사활동도 성시화운동의 종교적 목적을 은폐하기 위한 전략에 불과하고 이를 통해 궁극적으로 얻고자 하는 것은 행정조직을 선교해서 하느님의 나라를 건설하는 것이다.[12]

이처럼 1990년대부터 대사회적 차원에서 종교 편향 담론을 생산하고 권익의 정치를 모색하던 불교가 성시화운동이라는 '거대한 타자'와 만나는 지점에서 공직자의 종교 편향을 둘러싼 일대 논쟁이 일어난 것이다. 즉 1990년대 이전이었으면 인내와 자비로 대했을 불교계가 정법 수호의 기치하에 공직자들의 종교차별적 언행을 방조하는 이명박 정부와 정면 대결하기 위해 거리로 뛰쳐나간 사건이 2008년 여름의 범불교도대회였던 것이다.[13]

불교계의 대규모 시위에 당황한 정부 여당은 종교차별 행위 금지와 처벌 조항을 담은 국가공무원법과 지방공무원법 개정안을 발의하였다.[14] 얼마 후 이명박 대통령도 국무회의 석상에서 유감을 표명하고 공무원의 종교 편향 활동 금지 조항 신설을 골자로 하는 공무원 복무규정 개정안을 안건으로 상정, 처리하였다. 이와 함께 문화체육관광부 안에 공직자종교차별신고센터를 설립하였다. 문화체육관광부는 학계의 자문을 얻어 종교차별에 관한 국내외 사례 수집, 종교차별의 가이드라인 제시 및 공직자종교차별예방교육 지침 등을 제시하였다. 그러면 이제부터 한국사회의 대표적인 종교 갈등으로 비화한 공직자의 종교차별, 템플스테이, 땅밟기 사례를 중심으로 불교와 보수 개신교 진영에서 종교차별, 종교자유, 정교분리 등의 개념이 어떻게 활용되는지를 살펴보자.

2. 공직자의 종교자유

불교계가 펴낸 『대한민국 종교차별사례집 1945-2011』에 의하면 공직자의 종교차별 사례는 청와대에서부터 국회, 행정부, 법원, 군대, 경찰에 이르기까지 거의 모든 공공 영역에서 발생하고 있다.[15] 대통령의 청와대 예배 및 국가조찬기도회 참석, "모든 정부 부처 복음화가 나의 꿈"이라는 청와대 경호실 차장의 발언, 촛불집회 참여자들을 "사탄의 무리"라고 표현한 청와대 홍보수석의 발언, "기독교 정치학교를 만들어야 한다"고 주장한 여당 의원과 "신정정치를 통해서만 국민의 신뢰를 얻을 수 있다"고 말한 야당 의원, 근무시간에 통성기도하고 공용전산망을 이용하여 기도회 참석을 홍보한 서울시 교육감, 복도에 기독교 문구가 적힌 액자를 전시한 지방법원, 예비군 훈련 중 개신교 찬양 일색의 영상을 상영한 군부대, 경찰 워크숍 시간에 모든 직원을 대상으로 기도문을 낭독하고 기도문을 메일로 발송한 경찰서장에 이르기까지 실로 다양하다.[16]

불교계가 수집한 공직자의 종교차별 사례를 모두 다룰 수는 없기 때문에 대표성을 지닌 것으로 보이는 두 사례를 중심으로 분석한다. 이 두 사례는 이명박 정부 출범 이전에 발생한 사건들이지만 성시화운동과 관련되어 있고 사회적으로도 많은 관심을 끌었다. 하나는 이명박 전 서울시장의 '서울시 봉헌 사건'이고 다른 하나는 정장식 전 포항 시장의 '포항시 예산 1% 성시화운동에 전용 계획' 사건이다.

2004년 5월 31일 이명박 시장은 어느 개신교 청년단체가 개최한 행사에서 '서울을 하나님께 봉헌'이라는 제목을 붙인 아래의 봉헌서를 직접 낭독했다.

> 대한민국 수도 서울은 하나님이 다스리는 거룩한 도시이며, 서울의 시민들은 하나님의 백성이며, 서울의 교회와 기독교인들은 수도 서울을 지키는 영적 파수꾼임을 선포한다. 서울의 회복과 부흥을 꿈꾸고 기도하는 서울기독청년들의 마음과 정성을 담아 수도 서울을 하나님께 봉헌한다.[17]

봉헌문에 등장하는 "거룩한 도시"나 "하나님의 백성", "수도 서울을 하나님께 봉헌"과 같은 표현들은 성시화운동의 모티프를 연상시킨다. 이명박 시장의 서울시 봉헌 사실이 알려지자 120여 사찰 및 단체로 구성된 '이명박 서울시 봉헌 관련 범불교단체 대표자 연석회의'가 조계사에서 열렸다. 이 회의는 이명박 시장의 봉헌 행위가 정교분리의 헌법 정신을 유린한 행위라고 선언하면서 공개 사과를 요청하는 결의문을 발표하였다.[18] 이명박 시장이 그 나름의 사과를 하였지만, 사과 내용에 진정성이 없다고 판단한 서울 시민과 불교신자 108명은 위자료 청구 소송을 제기했다. 소송의 근거로 제시된 것은 1) 국가권력이 종교선전 또는 종교활동에 개입한 반헌법적인 행위,

2) 서울 시민 전체의 봉사자로 성실히 직무를 수행해야 할 의무의 위반, 3) 공무원의 종교적 중립성을 훼손하는 등 공무원의 품위유지의무 위반, 4) 특정종교를 믿지 아니하는 서울시 주민에게 서울 시민으로서의 존엄과 가치를 존중받으면서 살아갈 수 있는 모든 국민의 당위적이고 이상적인 삶의 지표인 행복을 추구할 권리 침해, 5) 다른 시·도 및 나라 사람들로 하여금 서울 시민을 모두 기독교신자로 오인케 할 수 있음 등이다.[19]

이 소송 사건에 대해 보수 개신교 진영을 대변하는 한국교회언론회(한교언)는 이명박 시장이 자신의 신앙 공동체에서 발언한 것을 종교 편향으로 비판하는 것은 문제라고 주장했다. 개신교 공직자가 기독학생 모임에 참여해서 발언한 것은 종교에 대한 경의 표시와 개인의 신앙고백과 같은 것인데 이를 문제시하는 것은 과잉 반응이며, 그 모임에서 사용한 "하나님께 바친다."는 표현도 "우리 시대의 타락하고 범죄가 많은 것을 하나님께 의뢰하여 깨끗하고 살기 좋은 도시로 바꾸고 싶다는 의미"로 해석할 수 있다는 것이다.[20] 후에 이와 비슷한 사건들이 발생하였을 때도 비슷한 논조로 평했다.

> 대통령이나 정부 관리들은 과거나 현재에도 개인적인 종교 신념에 따라, 자신이 섬기는 종교 모임에서조차도 신앙적인 발언은 절대 해서는 안 된다고 하는 것인가? 이는 헌법에 보장된 개인의 '종교의 자유'도 침해하는 초헌법적인 발상이라고 보여 염려된다.… 종교의 자유는 헌법에 명시된 인간의 기본권이다.… 신앙 공동체 안에서 자신의 종교적 신앙 표현을 종교 편향으로 몰아간다면, 이것은 지나친 억지가 아니겠는가?[21]

이처럼 보수 개신교계는 공직자의 언행을 개인의 종교자유의 표현으로 해석해야 한다고 일관되게 주장한다. 그러나 불교계는 이명박 시장이 개신교인 모임에 참여한 것 자체를 문제삼은 것이 아니라 서울시장의 직함과 휘장이라는 공적 자원을 사적 용도로 사용한 것이 정교분리 원칙 위반 즉 공직자의 종교적 중립성 의무 위반이라고 주장했다.

재판부는 피고의 언행은 고위 공직자로서 부적절한 점은 인정되지만 원고들이 금전으로 위무되어야 할 정도의 심대한 정신적 고통을 입었다고 보기는 어렵다고 판시했다. 이 시장의 행위가 도덕적, 윤리적인 비난 가능성을 넘어 헌법상 정교분리의 원칙, 종교평등의 원칙, 공무원의 직무전념의무, 품위유지의무에 위배되는 것이라거나, 원고들의 행복추구권을 침해하고 명예를 훼손한 것이라고는 볼 수 없다고 설명했다.[22] 요컨대 윤리적 측면에서는 문제가 될 수 있지만 법적 제재를 가할 수는 없다는 입장이다.

지금까지 살펴보았듯이 서울시 봉헌 사건을 보는 시각은 크게 셋으로 나뉜다. 불교계(시민사회 일부 포함)에 의하면 이명박 시장의 행위는 정교분리 원칙 위반이고, 보수 개신교 진영에 의하면 사적 개인의 종교자유 행사이고, 국가(사법부)에 의하면 정교분리 원칙 위반은 아니지만 윤리적 차원에서는 부적절한 행위이다. 이처럼 동일한 사건에 대해 불교와 보수 개신교는 정교분리와 종교자유라는 헌법적 규정을 각각 주요 무기로 삼아 공격과 방어를 하고 있음을 알 수 있다.

서울시 봉헌 사건과 거의 같은 무렵 포항시에서 제1회 성시화운동 세계대회가 열렸다. 당시 정장식 포항 시장이 이 대회에서 핵심 역할을 맡고 있을 뿐만 아니라 대회의 준비기획안에 포항시 예산 1%를 성시화운동에 사용한다는 내용이 들어 있다는 소문이 돌았다. 이 소식을 접한 불교계는 포항 시민단체 및 천주교와 연대하여 대규모 규탄대회를 열고 포항시의 해명을 요구하였다. 불교계는 '기관장 홀리클럽'이라는 조직이 이번 사태의 배후라고 판단하고 정 시장의 홀리클럽 탈퇴를 요구하였다. 논란 끝에 포항 기관장

홀리클럽이 해체 선언을 발표하면서 양측 사이의 갈등이 일단 봉합되었다.

양측이 논란을 벌이는 과정에서 각기 주장했던 핵심 사항을 정리하면 다음과 같다.[23] 첫째, 포항불교사암연합회 종교 편향대책위원회(이하 대책위)는 정장식 포항 시장이 포항기관장 홀리클럽의 창립을 주도하고 중심적 활동을 해 왔는데 이는 공무원법상 직무전념의 의무 및 공직자로서의 품위유지 의무를 어긴 행위라고 주장하였다. 이에 대해 홀리클럽 측은 정 시장이 시장 자격이 아니라 개인 자격으로 근무 외 시간에 신앙활동에 참여한 것이므로 문제가 없다고 반론을 폈다.

둘째, 대책위는 정 시장이 대회 기간 동안 신앙간증을 통해 '포항을 기독교 도시로 만들겠다.'는 발언을 하여 국가의 종교적 중립성과 정교분리의 원칙을 위반하였다고 주장하였다. 이에 대해 홀리클럽 측은 정 시장의 신앙간증은 어디까지나 개인적 차원의 신앙활동이므로 국가의 종교적 중립이나 정교분리 원칙에 위배되지 않는다고 반박했다. 오히려 특정 종교가 기관장의 개인적인 신앙생활까지 문제삼는 것 자체가 종교의 자유를 침해하는 것이라고 반박했다.

셋째, 대책위는 정 시장이 포항시의 재정 1%를 성시화운동을 위해 사용하려고 기획하였다고 하면서, 이는 명백한 직권남용이자 공금을 유용하려한 위법행위라고 주장하였다. 이에 대해 홀리클럽 측은 이는 사실 왜곡이며 특정 종교단체가 구체적 사실관계도 확인하지 않은 채 인터넷 홈페이지에 잘못 기재된 내용을 근거로 공무원에게 직권남용이나 공금유용 운운하는 것 자체가 종교의 정치화 또는 종교의 자유에 대한 명백한 침해라고 주장하였다.

넷째, 대책위는 정 시장이 직무와 관련하여 소속 공무원들이나 시민들에게 선교 활동을 하였다고 주장하였다. 그러나 홀리클럽 측은 개인적 신앙에 따라 개인적 종교활동을 한 것일 뿐 직무와 관련하여 소속 공무원이나 시민들에게 특정 종교를 옹호하거나 배척한 사실이 없다고 응수하였다.

큰 틀에서 보면 양측의 논리는 이명박 전 서울시장 소송 사건에서 등장한 것과 비슷하다. '포항시의 기독교도시화' 발언은 '하나님께 서울시 봉헌' 발언과 유사한 의미를 지니는데, 개인의 신앙언어(종교자유)로 볼 것인지 공직자의 종교적 중립성(정교분리) 위반으로 볼 것인지가 쟁점이다. 정 시장의 기관장 홀리클럽 활동 및 전도 활동 역시 개인의 종교자유와 공직자의 종교 중립성 준수 의무 사이에서 논란이 되는 사안이다. 포항시 재정을 성시화운동에 사용하려 했다는 계획안은 사실 확인 과정에서 오류가 있었던 것으로 보인다. 이처럼 이 논쟁에서도 불교 측은 공직자의 정교분리(종교적 중립성)의 의무를 강조한 반면 개신교 보수 진영은 공직자 개인의 종교자유를 강조하고 있다.

두 사례를 통해 살펴본 것처럼 불교계는 성시화운동과 관련한 공직자들의 언행을 정교분리 위반이라고 공격하는 반면, 보수 개신교계는 공직자 개인의 종교자유 행사라고 정당화하고 있다. 불교 측이 공공 영역에서 종교적 중립성의 원칙을 강조하는 반면, 보수 개신교 진영은 공공 영역일지라도 개인의 종교자유가 침해되어서는 안 된다는 입장이라는 것을 알 수 있다.

이처럼 공직자의 종교차별 논쟁의 경우에는 불교가 공격수이고 보수 개신교가 수비수의 역할을 하고 있다. 그런데 서로의 위치가 바뀌는 상황이 일어나기도 한다. 보수 개신교의 전위 역할을 하는 한 교언에 의하면 대한민국은 불교계에 의하여 주창된 종교 편향이라는 말 때문에 종교의 자유와 의사 표현의 자유가 크게 위축되고 사회 전반에서 불교계의 눈치나 보는 '종교 기형적인' 나라가 되었다.[24] 종교 편향 문제는 기독교가 일으킨 사안이 아니라 불교가 정부와 공직자들을 압박하기 위해 이명박 정부 들어서 시작한 기이한 현상으로서 정부의 굴복으로 인해 기독교만 막대한 피해를 입었다는 것이다.[25] 그러면서 공격 목표로 설정한 것이 템플스테이다.

3. 템플스테이 논쟁

2010년 7월 한국기독교지도자협의회 등 보수 개신교 진영에 속한 5개 단체는 '종교계는 국민혈세로 종단 운영 행위를 중단하라'는 제목의 신문광고를 내고 정부가 국민의 혈세를 원칙 없이, 무분별하게 재정을 지원함으로써 오히려 종교계를 병들게 하고 있다고 하면서 템플스테이를 대표적인 사업으로 꼽았다. 광고 문안의 일부는 다음과 같다.

> 왜 정부는 국민 혈세로 불교 포교에 앞장서는가? '템플스테이' 즉 '사찰 체험'은 그 명목이 외국인 관광객 유치를 표방하고 있는데 순수한 외국인 관광객이 몇 명이나 참석했는가? 결국 정부가 내국인 사찰 체험에 국민 혈세를 사용한 결과가 되어 불교 포교에 앞장서고 있는 것이 아닌가? 이 같은 심각한 종교 편향적인 지원을 즉시 중단하라.[26]

템플스테이 사업은 외국인 관광객 유치를 표방하지만 실제로는 불교의 포교활동이므로 정부의 재정지원을 즉각 중지하라는 요구이다. 한교연도 템플스테이를 "문화를 빙자한 종교 사업"이라고 하면서 정부의 재정지원 중지를 요구하였다. 보수 개신교 진영에 의하면 템플스테이는 관광·문화적 프로그램으로 포장되어 있지만 실제 내용을 보면, 불상(佛像) 앞에서 아침과 저녁에 예불을 올리고 공양, 발우, 불교식 요가, 선무도 등을 포함하므로 포

교활동과 관계가 있다.[27]

보수 개신교계의 이러한 주장이 힘을 발휘하여 2011년 국회에서는 템플스테이 예산을 대폭 삭감했다. 그러자 조계종은 '템플스테이 지원금 전면 거부'를 외치면서 강하게 반발했다. 정부가 템플스테이 사업 담당 부서를 종무실에서 관광국으로 이관함으로써 양측의 논쟁을 일단 잠재웠다.

그러면 왜 정부는 템플스테이 담당 부서를 이관한 것인가? 담당 부서 이관을 기독교 단체의 비난을 피하기 위한 편법이자 '꼼수'라고 비판한 관점도 있지만,[28] 정부는 다음과 같이 밝혔다. "템플스테이는 종교행위를 목적으로 하는 사업이라기보다는 현대인들이 일상생활을 떠나 전통 사찰에 머물면서 여가와 관광을 즐길 수 있는 전통문화체험 프로그램 사업이므로 2012년부터 관광국으로 사업이 이관되어 추진 중입니다."[29] 템플스테이 예산이 전통문화체험 지원 예산 명목으로 바뀌게 된 이유에 대해서도 대답했다.

> 동 사업의 목적은 특정한 종교활동에 대한 지원이 아니라 한국의 전통문화인 불교와 유교를 관광자원으로 개발, 우리나라의 대표적인 문화관광 상품으로 정착시키기 위한 것입니다. 이와 관련 템플스테이 체험 및 서원·향교 체험 등 '전통문화'의 범위를 확대하고, 국내외 관광객들에게 다양한 체험 프로그램을 제공하기 위해 당초 사업명인 '템플스테이'를 '전통문화체험 지원'으로 확대, 변경하여 추진 중입니다.[30]

요컨대 정부는 템플스테이 사업을 종교 지원 프로그램이 아니라 전통문화체험 프로그램으로 간주하고 재정을 지원한다는 입장을 보였다. 불교계 역시 템플스테이를 문화관광 자원이자 문화체험프로그램으로 규정한다. 불교 측의 주장에 의하면 종교적 포교 목적을 위해서는 설법, 교육, 수계식 등이 반드시 포함되어야 하는데 템플스테이에는 그러한 절차가 없다. 단지 사찰의 일상인 사찰의식이 포함되어 있을 뿐이고 의식 참여는 참가자의 자율에 맡긴다는 것이다.[31]

　이처럼 세 주체는 템플스테이의 성격에 대해 서로 다른 입장을 표명하였다. 정부와 불교계는 템플스테이를 '문화'의 범주에 포함시키는 반면 보수 개신교는 '종교(포교)'의 범주에 포함시킨다. 그러면 이들 사이의 템플스테이 논쟁은 법적 차원에서는 어떠한 모습으로 나타나는가? 보수 개신교에 의하면 템플스테이 지원은 국가에 의한 특정 종교 지원 사업으로서 종교적 중립성을 위반한 종교차별인 동시에 정교분리 원칙 위반 행위이다. 반면 불교의 입장에서 보면 템플스테이를 종교 사업으로 해석하면서 정부에 압박을 가해 재정지원 중지를 요구하는 보수 개신교 진영의 행위는 정치에 대한 부당한 간섭으로서 정교분리 원칙 위반이다. 한편 정치권은 상황 논리를 따르고 있다. 처음에는 보수 개신교 진영의 힘에 밀려 템플스테이 예산을 대폭 삭감하였다가 불교의 강력한 반발에 부딪치자 담당 부서를 바꿔 예산을 증액하는 방식을 취한 데서 정치권 특유의 실용주의(pragmatism)가 잘 나타난다. 정치권의 입장에서는 종교차별이나 정교분리의 의미에 대한 성찰보다는 종교계의 '표'가 더 중요한 변수로 작용하고 있음을 알 수 있다. 이처럼 템플스테이 사업을 둘러싸고 불교계와 대립하던 보수 개신교 진영은 일간신문에 아래와 같은 광고를 실었다.

　　정치권력과 종교의 부적절한 만남은 국가를 위태롭게 하고, 망하게 한다. 중세 로마권력과 로마교회의 결탁은 국력을 약화시켰으며, 우리나라에서는 고려불교로 인하여 고려왕조가 멸망했음을 역사는 증명하고 있다. 지금 우리나라에서는 종교계가 국가정책에 압력을 행사하고, 한편으로는 국민세금으로 종교행사를 하는 것을 아무렇지도 않게 여기고 있다. 그런가하면 '종교 편향'이라며 정부를 몰아세우고, 한편으로는 국가의 예산을 더 많이 받아내기 위해서 버젓이 '로비'까지 하는 형편이다. 그러나 종교와 정치권력의 밀착은 서로에게 불행이 된다는 역사의 교훈을 잊지 말라.[32]

요컨대 불교에 의한 공직자 종교차별 시비와 템플스테이 지원금 수령을 종교와 정치권력의 밀착으로 규정하면서 비판하였다. 그리고 중세 로마가톨릭교회와 정치권력의 유착 및 고려불교와 정치권력의 유착이 나라를 망하게 한 것처럼 현재의 불교와 국가권력의 유착이 양자의 불행을 초래할 수 있다고 경고하였다. 그런데 얼마 안 있어 보수 개신교 진영을 당혹스럽게 만든 사태가 발생하였다.

4. 땅밟기와 종교평화법

2010년 말부터 봉은사와 동화사를 비롯한 사찰들에서 일부 개신교인의 땅밟기 사태가 일어났다. 개신교인들이 불교 사찰에 들어가 중보기도나 찬송과 같은 기독교 의식을 행하는 것은 일종의 '영적 전쟁'으로서 성시화운동의 범주에 속한다고 볼 수 있다. 그러나 앞서 다룬 공직자들의 종교차별 언행과는 달리 땅밟기는 공권력과 직접 관련되어 있지는 않다. 따라서 『대한민국종교차별사례집』에서도 땅밟기는 정교분리 원칙 위배나 종교자유 침해의 영역이 아니라 '훼불'의 범주에 포함되어 있다.

그렇지만 땅밟기 사태와 관련하여 종교평화법 제정 논의가 등장하면서 종교자유나 정교분리와 같은 법적 개념들이 중요한 의미를 지니고 다시 등장하였다. 땅밟기 사태가 일어난 직후 불교종단협의회는 가칭 '종교평화윤리법' 제정을 요청하는 성명서를 발표하였다.

> 일부 개신교계의 불교 폄하와 훼불 행위는 어제오늘의 일은 아니었습니다.… 한동안 뜸하던 각종 훼불 사건들이 현 이명박 정부 들어서 또다시 빈번해지고 불교 폄하와 훼불 사건의 강도가 도를 넘고 있는 것에 국민들은 우려하고 있습니다. 그것은 현 정부의 중립적이지 못한 종교적 시각에 기인한다고 생각하고 있습니다. 봉은사 땅밟기, 동화사 땅밟기 … 공개적으로 수천 명이 모여서 "사찰이 무너져라" 기도하고 … 개신교계의 상식을 넘어선 행동은 헤아릴 수 없이 많습니다.[33]

불교종단협의회는 땅밟기를 비롯한 훼불 사태가 이명박 정부의 종교 편향적 시각과 관련되어 있다고 주장하면서 종교계 지도자들에게는 종교인 평화 선언과 종교인 윤리규범을 마련할 것을 촉구하고, 정부와 국회에 대해서는 국민 분열과 사회갈등을 조장하는 일부 종교인의 행위를 법으로 제한하는 (가칭)종교평화 윤리법 제정을 요구하였다. 대선이 다가오고 있는 시기였으므로 당시 불교계는 대선 후보들에게 종교평화법 제정을 요구하였고, 여야 후보 모두 종교평화법 제정에 호의적 태도를 보였다.

이와 달리 보수 개신교계는 종교평화법 제정 움직임에 강하게 반대하였다. 한교언은 논평을 통해 종교평화법은 종교 간의 갈등을 해결하기 위한 종교적, 신학적, 윤리적 방법이 아니고 법과 제도로 종교활동을 규제하는 것이라고 주장했다. 이 법은 헌법에 보장된 종교의 선택과 비판, 선교와 포교를 제한하여 종교의 자유를 침해하는 것이고, 정부가 법률로써 종교의 활동에 제재를 가하는 것은 정교분리 원칙에도 위배된다고 주장했다. 나아가 불교계가 집요함을 보이는 종교평화법은 대선을 앞두고 표가 다급한 대선 주자들에게 청구서를 내민 것이며, 종교평화를 가장하여 다른 종교에 '족쇄'를 채우고 '재갈'을 물리려는 속셈이라고 비판하였다.[34]

한교언 소속 변호사도, 종교평화법이 종교자유의 일환으로 보장되는 선교의 자유를 제한하거나 제재한다면 이는 명백히 국가권력에 의한 종교 간섭이며 "이 법을 통해서 특정 종교를 우대 또는 차별 대우하기 위한 정책을 수립거나 정치활동을 하는 것으로밖에 해석이 되지 않기 때문에 위헌적인 법"이라고 주장했다. 나아가 종교평화법의 내용은 종교자유 및 양심의 자유의 본질적 내용 침해, 평등의 원칙 위배, 종교의 자정 기능 상실 및 특정 종교의 세력 확보 수단의 변질이라고 말했다.[35] 보수 개신교의 잡지 『교회와 신앙』도 "종교평화법은 불교의 기독교 견제의 절정"이고 "기독교가 포교를 하지 못하도록 아예 못을 박아 버리는 의도가 담긴 악법"이라고 비판했다.[36]

불교계에서는 종교평화를 위해 종교(선교)의 자유가 어느 정도 제한될 수 있다는 분위기가 엿보이는 반면, 보수 개신교 진영은 선교 활동을 법으로 규제하는 것은 종교자유 침해, 정교분리 원칙 위반, 나아가 특정 종교를 위한 종교차별에 해당한다고 주장한다. 따라서 보수 개신교 진영은 종교평화법 제정에 결사반대하는 태도를 취할 수밖에 없었다.

정치권은 역시 종교계의 동향과 요구에 민감한 태도를 보였다. 그러다 보니 종교계 관련 공약에서 상충되는 요구를 동시에 수용하는 모습이 나타나기도 하였다. 당시 여당은 불교계의 종교 편향 부문 정책 제안에서는 공직자의 종교 편향에 대한 징계 및 처벌을 약속한 반면, 한국기독교공공정책협의회가 제안한 기독교 정책에서는 공직자의 종교자유 보장을 약속했다. 선거에 도움이 된다면 어떤 공약도 할 수 있는 것이 한국 정치권의 풍경인 셈이다. 정치권에서 중요한 것은 종교자유, 정교분리, 종교차별 금지와 같은 헌법적 규범 그 자체가 아니라 종교계의 '표'다. 따라서 종교차별 논쟁에서 등장하는 정치권의 태도는 '정치 논리'의 특성을 고려하면서 관찰할 필요가 있다.

지금까지 한국사회의 양대 종교인 불교와 보수 개신교의 갈등 관계를 세 이슈를 중심으로 살펴보았다. 공직자의 종교차별, 템플스테이 사업, 땅밟기 사태가 그것이다. 이 사안들과 관련하여 두 종교가 전개한 논쟁은 추상적인 교리 논쟁도 아니고 폭력을 동반한 종교전쟁도 아니다. 양 진영의 논쟁은 종교차별 금지(종교평등), 정교분리의 원칙, 종교자유의 권리라는 법적 규범을 내세운 담론 투쟁의 성격을 지니고 있다.

공직자의 종교차별을 둘러싼 논쟁의 경우 공직자들의 종교 편향적 언행이 종교차별에 해당하는가 하는 것이 쟁점이다. 불교는 자신들이 수집한 대부분의 사례가 종교차별에 해당한다고 주장하는 반면, 보수 개신교는 대부분의 사례가 종교차별이 아니라고 주장한다. 그러한 판단을 내리는 과정에서 불교는 공직자가 준수해야 하는 정교분리 원칙의 의무를 강조하는 반면, 보수 개신교 진영은 공직자 개인이 누려야 할 종교자유의 권리를 강조한다. 이러한 상반된 판단은 성시화운동에 대한 태도와 관련되어 있다. 성시화운동의 자장 속에 있는 보수 개신교 진영은 공직자의 종교자유를 '복음전파'의 확산을 위한 주요 통로로 활용하려는 욕망이 강하기 때문에 대부분의 종교 편향 사례를 종교차별의 범주에서 제외시키려고 한 반면, 불교계는 '신정국가 만들기'를 시도하는 것으로 보이는 성시화운동의 확산을 저지하기 위해 공직자들의 종교 편향 사례들을 종교차별로 규정한 것이다.

템플스테이 논쟁의 경우 템플스테이에 대한 국가의 재정지원이 종교차별인가 하는 것이 쟁점이다. 불교는 템플스테이 지원이 종교차별이 아니라고 주장하는 반면, 보수 개신교는 종교차별에 해당한다고 주장한다. 이러한 판단의 차이는 템플스테이를 전통문화사업으로 볼 것인가 포교사업으로 볼 것인가에 의해 결정된다. 불교는 템플스테이를 '문화'의 범주에 배치한 반면, 보수 개신교는 '종교'의 범주에 배치하였다. 그런데 어떤 프로그램을 종교 혹은 문화의 범주에 포함시키는 고정불변의 객관적 기준은 존재하지 않는다. 그 기준은 관련 주체들의 합의에 의해 잠정적으로 결정되고 지속적인 협상 과정에 놓일 뿐이다. 이 지점에서 주목할 것은 템플스테이 사업이 처음 등장하였을 때 보수 개신교는 템플스테이를 종교의 범주에 배치하지도 않았고 국가의 재정지원을 반대하지도 않았다는 사실이다. 보수 개신교가 템플스테이를 포교사업으로 간주하고 국가의 재정지원을 종교차별로 주장하기 시작한 것은 개신교 공직자들에 의한 성시화운동에 대해 불교계가 종교차별과 관련하여 시비를 걸면서부터이다. 여기서 우리는 종교차별과 같은 법적 개념들이 자명한 본질을 갖고 있는 것이 아니라 구체적인 현실 속에서 이해당사자들의 협상에 의해 그때그때 내용이 채워진다는 사실을 다시 한 번 확인할 수 있다.

땅밟기 논쟁의 경우는 그 자체가 중요한 것이 아니라 그 이슈가 종교평화법 제정을 둘러싼 논쟁을 촉발시켰다는 점이 중요하다. 땅밟기 사건이 터졌을 때 불교계는 종교평화법 제정을 촉구했고, 보수 개신교 진영은 법 제정에 강력하게 반대했다. 불교계는 '무례한' 선교를 막기 위해서는 종교평화법 제정이 필요하다는 입장이고, 보수 개신교는 종교평화법 제정이 선교 활동을 위축시킨다는 입장이다. 즉 불교계는 선교의 자유보다는 종교평화가 우선이므로 종교평화법 제정이 필요하다고 주장하는 반면, 보수 개신교는 법을 통해 선교 활동을 금지하는 것은 '기독교의 본질'을 부정하는 것이므로 종교평화법 제정에 반대하는 것이다.

이처럼 최근 한국 보수 개신교와 불교는 종교자유, 종교차별, 정교분리와 같은 헌법적 규범에 대한 해석을 둘러싸고 치열한 논쟁과 갈등을 보여주었다. 그런데 종교자유나 종교차별, 정교분리와 관련된 논쟁은 일반적으로 국가권력과 종교집단 사이, 국가권력과 개인 사이에서 일어난다. 현대사회에서 막강한 공권력을 지닌 국가가 특정 종교집단이나 개인의 종교자유를 억압하거나 침해할 때 종교집단이나 개인이 헌법에 보장된 종교자유권이나 종교차별 금지 조항을 내세워 법적 소송을 전개하는 것이 일반적인 모습이다. 그런데 지금까지 살펴보았듯이 최근 한국사회에서 나타난 종교관련 갈등은 국가권력과 종교집단 사이의 대립이라기보다는 종교집단 간의 대립이다. 좀더 정확하게 말하자면 보수 개신교와 불교가 국가권력을 매개로 대립하고 있는 형국이다. 두 거대한 종교권력의 대립 구도 속에서 국가권력이 종교계의 '표'를 의식하면서 눈치를 보고 있는 형국이라고도 할 수 있다. 따라서 지금까지 살펴본 종교자유, 종교차별, 정교분리와 같은 헌법적 가치와 규범은 우리 사회의 이러한 독특한 종교-정치 지형을 염두에 두면서 새롭게 성찰할 필요가 있다.

IX

학교와 종교자유

2004년 6월 16일 대광고등학교 3학년에 재학 중이던 강의석은 학내 방송을 통해 "종교의 자유를 위해 앞으로 학교에서 강제적으로 이뤄지는 예배를 거부하겠습니다."라고 공개 선언을 한 뒤, 서울시 교육청 앞에서 "헌법 제20조 '대한민국에는 종교의 자유가 있다.' 그런데 학교에는 예외다!?"라는 표어를 걸고 1인 시위를 하였다.[1] 이러한 '종교자유 선언'과 1인 시위가 빌미가 되어 퇴학 처분을 받은 강의석은 단식 농성과 법적 소송으로 맞섰고 마침내 학교에 복귀하였다. 그러나 그는 졸업 후 재학 시에 종교 강요로 인해 받았던 정신적 고통을 이유로 대광학원과 서울시 교육청을 상대로 손해배상청구소송을 제기하였고, 2010년 대법원에서 승소하였다.

이 사건은 학생의 종교자유와 인권에 대한 관심을 우리 사회에 일깨워 준 최초의 사건으로 간주된다. 그런데 강의석 사건에서는 학생의 종교자유와 함께 종교교육이 핵심 용어로 등장하였다. 학교에서 행해지는 종교교육이 학생의 종교자유와 충돌하면서 이 사건이 일어난 것으로 간주되었기 때문이다. 그런데 종교교육을 매개로 한 학교와 학생 사이의 충돌 이면에는 국가(정부)가 존재한다. 강의석이 소송 대상에 대광고만이 아니라 서울시도 포함시킨 것은 이 때문이다. 요컨대 강의석 사건은 종교교육의 공간에서 국가, 학교, 학생이라는 세 주체가 게임을 벌이는 구조를 지니고 있다. 이러한 게임에서 국가는 여당으로 대변되는 정치권력, 학교는 종립학교[2]의 배후에 있는 종교집단, 학생은 인권운동 관련 시민단체의 지원을 받고 있다. 다시 말하면 강의석 사건으로 대변되는 학교 내의 종교교육을 둘러싼 갈등의 배후에는 정치권력, 종교권력, 시민단체가 자리잡고 있다.

그동안 강의석 사건과 관련하여 사회 각 방면에서 수많은 논의가 이루어졌다. 학계에서도 연구자들이 커다란 관심을 갖고 종교교육과 종교자유에 관한 연구 성과를 내놓았다. 교육학 특히 종교교육(학)을 전공하는 연구자들은 종립학교에서 행해지는 종교교육의 현실을 점검하고 그들 나름의 대안을 제시하였다. 대광고 사건은 개신교 사학에서 일어났기 때문에 기독교교육학 전공자들이 남다른 관심을 보였다. 대표적인 연구자는 손원영과 박상진이다. 손원영은 종교교육의 이원화를 주장한다. 국공립학교에서는 종교 일반에 대한 객관적 학문적 지식에 근거한 '종교학적 종교교육'을 가르치고, 종립학교에서는 해당 종교의 교리와 세계관에 근거한 '신앙고백적 종교교육'을 가르치자는 제안이다.[3] 박상진은 평준화 체제하 종립학교의 종교교육권과 학생의 종교자유권을 조화시키기 위한 방안으로 '전학 및 회피 제도'의 도입을 제안한다.[4]

법학 분야의 연구자들은 헌법, 교육기본법, 사립학교법 등과 같은 법령에 기초한 법리적 해석을 통해 학교의 종교교육의 자유와 학생의 종교자유의 경계선을 찾는 경향이 있다. 대부분의 법학자들은 대광고 사건을 두 기본권의 충돌로 보고 학생의 소극적 신앙의 자유가 학교의 적극적 종교교육의 자유보다 상위에 있음을 인정한다. 다만 평준화 제도의 위헌성 여부나 사립학교의 자율성 문제 등과 관련한 해석에서 일정한 편차가 나타난다.[5]

종교학 분야의 연구자들은 한국의 종교 현실과 비교의 시각을 염두에 두면서 종교교육과 종교자유 문제에 접근하는 경향을 보인다. 한국학중앙연구원 문화와종교연구소는 종교교육의 현황과 개선 방안에 관한 보고서,[6] 한국, 미국, 일본의 종교교육 사례에 대한 비교,[7] 나아가 학교 내 종교차별 현상에 대한 기준의 설정을 모색하는 연구 등을 수행하였다.[8] 한신인문학연구소와 한국종교학회도 특집호 마련이나 세미나 개최를 통해 이 문제에 관심을 보였다.[9] 종교학자 정진홍은 대광고 사건이 일어나기 전에 이미 7차교육과정을 검토하면서 종교 과목은 인문적인 교양교육이 되어야 한다고 제안한 바 있다.[10] 강돈구 역시 학교에서의 종교교육은 교양교육과 시민교육이 되어야 한다고 주장하였으며,[11] 고병철은 종립사학을 둘러싸고 일어나는 종교교육 문제의 해결 방향을 공공성 속의 자율성, 양심의 자유에 근거한 종교의 자유, 인문학적 교양교육화에서 찾았다.[12] 류성민은 종립학교에서의 갈등을 종교자유와 정교분리의 길항 관계에서 찾았다.[13] 한편 자율형사립학교의 확대와 같은 구체적 방안을 제시하는 연구가 나오는가 하면,[14] "비종교적인 것이 되는 실험실" 혹은 "종교적 정체성을 포기할 수 있는 공간"으로서의 종립학교와 같은 역설적 개념을 통해 대안을 모색하는 연구도 나왔다.[15] 종교사회학 분야에서는 정부에 의한 종립학교 재정지원과 통제가 종교교육의 내용과 형식에 미치는 효과를 분석하거나,[16] 한국사회의 법의 영역에 등장한 종교 개념의 성격에 주목하면서 대광고 판례를 분석한 연구가 등장했다.[17]

이 장에서는 기존 연구를 염두에 두면서 학교 내의 종교교육 문제를 종교자유의 렌즈를 통해 분석한다. 종교교육의 성격과 대안 모색에 초점을 두기보다는 종교교육이 파생시키는 학생의 인권침해 현상을 종교자유에 초점을 두고 검토한다. 이를 위해 종립학교의 경우는 개신교 사학[18] 그중에서도 고등학교와 대학을 중심으로 논의하고,[19] 종교교육은 종교 과목(수업)과 종교의식(채플)을 중심으로 검토한다.

1. 국가의 교육정책과 미션스쿨의 종교교육

오늘날 우리 사회에서 행해지는 종교교육은 개항 이후에 나타난 현상으로 근대적 의미의 종교 개념과 교육 개념을 전제한다. 개항 초기의 조선 정부는 서구 문물을 적극 도입하면서도 조선시대의 정학-사학(正學-邪學) 이분법에 근거한 '기독교 사교관(邪敎觀)'을 완전히 버리지는 않았기 때문에 서양 선교사들의 선교 활동을 공식적으로는 허용하지 않았다. 즉 서구문명의 수용 통로로서 선교사들의 교육 및 의료 활동은 환영하였지만 기독교의 교리를 전파하는 것과 같은 직접적인 선교 활동은 허용하지 않았다. 따라서 간접선교의 일환으로 등장한 배재학당이나 이화학당과 같은 미션스쿨에서는 영어나 지리, 역사, 수학, 화학 등의 '세속 과목'은 가르칠 수 있었지만 성경은 원칙적으로 가르칠 수 없었다. 그러나 선교사들은 성경과 기독교 교리를 가르쳤고 정부는 이 사실을 알면서도 모른 척하는 묵인의 태도를 취하였다. 이는 문명개화를 위해서 조선 정부가 "지불해야 할 약간의 대가"[20]와 같은 것이었다.

조선 정부는 문명개화라는 지상 과제를 위해 선교를 묵인하는 전략을 택한 반면, 선교사들은 복음 전파라는 지상 과제를 위해 근대 문명을 활용한 간접선교 전략을 택했다. 당시 미션스쿨에 입학한 학생들도 대부분 영혼의 구원보다는 신학문을 배워 관료가 되려는 입신출세의 욕망이 강했다. 심지어 이승만이나 안창호와 같은 개신교 지식인들도 개신교의 교리보다는 국권회복운동의 통로로서 개신교에 관심을 가졌다.

이처럼 조선 정부와 학생층, 그리고 개신교 민족주의자들은 개신교를 '문명의 기호'[21]로 간주하면서 미션스쿨에 접근한 반면, 선교사들은 복음 전파의 효율성을 높이기 위해 세속 과목이라는 '사탕'과 함께 기독교 교리를 가르치는 미션스쿨을 운영했다.[22] 이처럼 '동상이몽'을 지닌 욕망의 주체들이 미션스쿨이라는 한 배를 탔고 세속교육과 종교교육을 병행하는 미션스쿨은 한국 근대 사학(私學)의 역사에서 매우 커다란 비중을 지니게 되었다.[23]

식민지 시대에는 제국헌법을 통해 신교(信敎)의 자유가 보장되었지만 미션스쿨에서의 종교교육을 둘러싸고 조선총독부와 선교사 사이에 갈등이 일어나기도 했다. 총독부가 개정사립학교규칙(1915)을 통해 사립학교에서의 성경 과목 및 채플을 금지하였기 때문이다. 총독부의 논리에 의하면 교육은 국가의 관할 영역이므로 학교에서 특정 종교를 가르치는 것은 허용될 수 없다. 이는 국가주의적 교육관에 근거한 것이지만, 동시에 교육 영역에 적용된 정교분리 원칙으로서 '교육과 종교의 분리'에 근거한 조치이다. 총독부는 종교 과목 수업과 종교행사는 정규수업이 아니라 방과 후나 여가시간에 시행할 것을 요구하였는데, 이는 최근 종립학교의 종교교육 논쟁에서도 등장하는 논리의 하나이다.

총독부에 의한 종교교육 금지 조치에 대해 선교사들은 나름의 대응 논리를 제시하였다. 선교사들에 의하면 문명국은 사립학교의 종교교육을 허용할 뿐만 아니라 종교(기독교)교육은 훌륭한 국민[臣民]을 만드는 통로이다. 이는 사립학교에 종교교육의 자유를 보장하라는 논리였다.[24] 총독부는 정교분리와 '교육과 종교의 분리' 담론을 통한 학교에서의 종교 퇴출을 목표로 한 반면, 선교사들은 종교자유와 '교육과 종교의 결합' 담론을 통한 학교 내 종교교육권의 확보를 목표로 한 것이다. 3.1운동 이후 이러한 갈등은 해소되었는데 총독부가 문화통치에 따른 유화 조치의 하나로 미션스쿨의 종교교육을 허용하였기 때문이다. 여기서도 우리는 정치권력에 의한 '묵인의 정치'를 읽을 수 있다. 당시 총독부는 교육과 종교의 분리라는 원칙을 포기한 것이 아니라 무단통치에서 문화통치로 넘어가는 국면 전환기에 적합한 전략을 구사한 것일 뿐이다. 즉 미션스쿨에서의 종교교육이 식민지 체제에 위협이 되지 않을 뿐만 아니라 미션스쿨에 종교교육을 허용하는 것이 오히려 문화통치에 유리할 것이라는 정치적 판단을 한 것이다.

해방 이후 미군정과 제1공화국하에서는 미국식 교육제도가 빠르게 확산되고 친기독교 정책이 펼쳐지면서 상당히 많은 수의 미션스쿨이 세워졌다.[25] 1949년 제정된 교육법은 국공립학교에서 특정 종교를 위한 교육을 금지하였는데, 이는 사립학교에서의 종교교육을 허용한다는 의미로 해석되어 당시 미션스쿨은 종교교육을 자유롭게 실시할 수 있었다.[26] 그러나 1969년 중학교 무시험제도의 채택과 1974년 고교평준화제도의 도입은 미션스쿨의 종교교육에 새로운 문제를 낳았다. 두 제도의 도입은 베이비붐 세대의 인구급증과 연동되어 상급학교 진학률을 급격히 높였고 이는 사립학교의 재정난으로 귀결되었다. 정부는 이 문제를 해결하기 위해 사립중학교와 사립고교에 국고보조를 하기 시작하였는데 이는 사립학교를 공교육 체제로 편입시키는 효과를 낳았다.

사립학교의 준공립화라는 이러한 변화는 미션스쿨의 종교교육에 커다란 압력으로 작용하였다. 그 이전까지 미션스쿨은 종교 과목 시간에 성경이나 기독교 교본을 가르쳤으며 주 1회 종교수업과 예배, 기도회, 연간 1회 부흥회 등을 개최하였다.[27] 그런데 평준화 정책으로 인해 미션스쿨 입학생 중 다수는 타종교인이거나 무종교인과 같은 비기독교인이었다. 따라서 불교신자가 기독교계 학교에서 예배를 드리고 찬송가를 부르게 되는 '어색한 상황'이 연출되었던 것이다.

1970년 문교부는 이러한 문제를 해결하기 위해 '초·중·고등학교 종교교육 및 종교행사에 관한 지시'를 시달했는데 정규수업 시간에는 종교교육이나 종교행사를 할 수 없다는 내용이었다.[28] 정규수업 시간에 종교교육을 하는 학교는 '각종학교'로 개편하도록 권장한다는 내용까지 포함되어 있었다. 개신교계가 이 조치에 강력히 반발하자 정부는 학생의 의사에 반하지 않는다면 학칙에 따라 종교교육을 행할 수 있다고 답변하였다.[29] 이로 인해 평준화 제도하에서도 미션스쿨은 종교교육을 지속할 수 있었다. 이는 3.1운동 이후 선교사들의 종교교육 요청을 수용한 총독부의 태도와 유사하다. 두 경우 모두 정치권력이 기본 원칙에서 한발 물러나 종교계(개신교계)의 요구를 수용하는 정치적 현실주의의 몸짓을 보인 것이다. 1980년대에는 종교교과의 위상이 '자유선택' 과목을 거쳐 '교양필수선택' 과목으로 바뀌었다. 그 이전까지 종교 과목은 정규수업 시간에 가르치기는 하였지만 법적 차원에서는 비정규 과목이었으며 교목을 비롯한 종교교사들도 정규 교원이 아니었다. 따라서 종립사학들은 종교교육의 위상을 높이기 위해 종교 과목의 정규과목화와 종교교사의 자격 인정을 지속적으로 요구해 왔는데 정부가 자유선택 과목 혹은 교양과목이라는 이름하에 이러한 숙원 사업을 들어준 것이다.

그러나 종교 과목의 정규과목화는 종립학교에 두 측면의 압력으로 다가왔다. 하나는 종교 교과서의 내용에 관한 것이고, 다른 하나는 종교 교과 개설의 형식에 관한 것이다. 그 이전까지 종립학교는 자기 종교의 가르침을 주 내용으로 하는 종교 교과서를 만들고 종교 수업 시간에 사용하였다. 그런데 정부는 종교 과목을 정규과목으로 인정해 주는 대신에 종교 교과서의 내용에 종교 일반에 관한 내용을 포함시킬 것을 요구하는 동시에 종교 과목 개설시에는 '대체 과목'을 함께 개설할 것을 요구한 것이다. 물론 이는 타종교인이나 무종교인 학생들의 처지를 고려한 조치였다.

첫 번째 측면을 좀더 자세히 살펴보면, 정부는 먼저 모든 종립학교에서 사용하는 종교 교과서의 명칭을 '종교'로 통일했다. 이는 종교 교과서가 종교일반에 관한 내용으로 구성되어야 한다는 것을 암시한다. 그렇지만 종파적 신앙 교육을 고수하는 종립학교들의 반발을 고려, 개별 종교의 특수성을 인정하는 차원에서 '종교(기독교)', '종교(가톨릭)', '종교(불교)'와 같은 제목을 지닌 교과서의 발행을 허용하였다. 이러한 명칭들은 종교 일반에 관한 내용과 개별 종교에 관한 내용이 안배되어 있는 것으로 보이지만 실제 내용을 검토해 보면 개별 종교에 관한 내용이 훨씬 더 큰 비중을 차지하고 있다. 그 후 종교 교과서의 명칭은 '생활과 종교'(2007)를 거쳐 '종교학'(2011)으로 귀착되었다. 명칭에서 특정 종교의 이름이 빠진 것은 물론이고 '종교'라는 명칭 대신 학문성을 강조하는 '종교학'이라는 명칭으로 귀결된 것이다. 이는 정부의 의도가 종교 교과서를 특정 종교에 근거한 신앙교육용 도서가 아니라 종교학에 근거한 교양교육용 도서로 재편하려는 것이었음을 보여준다.

그러나 정부의 이러한 정책은 종립학교 현장에서 그대로 지켜지지 않았다. 각 종립학교에서 사용하는 '생활과 종교'의 내용을 보면 종교 일반에 관한 내용이 포함되어 있기는 하지만 여전히 해당 종교의 교리나 역사가 중심이다. 물론 미션스쿨에서 사용하는 '생활과 종교'의 경우 기독교 중심의 서술로 되어 있다. 개신교계는 학문적 성격이 더욱 강화된 '종교학' 교과서에 대해서는 아예 거부하고 '종교와 삶' 혹은 '종교와 생활'이라는 독자적인 교과서를 제작하여 사용하고 있다.[30] 미션스쿨들이 '종교학' 교과서를 채택하지 않는 것은 종교학으로는 신앙교육 자체가 불가능하다고 판단하기 때문이다.[31] 정부는 이 두 교과서를 인정도서로 승인하였는데 여기서 우리는 기본 원칙을 쉽게 방기하는 국가권력의 타협적 태도를 다시 한 번 확인할 수 있다.

두 번째 측면인 대체 과목에 관한 것을 좀더 살펴보자. 앞서 언급했듯이 정부는 종립학교가 종교 과목을 개설할 때에는 반드시 대체과목을 개설하도록 지침을 내렸는데, 이는 종교 수업을 원치 않는 학생들의 과목 선택권을 보장하기 위한 조치이다. 그러나 개신교계에서는 복수 과목 설치 요구에 대해 반발하는 목소리가 컸다. 1997년 7차 교육과정 시행령에서 종교과목 개설 시 대체 과목을 개설하라는 내용이 들어가자 개신교계는 다음과 같은 청원서를 제출했다.

> 선교를 목적으로 세워진 종교계 사학에서는 종교 교과를 복수 선택과목의 한 교과목으로만 규정함으로써 건학 목적 구현을 위한 종교교육을 실시할 수 없게 되었을 뿐만 아니라 학교 존속을 무의미하게 만들 심각한 상황에 놓이게 되었습니다. [이는] 분명한 종교 탄압으로 간주할 수밖에 없으며….[32]

요컨대 개신교는 대체 과목 개설 요구가 미션스쿨의 존재 의의를 정면으로 부정하는 것이며 명백한 종교 탄압이라고 주장한다. 그렇지만 이러한 지침을 전면적으로 거부할 수는 없었기 때문에 지침 준수를 피하기 위해 다양한 방법을 동원하였다. 1) 대체 과목을 개설하되 학생들로 하여금 선택하지 않도록 유도하여 종교 과목만을 개설하는 경우, 2) 철학 또는 교육학 등의 과목을 선택한 것으로 보고한 후 종교만을 가르치거나 철학 또는 교육학을 교목이 종교적으로 가르치는 경우, 3) 학생들의 의견을 묻지도 아니하고 물은 것처럼 교육 당국에 보고하고 종교 과목만을 가르치는 경우, 4) 종교 과목 하나만 개설하고 가르치는 경우 등이 있다.[33] 이처럼 교육 당국의 지침을 위반하여 탈법 혹은 편법으로 종교수업을 운영하는 미션스쿨이 대부분이다.

그런데 미션스쿨들이 정부의 방침에 근거한 종교 교과서를 제작, 사용하지도 않고 대체 과목도 개설하지 않지만 별다른 제재를 받지 않는다. 정부는 원론적 차원의 지침만 반복해서 내리고 형식적인 관리와 감독에 머문다. 왜 이러한 현상이 일어나는가? 이는 개신교의 '정치적 힘' 때문이다. 현대 한국사회에서 정치권력의 생명은 유권자의 '표'에 의해 좌우되기 때문에 정치권력은 막강한 교세를 지닌 개신교의 '눈치'를 볼 수밖에 없다. 개신교는 이러한 표의 힘으로 정부와 정부의 정책에 압박을 가하면서 자신들의 요구를 관철시킨다. 이것이 종교 과목(수업)을 한 축으로 하는 종교교육의 장에서 정치권력의 현실주의와 종교권력의 선교 논리가 관계 맺는 방식이다.

2. 종교교육의 자유와 종교자유의 충돌

정부와 미션스쿨이 종교 교과의 위상과 성격을 둘러싸고 갈등과 타협의 관계를 지속하는 동안 채플로 대변되는 종교의식(종교행사)은 꾸준히 거행되었다. 채플은 정규교과에 포함되어 있지는 않지만 대부분 정규수업 시간에 행해지기 때문에 학생들에게는 종교 수업의 한 부분으로 다가온다. 그런데 채플에는 찬송이나 기도와 같은 종교적 몸짓이 수반되기 때문에 비기독교인들은 종교 수업보다 더 큰 심리적 부담을 느낄 수 있다. 실제로 강의석 사건은 종교 수업보다는 채플 강요를 문제삼으면서 일어났다. 이하에서는 채플이라는 또 하나의 종교교육의 장에서 국가, 학교, 학생의 세 주체가 종교자유 문제와 관련하여 어떠한 게임을 벌이는지 대학과 고등학교의 경우를 비교하면서 살핀다.

1) 대학의 경우

개신교계 사립대학은 건학 이념 구현의 일환으로 종교교육을 행하기 때문에 미션스쿨에 속하며 종교 과목 수업과 종교의식(채플)을 종교교육의 두 축으로 삼고 있다. 개신교계 대학들에서 종교과목은 교양필수로 지정되어 있고 채플 역시 졸업을 위한 필수과목으로 규정되어 있다.[34]

이처럼 종교 과목과 채플 모두 교양필수로 지정되어 있지만 양자에 대한 학생들의 반응은 다르게 나타난다. 연세대의 한 학생은 〈기독교의 이해〉 과목은 종교 수업이지만 예배행위는 아니기 때문에 학교 측에서 기독교 수업을 필수로 지정할 권리는 있다고 말한다.[35] 그러나 채플의 경우는 상황이 다르다. 한 조사 결과에 의하면 채플을 '졸업을 위한 패스학점' 혹은 '무가치한 강제 시간'으로 여기는 학생의 비율이 60%나 되고, 개신교인이 아닐수록 이 비율은 더욱 높아지고 있다.[36] 따라서 채플에 대해서는 거부감을 넘어 반대운동으로 비화될 가능성이 언제나 잠재해 있다.

대학에서 채플 거부 문제가 법적 문제로 비화된 최초의 사례는 숭실대 사례이다. 1995년 숭실대의 한 학생은 6학기 동안의 대학예배 참석을 졸업 요건으로 정한 숭실대학교의 학칙이 종교의 자유에 반하는 위헌적 학칙이라며 소송을 제기하였다. 대법원은 다음과 같이 최종 판시하였다.

숭실대학교의 대학예배는 목사에 의한 예배뿐만 아니라 강연이나 드라마 등 다양한 형식을 취하고 있고 학생들에 대하여도 예배시간의 참석만을 졸업 요건으로 할 뿐 그 태도나 성과 등을 평가하지 않는 사실 등에 비추어 볼 때, 위 대학교의 예배는 복음 전도나 종교인 양성에 직접적인 목표가 있는 것이 아니고, 신앙을 가지지 않을 자유를 침해하지 않는 범위 내에서 학생들에게 종교교육을 함으로써 진리·사랑에 기초한 보편적 교양인을 양성하는 데 그 목표를 두고 있다고 할 것이므로, 대학예배에의 6학기 참석을 졸업 요건으로 정한 위 대학교의 학칙은 헌법상 종교의 자유에 반하는 위헌 무효의 학칙이 아니다.[37]

요컨대 숭실대 채플은 복음 전도나 종교인 양성이 아니라 '보편적 교양인'의 양성에 목표를 두고 있고 '신앙을 가지지 않을 자유'를 침해하지 않는 범위 안에서 행해지고 있으므로 채플 이수를 졸업 요건으로 규정한 학칙은 위헌이 아니라는 것이다.

이 판결은 개신교계 사립대학에서 채플을 지속할 수 있는 법적 토대가 되었지만, 그 후에도 대학가에서는 채플 반대 움직임이 계속 일어났다. 2003년 명지대에서 등장한 채플 반대운동을 비롯하여,[38] 이화여대의 '채플반대 모임(against the chapel)',[39] 연세대의 〈연세대학생 채플자율화 운동 선언〉(2006),[40] 계명대학교에서의 채플 반대 1인 시위,[41] 그리고 '전주대 강제 채플수업 폐지 청원' 서명운동에 이르기까지 다양한 형태의 채플 거부운동이 일어났다.[42]

숭실대 판결 이후 등장한 채플 거부운동 중에 특히 주목할 만한 것은 숭실대 학생들이 제기한 헌법소원이다. 2007년, 숭실대학교 학생 2명은 채플 이수를 졸업 요건으로 삼은 숭실대 학칙에 대해 교육부가 시정을 명하는 등 제재를 하지 않은 것은 위헌이라며 헌법재판소에 헌법소원을 청구했다.[43] 이들이 제기한 헌법소원 청구 취지에 의하면, 첫째, 채플은 교육이라는 명계로 이루어지는 기독교의 성스런 예배의식이며 기독교 선교 활동이다. 둘째, "기독교 정신에 바탕을 둔 교육이" 건학 이념이지 기독교 의식을 행하고 찬양과 예배를 행하는 것이 교육이 될 수 없고, 설령 교육이라고 할지라도 강제 참석이 기독교 정신이 아님에도 건학 이념을 왜곡하여 채플을 강제하고 있다. 셋째, 진리·사랑에 기초한 보편적 교양인을 양성하는 데 그 목표를 두고 있다는 학교 측의 주장과 달리 "기독교 신앙으로 무장된 숭실인을 배출"하기 위한 복음 전도나 종교인 양성에 채플의 직접적 목표가 있다.[44] 요컨대 채플을 모든 학생에게 강요하는 것은 명백한 종교자유 침해라는 주장이다. 그러나 이들의 헌법소원은 각하되었다.[45]

이처럼 대법원과 헌법재판소는 채플 이수를 졸업 요건으로 삼은 숭실대의 학칙이 학생들의 종교자유를 침해하는 것이 아니라고 일관되게 판시하였다. 이러한 판결에는 대학이 고등학교와 다른 성격을 지니고 있는 점이 크게 고려되었을 것이다. 즉 대학교는 학생들이 자원하여 입학하기 때문에 자신의 선택에 책임을 져야 한다는 점, 국가에 의한 대학 재정 지원의 미약함,[46] 그리고 대학은 학문과 학교 운영에 고도의 자치를 부여받는 고등교육 기관이라는 점 등이 학교 측에 유리한 판결을 내리는 데 중요한 요소로 작용하였을 것이다.

판결의 이유와 결과가 어떻든 대학 채플을 둘러싼 종교자유 논쟁의 주요 당사자는 학생과 학교 당국이다. 국가와 정치권력은 이 논쟁에서 한발 물러나 있고, 종교권력도 전면에 나서지 않고 있다. 다만 참여연대나 종교자유정책연구원과 같은 몇몇 시민단체가 학생들의 채플 거부운동을 인권 문제로 보고 동참하고 있을 뿐이다. 이는 대학 채플을 둘러싼 논쟁이 아직은 사회적으로 커다란 이슈로 등장하지 못했기 때문인 것으로 보인다.

우리는 이 대목에서 일제하 숭실전문학교의 상황과 현재의 숭실대학의 상황을 비교해 볼 필요가 있다. 일제하 숭실전문학교 교장은 강요된 신사참배를 거부하여 해임되었는데,[47] 현재 숭실대학은 학생들에게 채플 참여를 강요하고, 거부하면 졸업장을 수여하지 않는다. 일제시대에는 '소수 종교'였던 개신교가 국가권력에 의한 신사참배 강요에 대해 종교자유를 내세워 저항해야 하는 약자의 입장에 서 있었던 반면, 지금은 '다수 종교'로 성장한 개신교가 학교권력의 이름으로 학생들에게 채플을 강요하는 강자의 위치에 있고 학생들은 종교자유의 이름으로 저항해야 하는 약자의 입장에 서 있다. 반세기 만에 개신교는 종교의례(신사참배)를 강요받던 객체(약자)의 위치에서 종교의례(채플)를 강요하는 주체(강자)의 위치로 올라선 것이다. 이것이 오늘날 기독교대학으로 불리는 미션스쿨의 종교교육(채플)과 관련하여 등장하는 종교자유의 현실이다.

2) 고등학교의 경우

개신교계 고등학교의 경우에도 대학과 마찬가지로 종교 과목보다는 채플이 더 큰 쟁점으로 등장했다. 강의석은 종교 과목과 관련하여 대체 과목 개설을 요구한 적이 있지만 학내 방송을 통해 '종교자유 선언'을 할 때에는 '예배선택권'만을 주장하였다. 강의석 사건 직후 대광고 학생들을 대상으로 한 채플 관련 설문조사에 의하면, 예배선택권을 요구하는 비율이 절반 정도이고 의무채플을 하되 강제적 요소를 배제하는 것이 1/3 정도였다. 종교 과목에 대해서는 단독 개설 찬성 35%, 복수 개설 찬성 25.5%로 종교 과목에 대한 학생들의 거부감은 그리 크지 않은 것으로 나타났다.[48]

그러면 미션스쿨에서 행해지는 종교교육의 현실은 어떠한가? 강의석 사건 당시 대광고의 경우 입학식 선서에서부터 졸업식에 이르기까지 모든 학생은 매일 아침 예배, 주1회 강당 예배, 주1회 종교 수업, 3박4일 수련회 등의 종교의식에 참여해야 했다. 학급 부회장이나 학생회 임원이 되기 위해서는 기독교인이어야 한다는 조건도 있었다.[49] 이러한 풍경은 대광고만이 아니라 거의 모든 미션스쿨에서 쉽게 관찰되었다. 강의석은 이러한 현실이 학생들의 양심과 종교의 자유를 심각하게 침해한다고 보고 예배선택권을 요구했으며 법적 소송까지 제기했던 것이다. 강의석 사건에 대한 제1심 판결의 요지는 다음과 같다.

> 종교교육의 자유가 학교라는 교육기관의 형태를 취할 때에는 그 학교에서 수학하는 학생들의 기본권인… 신앙의 자유 등과 충돌할 가능성이 많고, 특히 현재의 주요 대도시의 경우와 같이 고등학교 평준화 정책에 의하여 본인이 신앙하는 종교와는 무관하게 학교가 강제로 배정되는 제도 아래에서는 더욱 그러한바, 이러한 경우 원칙적으로 학생들의 신앙의 자유는 학교를 설립한 종교단체의 선교나 신앙 실행의 자유보다 더 본질적이며 인격적 가치를 지닌 상위의 기본권에 해당한다고 보아야 하므로 이러한 학생들의 기본권이 보다 더 존중되지 않으면 안 된다.[50]

요컨대 학생의 신앙의 자유가 학교를 설립한 종교단체의 선교나 신앙 실행의 자유보다 더 본질적이고 상위의 기본권에 속한다는 것이다. 그러나 2심 판결에서는 강의석이 입학 시 학교 측의 선서문을 따랐으며 2학년 때까지는 종교 수업에 임했고 수요예배 등에도 참여했으므로 종교행위 자체가 강제로 이뤄진 것이 아니며, 대광고의 종교교육의 강제성이 사회적 허용한도를 넘은 것으로 보기 어렵다는 요지의 판결로 강의석의 청구를 기각하였다.[51] 이는 앞서 살펴보았던 1998년 숭실대 사건에서 학교 측에 손을 들어준 법원의 판결과 유사한 논리로 보인다. 1심을 뒤집은 이 판결은 사회적으로 많은 논란을 초래하였으며 마침내 대법원 판결로 이어졌다. 대법원 전원합의체는 다음과 같이 최종 판결했다.

대광고가 실시한 종교행사는 특정 종교의 교리를 전파하는 행사임에도 불구하고 참석하지 않은 학생에게 일정한 불이익을 주는 등 사실상 강제했고, 강 씨가 여러 차례 이의제기를 했음에도 대체 과목을 개설하는 등 학생들에게 선택의 기회를 부여하지 않아 종교의 자유를 침해했다.[52]

최종심은 채플 참석 강요와 대체 과목 미개설이 학생의 종교자유를 침해하는 분명한 요소임을 천명했다. 숭실대 건과 대광고 건을 비교해보자. 숭실대 판례에 따르면, "사립학교는 종교의 자유의 내용으로서 종교교육을 할 수 있고, 특히 대학은 헌법상 자치권이 부여되어 있으므로, 사립대학은 종교교육 내지 종교선전을 위하여 '학생들의 신앙을 가지지 않을 자유'를 침해하지 않는 범위 내에서 학생들로 하여금 일정한 내용의 종교교육을 받을 것을 졸업 요건으로 하는 학칙을 제정할 수 있다."[53] 대광고 판례에 따르면, "종립학교의 종교교육을 할 자유는 독립한 기본권의 주체인 학생들에게 영향을 미치기 위한 것인 반면 학생의 종교교육을 거부할 자유는 소극적으로 자신의 권리를 지키기 위한 것인 점, 종교교육이 비판 의식이 성숙되지 않은 학생에게 일방적으로 주입되는 방식으로 행하여진다면 그 자체로 교육 본연의 목적을 벗어났다고 볼 소지가 높은 점 등의 이유로 학생의 법익이 보다 두텁게 보호될 필요가 있다."[54]

요컨대 숭실대 판결에서는 '학생들의 신앙을 가지질 않을 자유'라는 마지노선을 설정하면서도 학교(대학) 측의 종교교육의 자유를 광범위하게 인정하는 반면, 대광고 판결에서는 종교교육을 거부할 수 있는 '학생의 소극적 자유'가 종교교육을 행할 수 있는 '학교 측의 적극적 자유'보다 상위에 있음을 분명히 하고 있다.[55] 이러한 판결의 차이는 평준화 제도 여부와 학생들의 비판 의식의 정도, 대학의 자치권 등의 요소를 반영한 것으로 보인다.

강의석 사건과 관련하여 간과해서 안 되는 것은 서울시도 소송 대상이 되었다는 점이다. 그런데 법원은 서울시에 대해서는 손해배상책임을 인정하지 않았다. 서울시 교육감과 담당 공무원이 종립학교의 불법적인 종교교육에 대해 적극적 시정 조치나 변경 명령을 하지 못하여 학생의 종교자유 침해가 일어난 것은 사실이지만 그 책임이 손해배상을 해야 할 정도는 아니라는 것이다.

그러면 왜 서울시 교육감은 대광고의 대체 과목 미개설이나 채플 참석 강요와 같은 인권침해적 종교교육에 대해 적극적인 시정조치를 취하지 않았던 것인가? 대광고 배후에 막강한 종교권력이 포진하고 있음을 간과했기 때문이다. 서울시장이나 서울시 교육감은 투표를 통한 선출직이므로 유권자의 표에 민감할 수밖에 없다. 따라서 대광고의 배후에 있는 개신교라고 하는 막강한 종교권력이 지닌 '표의 힘'을 의식하면서 '눈치의 정치'를 할 수밖에 없는 것이다.

이처럼 종교권력을 배경으로 한 학교권력에 의해 학생의 종교자유가 침해될 때 정치권력이 견제 역할을 하지 못하자 시민운동 세력이 개입하였다. 강의석 사건이 일어났을 때 시민사회의 반응은 매우 컸다. 학생의 종교자유와 인권 보호를 외치면서 학교종교자유를위한시민연합(이하 학자연),[56] 미션스쿨종교자유, 종교자유정책연구원(이하 종자연) 등의 이름을 내건 시민단체들이 즉각 조직되었고, 이미 존재하던 인간교육실현학부모연대나 인권연대와 같은 단체들도 강의석을 지지하면서 공익소송에 참여하였다.

이처럼 숭실대와 대광고로 대변되는 미션스쿨의 종교교육과 관련하여 등장한 종교자유 소송에는 세 주체 즉 정부, 학교, 학생이 관련되어 있다. 정부의 배후에는 정치권력, 학교의 배후에는 종교권력, 학생의 배후에는 시민단체가 포진하고 있다. 그런데 현재 미션스쿨의 종교자유와 관련하여 억압의 주체로 등장하는 것은 국가가 아니라 학교이다. 학교의 종교교육이 학생의 종교자유를 침해하면서 학생의 인권이 억압되고 있는데 국가가 방조하고 있는 형국이다. 따라서 학교 내 종교자유 문제를 심층적으로 파악하기 위해서는 미션스쿨의 배후에 있는 개신교 종교권력의 성격과 정치권력의 성격을 분석하는 작업이 필요하다.

3. 개종주의적 선교와 정치적 현실주의

역사적으로 한국 개신교는 선교를 통한 교세의 확장을 핵심 과제로 삼아왔으며 국가권력은 정권의 유지와 재생산을 지상 과제로 삼아 왔다. 종교권력으로서의 개신교는 학교라는 교육 공간을 선교의 주요 발판으로 삼았으며, 정치권력은 학교를 국가 이데올로기 확산의 주요 통로로 삼았다. 따라서 이하에서는 미션스쿨을 염두에 두면서 개신교의 개종주의적 선교와 국가권력의 정치적 현실주의를 살핀다.

1) 개종주의적 선교

배재학당에서 대광고에 이르는 미션스쿨의 전통은 한국 사학(私學)의 역사에서 중요한 위상을 차지하고 있다. 그리고 대광고로 대변되는 미션스쿨의 배후에는 종교권력이 자리잡고 있다. 구체적으로는 한국기독교학교연맹, 한국기독교학교연합회, 전국교목협의회와 같은 미션스쿨과 직접적으로 관련된 단체를 비롯하여 개별 교회와 교단, 그리고 보수 개신교의 연합체인 한국기독교총연합회 등이 포진하고 있다.

대광고의 경우 대형 교회의 하나인 영락교회가 세웠으며 영락교회 담임 목사가 이사장직을 맡고 있다. 따라서 대광고는 교회의 영향을 강하게 받을 수밖에 없다. 대광고 이사장은 다음과 같이 말하고 있다.

> 어장이 좋아야 고기를 낚는 것이지 어장이 황폐화하면 아무것도 못 잡는다. 학원선교도 마찬가지다. 어장을 만드는 일이다. 어장이 풍성해져야 한다. 복음화율이 낮은 제주도나 부산·경남을 복음화하고 싶은가? 그럼 기독교학교를 세우면 된다. 졸업생들이 언젠가 지역사회의 리더가 될 것이다. 우리 사회의 엘리트층에 기독교인이 많은 이유가 뭔지 아나? 그들은 대부분 학원선교, 대학생 선교의 결과물이다.[57]

이처럼 학교의 최고 책임자가 미션스쿨을 선교를 위한 '어장'으로 간주하고 있다. 대광고 교장은 동문들에게 "선교 어장인 기독교학교가 지속적으로 성장할 수 있도록 기도와 관심을 요청한다."고 말했으며,[58] 한국기독교학교연합회 사무국장은 학교를 '청소년 선교의 황금 어장'이라고 표현하였다.[59] 이처럼 개신교 사학과 관련된 핵심 인물들에게 미션스쿨은 '선교 어장'으로서 학원선교의 전진기지이다. 사실 이러한 언어 사용과 사고방식은 개신교계에 널리 퍼져 있는데 이는 한국 개신교의 선교 지상주의적 성격을 잘 보여준다.

선교 제일주의 마인드를 지니고 미션스쿨을 운영해 온 개신교 교단에 평준화 제도는 사실 매우 커다란 선물이다. 강의석 사건 당시 대법원이 언급하였듯이 미션스쿨은 "평준화 정책으로 인해 경영 정상화, 교세 확장 가능성, 종교교육을 거부하지 않는 학생들에 대한 종교교육 실시"[60] 등의 이익을 지니고 있는 것이다. 이는 평준화 실시 이후 개신교가 실질적으로 누려온 보이지 않는 특혜였다. 따라서 지금도 미션스쿨 관련자들은 "기독교를 자신의 종교로 삼고 있지 않은 학생들을 많이 만날 수 있도록 하는 평준화제도를 십분 활용할 필요가 있다. 미션스쿨은 선교를 위한 학교로서 이 건학 이념을 추구하기 위해서는 할 수만 있으면 믿지 않는 학생들을 많이 접할 수 있는 구조 속에 남아 있는 것이 바람직하다."[61]고 말하고 있다. 여기서 선교는 복음화(evangelism)[62]라는 용어로 사용되지만 엄밀하게 말하면 개종주의 선교(proselytism)이다.

한국 개신교 산하의 미션스쿨들은 종교교육을 "교단의 확장을 위한 종교교육"과 "종교적 체험을 위한 종교교육"으로 생각하고 있다.[63] 따라서 미션스쿨에서의 종교교육은 기독교라는 종교의 유지와 확산을 위해 학교가 모종의 기능을 해 주기를 기대한다. 즉 '종교의 교육(education of religion)'이나 '종파교육'을 지향한다. 교단의 확장을 위한 종교교육은 특정 종교의 가치와 교리에 대한 교화(indoctrination)에 가깝고, 이 경우 종교교육에서 교육은 기독교를 위한 수단이 된다.[64]

한편 미션스쿨 관련자들은 학생들과의 관계에서 권위주의적 태도를 보이는 경우가 많다. "강제를 하면서도 강제가 아니라고 답변함"이라는 어떤 의원의 말에서 이러한 태도가 잘 나타난다.[65] 상대방은 강제로 느끼는데 당사자는 그러한 사실을 전혀 느끼지 못하는 것이다. 심지어 어떤 교목은 "선한 의미의 강제는 필요한 것 아닌가?"라고까지 말한다.[66] 이러한 마인드의 소유자에게는 학생이 독립적 인격을 가진 존재가 아니라 선교의 대상으로만 보이게 된다. 즉 학생들은 개종의 대상으로 여겨질 뿐이다. 앞서 보았듯이 대광고가 학생회 임원 자격을 기독교인으로 한정한 것도 이러한 개종주의적 선교관의 반영이라고 할 수 있다. 이러한 규정은 학생들의 개종을 유도하기 위한 제도적 장치로서 일종의 종교차별이기도 하다.

미션스쿨에서 이러한 개종주의가 나타나는 것은 한국 보수 개신교의 선교관이 학교에 투영된 것이라고 할 수 있다. 남한 개신교에서는 탈북자들을 돕는 사업을 다양하게 전개하고 있는데, 그중에는 교회 출석을 조건으로 재정지원을 하는 경우가 적지 않다. 한 탈북자는 자신이 몸소 겪은 경험을 이렇게 말한다. "출석부를 만들고 한 달에 2차례 이상 교회에 안 나오면 장학금을 딱 끊어요. 어떤 곳은 청소년에게 대안학교 안 가고 교회에서 성경 공부 하면 월 50만 원씩 준다고 해요."[67] 이러한 행위들은 물질적 수단을 매개로 교회 출석을 유도하고 궁극적으로는 개종시키는 것을 목표로 하는 개종주의 선교의 전형이다.

이러한 개종주의는 타종교에 대한 배타적 태도로 연결되며 종교 다원주의를 철저히 배척한다. 이 대목에서 강의석 사건과 비슷한 시기에 발생한 강남대 이찬수 교수의 재임용 탈락 사건을 살펴볼 필요가 있다. 이찬수 교수는 미션스쿨인 강남대의 교양필수 과목인 〈기독교와 현대사회〉를 강의하는 과정에서 타종교에 대해 관용적인 입장을 보였는데 일부 근본주의 신앙을 지닌 학생들이 이 사실을 학교 당국에 알렸고 학교 당국은 이 교수를 종교 다원주의자로 비판하였다. 또 EBS 방송이 종교 간 톨레랑스 증진의 취지하에 제작한 프로그램에서 이찬수 교수는 이웃종교에 대한 존중의 의미로 불상 앞에 잠깐 절을 하였는데 이 사실이 건학 이념을 훼손한 것으로 간주되어 재임용 탈락의 주요 명분이 되었다.[68]

이처럼 한국 개신교의 개종주의적 선교는 학교를 선교의 전진기지로 간주하고 종교교육이라는 이름하에 특정 교리의 주입 및 채플 강요의 방식으로 학생들의 양심과 종교자유를 억압하고 있다. 다시 말하자면 한국 개신교의 개종주의는 종교교육의 자유를 신자 증대와 교세 확장의 도구로 삼으면서 미션스쿨에서의 종교자유 침해 현상의 주된 원인 제공자로 존재하는 것이다.

2) 정치적 현실주의

개신교의 개종주의적 선교가 미션스쿨에서 학생들의 종교자유와 인권침해를 초래할 때 국가는 이를 막을 책임이 있다. 국민의 기본권 보장이 국가의 주요 임무이기 때문이다. 그러나 정부는 이러한 임무를 제대로 수행하지 못하고 있는데 여기에는 정치권력의 정치적 현실주의가 작용하고 있다. 강의석 사건 당시 민주노동당 소속이었던 최순영 의원의 다음과 같은 말은 정치인들의 속성을 잘 보여준다.

> 정치인이 종교 문제에 대해 정면으로 비판을 가하는 것은 우리 사회에서 매우 위험한 일임. 그러기에 대부분의 국회의원들, 특히 교육위 국회의원들이 학생의 종교자유 침해 문제에 대해 나서기가 어려움. 이는 종교에 대한 비판이 옳고 그름에 상관없이 성역에 도전하는 것으로 종단의 커다란 저항이 우려되기 때문임.[69]

최순영 의원의 눈으로 볼 때 학생의 종교자유 침해 문제에 정치인들이 개입하지 못하는 것은 종교권력이 일종의 '성역'으로 존재하기 때문이다. 선거에 의해 정치생명이 좌우되는 정치인들은 막강한 조직을 지닌 종교권력 앞에서는 묵인이나 타협의 태도를 취할 수밖에 없음이 잘 드러나 있다.

2006년 5월, 서울시 교육청은 산하 학교에 '종교 관련 장학지도 계획 알림'이라는 공문을 통해 종교 과목 개설시 복수 과목 편성 선택제 엄수, 집단 종교의식 참가 금지, 특별활동에서 특정 종교반 편성 금지 등 지침을 준수

할 것과 준수 여부에 대한 단계별 장학지도 계획을 시달하였다.[70] 그러자 교목전국연합회를 비롯한 개신교계가 계획의 부당성을 지적하고 폐지를 요구하면서 불응시 교회와 연대하여 강력히 대처할 것이라고 경고하자 교육청은 계획을 철회하였다. 여기서도 우리는 종교권력 앞에서 무릎 꿇는 선출직 정치인의 모습을 확인할 수 있다.

2008년 8월 민주당 신낙균 의원 외 12인은 초중등교육법 제12조 2를 신설하는 개정 법률안을 발의하였다. 그 내용은 종교 과목 개설시 복수로 과목을 편성하여 학생의 과목선택권을 보장하는 법령이었다. 그런데 이 조치는 이미 교육부 고시로 존재하던 것을 법률로 제정하는 것인데 개신교계가 적극 저지운동을 벌여 마침내 철회되었다. 여당이건 야당이건 정치인들은 유권자의 '표'에 의해 정치생명이 좌우되므로 국가권력 혹은 정치권력은 종교권력의 요구 앞에서 묵인과 타협의 정치를 행하는 것이다.

이처럼 한국사회의 미션스쿨에서 일어나는 종교교육을 둘러싼 종교자유 논쟁은 개신교 종교권력에 내재한 개종주의적 선교와 정치권력에 내재한 정치적 현실주의가 공모하여 사회적 약자인 학생의 인권을 억압하는 과정에서 생겨난 것이다.

지금까지 우리는 미션스쿨의 종교교육을 둘러싸고 제기되는 논쟁을 살펴보았다. 미션스쿨에서 교양필수 과목으로 지정되어 있는 채플을 둘러싸고 학교 당국과 학생이 충돌하는 사안을 검토한 것이다. 이러한 검토 작업을 통해 학교 당국은 건학 이념을 구현하기 위한 종교교육의 일환으로 채플 의무화를 고수하고 있는 반면, 학생은 채플 의무화가 자신들의 종교자유를 침해한다고 보면서 채플 자유화를 요구하고 있음을 알 수 있었다. 양측의 갈등은 학내에서 합의점을 찾지 못해 결국 법정으로 비화되었고 사법부가 그 나름의 판결을 내렸다. 숭실대 판결과 대광고 판결이 그것이다.

숭실대학 판결에서는 채플 이수를 졸업 조건으로 삼은 학칙의 합법성을 인정한 반면, 대광고등학교 판결에서는 학교 측의 종교교육의 자유보다 학생의 종교자유에 우선권을 부여하였다. 따라서 현재 개신교 재단 대학에서는 모든 학생이 의무적으로 채플을 이수해야 졸업할 수 있는 반면, 개신교 재단 고등학교에서는 학생의 의사를 존중하여 채플을 시행해야 하는 상황이 되었다. 이처럼 개신교의 미션스쿨은 대학에서는 승리하였지만 고등학교에서는 사실상 패배하였다.

고등학교의 경우 강의석이 승소하였지만 미션스쿨의 현장에서는 과거와 같은 반강제적 형태의 채플 관행이 지속되고 있다. 입시 위주의 교육 풍토가 지배하는 곳에서는 학생들이 '포획된 청중(captive audience)'으로 존재하기 때문에 이러한 관행이 지속될 수 있다. 학생들은 학교권력과의 관계에서 약자로 존재하기 때문에 종교교육의 일환으로 부과되는 채플에 정면으로 저항하기 힘들다. 따라서 대부분의 학생은 양심에 꺼리면서도 다양한 형태의 불이익을 받지 않기 위해 제도적 관행에 묵종하는 것이다.

1950년대에 이른바 '연대, 이대 사건'에서 학교와 학생 사이에 양심의 자유를 둘러싼 논쟁이 일어난 적이 있다. 이 사건은 기독교계 신흥 종파인 통일교가 연세대와 이화여대를 중심으로 선교 활동을 하는 과정에서 일어난 사건이다. 당시 통일교는 주류 교회로부터 '이단'으로 정죄되었는데 종립사학인 연대와 이화여대의 학생 상당수가 통일교로 들어간 것이다. 당황한 학교 당국은 학생들에게 학교와 신앙 중 하나를 선택할 것을 요구하였다. 대다수 학생은 학교를 택했지만 소수의 학생은 신앙을 택했다. 학교 당국은 통일교를 선택한 학생들에게 제적 조치를 취했다.[71]

퇴학당한 학생들은 퇴학 조치의 부당성을 외치며 학교 측을 상대로 복교를 호소하였다. 이들은 계속 학교에 나갔으며 채플 시간에도 참석했지만, 당시 김활란 총장은 통일교회가 '참'이 아닌 것을 깨닫고 돌아오면 언제든지 받아주겠다고 말했다.[72] 이때 학생들은 "왜 우리들의 신앙의 자유를 빼앗으려 하십니까? 통일교회의 원리보다 더 좋은 내용을 채플 시간에 강의해 주거나 더 좋은 사상을 우리에게 주면 나가라고 해도 나가지 않을 것입니다."[73]라고 하거나 "통일교회가 주는 진리보다 더 좋은 진리를 우리에게 주라, 아니면 신앙의 자유를 달라."[74]고 요구했다. 연세대에서 퇴학당한 학생도 "무당의 자식도 학교에 다니는데 같은 그리스도를 믿는 형제끼리 성경 해석이 다르다고 퇴학을 시킨다면 그게 신앙인으로서 할 수 있는 행위입니까?"[75] 하며 불만을 제기하였다.

당시 학교 측과 학생 사이의 논쟁을 보면 양자 모두 '진리에 대한 열정'이 '종교자유에 대한 인식'을 앞서고 있었던 것으로 보인다. 학생들의 경우 '신앙의 자유'를 의식하고 있었지만 이를 국민의 기본권으로 인식하고 법적 차원에서 해결하려는 단계까지는 나아가지 못했으며, 학교 당국 역시 종교의 자유보다는 정통-이단의 이분법에 입각한 진리 투쟁에 주력한 것으로 보인다.

이 문제를 종교자유의 시각에서 더 분명하게 인식한 것은 당시 언론이었다. 당시 몇몇 언론은 종교자유의 관점에서 학교당국의 제적 조치에 대해 비판적 논조를 보였다.

> 우리는 이 단체의 교리가 어떤 것인지를 지실(知悉)하는 것도 아니며 따라서 그 단체를 일방적으로 동정해야 할 아무런 근거도 없는 자이다. 그러나 우리 국법이 신앙의 자유를 보장하고 있는 이상 교문(敎門) 안에서 그 질서를 유지하기 위한 종교적 제재를 넘어서서 학생의 퇴학이라는 하나의 사회적 제재로 나타나게까지 하였다 하면 간과할 수 없는 문제이기 때문이다.[76]

여기서 종교적 제재는 종교집단 안에서만 의미를 지니는 장로나 권사와 같은 직위의 해제를 의미하는 반면, 사회적 제재는 사회적 차원의 의미를 지니는 학생 신분의 박탈을 의미한다. 따라서 이 사설은 사회적 제재를 가한 학교 측의 정당성을 물었다.

> 파렴치범도 아니고 풍기범도 아니고 정치범도 아니고 저능 학생도 아니라면 공부하려는 학생을 종교적 이유로써 제적한다는 것은 피도 눈물도 없는 가혹한 처사로밖에 생각되지 않는다. 사교 여부를 대학 당국이 규정

하고 그 규정 결과를 일방적으로 학생에게 채택하도록 권고하고 그 권고에 불응이면 제적이라는 양자택일의 자유가 과연 이 땅의 최고학부의 교육이란 말인가.[77]

학교의 교칙에 어긋나는 행위가 아닌 이상, 제적이라는 사회적 제재를 가하는 것은 헌법이 보장한 종교자유의 원칙에 위배된다는 논리이다. 이 사설은 종교자유의 주장을 넘어 교육을 담당한 학교 당국의 교육관에 대해서도 문제를 제기하였다. 대학 교육이 '게시판의 경고'로써 이루어질 수 없으며 학생을 납득시키는 노력과 인내가 요청된다는 것이다.[78] 특히 "기독교적 자유주의의 빛나는 전통"과 "동양 최고 최대의 여자대학"이라는 자부를 갖고 학생들의 신앙을 모욕함이 없이 애정과 인내와 노력으로써 그들의 신앙을 바로잡고 진정한 기독교교육의 귀감을 전 세계 교육계에 보여주기를 요청하였다.[79] 즉 "수치스럽고 조급한 마녀사냥(witch-hunting)"에 종지부를 찍어주기를 요청하였다.[80]

당시 《동아일보》도 "이대가 종교의 사명을 중요시하고 있다면, 기독신자가 아닌 자에 대해서는 기독신자에 대해서보다 더 특별한 노력이 없어서는 안 될 것이거늘, 이를 도리어 사교신자라고 퇴학을 시키고 퇴직을 시키는 것은 신교의 자유라는 민주주의의 원칙에 배치되는 처사"[81]라고 주장하였다. 그러면서 "통일교회가 좋다는 것도 아니요, 나쁘다는 것도 아니다. 종교 대 종교의 경쟁에서는 어디까지나 덕화력의 경쟁 이외에 다른 수단을 개입시켜서는 안 된다."[82]고 주장하였다.

이처럼 당시 언론은 통일교의 '이단' 혹은 '사교' 여부에 대해서는 언급하지 않고 학생의 양심자유의 침해라는 측면에서만 이 사건을 보도하였다. 언론의 입장에서 보면 정통과 이단의 문제는 '집안싸움'의 논리로서 제3자가 개입할 문제가 아니다. 기성 교회의 시각에서 볼 때 '이단'이라고 하더라도 통일교인 학생들을 제적시키는 것은 헌법에 보장된 종교의 자유를 침해하는 것이라는 논리이다.

이 사건은 한국 기독교사에서는 정통-이단의 이분법 속에서 '이단의 학원 침투'의 한 사례로 간주되고, 법학계에서는 법적 소송으로 비화되지 않았기 때문에 판례로 남지 않았다. 따라서 종교자유와 관련하여 크게 주목받지 못했지만 해방 이후 학교에서의 종교자유, 더 정확하게 말하자면 학생의 양심자유에 관한 우리 사회의 관심을 최초로 제기하였다는 중요한 의미가 있다.

개신교의
해외선교와 백투예루살렘 운동

얼마 전까지만 해도 한국 개신교 하면 제일 먼저 떠오르는 단어는 고도성장이나 폭발적 성장이었다. 한국 개신교의 초고속 성장은 이웃종교들의 부러움의 대상이 되었을 뿐만 아니라 국내외 학자들의 주요한 연구 테마였다. 그런데 최근에 와서는 교세의 정체 혹은 교세의 감소가 교회 안팎의 키워드로 등장하였다.

이처럼 국내선교의 장에서는 교인의 감소로 특징지어지는 '교회의 위기' 담론이 확산되어 가고 있지만, 해외선교의 장에서는 반대의 현상이 나타나고 있다. 1979년에는 1백 명에도 미치지 못하던 선교사 수가 88서울올림픽 직후인 1989년에는 1천 명을 넘어섰고, 그 후 파송 숫자가 기하급수적으로 증가하여 어느 순간 1만 명대에 접어들더니 2010년에는 2만 명을 넘어섰다. 2018년 현재 28,000여 명의 선교사가 170여 국가에 파송되어 있다.[1]

통계가 보여주듯이 한국 개신교는 해외선교의 장에서 '돌풍'을 일으키며 승승장구하였지만 어느 순간 '역풍'을 만났다. 2007년 전 세계 매스컴의 주목을 받은 아프간사태가 계기를 제공했다. 잘 알려져 있다시피 아프간사태는 무장 탈레반에 의한 민간인 인질 사건이었음에도 불구하고 당시 국내외 여론은 한국 개신교의 선교 활동에 주목하였다. 특히 국내의 경우 한국 개신교의 해외선교를 무분별하고 공격적인 선교라고 비난하는 목소리가 매우 컸다.

아프간사태는 개신교 내부에서도 다양한 반응을 불러일으켰다. 진보 진영의 경우 보수적 복음주의나 근본주의 진영의 선교 활동을 비판하면서 선교 개념의 재성찰을 요구하였다.[2] 복음주의 진영에서도 비판적 여론을 의식한 듯 기존의 선교 방식을 재고하자는 자성의 목소리가 높았다. 그러나 아프간사태로 인해 해외선교가 중단되거나 선교의 분위기가 위축되어서는 안 된다는 것이 복음주의 진영의 일치된 의견이었다.

이러한 와중에 인터콥[3]이라는 선교단체가 복음주의 진영 내부에서 논란의 대상으로 떠올랐다. 이 선교단체는 아프간사태가 발생하기 이전인 2006년 아프간에서 대규모 행사를 거행하려다 아프간 정부의 승인을 받지 못해 행사를 취소한 적이 있다. 그뿐만 아니라 인터콥의 공세적 선교 활동이 아프간사태의 발생에도 일정한 책임이 있다는 보도가 나왔다. 마침내 국내 선교 단체들의 네트워크인 '선교한국'은 인터콥을 퇴출 혹은 제명하는 조치를 취했다.[4]

이처럼 인터콥은 복음주의권에서 논란의 대상이 되고 있지만 아프간사태 이전까지는 복음주의권의 대표적인 해외선교 전문 단체였다. 1983년 초교파 해외선교 기관으로 창설된 인터콥은 선교한국이나 한국세계선교협의회와 같은 대표적인 선교네트워크의 핵심 회원이었고 주류교단과도 밀접한 교류를 맺어 왔다. 특히 인터콥에서 운영하는 '비전스쿨'은 지역 교회의 교인들을 대상으로 선교 훈련을 수행하는 복음주의권의 대표적인 훈련기관이었다.

이러한 위상을 지닌 인터콥의 갑작스러운 퇴출 논쟁은 아프간사태가 한국 개신교의 해외선교에 미친 충격을 반영한 것이다. 아프간사태 이후 한국 개신교는 무분별하고 공격적인 선교를 행하는 종교라는 비난을 국내외적으로 받았고 이러한 심리적 압박으로부터 벗어나기 위해 무엇인가 희생양이 필요하였다. 이때 가장 공세적 이미지를 지녔던 선교단체가 제물로 선택되는 것은 무의식적 차원에서 수행되는 희생양 정치의 메커니즘에서 보면 자연스러운 현상이다. 인터콥의 선교 활동이 공격적 성향을 띠는 것은 사실이지만 이는 인터콥에만 해당하는 것은 아니다. 복음주의라고 부르건 근본주의라고 부르건 한국 주류 개신교의 해외선교 역시 공세적 이미지에서 자유롭지 못하다.

한국 개신교의 해외선교에 대한 교회사학계의 연구는 미미하다.[5] 인터콥의 해외선교에 대한 연구는 더욱 드물며 이를 사회현상이나 문화현상으로 분석하는 인문사회과학 분야의 연구는 거의 없다. 그런데 이 주제와 관련된 두세 편의 논문이 있다. 종교사회학자 김성건은 선교사회학의 자리에서 한국 개신교의 공격적 해외선교를 분석하였는데, 그에 의하면 한국 복음주의 선교사들의 팽창주의적 신념은 종교적 근본주의와 이데올로기적 종교 민족주의 양자가 결합한 것이다. 그의 용어에 의하면 인터콥의 선교 활동으로 대변되는 공격적 선교는 한국판 기독교 시온주의의 산물이다.[6] 박설희는 문화연구 혹은 문화사회학의 자리에서 인터콥의 해외선교와 한국기독교총연합회(한기총)의 북한선교를 분석하였는데, 특히 인터콥의 선교동원운동에서 정체성의 정치가 어떻게 작동하는가를 종교의 민족화라는 이데올로기의 측면에서 분석하였다.[7] 두 논문은 한국 개신교의 해외선교에 나타나는 공세적 몸짓의 기제(mechanism)와 이데올로기를 분석하였다는 점에서 의의가 있다.[8]

이 장에서는 이러한 연구 성과를 수용하면서 두 논문에서 상대적으로 주목하지 않은 인터콥의 백투예루살렘(Back To Jerusalem) 운동에 초점을 두고 논의를 전개한다. 구체적으로는 인터콥이 전개하는 백투예루살렘 운동의 역사적 배경이 되는 중국교회의 백투예루살렘 운동, 세계 복음주의 진영의 선교 패러다임 변천, 백투예루살렘 운동의 기반이 되는 '복음의 서진' 신화와 예루살렘 행진으로 대변되는 땅밟기 의례, 그리고 선교 지형에서 영도권을 추구하는 인터콥의 '욕망의 정치'에 주목한다. 이러한 논의를 통해 한국 개신교 해외선교의 장에 내재한 종교적 군사주의(religious militarism)를 드러내 보이고자 한다.

1. 기원과 계보

오늘날 백투예루살렘 운동으로 알려진 선교운동은 중국 개신교사에 그 기원을 둔다. 중국 개신교의 경우 1807년 로버트 모리슨(Robert Morrison)의 입국을 시작으로 서구 선교사의 선교 활동이 시작되고,[9] 1865년 허드슨 테일러(James Hudson Taylor)의 내지선교회(China Inland Mission) 창설을 계기로 교회 설립이 본격화되었다. 1900년을 전후한 시기의 의화단운동과 1920년대 반기독교 운동으로 선교 활동은 큰 타격을 입었지만,[10] 선교사들의 교육 및 의료 활동에 힘입어 개신교의 기반은 점차 확장되었다. 1920년대 중국에서 활동하는 선교사는 8천 여 명에 달했으며,[11] 공산화 직전인 1949년에는 개신교인의 숫자가 70여 만에 이르렀다.[12]

이러한 배경을 지닌 중국 개신교사의 흐름 속에서 백투예루살렘 운동이 출현하였다.[13] 오늘날 이 운동을 전개하는 사람들은 1920년대에 등장한 예수가정(The Jesus Family)에서 백투예루살렘 운동의 기원을 찾는다. 1921년 산둥성(山東省)에서 징띠엔잉(敬奠瀛)이라는 사람에 의해 시작된 예수가정은 희생, 포기, 가난, 고난, 죽음이라는 5개 강령을 가지고 전도활동을 하였다.[14] 이 중 몇몇 무리는 예루살렘을 향해 걸어가며 전도하는 것을 사명으로 삼았는데 이것이 백투예루살렘 비전(vision)의 역사적 기원으로 간주된다.[15]

그러나 1940년대 접어들어 이 공동체가 분해되면서 백투예루살렘의 비전은 단절되었다.

백투예루살렘 비전에 지속의 계기를 제공한 것은 서북영공단(西北靈工團)이다. 1946년 산둥성에서 장구촨(張谷泉) 목사에 의해 창설된 이 단체는 예수가정의 한 분파로 시작하였는데 영적 교제(spiritual fellowship)를 매우 중시하였다. 이 단체의 구성원들은 어떠한 계획이나 준비도 없이 '성령의 인도'에 따라 예루살렘이 있는 '서쪽' 지역으로만 향했다. 1940년대 후반 이들의 일부가 중국의 서쪽 변방인 신장(新疆)에 도착하였다. 그러나 공산 정권의 탄압으로 자오(趙)시몬과 같은 지도자들이 모두 투옥되면서 이 비전은 계승되지 못했다.[16]

백투예루살렘 비전의 형성과 계승에 가장 중요한 역할을 한 것은 편전복음단(遍傳福音團)이다. 이 단체는 1940년대 초 산시성(山西省) 서북성경학원(西北聖經學院)[17]의 부원장이었던 마(馬)마가 목사가 주도하여 창설한 복음전도대이다. 명칭이 암시하듯이 이 단체는 "모든 곳에 복음을 두루 전하자."를 표어로 내세웠다.[18] 선교와 관련하여 초기 지도자들이 받은 비전(vision)이 여럿 전해 내려오는데,[19] 이는 이 단체의 성격을 이해하는 데 도움이 되므로 좀더 자세히 살펴볼 필요가 있다.

마마가는 어느 날 저녁 기도를 하는 중 "신장으로 가는 문이 이미 열렸다. 너는 가서 복음을 전하라."는 음성을 들었다.[20] 그가 가르치던 학생들도 신앙집회에서 집단적 차원의 결단을 하였다.

우람한 가지가 무성한 잎으로 머리 위에 그늘을 드리운 시골 정원의 큰 나무 아래, 중국 지도 한 장이 흰 석회로 그려져 있었다. 학생들은 둘러서서 그 지도를 보고 있었으며, 그들은 다시 한 번 북쪽과 서쪽에 있는 거대한 지역에서 이루어져야 할 일에 대하여 듣고 있었다. 정원은 고요했고 땅바닥에 놓인 지도의 흰 선이 확연히 그 모습을 드러냈다. 숨조차 크게 쉴 수 없는 엄숙한 순간이 다가왔다. "주님의 사명을 받은 사람은 자신의 자리에서 일어나 하나님이 부르시는 지역에 가서 서십시오". 한 사람 그리고 또 한 사람이 정원을 지나 지도가 있는 곳으로 걸어갔다. 멀리 수평선에서 태양이 떠올랐을 때 여덟 명의 젊은이들은 신장(新疆)이라고 표기된 위치에 조용히 서 있었다.[21]

학생 8명이 신장 지역 선교를 결단하는 이 극적인 이야기는 지금도 백투예루살렘 운동 진영에서는 일종의 '신화'처럼 전해 내려온다. 후일 마마가는 더 구체적인 비전을 받았다.

> 오순절 역사 이후로 복음은 대체로 서쪽 방향으로 퍼져 나갔다. 예루살렘에서 안디옥 그리고 유럽 전역으로, 그리고 다시 유럽에서 미국 그리고 동양으로, 중국 동남 지역에서 북서쪽으로 퍼져 나갔다. 그러나 오늘날까지 서쪽의 간쑤성에서부터는 견고하게 세워진 교회가 없다. 너는 간쑤성에서 서쪽으로 계속 가서 예루살렘까지 복음을 전하여라. 그리하여 복음의 빛이 어두운 이 세상을 완전히 한바퀴 돌게 하라.[22]

중국 서부 지역을 넘어 예루살렘까지 복음을 전하라는 비전을 받은 마마가는 이 과제를 어떻게 감당할 것인지 고민하는 중에 그것은 "중국교회를 위해 하나님이 남긴 유업(遺業)"이라는 응답을 얻고 감격의 눈물을 흘렸다.[23] 이러한 과정을 거쳐 마침내 그는 편전복음단을 조직하고 「마태복음」 24장 14절[24]을 헌장으로 삼아 서쪽 지역의 복음화를 목표로 하는 전도 계획을 마련하였다. 구체적으로는 중국의 서북에 위치한 7개의 변방 지역[25]과 중국과 접하여 있는 7개 국가(아프가니스탄, 이란, 아라비아, 이라크, 시리아, 팔레스타인)가 대상 지역이었다.[26] 그러나 이러한 구체적 비전 역시 공산 정권의 탄압으로 지속되지 못했다.

지금까지 살펴보았듯이 1920년대 예수가정에서 단초가 마련되고 1940년대 서북영공단과 편전복음단에 의해 구체화된 백투예루살렘 비전은 공산정권의 등장과 함께 막을 내렸다.[27] 그러나 '잊혀진' 백투예루살렘 비전이 수십 년 뒤에 다시 빛을 보게 되었다. 이 과정에서 중요한 계기를 제공한 인물은 서북영공단의 초기 지도자였던 자오시몬이다. 1950년 공산 정권에 의해 신장에서 투옥되었던 자오시몬은 30여 년간의 오랜 수형 생활을 마치고 1981년 석방되었다. 그는 감옥에서 겪었던 고난의 삶을 신앙의 언어로 표현하였는데 신장 지역의 기독교인들은 큰 감동을 받았다. 그를 찾아와 신앙 상담을 하는 교인이 늘어나면서 그는 마침내 신장 지역에서 '전설적 존재'가 되었다.[28]

1990년대 초반 허난성(河南省)의 가정교회(지하교회) 지도자들이 자오시몬을 초청하였다. 이때 자오시몬은 자신이 감옥에 있을 때 매일 기도한 내용을 고백했는데 그것은 "주님, 저는 절대로 예루살렘으로는 가지 못할 것입니다. 하지만 그 비전을 완성시킬 중국의 새로운 세대를 일으켜 주시기를 간구합니다."였다. 큰 감동을 받은 가정교회 지도자들은 백투예루살렘 비전을 계승할 것을 약속했다.[29] 이렇게 하여 초기 백투예루살렘의 비전(vision)은 가정교회의 지도자들에 의해 운동(movement)으로 발전하기 시작하였다.

백투예루살렘 비전을 운동으로 전개하는 데 중요한 역할을 한 가정교회의 핵심 지도자로는 윈(雲) 형제라고 불리는 리우전잉(劉陣英)과 수(徐) 형제라고 불리는 수융쩌(徐永澤)가 있다. 이들은 1996년 중국 가정교회 연합운동인 '시님연합'을 만들면서 백투예루살렘 운동을 확산시켰다. 두 지도자는 서방세계로 탈출하였는데 윈 형제는 유럽, 수 형제는 미국을 무대로 중국의 가정교회와 연대하는 백투예루살렘 운동을 전개하고 있다. 이들의 활동을 돕기 위해 뉴질랜드 출신의 선교운동가 폴 해터웨이(Paul Hattaway)는 아시아 추수선교회(Asia Harvest)를 설립하였다. 그는 윈 형제의 삶을 그린『The Heavenly Man』(2002)과 초기 백투예루살렘 운동의 등장 과정을 다룬 『Back to Jerusalem』(2003)을 연이어 출판하였는데 이 두 책은 서구사회에 백투예루살렘 운동을 알리는 데 결정적 역할을 하였다.[30]

공산화 이전의 백투예루살렘 비전과 달리 최근의 백투예루살렘 운동은 해외 복음주의 선교단체와 밀접한 관련을 맺고 있다. 서구 복음주의 선교단체들이 백투예루살렘 운동을 주도하고 있는 것으로 보일 정도이다. 아시아 지역의 선교에 관심을 갖고 있는 서구의 선교단체들은 백투예루살렘 비전을 매우 매력적인 관념으로 간주하고 있다. 중국교회가 지닌 잠재력 때문이다. 현재 중국 내 기독교인에 관한 정확한 통계는 없지만, 복음주의 진영에서는 1억 3천만으로 추정한다.[31] 이러한 엄청난 인적 자원을 지닌 중국교회가 해외선교를 의미하는 백투예루살렘의 비전을 지니고 있다는 사실이 주목을 끄는 것이다.

서구의 선교단체들은 중국의 인적 자원과 서구의 물적 자본을 결합한 대규모 선교 프로젝트를 구상한다. 2020년까지 20만 명의 중국인을 해외선교사로 파송하는 계획이다.[32] 이는 중국교회가 선교사를 파송하고 서구 선교단체가 자금을 지원하는 방안으로서 일종의 '아웃소싱 모델'이다.[33] 이러한 매력적인 비전과 모델을 현실화하기 위해 국제회의가 자주 열리는데 보안상의 이유로 비밀리에 개최되는 경향이 있다. 선교사를 파송하는 중국과 선교 대상 지역인 이슬람 국가 모두 합법적 선교를 허용하지 않기 때문에 보안이 요청되는 것이다.

이처럼 백투예루살렘 운동은 서구 선교단체, 해외에서 활동하는 중국인 교회지도자, 그리고 중국 내의 가정교회가 상호 협력하는 형태로 전개되고 있다. 2009년 당시 중국에는 백투예루살렘 운동과 관련된 20-30여 개의 선교기관과 10개가 넘는 훈련센터가 있었고, 해외에도 미래의 백투예루살렘 선교사들을 훈련하는 10여 개의 훈련센터가 있었다. 이 기관들은 대부분 서구 선교단체의 후원을 받고 있다. 서아시아 지역에는 이미 상당수의 백투예루살렘 운동가들이 활동하고 있는데 어떤 전위팀(vanguard teams)은 캐러반 스테이션(caravan stations)이라고 불리는 보급기지(support bases)를 설립하였다. 2009년 당시 이슬람권의 12개국에서 중국의 백투예루살렘 선교사들이 활동하고 있었는데, 이들은 학생, 관광객, 사업가, 농업노동자, 관료, 상인, 계약노동자 등의 신분으로 선교 활동을 하였다.[34]

2. 신화와 의례

이러한 역사적 기원과 계보를 지닌 백투예루살렘 운동은 어떠한 과정을 통해 국내에 수용되었으며 그것은 구체적으로 어떠한 성격과 특성을 보여주고 있는가? 이를 위해 먼저 세계 복음주의 선교계에 백투예루살렘 운동이 수용되는 과정을 살펴보자.

주지하다시피 세계 개신교는 세계교회협의회(WCC)로 대변되는 에큐메니칼 진영과 세계복음주의연맹(WEA)으로 대변되는 복음주의 진영으로 양분된다. 한국 개신교 역시 이러한 양대 진영에 조응하는 한국기독교교회협

의회(교회협, NCCK)와 한국기독교총연합회(한기총, CCK)로 대별된다. 세계
교회협의회와 한국기독교교회협의회는 사회정의의 구현과 인간화, 그리고
종교 간 대화를 '선교'로 이해하고 있으므로 백투예루살렘 운동과는 관련을
맺기 힘들다. 따라서 해외와 국내의 백투예루살렘 운동 관련 논의는 복음주
의 진영에 한정된다.

복음주의 진영에서 백투예루살렘 운동이 수용되는 과정은 선교 패러다
임의 전환과 밀접한 관련이 있다. 1974년 스위스 로잔에서 열린 제1차 로잔
대회는 복음주의 진영의 선교 패러다임에 일대 전환을 가져왔다. 당시 선교
사 랄프 윈터(Ralph Winter)는 미전도종족(unreached people)이라는 새로운 개
념을 제안하였는데, 이 선교전략에 의하면 미래의 선교는 국가(country) 단
위가 아니라 종족(people group) 단위로 행해져야 한다. 그의 주장에 의하면
종족은 국가보다 하위 개념으로 특정 국가 내에 수많은 종족이 존재한다.
예를 들면 인도에는 3천여 종족이 존재한다. 따라서 '인도 선교'와 같은 국
가 단위의 전통적 선교를 벗어나 인도 내의 특정 종족을 대상으로 하는 '미
전도종족 선교'로 전환해야 한다는 것이다.

1989년 마닐라에서 열린 제2차 로잔대회에서 랄프 윈터는 전 세계에
24,000여 종족이 있는데 그중 복음이 전파되지 않은 미전도종족이 11,000여
개라는 통계를 발표하였다. 이 사실에 '충격'을 받은 복음주의 진영은 미전
도종족 선교에 집중하면서 종족입양(Adopt-A People)이라는 새로운 운동을
전개하였다. 종족입양 운동은 개별 교회가 특정 지역의 미전도종족을 선택
하고 그 종족 내부에 자생 교회가 설립될 때까지 책임을 지고 돌보는 운동
이다. 1989년 종족입양정보교환소(AAP)가 설립되고 한국에서도 1994년 미
전도종족 입양운동본부가 결성되어 상당수 지역 교회들이 참여하였다.[35]
미전도종족 선교와 유사한 용어로 전방개척선교(Frontier Mission)가 등장하

였는데, 이 용어는 이 지구상에 마지막으로 남아 있는 미전도종족을 좀더 효과적으로 복음화하기 위한 전략을 가리킨다. 미전도종족 선교를 한 단계 업그레이드한 전략인 셈이다.[36]

이러한 선교계의 움직임 속에서 10/40도창(10/40 Window)이라는 용어가 등장하였다. 선교전략가 루이스 부시(Louis Bush)가 창안한 이 용어는 북위 10도와 북위 40도 사이의 광활한 지역을 가리키는데, 이 지역은 기독교의 복음이 거의 들어가지 못한 지역이다. 힌두교, 불교, 이슬람이 지배적 힘을 행사하는 이 지역에서는 대부분 기독교의 합법적 선교를 허용하지 않는다. 따라서 이 지역에서의 선교는 목회자 중심의 전통적 방법보다는 전문적 직업을 지닌 평신도 중심의 선교 방법이 효과적이다. 복음주의 진영에서는 이러한 평신도 중심의 선교를 전문인 선교(tent-maker)라 부르며[37] 이러한 지역을 창의적 접근지역(creative access nations)이라고 부른다.

이 운동의 연장선상에서 등장한 것이 여호수아 프로젝트(Joshua Project)이다. 미국에서 중보기도를 하던 일군의 복음주의 기독교인들이 아시아 지역만 복음화가 되지 않는 것에 대해 고민하다가 영적 중보기도 운동을 시작하였다. 이들은 1992년 "2000년이 되려면 8년밖에 남지 않았는데, 전 세계 교회여! 2000년까지 거대 신들을 대항하여 기도하며 영적 전쟁합시다!"라고 하면서 '여호수아 프로젝트 2000'을 공개적으로 제안하였다.[38]

1990년대 이후 세계 선교계는 이처럼 아시아 대륙에 걸쳐 있는 비기독교 문화권에 대한 효과적 선교 전략을 수립하기 위해 미전도종족, 전방개척, 10/40도창, 창의적 접근, 전문인선교, 여호수아 프로젝트 등과 같은 새로운 개념과 프로젝트를 지속적으로 만들어 내었다. 한국교회에도 이러한 선교 패러다임과 선교 전략이 빠르게 수용되었다.

백투예루살렘 운동은 복음주의 진영이 전개하는 이러한 세계 선교운동과 조응한다. 백투예루살렘 운동이 선교 대상으로 삼고 있는 중국과 예루살렘 사이의 지역은 미전도종족이 집중적으로 분포하는 북위 10/40도 지역과 거의 일치하기 때문이다. 미전도종족 선교과 구별되는 백투예루살렘 운동의 특성은 동쪽에서 서쪽으로 향하는 선교라는 '방향성'이다. 백투예루살렘 운동은 '복음의 서진설'에 근거하고 있기 때문이다. 또 하나의 차이가 있다면 미전도종족 선교를 주도해 온 것이 서구 국가들인 반면 백투예루살렘 운동을 시작한 것은 중국이라는 점이다. 이러한 차이가 있지만 거시적으로 보면 백투예루살렘 운동은 중국판 미전도종족 선교인 셈이다.

이러한 배경을 지닌 백투예루살렘 운동은 어떠한 과정을 거쳐 국내에 수용되었는가? 백투예루살렘 운동이 국내에 널리 알려지게 된 것은 『백투예루살렘』이라는 책의 발간을 계기로 한다. 2004년 인터콥 대표 최바울이 집필한 『백투예루살렘』이 나오고, 2005년 같은 제목으로 해터웨이가 영어로 집필한 『백투예루살렘』의 한글 번역본이 출판되었다. 이 두 책의 발간으로 한국교회에 백투예루살렘이라는 용어가 널리 퍼졌다. 해터웨이의 영문판 『백투예루살렘』은 2003년에 해외에서 출판되었기 때문에 실제로는 최바울의 책보다 먼저 집필된 것이며, 이 책과 세트라고 할 수 있는 해터웨이의 『하늘에 속한 사람』의 한글 번역본도 최바울의 책보다 몇 달 빠른 2004년 7월에 출판되었다.[39]

이러한 출판 상황을 놓고 볼 때 인터콥 대표 최바울은 중국 가정교회의 백투예루살렘 운동을 소개하는 핵심적인 책들을 미리 알고 있었고 이러한 내용을 자신의 책에 반영한 것으로 보인다. 실제로 최바울의 『백투예루살렘』에는 백투예루살렘 운동의 기원과 윈 형제나 수 형제, 토마스 왕(Thomas Wang)과 같은 백투예루살렘 운동 주창자들의 이름이 언급되어 있으며 백투예루살렘 운동 관련 회의 등도 간략히 소개되어 있다.[40]

서적의 출판과 함께 백투예루살렘 운동을 국내에 확산시킨 주요 경로는 복음주의 진영의 다양한 매체다. 초대형 교회의 하나인 온누리교회가 주도하여 만든 CGN TV[41]는 백투예루살렘 운동을 가장 적극적으로 소개하였다. 최바울 선교사가 직접 방송에 출연하여 백투예루살렘 운동의 취지를 소개하고,[42] 책 소개 코너를 맡은 사회자가 『백투예루살렘』을 베스트셀러로 소개하고,[43] 방송 칼럼니스트가 백투예루살렘 운동의 현황을 소개하였다.[44] 복음주의 진영의 기독교TV(CTS)도 밀레니엄 특강의 형식으로 백투예루살렘 운동을 소개하였다.[45] 《국민일보》를 비롯한 개신교계의 신문, 이스라엘 선교에 주력하는 한·이성경연구소(Korea-Israel Bible Institute), 중국 선교에 주력하는 중국선교연구원[46]과 선교중국대회,[47] 북한 선교에서 출발한 모퉁이돌 선교회 등도 백투예루살렘 운동의 소개 및 확산에 중요한 역할을 담당하였다.[48] 백투예루살렘운동은 이러한 다양한 경로를 통해 한국교회에 소개되고 수용되었다.[49]

그러면 이제부터 인터콥의 백투예루살렘 운동의 특성을 신화와 의례의 측면으로 나누어 검토해 보도록 하자.

1) '복음의 서진' 신화

백투예루살렘 운동은 복음이 예루살렘에서 시작하여 지구를 한 바퀴 돌아 다시 예루살렘으로 회귀한다는 전제에서 출발한다. 이 전제에 의하면 복음의 중심축은 시대에 따라 이동하는데 예루살렘→ 유럽→ 북미→ 동아시아→ 예루살렘으로 이어지는 '서진(西進)'의 방향을 취한다. 복음의 서진에 따른 회귀 운동이 끝났을 때 그리스도의 재림과 우주의 종말이 실현된다. 현재는 복음의 중심축이 동아시아에 와 있으며 예루살렘으로 향해 나아가는 중이다.

중국과 예루살렘을 이어 주는 옛길은 비단길(실크로드)이다. 비단길을 따라 거대한 이슬람권이 형성되어 있는데 대표적인 민족과 국가로는 위구르를 비롯한 중국 서부의 소수민족들, 아프가니스탄을 비롯한 여러 중앙아시아 국가들, 이란과 이라크, 터키를 비롯한 서아시아 국가들이 있다.

백투예루살렘 운동에서 복음의 서진은 성스러운 서사를 지닌 하나의 신화(myth)다. 초기 기독교는 서쪽으로만이 아니라 시리아나 아르메니아, 심지어 인도와 같은 동쪽으로도 진출했다는 것이 학계의 정설이며 이를 증명하는 사료도 풍부하다.[50] 그러나 복음의 서진이라는 신화 앞에서 복음의 동진은 부차적이거나 예외적인 것으로 간주된다. 이러한 신화속에는 동방교회보다는 서방교회를 기독교사의 중심으로 보려는 사고방식이 숨어 있다. 더 심층적으로 보면 가톨릭보다는 개신교 중심적 사고도 엿보인다. 16-17세기 유럽의 가톨릭이 중국과 인도에서 선교한 것이나, 19-20세기에 아시아 지역으로 재진출하여 선교 활동을 한 것은 유럽 가톨릭에 의한 복음의 동진이다. 그러나 이러한 복음의 동진은 19-20세기 미국 개신교가 태평양을 건너 동아시아에서 선교 활동을 한 복음의 서진 신화에 의해 가려진다.

복음의 서진 신화는 그리스도의 임박한 재림을 강조하는 종말론과 밀접한 관련이 있다. 1992년 휴거설을 외쳤던 다미선교회의 시한부종말론과는 조금 다르지만, 복음의 서진 신화를 신봉하는 인터콥은 영적 도해(spiritual mapping)와 '하나님의 경영'이라는 개념을 도입하여 지금 시대를 '마지막 시대'로 보고 있다.[51]

인터콥 대표 최바울은 종말의 표징으로 몇 가지를 제시하였다. 첫째는 이스라엘의 건국이다. 2000여 년간 나라 없이 떠돈 디아스포라 유대인이 1948년 국가 수립을 통해 팔레스타인으로 귀환한 사건은 성서에 예언된 종말의 확실한 표징으로 간주된다. 그의 말을 빌리면 이스라엘 국가의 재건은 "절대 다른 의미로 해석할 수 없는 마지막 시대의 대표적인 징조"[52]다. 특히 1967년 6일전쟁을 통한 예루살렘의 획득, 1991년 소련의 해체로 인한 러시아계 유대인의 대규모 이스라엘 귀환은 예언의 성취 속도를 매우 빠르게 한 것으로 해석된다.[53] 이는 기독교 시온주의(Christian Zionism)의 논리를 수용한 것이다.[54]

둘째는 이스라엘과 주변 국가의 관계이다. 1970년대 중반 미국의 중재에 의해 이스라엘과 이집트 사이에 체결된 캠프 데이비드 협정(Camp David Accords)은 이사야서에 예언된 이스라엘, 이집트, 앗시리아의 화해로 해석된다.[55] 이러한 해석의 논리에서 고대제국과 근대국가(nation state)의 질적 차이는 쉽게 무시된다.

셋째는 미전도종족의 감소 현상이다. 이는 복음이 땅끝까지 퍼지는 것 즉 복음을 접하지 못한 미전도종족이 더이상 없을 때 그리스도의 재림이 이루어진다는 신앙에 근거한 논리이다. 1989년 제2차 로잔대회 이후 20여 년 만에 약 8,000개 미전도종족에 교회가 세워졌고, 현재는 약 1,500개의 미전도종족만 남아 있다. 이 속도로 간다면 얼마 안 있어 세계복음화가 완성될 수도 있다고 하면서 지금이 '마지막 시대'라는 것이다.[56]

인터콥은 그리스도의 재림을 표징하는 여러 사례를 제시하면서 종말의 임박성을 강조하는 동시에 유대인과 이방인의 복음 수용을 강조한다.

주님의 재림이 있기 직전에 유대인의 남은 자가 주께 돌아오고 이스라엘과 주변에 거하는 마지막 변방의 이방 민족들—소아시아와 중앙아시아 투르크 민족들, 카프카스 민족들, 페르시아 및 인도 북부의 민족들, 중동 아랍 민족 등—가운데 남은 자들이 곧 주께 돌아올 것입니다.[57]

복음의 전파만이 아니라 유대인의 '남은 자'와 주변 이방 민족의 '남은 자'가 기독교의 복음을 받아들이는 것 역시 그리스도의 재림 직전에 나타나는 현상이라는 것이다. 그런데 현재 유대인과 그 주변의 무슬림 중에 기독교를 받아들인 사람은 극히 드물다. 오히려 이 지역에서는 기독교의 복음 전파가 가로막히고 있다. 따라서 인터콥은 복음 전파의 장애물을 제거하려는 실천적 몸짓 즉 '의례'를 수행한다. 그러면 구체적으로 어떤 의례를 수행하는가?

2) 땅밟기 의례

인터콥은 복음의 서진을 가속화하기 위해 대규모 집회나 중보기도회, 도보 행진과 같은 다양한 이벤트를 거행한다. 그런데 이러한 다양한 행사에는 땅밟기라는 의례적 모티브가 작동하고 있다. 땅밟기는 미국 복음주의 진영의 선교계에서 등장한 기도의 한 형태로서 땅밟기 기도(prayer walking)를 줄여서 표현한 용어이다. 1985년 서아시아에서 활동하던 미국 선교사 스티브 호돈(Steve Hawthorne)이 교회를 개척하는 방법으로 제창하면서 널리 알려졌다.[58]

땅밟기의 성서적 근거로 흔히 제시되는 구절은 "너희의 발바닥으로 밟는 곳은 다 너희의 소유가 되리니"[59]와 "내가 모세에게 말한 바와 같이 너희 발바닥으로 밟는 곳은 모두 내가 너희에게 주었노니"[60]이다. 이 구절들은 여호수아와 이스라엘 백성이 땅을 밟으면서 가나안을 정복한 내용을 반영한다.

땅밟기는 성서적 전거만이 아니라 선교학적 이론에도 의존하고 있다. 선교인류학자 폴 히버트(Paul Hiebert)가 제시한 배제된 중간지대(the excluded middle) 이론이 하나의 예이다. 그에 의하면 서구인들은 과학과 종교로 이루어진 이층적 세계관(two-tier world view)을 가지고 세상을 살아간다. 1층은 관찰과 경험에 근거한 실증주의 과학의 영역이고, 2층은 유일신 신앙에 근거한 종교의 영역이다. 그런데 1층과 2층 사이에는 이층적 세계관으로는 포착되지 않는 중간 영역이 있다. 이 중간 영역이 배제된 중간지대이다. 이 영역은 이 세상의 영들, 조상령, 동물의 영혼 등으로 가득 차 있는데, 비서구인들의 일상적 삶은 이러한 존재들에 의해 강한 영향을 받는다는 것이다.[61]

선교학자 피터 와그너(Peter Wagner)는 이 이론을 수용하여 능력대결(power encounter)을 강조하였다. 그는 중간지대에 있는 이 존재들을 지역신들(territorial spirits)로 부르면서 어두운 영적 세력으로 규정하였다. 그리고 기도와 같은 영적 능력으로 이 세력을 물리쳐야 복음 전도가 효과적으로 이루어질 수 있다고 주장하였다.[62] 이러한 힘의 전도(power evangelism)의 맥락에서 땅밟기 기도가 등장한 것이다. 1980년대 이후 예수전도단을 비롯한 선교단체와 교회가 적극 권장하면서 땅밟기는 교인들 사이에서 널리 보급되었다.[63]

이러한 배경하에서 인터콥은 1997년 말에서 1998년 초에 이르는 4개월 동안 '역실크로드 운동'을 전개하였다.

> 10/40도창 전체에 흩어진 미전도종족의 '눈을 가리고 있는' 거짓의 이 세상 신들을 묶기 위해 고대로부터 이 신들의 활동 무대였던 실크로드를 4개월에 걸쳐 역으로 행진하였던 것이다. 우리는 수많은 전략적 도시들과 민족들을 하나하나 밟아 나갔고, 이 행진과 더불어 한국의 200개 교회와 10,000명의 중보후원자들은 함께 이 도시들을 중보하였다.[64]

실크로드 주변의 도시들에 대한 땅밟기를 통해 지역신들에 대한 영적 전쟁을 시도한 것이다. 2000년 7월에는 실크로드의 중심 도시 중 하나이자 이슬람권 한복판인 카자흐스탄의 알마티에서 '실크로드예수행진2000'이라는 이름하에 수만 명의 신자와 함께 영적 전쟁을 선포하였다.[65] 인터콥은 영적 전쟁의 선포로 인해 하나님의 진리가 실크로드를 타고 거대한 행진을 시작하게 되었다고 주장하였다.

2004년 8월에는 백투예루살렘 운동의 종착지 예루살렘으로 진출하여 대규모 행사를 벌였다. 최바울은 먼저 예루살렘의 영적 의미를 강조하였다.

> 우리는 예루살렘의 의미를 다시 한 번 생각해 보아야 합니다.… 예수님께서 십자가를 지시고 고난받으시기 위해 예루살렘 성에 입성하셨을 때 일입니다. 주님은 그때 예루살렘을 바라보시며 눈물을 흘리시며 우셨습니다. "예루살렘아! 예루살렘아! 오늘날 평화에 관한 일을 알았더라면 좋을 뻔하였거니와 지금 네 눈에 숨기웠도다!"[66]

그가 볼 때 예루살렘은 가장 고통받고 있는 도시이다. 예루살렘은 지난 2천 년간 유대교, 기독교, 이슬람 사이의 종교전쟁으로 얼룩졌고 특히 지난 60년 동안 이 도시에서는 거의 매일 전쟁과 갈등, 테러, 폭력에 관한 뉴스가 들려왔다. 그런데도 대부분의 기독교인은 이러한 현실을 무심코 지나치고 있다는 것이다. 최바울에 의하면 예루살렘이 전쟁과 분쟁으로 고통받는 이유는 그곳이 영적 전쟁의 진원지이기 때문이다. 사단은 예루살렘의 평화를 억누르는 방법으로 '세계 영적 전쟁'의 기선을 잡고 있다.[67] 나아가 사단의 세력은 예루살렘을 중심으로 직경 3,000km에 이르는 지역 전체를 '강한 어두움의 진'을 형성하며 장악하고 있다.

> 주께서 재림하실 때에… 마지막 어둠의 세력, 즉 가증한 적그리스도가 재

건된 예루살렘 성전에 앉아 세계를 호령하며 위험을 떨치게 될 것입니다. 그러나 바로 그때 주님께서는 천군 천사들과 함께 강림하시어 적그리스도를 멸하고 고통받는 인류 역사를 마감시킬 것입니다. 사단은 이것을 알고 있습니다. 그렇기 때문에 예루살렘을 완전히 봉쇄하고 어둠의 진을 치고 지금까지 있는 것입니다.[68]

그러나 결국 그리스도의 재림으로 '사단의 진'은 무너지고 적그리스도와 용 사단은 패망하게 된다는 것이다. 이처럼 지상의 예루살렘은 영적으로 중요한 의미가 있다고 보기에 예수행진이라는 이름의 행사를 추진하였다.

우리는 이제 예루살렘으로 가고자 한다. 2000년에 알마타에서 선포되었던 이 하나님의 영광을 다시 한 번 10/40도창에 선포하고자 하는 것이다. 그러나 이 행진은 역사에 뿌리내려 왔던 엄청난 영적인 상처에 대한 치유 사역이기도 하다. 이 영적인 뿌리 앞에 그리스도의 교회가 무릎을 꿇어야 한다. 그리고 역사 속에서의 우리의 실수들을 회개하고 거룩한 손을 들어 하나님의 용서와 평화가 임하기를 간구하여야 할 것이다. 이를 위해 우리는 1,000개의 교회들과 여러 사역단체들, 그리고 한국과 전 세계의 수많은 성도들이 일어나며, 3,000명의 단기팀들이 2004년 8월에 예루살렘에 모일 수 있기를 기도했었다.[69]

이처럼 예수행진은 표면적으로는 역사적 기독교가 과거에 지은 죄를 고백하고 예루살렘의 평화를 기원하고 있지만, 그 이면에는 영적 전쟁의 모티브가 강하게 작동하고 있다. 그에 의하면 실크로드2000이 이슬람 신을 향한 하느님의 교회의 최초의 영적 도전이었다면, 예루살렘2004는 '세상 신' 사단의 실체를 향한 하느님의 교회의 강력한 영적 공격이다.[70] 요컨대 예루살렘 2004는 지구 차원의 영적 전쟁과 선교운동 그리고 세계교회 동원이 어우러지는 전략적 메가프로젝트였으며 백투예루살렘 운동의 장엄한 출범식이자 세계선교운동의 마지막 도전이었다는 것이다.[71]

이처럼 인터콥은 복음의 서진이라는 신화와 땅밟기라는 의례를 통해 영적 전쟁을 수행했다. 거시적으로 보면 복음의 서진 신화는 세대주의 신학에 기초한 것이고 땅밟기 의례는 주술적 사고에 기반한 것이다. 복음의 서진 신화에는 유대인의 귀환과 미전도종족의 감소로 대변되는 희망의 분위기가 서려 있는 반면, 땅밟기 의례에는 강력한 어둠의 진으로 표상되는 사단과의 대결이라는 비장함이 들어 있다. 인터콥의 용어로 표현하자면, 우리가 살고 있는 지금 현재는 복음의 확산으로 표상되는 축복의 역사와 형제갈등(이삭-이스마엘)의 지구적 확산으로 표상되는 저주의 역사가 교차하고 있다. 저주의 역사를 끝내고 축복의 역사를 완성하기 위해서는 그리스도의 재림을 위한 '왕의 대로'를 닦아야 하며, 영적 전투를 수행할 '왕의 군대'를 양성해야 한다. 백투예루살렘의 구호하에 최전방개척선교를 선도적으로 수행하는 인터콥이야말로 최정예 군사들로 이루어진 이 시대의 왕의 군대이다. 여기서 우리는 백투예루살렘의 비전(vision)과 운동(movement)을 관통하는 영적 군사주의(spiritual militarism) 혹은 종교적 군사주의(religious militarism)를 읽을 수 있다.[72]

3. 주체와 영도권

앞서 살펴보았듯이 백투예루살렘 비전을 형성하는 데 핵심적 역할을 한

편전복음단의 마마가는 백투예루살렘 프로젝트를 중국교회의 유업으로 간주했다. 중국 가정교회, 해외 중국인 교회 지도자, 서구의 선교단체들이 연대하여 전개하는 아웃소싱 형태의 백투예루살렘 운동에서도 중국교회가 복음 전파의 주체로 설정되어 있다. 이러한 해외 백투예루살렘 운동의 담론에서는 한국교회의 위상이 잘 드러나지 않는다.

이와 달리 한국의 백투예루살렘 운동에서는 중국교회와 한국교회의 관계 설정이 하나의 과제로 떠오른다. 인터콥의 백투예루살렘 운동에서는 '마지막 시대' 중국교회의 역할을 일단 강조한다. 『구약성서』「이사야서」49장 11-12절에 나오는 '시님'이라는 단어를 '중국'으로 해석하는 것도 이러한 맥락에서이다.[73] 따라서 마지막 때에 중국 선교사들이 대로(大路)를 따라 예루살렘으로 몰려올 것이라고 본다.

> 지금 중국교회는 세계 최대의 기독교인이 있다. 1억2천만에 달하는 중국 기독교인들은 성경 말씀에 절대 권위를 두는 복음주의라는 측면에서 보면 미국의 5배 가량 된다. 지금 중국교회 지도자들은 2008년 북경올림픽 이후 향후 20년 내에 1백만 선교사를 파송하기 위해 기도하며 준비하고 있다. 중국교회 지도자들이 이 프로젝트를 'Back to Jerusalem(예루살렘으로 돌아가자!)'으로 명명하고 거룩한 1백만 대군의 거병을 준비하고 있다는 사실은 놀라운 일이 아닐 수 없다.[74]

현재 중국교회의 막강한 교세와 베이징올림픽 이후의 상황을 고려할 때 1백만 선교사 파송은 충분히 가능하다는 진단이다.

이처럼 인터콥의 백투예루살렘 담론에서 중국교회의 역할이 강조되고 있지만 이와 동시에 한국교회의 역할도 강조된다. 인터콥에 의하면 9.11이후 세계선교의 중심축과 글로벌 크리스천 리더쉽이 한국교회로 이전되었다. 9.11 이후 백인이 예수 이름으로 세계를 경영하던 시대는 공식적으로 끝났기 때문이다. 이제는 백인 대신 유색인종이 세계선교를 지도해야 하는데 그중에서 한국교회가 담당해야 한다. 아프리카는 복음화 비율은 높지만 수준이 현저히 떨어지고 남미 역시 복음화 비율은 10%에 이르지만 "교회가 주님을 즐기는 데만 너무 탐닉"하기 때문이다.[75] 따라서 하느님은 마지막 세계선교운동의 전위부대로 한국교회를 사용할 것이며, 백투예루살렘의 역사를 한국교회와 더불어 이끌어 간다는 것이다.[76]

그러면 중국교회와 한국교회의 관계는 어떻게 설정되는가? 인터콥에 의하면 한국교회에 부여된 사명은 하느님이 중국교회를 통해 순식간에 이룰 마지막 전쟁의 첨병이자 마지막 주의 위대한 역사 앞에 선 세례 요한의 역할이다. 실크로드를 따라 중국과 예루살렘을 잇는 '대로' 위에 놓인 마지막 변방의 도성들을 공략하며 동시에 예루살렘을 하느님께 올려 드리는 영광된 사도의 임무가 한국교회에 부여되었다는 것이다. 요컨대 한국교회는 선봉에 서서 적진을 뚫고 개척의 역사를 감당하는 사도이다. 따라서 한국교회를 통해 '신사도행전'의 역사가 써져야 한다고 주장한다.[77]

> 하나님이시여! 한국교회와 중국교회에, 과거에 한 번도 없었던 놀라운 선교 부흥을 수년 내에 주시옵소서! 우리에게 초대교회와 같은 성령의 능력으로 막힌 역사의 벽을 파하고 나아갈 신사도행전의 부흥을 주시옵소서![78]

마지막 시대의 세계선교에서 한국에 주어진 사명은 다른 선교사들에 의해서도 공유되고 있다. "과거에 서구와 이슬람과의 관계 속에서 해결할 수 없었던 선교적 문제들을, 비서구 국가로서 전 세계에 선교사를 두 번째로 많이 보내고 있는 한국교회가 풀 수 있는 가능성을 보게 되었다."[79]거나, "하나님은 한국 사람을 통해 온 땅에 복음이 전파되는 사명을 이루길 원하신다. 불과 20년 만에 한국이 파송한 선교사 수가 미국에 이어 세계 두 번째가 된 것은 이런 이유 때문이다."[80]는 주장이 대표적 예다.[81]

인터콥은 중국교회와 한국교회의 글로벌 파트너십을 강조하고 있지만 일종의 경쟁의식 내지 위기감을 표출하기도 한다.

> 9.11사태 이후 세계교회의 리더십, 촛대가 한국교회로 넘어왔는데 불과 10년 이후면 중국으로 넘어간다는 말이 아닌가! 그러면 한국교회는 이렇게 별로 한 일도 없이 쇠퇴해야 한단 말인가! 한국교회가 이렇게 허무하게 무너져 내려야 하는가! 영국은 예수 이름으로 2백 년 동안 세계를 경영하고, 미국도 1백 년 동안 예수 이름으로 세계를 경영했는데… 우리 한국교회는 이렇게 짧게 기껏 10년 후면….[82]

이는 최근 중국 경제에 의해 추월당하고 있는 한국 경제의 위기의식을 연상케 하는 대목이다. 인터콥은 이러한 위기감을 극복하기 위해 더 적극적인 선교 방안을 내세운다.

> 그렇다! 중국교회가 일어나기 전에 우리가 먼저 중국과 예루살렘 사이에 있는 마지막 미전도종족을 선교한다면 그리고 이후에 선임 사역자들로서 중국교회 선교사들을 도우며 이끌어 간다면 우리 한국교회가 20년의 사명은 감당할 수 있지 않겠는가![83]

앞으로 미전도종족 지역에 대한 선교를 더 헌신적으로 한다면 하느님의 축복으로 한국이 더 오랫동안 쓰임을 받을 것이라는 논리이다. 이는 중국교회와 함께 백투예루살렘 운동을 전개하는 과정에서 생겨나는 한국교회의 정체성 위기를 해외선교의 가속화를 통해 극복하려는 몸짓으로 볼 수 있다.

인터콥은 백투예루살렘 운동의 과정에서 한국교회의 지분을 확보하는 것만이 아니라 선교 지형에서 영도권을 장악하려는 욕망을 드러내기도 한다. 최바울에 의하면 10/40도창 선교운동이 세계선교계에 등장하기 전부터 인터콥은 이 지역의 중요성을 인식하고 이슬람 대상의 선교 활동을 펼쳐 온 반면, 당시 한국교회는 이미 복음화가 된 지역에 대부분의 선교사를 파송하고 있었다. 당시 평신도 신분이었던 그가 한국교회에 문제를 제기했지만 성직주의 전통이 강한 한국교회는 무시하는 태도를 보였다. 그런데 1990년대에 접어들어 세계선교계에서 10/40도창 선교가 지배적 패러다임으로 등장하자 한국교회는 이 패러다임을 즉각적으로 수용했다.[84] 이는 인터콥이 한국교회나 세계교회보다도 먼저 세계선교가 나아가야 할 방향을 읽어 내는 안목을 지닌 선교계의 선구자라는 논리이다.

이와 유사한 맥락에서 최바울은 중국 가정교회 지도자들과의 만남도 언급했다. 그에 의하면 2000년대 초반 중국 가정교회의 일부 지도자들이 인터콥을 찾아와 이슬람 선교와 관련하여 자문을 구했다. 인터콥이 이슬람 지역에서 활동할 장단기 선교사들을 발굴, 훈련, 파송해 온 대표적 선교단체임을 알았기 때문이다. 즉 중국교회 지도자들은 "실크로드를 따라 중앙아시아로부터 예루살렘까지 신속한 복음화를 비전으로 지난 20년 동안 달려 온 인터콥선교회"[85]의 지도자적 위치를 간파하고 찾아왔다는 것이다.

이는 결국 국내의 다른 선교단체들이 들어가기 꺼려하는 위험지역, 즉 10/40도창이라 불리는 선교의 최전방에서 인터콥이 그동안 쌓아온 '전공(戰

功'을 인정해 달라는 요구이다. 그리고 이러한 요구는 인터콥이 비전스쿨 등을 통해 운영하는 다양한 선교훈련 프로그램에 한국교회가 적극 동참하라는 무언의 압력이기도 하다. 여기서 우리는 인터콥이 백투예루살렘 운동을 통해 선교계의 영도권을 장악하려는 '욕망의 정치'를 은밀하게 수행하고 있음을 감지할 수 있다.

지금까지 살펴보았듯이 백투예루살렘 운동은 20세기 전반 중국 개신교에서 하나의 선교비전으로 출발하여 현재는 세계 복음주의 진영의 중요한 선교 패러다임으로까지 발전한 선교운동이다. 국내에서는 인터콥에 의해 가장 적극적으로 수용되었고 한때는 '백투예루살렘 열풍'이라는 말이 등장할 정도로 이 운동은 한국교회에 널리 퍼졌다. 그러나 아프간사태 이후 인터콥의 선교 활동이 비판의 도마 위에 오르면서 운동의 열기가 급격하게 식은 것으로 보인다. 인터콥을 강하게 비판하는 진영에서는 백투예루살렘이라는 용어의 폐기마저 요구하였고 실제로 인터콥은 홈페이지에 있던 구호 백투예루살렘을 '백투예수(Back To Jesus)'로 바꿨다. 그러나 이는 압력에 못 이긴 표면적 차원의 제스처로 보인다. 첫 화면의 구호만 바뀌었을 뿐, 백투예루살렘 운동과 관련된 BTJ스쿨, BTJ열방센터, BTJ군대와 같은 제도적 장치들은 그대로 유지되고 있다. 오랫동안 백투예루살렘 비전을 해외선교의 동력원으로 삼아 온 인터콥이 이 운동을 포기하기는 쉽지 않을 것으로 보인다.

앞서 보았듯이 인터콥의 백투예루살렘 운동은 복음의 서진이라고 하는 신화와 땅밟기라는 의례를 두 축으로 한다. 복음의 서진 신화는 운동의 방향성을 명료하게 제시해 주는 효과를 낳으며, 땅밟기 의례는 운동의 동력을 강화하는 데 기여한다. 복음의 서진 신화는 이스라엘의 건국이라는 역사적 사건과 미전도종족의 감소라는 통계학적 자료를 결합하여 종말론적 관점을 강화시켰고, 이러한 종말론적 시각은 역실크로드운동과 예루살렘 도보 행진으로 대표되는 땅밟기 의례에 절박성의 분위기를 제공해 주었다. 따라서 복음의 서진 신화와 땅밟기 의례를 주요 무기로 삼고 있는 인터콥의 선교운동은 공세적 성격을 띨 수밖에 없다. 물론 이때의 공세적 선교는 물리적 폭력을 동반하는 것은 아니다. 인터콥의 백투예루살렘 운동은 어디까지나 영적 방면에서 행해지는 영적 전투이기 때문이다. 인터콥의 백투예루살렘 운동은 '영적 군사주의'에 근거한 것이다. 그러나 영적 군사주의가 생산하는 군사적이고 투쟁적인 신앙의 언어는 그 언어를 사용하는 사람의 사고와 행위에 심대한 영향을 미칠 수 있다. 전투적 언어의 사용은 어느 순간 전투적 몸짓으로 비화할 수 있기 때문이다. 그동안 국내외적으로 타종교의 상징물을 훼손하거나 파괴하는 행위가 적지 않게 발생하였는데 이는 영적 군사주의에 의한 경우가 대부분이다.

종교적 군사주의에 기초한 인터콥의 공세적 선교운동은 국내외로부터 많은 비판을 받아 왔다. 아프간사태 이후 한국 주류 개신교도 인터콥에 대한 '징계'를 통해 인터콥과의 '차이'를 강조하였다. 인터콥도 자신에 대한 비판을 잠재우기 위해 일시적으로 자세를 낮추었다. 그러나 양자 모두 선교의 자유를 강조하면서 개종 중심의 선교 활동을 지향하고 있다는 점에서 둘 사이의 거리는 그리 멀지 않다.

아프간사태 이후 정부가 외국에서 국위를 손상시킨 자들의 여권 발급을 제한하겠다고 공표하자 인터콥만이 아니라 한국 보수 개신교계는 강하게 반발하였다. 이들은 정부의 여권법 시행령 개정이 선교사들의 활동을 심각하게 제약하는 조치로서 종교자유 침해라고 주장하였다. 또한 보수 개신교계는 이슬람 국가들이 무슬림의 타종교로의 개종을 금하는 것에 대해서도 비판하였다. 여기서 우리는 다시 한번 한국 보수 개신교의 해외진출에서 종교자유가 얼마나 중요한 무기로 활용되고 있는가를 확인할 수 있다.[86]

안티기독교 운동

요즈음 인터넷을 검색하다 보면 기독교를 원색적으로 비난하는 용어들을 쉽게 접할 수 있다. 기독교를 '개독교', 기독교인을 '개독', 성경을 '개독경', 교회를 '개집', 그리고 목사를 '먹사'로 부르고 있는 글들을 쉽게 발견할 수 있다. 기독교에 대한 노골적 반감이나 모욕감을 불러일으키는 필명을 사용하는 네티즌도 많다. '개독잡는불독', '반기독전투병', '꺾인십자가', '개독교타파', '개독고홈', '교회야무너져라', '사라져라기독' 등은 그 일부이다.[1] 이러한 용어들을 접하게 되면 대부분의 기독교인은 커다란 당혹감과 모멸감을 느낄 것이다.

기독교에 대한 비난과 공격은 물론 요즈음 처음 생겨난 현상은 아니다. 세계사적으로 보면 로마제국에 의한 기독교 탄압에서부터 최근 이슬람 원리주의 세력에 의한 기독교 공격에 이르기까지 그 역사가 만만치 않다. 우리나라의 경우에도 조선왕조에 의한 천주교 탄압에서부터 북한 공산정권에 의한 기독교 탄압에 이르기까지 나름의 역사가 있다. 그러나 이러한 예들은 대체로 기독교가 소수파로 존재하던 시기나 지역에서 일어났으며, 국가권력에 의한 종교 탄압의 성격이 강하다.

이와 달리 최근 한국사회에서 나타나고 있는 반기독교 현상은 국가권력이나 정치권력이 아니라 소수 세력이 주도하고 있다. 또한 물리적 폭력보다는 인터넷 공간을 무대로 한 언어적 폭력을 행사하고 있다. 이처럼 최근의 반기독교 현상은 소수 세력에 의한 언어폭력의 모습을 취하고 있지만 그 영향력은 결코 작지 않다. 현대사회에서 인터넷이라고 하는 문명의 이기가 갖고 있는 엄청난 파급효과 때문이다. 사이버공간에서 조직적으로 생산, 유포, 소비되는 반기독교적 담론과 이미지는 기독교인의 종교적 감정을 훼손시킬 뿐만 아니라 한국 기독교의 사회적 위상에도 상당한 타격을 가할 수 있다.

이처럼 요즈음 한국사회의 반기독교 현상은 특정 세력이 특정한 목표와 이념, 조직을 갖추고 운동을 전개하고 있다는 점에서 일종의 사회운동이자 문화운동이다. 이 운동은 기독교 박멸을 외치고 있다는 점에서 한국 기독교에 매우 위협적인 것으로 다가오지만 그와 동시에 한국 기독교의 모습을 비추는 하나의 '거울'이기도 하다. 안티의 몸짓 속에는 어떠한 방식으로든지 안티 대상의 속성이 투영되기 때문이다. 따라서 안티기독교 운동은 한국 기독교의 사회적 존재 방식과 성격을 파악하는 데 유용한 통로가 될 수 있다.

그동안 한국 기독교는 반기독교적 정서의 확산에 위기의식을 갖고 그 나름의 대처를 해 왔지만 대부분 교계신문이나 잡지, 방송과 같은 대중매체의 장을 통한 논의였다. 안티기독교 현상에 대한 심층 분석을 시도한 글은 매우 드문데 두 편의 글은 주목할 만하다. 김진호는 안티기독교의 활동 양상에 대한 구체적 분석을 시도하지는 않았지만 아프간 피랍 사태 당시 인터넷을 무대로 한 안티기독교의 사이버 테러와 개신교의 공격적 해외선교 사이에 존재하는 구조적 유사성을 지적하였다.[2] 김영동은 사이버공간에 개설된 안티기독교 사이트의 활동 양상을 검토하고 그 활동이 매우 심각하다고 진단하면서 이들의 도전을 극복하기 위한 선교신학적 대안을 제시하였다.[3]

이 장에서는 안티기독교 현상을 종교적 성격을 지닌 사회운동 또는 문화운동으로 보고, 안티기독교 운동과 교회개혁 운동의 차이, 안티기독교 운동의 기원과 계보, 주체와 이데올로기, 그리고 개신교의 대응양상을 순차적으로 검토한다.

1. 시민사회, 교회개혁 운동, 안티기독교

안티기독교 운동은 문자적으로 풀이하면 '기독교에 반대하고 대항하는 운동'이라고 할 수 있다. 더 구체적으로 말하면 기독교에 대한 부정적 인식에 근거하여 기독교를 공격하고 궁극적으로는 기독교의 해체와 소멸을 목표로 하는 사회적 문화적 운동이 안티기독교 운동이다. 현재 우리 사회에는 안티기독교 운동과 비슷해 보이는 운동이 존재하는데 시민사회에 의한 기독교 비판과 기독교 내부의 교회개혁 운동이 대표적인 예다. 따라서 두 운동이 안티기독교 운동과 어떤 측면에서 구별되는지 간략히 살펴볼 필요가 있다.

1990년대 말부터 본격화된 언론과 방송에 의한 한국교회 비판은 시민사회의 입장을 대변하였다. 특히 시민사회의 공기(公器)를 자임한 지상파 방송들이 적극적으로 나섰는데 이들은 대형 교회의 목회 세습, 교회 재정의 불투명성, 교회 지도자의 윤리적 일탈 등을 집중적으로 보도하면서 한국교회를 날카롭게 비판하였다.[4] 비판의 대상이 된 일부 대형 교회와 교계 지도자들은 이 비판을 한국교회를 저해하려는 불순세력의 '음모'로 간주하면서 강하게 반발하였다.[5] 그러나 이러한 반발은 일반 시민의 눈에는 권위주의에 사로잡힌 종교권력의 '기득권 지키기'로 비쳤다.

시민사회의 교회 비판이 외부에서 이루어진 것이라면 교회개혁 운동은 교회 내부에서 등장한 운동이다. 교회개혁 운동 역시 목회 세습, 재정 불투명, 교회 지도자의 도덕적 타락을 주요 이슈로 삼은 점에서 시민운동과 비숫한 모습을 보이지만 구체적 대안을 제시하고 있다는 점에서 시민운동과 차이가 있다. 교회개혁 운동을 추진하는 세력은 재정 투명화 방안을 비롯하여 목사와 장로의 임기제 도입이나 교회정관의 제정 등 이른바 '건강한 교회 만들기'를 구호로 내걸고 있는데 한국교회 내부의 문제점을 잘 알고 있기 때문에 이러한 구체적 대안들이 나온 것이다.

교회개혁 운동을 추진하는 대표적 단체의 하나인 교회개혁실천연대는 '온전한 신앙의 회복, 사랑하는 마음으로 문제 제기, 건설적이고 구체적인 대안 제시, 교회개혁을 위한 폭넓은 연대의 구축'을 운동의 방향으로 설정하고 다양한 개혁 프로그램을 제안하였다.[6] 기독교윤리실천운동(기윤실)도 "성경과 정통적 기독교 신앙을 기본 이념으로 복음에 합당한 윤리적 삶을 살아가는 정직한 그리스도인과 신뢰받는 교회가 되도록 섬기며, 정의롭고 평화로운 사회를 만드는 것"을 사명으로 제시하면서 다양한 프로그램을 개발하여 한국교회에 제시하였다.[7] 좀더 급진적 형태의 운동이라고 볼 수 있는 '예수동아리'의 경우 "갈릴리 예수가 전한 복음의 원형을 되찾고 예수 운동과 영성 기독교의 회복을 궁극의 목표"로 설정하고 있다는 점에서 넓은 의미의 교회개혁 운동에 속한다고 볼 수 있다.[8] 교회 내부에서 전개되는 이러한 운동은 교회개혁을 일차적 목표로 하고 있지만 건강한 교회에 기초한 사회개혁을 지향하고 있으므로 '기독교 시민운동'의 성격도 있다.

시민사회의 교회 비판과 교회 내부의 개혁운동은 교회의 '밖'과 '안'이라고 하는 차이는 있지만 양자 모두 한국교회가 '거듭나기'를 기대하고 있다는 점에서 공통점이 있다. 양자는 기독교의 소멸과 해체가 아니라 기독교의 갱신과 개혁을 기대하고 있다. 한국교회의 변화 가능성에 대한 믿음이 없다면 굳이 비판할 필요가 없기 때문이다. 이것이 안티기독교 운동과 구별되는 지점이다. 안티기독교는 기독교의 해체를 목표로 하고 있다.[9] 시민사회와 교회개혁 진영이 '건강한 기독교'를 기대하는 반면 안티기독교는 기독교가 사라진 사회를 목표로 하고 있는 것이다.

안티기독교는 '안티이단'과도 구별된다. 안티라는 용어를 사용한다는 면에서 안티기독교와 안티이단은 맥을 같이하지만 안티이단 운동의 대상은 주류 기독교가 아니라 '이단'이다. 물론 이때 안티의 주체는 주류 기독교이다. 정통-이단의 이분법으로 무장한 주류 기독교가 이단 퇴치와 이단 박멸의 기치하에 전개하는 교회 내부의 운동이 안티이단 운동이다. 한국기독교총연합회나 각 교단에 설치된 이단(사이비)대책위원회의 활동을 비롯하여 안티JMS를 외치고 있는 엑소더스(Exodus)와 같은 사이트가 대표적인 예이다.[10]

이처럼 안티기독교 운동은 시민사회의 기독교 감시 운동과 구별될 뿐만 아니라, 교회개혁 운동 진영의 건강한 교회 만들기 운동과도 구별되며, 안티이단 운동과도 구별되는 독자적 위상을 지닌 한국사회의 사회문화적 운동이다.

2. 안티기독교 운동의 기원과 계보

한국사회 안티기독교 운동의 기원은 조선 후기의 천주교 '박해' 시기까지 거슬러 올라갈 수 있다. 그렇지만 당시의 천주교 박해는 국가권력이 주도하였을 뿐만 아니라 물리적 폭력을 동반하였기 때문에 현재의 안티기독교 운동과는 성격이 매우 다르다. 현재의 안티기독교 운동과 좀더 많은 유사성을 보이는 것은 1920년대 반종교운동의 일환으로 등장한 반기독교 운동이다. 당시에는 안티기독교라는 용어 대신 반기독교라는 말이 주로 사용되었지만 양자 사이에는 구조적 유사성이 있다. 양자 모두 국가권력이 아니라 특정한 사회세력이 운동의 주체가 될 뿐만 아니라 물리적 폭력 대신 담론 차원의 기독교 비판과 공격을 시도하기 때문이다. 따라서 최근 한국사회 안티기독교 운동의 전사(前史)로서 일제하 반기독교 운동에 대해 간략히 짚고 넘어갈 필요가 있다.

일제하 반기독교 운동은 1920년대 중국에서 일어난 반종교운동의 영향을 받았다. 특히 1922년 4월 사회주의자들이 북경에서 개최한 반기독교동맹대회가 중요한 계기가 되었다. 이 대회는 기독교를 "제국주의와 자본가의 주구(走狗)"라고 비판하면서 종교박멸론을 제창하였는데 이 소식이 식민지 지식인 사회의 반종교 논의에 기폭제 역할을 하였다.[11] 1923년 3월 국내 사회주의 단체 서울청년회가 주도한 전조선청년당대회는 "종교의 존재 의의"를 부인하였고,[12] 1925년 4월 개최 예정이었으나 일제에 의해 저지된 전조선민중운동자대회의 토의 안건에도 반종교운동에 관한 내용이 상당수 포함되어 있었다. 조선공산당 계열의 한양청년동맹도 1925년 10월 반기독교 대회가 일제에 의해 저지되자 기독교를 "제국주의의 수족"이자 "자본주의 옹호의 무기"라고 비판하는 한편 민중에게 미신과 허위를 조장하는 "민중의 아편"이라고 비판하였다.[13] 이처럼 반기독교 운동은 1925년 말에서 1926년 초에 절정에 달했으나 민족협동전선론이 대두하면서 1926년 중반 이후에는 점차 약화되었다.[14]

당시 사회주의자들의 반기독교 담론은 마르크스주의의 종교론에 기초한 것으로서 크게 두 축으로 이루어져 있었다. 하나는 종교의 기능에 관한 것이고 다른 하나는 종교의 본질에 관한 것이다. 기독교를 제국주의의 첨병이자 부르주아 계급의 지배 도구로 본 것은 기독교의 기능에 대한 비판이다. 이는 기독교의 사회적 역할에 대한 비판으로서 사회적 차원의 비판이다. 반면 기독교를 미신과 허위의 체계로 간주한 것은 기독교의 본질에 대한 비판이다. 이는 기독교의 세계관을 환상적 이데올로기 혹은 허위의식으로 간주한 것으로서 인식론적 차원의 비판이다. 마르크스주의의 종교 비판은 종교소멸론 혹은 종교박멸론으로 귀결되기 때문에 사회주의의 반기독교 운동은 기독교소멸론이나 기독교박멸론으로 수렴된다.[15]

사회주의의 반기독교 운동에 대해 당시 제도교회는 대체로 무시하거나 냉소적인 태도를 취했지만 일부 개신교 지식인은 경청의 태도를 취하면서 반성의 계기로 삼았다. 기독교와 사회주의의 공통분모를 강조한 기독교사회주의가 후자의 대표적인 예다.[16] 특히 이대위(李大偉)는 기독교와 사회주의의 세계관 차이를 인정하면서도 양자가 현 사회질서의 폐해를 인식하고 이를 개조하려는 동일한 목적을 가지고 있음을 강조했다. 그에 의하면 기독교와 사회주의는 국제주의적 성격을 지니고 있을 뿐만 아니라 자유, 평등, 박애의 실현이라는 동일한 이상을 지니고 있다. 따라서 그는 기독교 진영에 대해서는 자본주의와 독재주의의 타파 및 예수의 사회복음에 기초한 천국 실현에 노력할 것을 촉구한 반면, 사회주의 진영에 대해서는 불합리한 무종교주의의 포기와 개인의 자발성에 기초한 평화로운 자유공산의 방법을 도모할 것을 촉구하였다. 그는 기독교와 사회주의가 화합하여 "조선 고유문화의 세례"를 받으면 영국의 기독교사회주의나 미국의 '사회적 기독교'와 같은 것을 산출할 수 있다고 보았다.[17]

이 무렵에는 일본의 기독교사회주의자 가가와 도요히코(賀川豊彦)의 '애(愛)의 사회주의운동'의 영향을 받아 기독교 나름의 '애(愛)의 사회' 건설을 내세우는 주장이 등장하기도 하였다. 이는 약육강식의 사회진화론이나 마르크스주의와 구별되지만 그 본질은 자본주의와 사회주의의 조화로운 발전 및 노동자와 자본가의 계급 협조를 추구하는 사회개량적 노자협조주의였다.[18] 이처럼 일제하 사회주의의 도전에 대응하여 기독교사회주의가 등장하였지만 이는 제도교회의 중심부가 아니라 개신교 사회단체의 일각에 부분적으로 존재했을 뿐이고 그 후 지속되지도 못했다.

해방 이후 북한에는 친소 공산 정권이 들어서고 남한에는 친미 반공정권이 들어섰다. 따라서 남북한에서는 각기 좌우익 투쟁이 치열하게 전개되었다. 북한의 경우에는 국가권력과 기독교가 충돌하면서 기독교가 대대적인 탄압을 받게 된 반면, 남한의 경우에는 기독교가 정치권력과 연대하여 공산주의를 척결하는 데 앞장섰다. 그 대가로 남한 기독교는 미군정과 이승만 정권 시절 다양한 형태의 물적 제도적 특혜를 향유하였고 이는 교세 성장의 기반이 되었다.[19] 군사정권하의 개신교 보수 진영은 개인의 영혼 구원을 내세우면서 교세 성장에 주력하였고, 개신교 진보 진영은 사회민주화 운동에 적극 동참함으로써 한국교회의 사회적 공신력 제고에 큰 기여를 하였다. 이러한 요인들로 인해 개신교는 마침내 한국사회에서 가장 강력한 종교집단이자 영향력 있는 사회세력의 하나로 자리잡게 되었다.

이 시기 동안 개신교의 급성장에 대해 질시와 선망의 눈초리를 보내거나 교세 확장의 모델로 삼는 종교집단은 있었지만 개신교 자체에 대해 조직적 반대운동을 벌이는 사회세력은 거의 없었다. 개신교인들의 배타적 신앙이나 독선적 모습에 대해 비판적 태도를 취하는 사람들은 있었지만 그러한 반감은 대체로 개인적 차원에서 해소되거나 단발성 행사로 그쳤다. 그러나 1990년대 후반에 들어오면 상황이 달라진다. 이제 개신교에 대한 반감은 과거와 달리 매우 지속적이고 체계적인 형태로 분출한다. 안티기독교라는 이름하에 새로운 형태의 반기독교 운동이 등장하기 시작한 것이다.

최근 한국사회의 안티기독교 운동의 출현은 여러 배경이 있지만 거시적으로 보면 세 요인의 합작품이다. 인터넷 문화의 급격한 확산, 안티운동의 유행, 개신교의 공세적 선교가 그것이다. 우선 주목해야 할 것은 인터넷 문화의 출현이다. 일제하 반기독교 운동이 신문이나 잡지와 같은 인쇄매체를 통해 전개되었다면, 현재의 안티기독교 운동은 사이버 공간을 주요 무대로 한다. 1990년대 초반, PC통신 시대의 시작과 더불어 하이텔, 유니텔, 천리안 등에 토론게시판이 생겨나면서 안티기독교 운동의 발판이 마련되고, 1990년대 후반 고속인터넷의 급속한 보급으로 반기독교 운동이 본격화되었다. 인터넷은 수많은 정보와 이슈를 실시간으로 전달하고 그에 대한 즉각적 피드백을 가능하게 하는 쌍방 통행적 의사소통 매체이기 때문에 전통적인 의사소통 방식에 혁명적 변화를 초래하였다. 이러한 물적 기반에 힘입어 그동안 심정적으로만 기독교에 반감을 품고 있던 많은 네티즌이 웹사이트를 마련하면서 일제히 반기독교 운동에 나설 수 있게 된 것이다.

인터넷 시대로의 진입은 그 전에는 예기하지 못했던 새로운 문화현상을 초래하였는데 '안티운동'이 대표적인 것이다. 안티-삼성, 안티-조선일보, 안티-미스코리아 등 안티운동의 형태를 취한 안티문화가 2000년경부터 우후죽순으로 등장하였는데 이는 인터넷의 확산이 가져온 새로운 문화현상이다. 안티-삼성은 거대한 자본을 지닌 기업이 소비자의 권익을 침해하고 있다고 판단한 소비자들의 안티운동이고,[20] 안티-조선일보는 거대한 힘을 지닌 언론이 극우 이데올로기를 양산한다고 판단한 지식인들의 안티운동이며,[21] 안티-미스코리아는 여성의 성(性)을 상품화시킨다고 판단한 페미니스트들의 안티운동이다. 이러한 안티운동은 각기 다른 배경을 지녔지만 사회적 약자 또는 소수자 집단이 인터넷 공간을 활용하여 거대한 자본권력과 언론권력에 대항하는 운동이라는 공통점이 있다. 안티기독교 운동 역시 기독교라는 거대한 종교권력을 대상으로 한 운동의 성격이 있다.[22]

인터넷의 보급과 안티문화의 등장만으로는 최근 안티기독교 운동의 급격한 확산을 설명할 수 없다. 안티기독교 운동을 촉발한 것은 사이버공간을 무대로 한 기독교인들의 공세적 선교 활동이다. PC통신 시대가 시작되자마자 토론게시판에 기독교의 성경 구절이나 전도 문구를 반복적으로 올리는 행위, 이른바 '도배질' 현상이 자주 나타났는데 이는 기독교에 대한 큰 반감을 초래하였다. 안티기독교 세력을 결집시키는 데 결정적 계기를 제공한 것은 단군상 문제로 보인다. 1999년 일부 개신교인이 초중고 학교 교정이나 공원 등에 건립된 단군상을 훼손하는 사건이 일어나면서 기독교인에 대한 한국사회의 반감이 급증하였다. 더구나 개신교계가 범교단적 차원에서 단군상 건립 반대운동을 추진하자 일부 시민단체와 종교인들이 연대하여 개신교계의 움직임을 공격하였다.[23] 이때부터 사이버공간에서 기독교를 공격하는 반기독교 운동이 급격히 확산되었다. 이처럼 최근 한국사회의 안티기독교 운동은 인터넷이 물적 기반을 제공하고 개신교의 공세적 선교 활동이 빌미를 제공하면서 등장한 사이버공간 중심의 안티운동이라고 할 수 있다.

안티기독교 진영의 설명에 의하면 1999년 말 '이안티'라는 필명을 지닌 대학생이 라이코스(lycos.co.kr) 계정으로 안티기독교라는 이름의 사이트를 제작하였는데 이것이 국내 최초의 기독교 비판 전문 웹사이트이다.[24] 이 사이트가 알려지자 많은 기독교인이 방문하고 동시에 엄청난 수의 안티기독교 비난 글이 올라오면서 안티기독교 운동이 대외적으로 알려졌다. 이 사이트가 기독교인들의 공격으로 폐쇄되자 포털 사이트 '다음'에 '클럽안티기독교 카페(http://cafe.daum.net/clubanti/)'가 개설되었다. 그 후 안티기독교 사이트가 우후죽순으로 개설되었지만 클럽안티기독교가 중심적 역할을 하였다. 2004년 1월에는 시민운동을 표방한 안티기독교 단체 반기독교시민운동연합(이하 반기련, http://www.antichrist.or.kr/)이 등장하였다.

현재 사이버공간에서 가장 활발한 활동을 전개하고 있는 안티기독교 사이트는 앞서 언급한 클럽안티기독교와 반기련이다. '안티기독교의 종가(宗家)'라는 자부심을 지니고 있는 클럽안티기독교의 회원은 7천 명이 넘는다. 이 단체는 온라인 활동만 하는 것이 아니라 『우리는 왜 기독교를 반대하는가』라는 단행본을 발간하였고,[25] CAC(Club Anti-Christianity)라는 이름의 정기 간행물도 발행하였다. 이 카페는 각 공간에서 홀로 활동하는 반기독교인들의 지원, 반기독교인의 정기 모임을 통한 회원 간의 친목, 교회 내에서 갈등을 안고 있는 기독교인과의 대화, 기독교와 갈등을 일으키고 있는 지역사회의 고충 해결 등을 운영 방향으로 제시하였다.

반기련은 2만 명에 가까운 회원을 보유한 국내 최대의 안티기독교 사이트로서 명칭에서 드러나듯이 시민운동을 표방하고 있다. 하루 평균 조회 수가 2천 회가 넘으며 최근 게시물만 1만 건에 가깝다. 반기련은 선언문에서 기독교의 '패악질'을 막기 위해 기독교 박멸에 앞장설 것, 온-오프라인 활동을 병행하되 비폭력적이며 정당한 수단만을 사용할 것, 일반인을 대상으로 한 홍보 활동, 기독교인에 대한 상담, 책 출판에 중점을 둔 활동의 전개를 강조했다. 2005년에는 경기도 연천에 중앙사무실을 개소하여 오프라인의 거점을 마련하였으며 실제로 매월 오프라인 모임을 갖고 있다. 또한 회원들로부터 회비를 수납할 뿐만 아니라 모금 운동도 전개하고 있다.

이 두 단체 이외에도 7,500여 명의 회원을 보유한 네이버카페 안티기독교(http://cafe.naver.com/antichristianity/), 하루 평균 300여 명이 접속하는 안티바이블(http://www.antibible.co.kr/), 안티기독교에 관한 방대한 자료를 축적하고 있는 안티예수(http://www.antiyesu.net/), 4천 여 명의 회원을 지닌 기독교비평(http://cafe.daum.net/chiwoo/) 등이 주요 사이트이다. 개종(http://cafe.daum.net/AdConversion)이라는 이름을 지닌 사이트는 불교신자가 운영하는 카페로 보이는데 반기독교적 내용이 많으며 한국 전통 종교로의 개종을 유도하는 특징이 있다.

안티기독교 사이트들의 게시판은 일반 커뮤니티나 카페의 경우처럼 공지사항, FAQ, 회원토론방, 자유게시판, 자료실, 추천사이트 등의 기본 내용을 갖추고 있으며, 회원의 자격에 따라 권리를 차등적으로 부여하는 등급제를 일반적으로 시행하고 있다. 이 사이트들의 목적은 기독교에 대한 안티운동에 있으므로 기독교를 비판하거나 공격하는 다양한 공간을 마련하고 있다. 기독교계의 타락과 부패를 주로 소개하는 기독교 관련 뉴스, 바이블의 오류와 모순을 지적하는 바이블 비판, 회원들의 신앙경험과 상처를 공유하는 경험담과 신앙상담, 그리고 안티기독교 문학, 안티기독교 만화, 안티기독교 음악을 위한 공간이 마련되어 있다.

개인 차원에서 운영하는 블로그 형식까지 포함하면 현재 안티기독교 활동을 하는 사이트는 수십 개로 추정된다.[26] 인터넷에서 활동하는 안티기독교인의 숫자는 어느 정도인가? 한 사람의 안티기독교인이 여러 사이트에 중복 가입되어 있는 경우를 가정하면 현재 안티기독교 활동을 하는 네티즌의 숫자는 2만-3만 정도로 추정된다. 이들은 안티기독교 사이트만이 아니라 다음(Daum) 아고라 각 토론방, 한겨레 토론마당(한토마), 디시인사이드 종교갤러리 등과 같은 포털사이트의 토론방을 무대로 반기독교적 활동을 전개하기도 한다.

최근의 안티기독교 운동은 일제하 반기독교 운동을 전사로 지니고 있지만 양자 사이에는 상당한 성격 차이가 있다. 일제시대의 반기독교 운동이 인쇄 매체를 중심으로 한 사회주의자들의 운동이었던 데 비해 현재의 안티기독교 운동은 사이버공간을 무대로 한 네티즌 중심의 운동이다. 또한 일제하 반기독교 운동이 중국 반종교운동의 영향을 받아 일시적으로 분출했다가 사라진 반면, 최근의 안티기독교 운동은 20년 가까운 역사가 있을 뿐만 아니라 점점 더 확대되어 가는 모습을 보여주고 있다. 현재 개설되어 있는 안티기독교 사이트들에서는 일제하 사회주의자들의 반기독교 운동에 대한 자료나 정보를 찾아보기 힘든데, 이는 이들이 사회주의에 대해 모종의 불편함을 느끼고 있기 때문인 것으로 보인다.

3. 안티기독교 진영의 담론과 실천

안티기독교 진영은 왜 기독교를 비판하며 기독교의 어떤 점을 집중적으로 공격하는가? 반기련은 출범 선언문에서 "기독교의 해악"이 극에 달하였기 때문에 "기독교 박멸의 기치"를 높이 들었다고 밝혔다. 어느 안티기독교 사이트 운영자도 이와 비슷한 답을 제시했는데 그에 의하면 안티사이트의 개설 이유는 현재 "악행을 저지르는 1순위의 종교인 기독교"의 세력 확산을 막기 위한 것이다.[27] 한마디로 우리 사회의 기독교가 악행을 일삼는 '암적 존재'이기 때문에 박멸의 대상이 된다는 것이다. 구체적으로 어떤 악행을 저지르고 있다는 것인가? 안티기독교의 시선에 포착된 기독교의 악행은 다음과 같다.

1. 단군상 훼손하기, 단군상 건립 반대.
2. 사찰 방화, 훼불 행위, 불당 난입.
3. PD수첩의 대형교회 비리 고발로 인해 MBC 안 보기 집단운동하기, MBC에 소송 걸기.
4. 김용옥 씨의 논어 강좌에 대해 입막기 서명 등 집단행동.
5. 공공장소에서 '불신지옥 예수천당' 외치는 고성방가 행위.

6. 목사, 기독교 지도층의 신도 강간하기, 사기쳐서 신도들에게 재물 강탈하기 등 수많은 범죄 행각.

7. 진화론에 대한 모함, 비방. 진화론에 대항하여 창조과학회 설립.

8. 전국을 교회와 십자가로 뒤덮는 기이한 현상.

9. 민족 전통문화를 부정.

10. 다른 종교와 사상에 대한 근거 없는 비방 및 배척.

11. 제사 지내지 말라고 시비 걸기, 이로 인한 친족, 혈육 간에 불화 조성.

12. 장승공원 조성, 백제 불교 최초 도래지 기념 공원 조성 등에 대한 집단 방해 행위.

13. 성남 일화축구단 몰아내기 집단행동.

14. '붉은 악마' 개명 압력 집단 시위, '백의 천사' 만들어서 '붉은 악마' 응원 방해.

15. 경승실 철폐 요구 집단시위.

16. 화폐도안변경촉구추진위원회 만들어 화폐도안 변경을 위한 서명운동 벌이기.

17. 대중음악, 뉴에이지 음악 등을 악마와 사탄의 흉계라고 매도.[28]

이 내용은 크게 다섯 범주로 재분류할 수 있다. 1) 교회 지도층의 도덕적 타락 2) 공세적 선교 3) 전통문화와 전통 종교의 무시와 공격 4) 현대 과학의 무시 5) 대중문화의 정죄이다. 요컨대 한국 기독교는 도덕성을 유지하지도 못하면서 공세적 선교를 통해 전통문화 및 전통 종교, 현대 과학, 그리고 대중문화를 정죄하고 있다는 것이다.

첫 번째, 교회 지도층의 도덕적 타락은 시민사회와 교회개혁 운동에 의해서 지속적으로 지적되어 온 사항이다. 목회자들의 성적 타락, 헌금 강요, 교회재정의 불투명한 운영 등이 대표적인 예다. 두 번째, 공세적 선교 역시 자주 지적되어 온 사항이다. 사이버공간 게시판에서의 '도배질', 공공장소에서 '예수천국 불신지옥!'을 외치면서 행하는 전도, 화폐에 전도 문구 새겨넣기, 공격적 해외선교 등이 대표적인 예다. 세 번째, 전통문화와 전통 종교의 무시에는 전통문화 및 종교를 우상숭배나 미신숭배로 정죄하기, 단군상·불상·장승 훼손하기, 월드컵 당시 붉은 악마 개명 요구, 화폐도안변경 촉구 서명운동, 전통 종교(문화)를 활용한 지자체의 관광문화사업 방해하기 등이 포함된다. 네 번째, 현대 과학의 무시는 창조과학(Creation Science)이나 지적 설계론(Intelligent Design)을 내세워 진화론을 공격하는 현상을 말한다. 다섯 번째는 뉴에이지(New Age) 음악을 '사탄의 음모'로 규정한 사안을 말한다. 위의 인용문에 포함되지 않았지만 개신교 사학에서의 채플 강요나 사학법 개정 문제도 개신교를 비판하고 공격하는 단골 메뉴이다.

개신교 진영은 이러한 행위들을 일부 교인에 의한 일탈적 행위로 보는 반면, 안티기독교 진영은 다른 해석을 시도한다. 안티기독교 진영은 기독교인들이 저지른 사회적 악행의 발생 원인을 일부 몰지각한 기독교인이나 부패한 교회 지도자들의 잘못에서 찾는 것이 아니라 기독교의 본질에서 찾는다. 이러한 사회적 악행은 미성숙한 기독교 신앙의 소유자나 윤리적 일탈자에게서 나오는 것이 아니라 기독교의 근본 가르침에 충실한 교인에게서 나온다는 것이다. 따라서 안티기독교 사이트에서는 기독교 신앙의 토대가 되는 바이블과 예수에 대해 본격적으로 메스를 가한다. '안티바이블'과 '안티예수'의 이름으로 바이블과 예수에 대하여 다양한 형태의 비판과 공격을 시도하는 것이다.

안티기독교 진영에 의하면 바이블은 영원한 진리의 말씀이 아니라 온갖 모순과 오류로 가득차 있는 '난잡한 잡서(雜書)'에 불과하다. 이들은 바이블의 가치를 떨어뜨리기 위해 성서비평학의 연구 성과를 적극 활용하기도 한다. 바이블은 논리적 오류와 모순만이 아니라 신자들에게 맹목적이고 배타적이고 편협한 믿음을 강조하는 매우 '위험한 책'이라고 주장한다. 또 바이블 안에는 비윤리적이고 외설적이고 성차별적이고 인종차별적 내용이 가득차 있음을 강조한다.

반기련은 '바이블 19금 지정 촉구를 위한 1,000만 인 서명운동'을 전개하고 있는데, 그 취지문에 의하면 "바이블(Bible)은 아예 공갈과 협박으로 시작해서 마침내, 사람이 꺼지지 않는 지옥 불에 들어가서 영원히 이를 갈며 신음하리라는 악담과 저주를 보여주는 무지막지한 악서(惡書)"[29]이다. 기독교가 주일학교 등을 통해 어린 시절부터 바이블의 내용을 주입하여 맹목적 신앙인으로 만든다고 보고 이를 원천적으로 차단하기 위한 법적 차원의 시도이다. 물론 이러한 시도는 실현 가능성이 없지만 기독교의 경전에 대한 비판의 맥락에서 나온 안티 진영의 전술이라고 할 수 있다. 이와 관련하여 안티기독교 진영은 『일반인이 알아야 할 악서 바이블 이야기』라는 책도 출판하였다. 이 책은 "예수교가 역사 속에서 즉 과거와 현재에 배설해 내는 모든 악질적인 만행질은 바이블의 가르침을 한 가지도 빠뜨리지 않고 모든 것을 실천하고 있는 것"[30]이라고 주장하고 있다. 이 역시 기독교의 윤리적 사회적 문제의 뿌리를 바이블에서 찾고 있다.

안티기독교 진영은 예수에 대해서도 위대한 성인이 아니라 역사적 실존을 아예 부정하거나 '태양신의 변조품'[31] 혹은 '유대의 요악스러운 잡신'[32]으로 간주한다. 복음서에 나오는 예수의 생애와 말씀에 근거하여 볼 때 예수는 사랑과 자비의 인물이라기보다는 저주와 심판과 공포심을 유발시키는 악의 근원이라는 것이다. 더구나 예수의 동정녀 탄생이나 부활과 같은 이야기는 실제의 이야기가 아니라 허구적 이야기에 불과하며, 청년 예수를 인도에 가서 힌두교와 불교 등을 배우고 돌아온 불제자나 마술사로 묘사하기도 한다.[33] 안티기독교 진영의 한 논객은 『예수평전』이라는 책을 통해 예수의 역사적 실존을 부정하는 등 앞의 논리들을 반복하였다.[34] 이러한 논리들은 서구 학계의 일각에서 나온 『예수는 신화다』와 같은 책의 내용을 근거로 한 것이다.[35]

이처럼 안티기독교 진영에 의하면 예수와 바이블은 맹목적 믿음을 강조하고 타종교에 대해 배타적이고 독선적인 태도를 강조하고 있다. 따라서 기독교는 수많은 폭력 및 전쟁과 같은 죄악의 역사에 깊이 연루될 수밖에 없다. 십자군과 종교재판, 마녀사냥과 종교전쟁은 예수와 바이블의 정신에서 벗어난 예외적 사건들이 아니라 오히려 그것에 충실한 결과이다. 현재 한국 기독교에서 나타나는 여러 가지 사회적 악행도 마찬가지라는 것이다.

이러한 시각에서 보면, 타종교에 대해 상대적으로 개방적이고 포용적인 태도를 취하는 진보적 개신교나 오늘날의 천주교는 오히려 예수와 바이블의 정신에 충실하지 못한 '가짜 기독교'가 된다. 예수와 바이블에 기초한 기독교의 본질은 타종교에 대해 배타적이어야 하기 때문이다. 즉 진보적이거나 개방적인 태도를 취하는 기독교인들은 기독교의 생명을 존속시키기 위해 기독교의 본질을 망각하는 위선적이고 모순적인 사람들로 간주된다.[36] 이는 안티기독교에 의한 일종의 '기독교 만들기(Christianity-making)'라고 할 수 있다.

이처럼 안티기독교 진영은 기독교의 사회적 악행에 대한 단순한 비판이나 비난에 그치는 것이 아니라 기독교의 토대 자체를 붕괴시키려고 시도하는 동시에 자기 나름의 '기독교 만들기'를 시도하고 있다. 즉 안티기독교 진영은 기독교의 본질을 예수와 바이블에서 찾은 다음, 예수와 바이블의 허구성과 모순성을 지적하는 방식으로 '기독교 부수기'를 시도한다. 이와 동시에

'진짜 기독교'를 보수 기독교에서 찾은 다음, 진보 진영의 기독교를 기독교의 세계에서 배제시키는 방식으로 '기독교 만들기'를 시도하고 있는 것이다.

4. 안티기독교 운동의 주체와 이데올로기

그러면 안티기독교 운동을 전개하는 자들은 누구인가? 어떻게 하여 안티기독교인이 탄생하고 또 만들어지는가? 안티기독교인들의 이데올로기와 논리는 무엇인가? 여기서는 이러한 물음들을 차례로 살펴본다. 안티기독교인들은 주변의 개신교인들로부터 직간접적 피해를 받은 기억을 지니고 있다. '나예수'라는 풍자적인 아이디를 쓰는 안티기독교인은 자신이 안티활동을 하게 된 까닭을 이렇게 썼다.

> 나에게 피해를 준 놈이 개신교신자이다. 주변 교인들을 보면 자기네들은 세상에서도 잘살고 죽어서도 천국 간다고 의기양양하고 교회 다니지 않는 사람들을 측은하게 여기는 것이 기분 나쁘다. 그네들은 기독교신자라는 자긍심을 가지고 안하무인격으로 떠든다. 비신자들을 비웃는 것 같다. 나는 개신교의 직접적 혹은 간접적 피해자이다. 나는 복수를 해야 되고 나와 같은 피해자가 생기지 않도록 개신교로부터 보호해야 한다. 저 기독교인들이 무식한 소리로 떠드는 것들 좀 봐! 저 무식한 소리를 듣고도 할렐루야 아멘 하는 저 개념 없는 좀비들 좀 봐! 저들을 내가 구원해야 돼![37]

이 글은 비기독교인을 구원의 대상으로 간주하여 오만한 자세로 전도하는 개신교인들의 신앙적 열정이 안티기독교인을 만드는 중요한 계기임을 보여주는 동시에 안티기독교 진영은 기독교인을 오히려 '구원의 대상'으로 간주하고 있음을 보여준다. 앞의 안티기독교인은 기독교 배경이 없었던 것으로 보이지만 상당수의 안티기독교인은 교회를 다녔던 경험이 있다. 교회 생활을 오래한 교인 중에 자기 교회의 목회자나 교인의 비리와 부패를 목격하고 깊은 상처를 받는 경우가 있다. 이때 어떤 교인들은 크나큰 배반감으로 인해 교회를 그만두는 것으로 그치지 않고 투쟁적 안티기독교인으로 돌변한다. 이는 '이단'으로 지목된 신앙집단에 오랫동안 몸담았던 사람이 어느 순간 극도의 배반감을 느끼고 탈출한 후에 그 집단을 집요하게 공격하는 '이단사냥꾼'이 되는 심리적 메커니즘과 매우 유사하다.

반기련이 회원을 대상으로 조사한 바에 의하면 안티기독교인이 된 동기는 배타성(42.3%), 인간성 말살(20.2%), 부조리(12%), 지도층의 타락(7.2%), 헌금 강요(5.2%), 세습과 족벌경영(3.7%), 기타(9.3%)의 순으로 나타났다.[38] 기독교의 배타성이 안티기독교인을 만드는 가장 큰 요인으로 나타났다. 이는 이웃종교를 쉽게 폄하하면서 자기 종교만을 선전하고, 남의 이야기는 듣지 않고 자기 이야기만 쏟아 내는 '독선적 기독교인'이라는 이미지가 안티기독교인을 양산하는 주요 요인임을 보여준다.

안티기독교 사이트들은 회원 가입 시 일정한 조건을 요구하는 경향이 있는데, 어떤 사이트의 경우에는 회원으로 가입하기 위해서 다음 질문에 답해야 한다.

질문 1 : 망국 종교 기독교를 몰아내기 위해 어떤 일을 해야 될까요?

질문 2 : 기독교인들의 망국 행위에 대해 귀하는 찬성하십니까?

질문 3 : 세종대왕님도 이순신 장군님도 예수 안 믿었으니 지옥 가셨나요?

질문 4 : 기독교신자들이 가는 천국이 그게 천국일까요?

질문 5 : 당신이 기독교인이면 이 카페 가입하는 것으로 예수를 부정하고 저주하는 것입니다. 그래도 가입하시겠습니까? [39]

기독교를 '망국 종교'로 간주하고 예수를 저주하는 조건으로 회원을 받아들이는 이러한 의식은 기독교의 세례문답을 거꾸로 적용한 안티기독교의 '입문식(initiation)'인 셈이다. 이처럼 안티기독교 사이트는 기독교 배경을 지닌 네티즌들을 기독교에 대적하는 새로운 세계관으로 '개종'시키는 것을 목적으로 하고 있기 때문에 그 자체가 하나의 '종교운동'이라고 할 수 있다.

앞서 살펴본 것처럼 안티기독교 사이트에 나타난 기독교 비난 및 공격의 내용은 매우 다양하며 서로 모순되는 의견과 주장도 있다. 안티운동은 공동의 적을 전제하고 그에 대항하기 위해 여러 세력이 연대한 연합전선의 성격이 있기 때문이다. 따라서 전선에 참여하고 있는 각 집단의 이념적 토대는 상당히 다를 수 있다. 한 안티기독교 사이트에는 "우리는 기독교가 싫어하고 악마 이단으로 배척하는 건 뼛속까지 알아본다. 이곳은 여러 안티 분들의 공동연구실입니다. 기독교가 싫어하는 불교, 노자, 이슬람교, 장자, 오쇼 라즈니쉬, 공산주의, 유교, 힌두교, 홍익인간 등 철학, 종교에 대한 연구입니다."라고 밝히고 있을 정도이다. [40]

이처럼 안티기독교 운동의 스펙트럼은 매우 넓다고 할 수 있지만 운동의 추동력을 제공하는 이데올로기는 크게 둘로 나누어진다. 하나가 문화적 민족주의(cultural nationalism)라면 다른 하나는 세속적 휴머니즘(secular humanism)이다. 한 안티기독교 카페의 설립 취지서에 그러한 점이 잘 나타나 있다.

카페 엑스터시는 인본주의, 과학정신, 이성으로 무장하고 안티기독교를 행하는 한국 네티즌들의 열린 모임이다. 기독교박멸투쟁을 전개하는 카페 엑스터시는 대형세습재벌교회를 파괴하고 우매한 신도들을 해방시키어 인권이 상식으로 통하는 정의시민사회 건설을 구현한다. 거짓을 미워하고 진리를 옹호하는 카페 엑스터시는 개악랄 외래 잡종교 기독교로부터 민족 고유의 전통문화와 전 인류의 과학적 유산을 수호한다.[41]

여기서 말하는 '민족 고유의 전통문화'와 '전 인류의 과학적 유산'의 수호야말로 안티기독교 운동을 추동시키는 두 개의 축이다. 안티기독교인의 개인적 혹은 집단적 성향에 따라 어느 한쪽이 강조되는 경우가 있는가 하면 둘이 함께 강조되는 경우도 있다. 문화적 민족주의는 기독교를 외래 종교나 서구 종교로 간주하면서 한민족의 전통과 문화를 파괴한 장본인으로 규정하는 경향이 강한 반면, 세속적 휴머니즘은 기독교의 맹목적 신앙과 반지성주의에 공격의 초점을 두는 합리주의 전통에 속한다.

1) 문화적 민족주의

안티기독교 진영은 무엇보다도 우선 한국 기독교의 주체성 결여를 가장 큰 문제로 지적하고 있다. 한국 기독교를 '종교 사대주의'의 맥락에서 파악하고 있는 것이다. 이들의 시각에서 볼 때 한국 기독교는 한민족을 유대인화시키고 서구화시키고 있다.

기독교라는 배타적이며, 독단적이고, 반민족적이기까지 한 종교를 믿는 우리 사랑하는 이웃과 동포들을 보면, 정말 서글픈 마음을 감출 수가 없습니다. 그들이 모여서 바이블 공부하는 것을 옆에서 지켜보십시오. 이상한

괴론을 마치 성스러운 듯이 토론하는 것은 우습기까지 하며, 이스라엘 역사라면, 누가 누구를 낳는 것까지, 외우려고 합니다. 그들은 더이상 한국인임을 포기한 사람들같이 보입니다.[42]

개신교인들은 유대인의 부족신에 불과한 여호와를 섬기고 있으며, 한민족을 아브라함의 후예로 파악하며, 심지어는 모세나 다윗 같은 유대인 이름마저 자랑스럽게 사용하고 있다는 것이다. 종교 사대주의의 가장 대표적인 사안으로 간주되는 것은 물론 단군상 건립 반대운동과 단군상 파괴이다. 문화적 민족주의에 서 있는 안티기독교인의 눈으로 보면 단군의 역사적 실존을 인정하지 않고 단군상을 단순한 우상으로 간주하여 타파의 대상으로 삼는 개신교인들의 행위는 반민족적 행위로서 명백한 규탄의 대상이다. 그리고 미신 타파의 명분으로 불상을 훼손하고 장승을 파괴하는 행위도 민족의 전통과 문화를 무시하는 종교 사대주의로 간주된다.

따라서 안티기독교인들은 개신교의 종교 사대주의에 도전하기 위해 의도적으로 민족 전통의 보존을 강조한다. 시민단체에서 추진하는 '한글날 국경일 제정 촉구 대회'에 적극 동참하는 행위는 한 가지 예다.[43] 안티기독교 최대의 단체로서 시민운동을 표방한 반기련이 발기대회를 개천절에 개최한 것도 문화적 민족주의를 반영한 것으로 보인다.[44] 문화적 민족주의의 입장에서 종교 사대주의에 대한 비판은 안티기독교인들이 한강변에 모여 기독교 박멸을 위한 출정식을 거행하면서 발표한 선언문에도 잘 나타나 있다.

불과 백여 년 전… 통탄하고 비탄할 일이 생겼습니다. 유구한 우리 겨레의 국운이 잠시 쇠락의 길로 접어들자 유대의 요악스런 잡신 예수는, 그 비운의 틈을 이용해 사악함과 그릇됨의 실체를 숨기고, 어두운 그믐밤 사막의 흉측한 독사처럼 이 아름다운 겨레의 땅으로 기어 들어와, 비탄에 빠져 있던 겨레의 선민(善民)을 향하여 온갖 거짓과 망령된 요설로써 혹세무민하였으며, 겨레의 강산과 숭고한 정신을 추악한 십자가의 더러움으로 오염시키었습니다.[45]

　기독교는 우리 민족의 위기 시에 들어와 온 국민의 정신을 오염시킨 '혹세무민'의 종교라는 것이다. 이 선언문에서는 한강변에 위치한 천주교의 절두산 묘역과 여의도 순복음교회도 종교 사대주의의 산물로 간주하였다.[46] 이처럼 안티기독교 운동을 강력하게 추진시키는 한 축은 기독교에서 종교 사대주의를 발견하고 이에 대한 대안으로 홍익인간이나 국조 단군을 강조하는 문화적 민족주의이다. 어느 안티기독교인은 다음과 같이 말했다.

　　내가 안티기독교인이라는 뜻은, 한국 사람이 기독교에 미쳐서 발광을 하는 데 대한 안티이지, 미국인들이나, 다른 나라 사람들이 예수를 믿는 데 대한 안티가 아닙니다. 나는 한국이 기독교를 무분별 수용하고, 지구상에 유례없는 기독교의 번창이 한국에서 일어나고 있다는 데 대해서 말할 수 없는 자괴감과 실망, 분노를 느낍니다. 한국인들의 뿌리깊은 사대주의 사상, 중국사대주의에서 미국사대주의로 바뀌면서, 종교도 여과 없이 그냥 들어온 것으로 판단됩니다. 미제라면 양잿물도 마신다는 격으로 기독교를 받아들인 것이지요.[47]

　이러한 종류의 문화 민족주의는 안티기독교 사이트를 방문하면 쉽게 확인할 수 있다. '개종'이라는 이름의 안티 사이트의 프로필에는 "천도교, 대종교, 불교, 명상, 무종교로의 개종에 필요한 자료를 공유하고 있습니다(삿된 서구 종교 속박으로부터 탈출). 어서 오십[시]오! 버선발로 님을 반깁니다."[48] 라고 쓰여 있다. 서구 종교로부터 벗어나 '민족종교'로 돌아오라는 논리다.

네이버카페 안티기독교 사이트 홈페이지 첫 화면도 "전통문화 파괴 국조 단군 부정 독선적인 기독교를 추방합시다."라는 구호를 게시하고 있으며,[49] 클럽안티기독교 홈페이지 첫 화면에도 백두산 천지와 삼태극 문양이 등장한다. '제삼자'라는 필명을 사용하는 반기련 칼럼니스트의 게시판에는 "이제라도 배달민족답게, 즉시 내 민족의 품으로 돌아오라. 예수교는 우리 배달민족의 생리에 근본적으로 맞지 않는 잔인과 독선과 배타만을 양산해 내는 무서운 독(毒)이다."라고 쓰여 있다.

안티기독교 진영의 문화 민족주의는 안티들의 필명에서도 잘 나타나 있다. '깨어나라고구려', '고구려', '대원군만쉐,' '한얼,' '백의민족,' '환국', '조선선비', '우린한민족', '환웅의후예', '마고할머니', '발해의 혼', '광개토호태왕', '단군의딸들', '단군의땅', '단군가랭', '단군상기독파괴짱', '단군의자손', '거련환웅', '나는한국인', '무궁화', '치우천황', '전통고수', '환단고기', '광복군', '태극기' 등 문화 민족주의와 친화성을 지닌 이름이 널리 발견된다. 특히 단군과 관련된 명칭이 많이 등장하는 것을 알 수 있다.

이처럼 안티기독교 이데올로기의 한 축을 형성하는 문화 민족주의는 서구와 한국, 여호와와 단군, 서구 종교와 민족종교, 사대주의와 민족주의 등의 이분법을 창출하면서 기독교를 배제와 척결의 대상으로 설정하고 있다.

2) 세속적 휴머니즘

안티기독교 진영의 또 한 축을 이루고 있는 이데올로기는 세속적 휴머니즘이다. 문화적 민족주의와 달리 세속적 휴머니즘은 서구에서 생겨난 것으로 오랜 전통이 있다. 고대 그리스 철학에서 맹아를 찾아볼 수 있지만 근대 계몽주의에서 꽃을 피웠으며 거시적으로 보면 사회주의도 그 안에 존재하는 하나의 흐름이다. 세속적 휴머니즘은 초자연의 세계를 거부하는 점에서는 자연주의(naturalism)이며, 초월적 신을 인정하지 않는 점에서는 무신론(atheism)이며, 인간의 이성과 지성을 모든 판단의 척도로 삼는 점에서는 합리주의(rationalism)이며, 인간의 행복을 지고의 가치로 삼는 점에서는 인본주의(humanism)이다. 이처럼 세속적 휴머니즘은 매우 넓은 의미망을 지닌 개념이다.

한국의 안티기독교 운동에서 세속적 휴머니즘의 '수호성인' 역할을 하는 인물은 버트란트 러셀(Bertrand Russell, 1872-1970)이다. 안티기독교 사이트들은 '러셀 어록'이라는 이름으로 그의 기독교 비판 관련 글을 모아 놓고 있으며, 특히 러셀의 『나는 왜 기독교인이 아닌가(Why I am not a Christian)』라는 글은 사이버공간의 안티기독교인에게 필독서로 간주된다.[50] 러셀은 합리적 이성주의의 관점에서 기독교의 도그마들을 비판하고 그러한 편협한 교리들이 인간의 행복에 얼마나 큰 장애물이 되는지를 차분한 논리로 서술한 사상가로 평가되기 때문이다. 실제로 러셀은 기독교의 배타적 교리들이 인류의 역사 속에서 엄청난 폭력 및 전쟁과 관련 있다고 서술했다.

러셀의 저작과 논리에 큰 영향을 받은 안티기독교인들은 맹목적 신앙의 위험을 지적하는 동시에 정직한 '의심'과 '회의'의 태도가 인간의 삶에 더욱 가치 있다고 역설한다. 그리고 이들은 역사상 존재했던 유명한 무신론자들의 목록을 제시하면서 무신론이 결코 인간을 절망이나 허무주의로 이끄는 것이 아님을 간접적으로 증명하고 있다.[51] 또한 기독교에 반대하는 다양한 외국의 사이트들을 소개하고 있다.[52]

세속적 휴머니즘은 믿음의 강요나 맹목적 신앙을 가장 경계하는데 그것이 인간의 고유한 '양심의 자유'를 억압하기 때문이다. 「반기독교선언」에는 다음과 같은 내용이 나온다.

> 내가 기독교를 반대하는 가장 큰 이유는 바로 기독교가 양심의 자유에 위배되는 관념을 심어 주는 대표적인 종교이기 때문이다. 기독교는 기존의 종교와는 차원이 다른 배타성을 가지고 있다. 그리고 터무니없는 것들을 보편적 믿음으로 비약시키려는 노력을 게을리하지 않는다. 일방적인 주입식 전도를 당연시하고 사후의 심판을 강조하여 공포감을 조성하기도 하며 교주에 대한 맹목적, 반복적 미화와 찬양을 요구하기도 한다. 기독교식의 교육 방법은 인간의 개성과 창의력을 말살하는 반복적 주입식 세뇌 교육에 불과하며 그것은 기독교의 교리에 위배되거나 불신하는 지성을 깎아내리려는 시도를 멈추지 않게 만든다. 나는 기독교를 지키기 위해 이런 일들이 자행되느니, 차라리 없는 것이 낫다고 생각한다. 기독교가 가르치는 것들은 자신의 양심은 옳고 타인의 양심은 그르다는 관념을 심어 주기 때문에 사람들이 쓸데없이 고집을 부리고 사소한 일로 서로 미워하게 만든다.[53]

요컨대 기독교는 맹목적 신앙의 이름으로 인간의 지성과 양심을 억압하므로 기독교는 차라리 없는 것이 인간의 행복에 도움이 된다는 주장이다. 인간의 자유와 행복을 최고의 가치로 간주하는 세속적 휴머니즘은 안티기독교 운동에서 매우 큰 역할을 하고 있다. 안티의 필명에서도 이러한 성향이 잘 나타나 있다. '인간이성', '이성과사유', '버트란트 러셀', '러셀', '러셀추종자', '철학', '상식의범주', '개인주의', '신앙의자유', '니체의친구', '다윈', '존레논', '인간=진리', '맑은이성', '과학도', '진리와자유', '인간중심', '인본주의

자' 등의 필명은 대표적인 사례이다.

최근 안티기독교 운동의 사상적 주춧돌 역할을 하는 인물은 리처드 도킨스(Richard Dawkins)이다. 진화생물학자인 도킨스는 베스트셀러 『만들어진 신(The God Delusion)』을 통해 전 세계적으로 무신론 논쟁을 일으켰는데 버스광고까지 시도하였다.[54] 그가 부회장으로 활동하고 있는 영국인본주의자협회(British Humanist Association)는 2008년 영국 전역을 운행하는 버스 중 800대에 "아마도 신은 없을 것이다. 걱정 말고 인생을 즐겨라(There's probably no God. Now stop worrying and enjoy your life)."라는 광고를 부착했다.[55] 이처럼 최근에는 서구 국가들에서 무신론자들이 거리로 진출하여 무신론을 선전하는 등 매우 적극적인 모습을 보여주고 있는데, 외형적으로 보면 이들의 몸짓은 열정적으로 전도하는 복음주의자를 닮았다. 그래서 '복음주의적 무신론자(evangelical atheist)'라고 불리기도 한다.[56] 이들과 같은 '무신론 전도사'에게는 신이 없다는 사실이 복음이기 때문이다.

반기련은 영국인본주의자협회를 모방하여 버스 광고를 하였다. "나는 자신의 창조물을 심판한다는 신을 상상할 수 없다."라는 아인슈타인의 문구를 서울시내 및 인근 경기도를 오가는 시내버스 4개 노선 8대에 부착하는 광고를 한 것이다.[57] 반기련의 게시판을 보면 도킨스를 초청하여 안티기독교인들과 세미나를 개최하자는 방안도 올라오고 있다. 이처럼 안티기독교 진영의 세속적 휴머니즘은 서구 무신론 전통이 축적한 자원에 상당히 의존하고 있다.

지금까지 보았듯이 안티기독교 진영의 핵심 이데올로기는 세속적 휴머니즘과 문화적 민족주의로서 양자의 흐름이 공존하고 있다. 전자는 서구 계몽사상을 수용한 것이고 후자는 한국의 독특한 상황의 산물이다. 요컨대 안티기독교 운동은 인본주의와 무신론의 자리에서 신본주의와 유신론에 기초한 기독교를 공략하는 동시에 한국의 전통문화와 민족주의의 자리에서 서구 종교인 기독교를 공격하는 사회문화적 운동인 것이다.

5. 개신교의 대응 양상

안티기독교의 활동에 대해 기독교는 어떤 대응을 하고 있는가? 한국 개신교가 안티기독교의 존재에 눈을 뜨게 된 것은 2000년대 초부터이다. 특히 2003년 클럽안티기독교가 『우리는 왜 기독교를 반대하는가?』라는 책을 발간하고 야외행사를 한 것이 개신교계 인터넷 신문 《뉴스앤조이》에 보도되면서부터 한국교회는 안티기독교의 존재에 대해 알게 되었다. 그 후에도 안티기독교에 관한 짧은 글이 몇 차례 《뉴스앤조이》에 실리기는 했지만 한국교회 전체가 큰 관심을 보이지는 않았다.[58]

안티기독교에 대해 한국교회의 관심이 폭증한 것은 아프간사태를 겪은 직후이다. 2007년 여름 아프간사태가 터졌을 때 인터넷 공간에서는 무장 탈레반의 피랍 행위에 대한 비난보다 샘물교회 봉사단과 한국교회의 해외선교에 대한 비난 여론이 더 많았다. 당시 한국교회에 대한 네티즌들의 비난은 사이버 테러를 연상시킬 정도도 매우 격렬하였다. 이러한 현상에 대해 한국교회는 큰 충격을 받았으며 이때부터 안티기독교에 대한 관심이 커지기 시작하였다.

개신교계 인터넷 신문 《뉴스미션》이 2007년 9월 10일 안티기독교인과 기독교인의 대담을 마련한 것을 기점으로,[59] 9월 14일에는 성결교회역사연구소가 안티기독교라는 제목의 세미나를 주최하였고, 10월 23일에는 개신교의 여러 단체가 공동으로 주관한 '교회의 날' 행사에서 "이웃에게 길을 물으니"라는 제목하에 안티기독교인 논객을 초청하여 당사자의 목소리를 직접 들었다. 11월 23일에는 한국교회언론회가 연동교회에서 안티기독교 진영과의 토론회를 개최하였는데 패널 4명이 참여한 가운데 반기련 회장(이찬경)이 기조 발제를 하였다. 이러한 흐름을 이어 월간 『목회와신학』은 2008년 1월호 특집의 제목을 '반기독교 세력을 극복하라'로 잡았다.[60] 이 잡지의 편집자는 특집 기획 의도를 다음과 같이 밝혔다.

> 지금 한국교회는 거센 폭풍을 맞고 있다. 지나가는 소나기 정도가 아니다. 얼굴을 때리는 비요, 사람을 쓰러뜨리는 모진 바람이다. 근자에 우리는 반기독교 세력의 험악한 얼굴을 사회 곳곳에서 본다. 그들은 21세기 문명의 최고 이기인 인터넷에서 발원하여 지금은 당당히(?) 거리로 나와 교회를 욕하고 성경을 모독한다. 영화, 책, 언론도 여기에 가세하고 있는 형국이다. 교회를 향해 돌진해 오는 저들의 힘은 결집과 연대를 통해 그 파괴력을 나날이 더하고 있다. 왜 한국교회는 이렇게 얻어맞고 있는 것인가? 왜 우리가 이 지경이 되었는가? 과연 우리는 저들의 돌팔매질을 향해 무엇이라고 말할 것인가? … 저들의 정체를 직시하고 결연하게, 그러나 겸허하게 맞서야 할 시기를 더이상 늦출 수 없다.[61]

이 글은 "한국교회의 미래가 안티기독교와의 싸움에 달려 있다."고 하는 말로 끝나는데 한국교회의 미래에 대한 위기의식과 비장감이 엿보인다. 이 특집에 참여한 신학자들은 안티기독교를 극복하기 위한 방안으로 윤리목회의 활성화, 공공신학의 확립, 그리고 법 정신의 회복을 제시하였다.

기독교 신앙을 지닌 네티즌이 홀로 안티기독교에 대항하는 작업을 하기도 한다. 'Anti-안티기독교 안티예수 안티바이블(http://cafe.daum.net/anti-anti/)'

이라는 사이트는 안티기독교에 대한 안티를 목표로 하고 있다. 반기련대응연구자료실사이트(http://blog.daum.net/antichrist-protect/52)라는 이름의 사이트도 최대의 안티기독교 단체인 반기련의 활동을 패악질로 규정하고 이를 모니터링하는 작업을 하고 있다. 요컨대 안티에 대한 안티운동인 셈이다.

최근에는 교단 차원에서도 안티기독교에 대한 관심이 증대하고 있다. 대한예수교장로회(합동)은 총회 산하에 미디어대책위를 구성하고 안티기독교에 대항하기 위해 인터넷 선교사가 필요하다고 주장했다. 그러면서 "인터넷 선교사 10~20명이 아침부터 저녁까지 상주해, 그들(안티기독교 세력)과 계속 싸워야 한다. 그들이 글을 올리면 지우기도 하고, 아니라고 반박도 해야 한다."고 하면서 안티기독교에 대한 나름의 대처 방안을 제시한 바 있다.[62] 한국기독교총연합회도 '(가칭)한국기독교옴부즈맨'을 구성하여 안티기독교 방지를 위한 인터넷 선교사 10만 명 양성의 필요성을 언급했다.[63]

서울신학대학교 부설 현대기독교역사연구소가 제시한 '안티기독교 대응 10계명'은 앞에서 살펴본 논의와 대안들을 집대성하였다.

1) 기사와 토론 등의 모니터링

2) 추천과 반대의 글 적극 활용

3) 좋은 글 정기적으로 올리기

4) 명예훼손 글 삭제 및 법적 조치하기

5) 왜곡된 정보 바로잡기

6) 한국교회의 잘한 부분 알리기

7) 포털 등에 항의 전화 및 방문

8) 글 잘쓰는 논객 및 인터넷 대응팀 양성

9) 영적 싸움 위한 중보기도

10) 소셜 네트워크의 적극 활용

이처럼 개신교 보수 진영의 안티기독교 대책은 인터넷 공간을 선점하여 안티 세력을 무력화시키는 '맞대응'의 전략을 선호하는 반면, 개신교 진보 진영은 맞대응 이전에 한국교회의 '자성'을 강조하고 있다. "이제는 우리가 정신 차릴 때이다. 섣불리 감정적으로, 논리적으로 '안티기독교 운동'에 대항하기보다는, '이것이 진리다!'라고 말할 수 있는 삶을 우리가 보여야 할 때"라는 제안이나,[64] "왜 안티 기독교 사이트가 횡행하는지… 먼저 곰곰이 생각하고 자기반성을 하는 것이 순서가 아닐까"라는 제안이 개신교 진보 진영의 입장을 대변한다.[65] 즉 개신교 진보 진영은 안티기독교의 공격을 자기반성과 자기성숙의 계기로 삼고자 한다.

양 진영의 대응 전략을 치료 방법에 비유하자면 보수 진영의 '맞대응'은 증상에 따라 그때그때 치료하는 대중요법의 성격이 강한 반면, 진보 진영의 자기반성은 체질 개선을 통한 완치 요법에 가깝다.

지금까지 우리는 안티기독교 운동의 출현 배경과 경로, 반기독교적 담론과 실천, 운동의 주체와 이데올로기, 개신교계의 대응 양상을 살펴보았다. 요약하자면 안티기독교 운동은 시민사회의 기독교 비판이나 교회개혁 운동의 주류 교회 비판과 유사해 보이지만 기독교의 개혁이 아니라 소멸을 목표로 하기 때문에 두 운동과 질적으로 다르다. 한국사회에서 안티기독교 운동은 일제하 사회주의 진영에 의해 시작되었지만 최근의 안티기독교 운동은 인터넷 문화의 급격한 확산, 안티운동의 유행, 개신교의 공세적 선교가 빚은 합작품이다.

안티기독교 운동은 기독교 지도자의 도덕적 타락, 공세적 선교, 전통문화와 전통 종교에 대한 폄하, 현대 과학 및 대중문화의 무시 등에 대해 강력한 비난과 공격을 퍼부으면서 전개되었다. 현재 사이버공간에 개설된 안티기독교 사이트는 수십 개에 이르고 2만-3만 명에 이르는 네티즌이 활동하고 있다. 이들은 게시판에 글을 올리는 것을 비롯하여 소설, 사진, 만화, 영화, 음악 등 다양한 장르를 활용하여 기독교를 공격하고 오프라인 모임도 병행하고 있다.

안티기독교 진영을 떠받쳐 주는 이데올로기적 지주는 문화적 민족주의와 세속적 휴머니즘이다. 문화적 민족주의는 민족의 전통을 강조하면서 기독교를 종교 사대주의로 공격하는 반면, 세속적 휴머니즘은 인본주의에 근거하여 기독교를 맹목적 신앙으로 단죄한다. 안티기독교의 이러한 공격에 대하여 개신교 보수 진영은 맞대응의 전략을 선호하는 반면, 개신교 진보 진영은 자기 성찰을 강조한다.

만일 전통문화의 정복자이자 맹목적 신앙의 옹호자라는 개신교의 이미지가 계속 유지된다면 안티기독교 운동은 지속될 것이다. 반면 한국 개신교가 민족문화를 수용한 '기독교 민족주의'나 합리성을 수용한 '기독교 휴머니즘'의 모습을 보여준다면 안티기독교 운동은 약화될 것으로 보인다.

XII

결론

지금까지 우리는 한국 근현대사에서 종교자유가 어떠한 성격과 특성을 지니고 있었는지 살펴보았다. 개항을 계기로 본격적으로 등장한 종교자유는 식민지 시기와 군사정권을 거쳐 민주화 시기에 이르기까지 한국 근현대사를 수놓은 중요한 무늬의 하나였다. 그 무늬는 천주교의 선교활동 합법화를 둘러싼 논쟁에서부터 양심적 병역거부 논쟁에 이르기까지 매우 다채로운 모습을 보였다.

　우리는 이러한 종교자유의 다양한 모습을 파악하기 위해 유형화 작업을 시도하였다. 국가와 종교, 개인과 집단의 관계에 주목하면서 한국 근현대사에 등장한 종교자유의 모습을 크게 네 유형으로 나누어 보았다. 첫째는 국가의 일반 법령이 개인의 종교적 신념(양심)과 충돌한 유형, 둘째는 국가의 종교 관련 법령이 종교단체의 자율성과 충돌한 유형, 셋째는 종교집단의 기관선교가 국가의 법질서나 타인의 종교자유와 충돌한 유형, 넷째는 공직자의 종교자유와 정교분리 원칙이 충돌한 유형이다.

　첫째 유형에 속한 대표적인 것은 일제하의 신사참배 논쟁과 해방 후의 양심적 병역거부 논쟁이다. 앞서 살펴보았듯이 신사참배 논쟁은 국가권력이 제국의 모든 신민에게 신사참배를 강요하면서 시작되었다. 당시 제국헌법은 종교자유를 선포하고 있었으므로 일제는 신사참배가 종교자유에 위배되지 않음을 보여주어야 했고 이를 위해 신사비종교론을 표방하였다. 신사비종교론에 따르면 신사는 종교 시설이 아니고 신사참배는 국가의식이다.

따라서 제국의 모든 신민은 개인의 종교적 배경과 관계없이 국민의 의무로서 신사참배에 응해야 한다. 당시 대부분의 사람은 이러한 논리를 받아들여 신사참배에 응했지만 개신교계 일각에서는 신사참배를 거부하였다. 이들은 신사의 종교적 요소를 지적하면서 신사종교론을 내세웠다. 그리고 신사참배를 기독교 신앙에 위배되는 행위로 간주하고 거부하였다. 이들에 의하면 자신들에게 신사참배를 강요하는 것은 헌법에 보장된 종교자유를 침해하는 것이었다. 따라서 당시 신사참배를 강요한 식민권력은 종교자유의 파괴자가 아니라 종교자유의 옹호자라는 이미지를 확보하기 위해 신사비종교론이라는 담론 전략을 활용하였다. 이처럼 신사참배 논쟁의 배후에는 국가가 특정한 목적을 달성하기 위해 종교를 정의하는 '정의의 정치학(politics of definition)'이 작동하고 있었다.

양심적 병역거부와 신사참배 논쟁은 서로 다른 역사적 맥락 속에 있지만 국가가 부여한 의무와 그에 대한 거부라는 점에서 공통점이 있다. 식민지하에서 대부분의 한국인이 신사비종교론을 받아들여 신사참배를 하였듯이 해방 후 대부분의 남성은 병역법에 따른 군복무 의무를 수행하였다. 그런데 종교계의 일각에서는 집총거부 혹은 징집거부를 하는 청년들이 나타났다. 신사참배 거부자는 기독교의 주류에 속한 개신교 보수 진영에서 주로 나온 반면, 집총거부 혹은 징집거부자는 기독교의 비주류에 속한 안식교와 여호와의증인에서 나왔다. 천주교이건 개신교이건 기독교의 주류는 병역의무를 받아들인 반면 기독교 신종파에 속하는 비주류 진영이 집총 혹은 징집을 거부한 것이다. 일제하 국가가 신사참배를 국민의 의무로 주장하면서 참배를 강요할 때 개신교계 일각에서 교리의 위배와 신앙 양심의 침해를 이유로 거부하였듯이, 해방 후 국가가 병역을 국민의 의무로 주장하면서 입대를 강요할 때 기독교 신종파 일각에서는 교리 위배와 신앙 양심 침해를 이유로 집총 혹은 징집을 거부하였다. 신사참배 거부자들이 불경죄나 치안유지법 위반으로 처벌받았듯이 집총 혹은 징집 거부자들은 항명죄나 병역법 위반으로 처벌받았다. 일제가 신사참배 강요를 종교자유의 침해로 보지 않았듯이 해방 후 국가권력은 병역강제를 양심자유 혹은 종교자유의 침해로 간주하지 않았다. 대법원 역시 병역거부자에게 유죄 판결을 내릴 때 거부자의 내면에서 이루어지는 양심상의 결정 즉 종교자유의 본질적 차원에 대해서는 판단하지 않고 그들의 행위만을 문제 삼았다고 주장했다. 이는 앞서 보았듯이 이른바 신앙과 행위의 이분법에 따른 주장으로서 종교자유에 내재한 모순과 역설을 잘 보여준다.

이제 둘째 유형을 살펴보자. 국가권력이 황국신민 만들기와 애국국민 만들기의 일환으로 적극 추진한 프로젝트가 신사참배와 병역의무 제도였다면, 종교집단을 대상으로 추진한 것은 종교 관련법의 제정이다. 일제강점기부터 군사정권에 이르기까지 국가권력은 종교단체에 관한 법령 제정을 통해 종교단체를 통제하고자 하였다. 일제하의 사찰령이나 경학원규정이 개별 종교를 통제하는 것이었다면 포교규칙은 종교 일반의 포교활동을 규제하는 법령이었다. 일제는 종교단체를 좀더 효과적으로 통제하기 위해 몇 차례에 걸쳐 종교법 제정을 시도하였는데 그때마다 종교법이 헌법에서 보장한 종교자유를 침해하는 것이 아니라 종교단체의 보호와 진흥을 위한 법령이라고 주장했다. 그렇지만 식민지하의 개신교계는 종교법이 종교단체의 고유한 사항을 간섭하고 종교단체의 자율성을 침해하기 때문에 종교자유를 침해한다고 주장하면서 법 제정에 적극 반대하였다. 그렇지만 전시체제하에서 이 법은 종교단체법이라는 이름하에 제국의회를 통과하였다.

해방과 함께 종교를 통제하던 식민지하의 법령은 철폐되었지만 해방 후에도 종교법을 제정하려는 시도가 있었다. 군사정권 초기에는 사회단체등록법을 통해 종교단체를 통제하려는 시도가 있었으나 성공하지 못했다. 그 후에는 종교법인법이라는 이름하에 종교법을 제정하려는 시도가 몇 차례 있었다. 이 역시 성공하지는 못했지만 종교법인법 제정을 둘러싼 찬반논쟁 은 뜨거웠고 각 주체는 서로 다른 관심과 이해관계를 드러냈다. 천주교나 개신교와 같은 주류 종교가 종교법인법의 제정에 가장 적극적으로 반대하 였는데 이 법이 국가의 간섭을 허용해 종교의 자율성을 침해할 수 있다고 판단했기 때문이다. 천주교와 개신교가 이 법에 반대한 또 다른 이유는 '사 이비종교'의 공인 효과 때문인데 이는 이미 종교시장에서 기득권을 지닌 종 교집단의 전형적인 태도이다. 아직 사회적 공신력을 얻지 못한 신종교들은 종교법인법의 제정을 고대하는데 이 법이 사회적 공인의 통로 역할을 할 수 있다고 보기 때문이다. 한편 종교계의 타락과 권력화를 비판하면서 종교개 혁운동을 추진하는 시민단체들은 종교계의 재정투명성과 사회적 공신력의 증대를 위해 종교법인법이 필요하다고 보고 입법청원 운동을 적극적으로 전개하였다. 이처럼 종교법은 무조건 종교자유의 침해자로 간주되는 것이 아니라 국가권력과 종교집단 그리고 시민단체가 각기 다른 관심과 욕망에 의해 전유할 수 있는 대상이다.

셋째 유형은 종교집단의 선교활동과 관련하여 일어나는 종교자유 논쟁 이다. 미션스쿨이라는 용어에서 잘 드러나듯이 종교계는 학교를 선교의 교 두보로 삼는 경향이 있다. 종교 중에서 개신교가 가장 적극적으로 미션스쿨 을 운영하는데 그 과정에서 종교자유 문제를 둘러싸고 국가와 충돌하는 경 우가 자주 있었다. 일제하에서 국가권력이 성서수업과 채플을 중심으로 하 는 종교교육을 교육과 종교의 분리 원칙에 입각하여 금지하자 개신교는 교 육과 종교의 불가분리성 및 국민도덕 향상의 통로로서 종교교육의 가치를 주장하면서 종교교육의 허용을 요구하였다. 이때 일제는 보편주의적 도덕에 기초한 기독교의 교육이 국가주의적 교육과 배치된다고 보고 학교에서의 종교교육을 금지시킨 것이다. 물론 이때 일제는 포교는 종교의 고유한 사업이고 교육은 국가의 고유한 사업이라고 주장하면서 학교에서의 종교교육 금지가 종교자유를 침해하는 것이 아님을 강조하였다. 반면 개신교 선교부는 서구 문명국을 예로 들면서 사립학교에서의 종교교육은 선교의 자유에 속한다고 주장하였다. 3.1운동 이후 일제가 문화정책을 펼치면서 사립학교에서의 종교교육을 허용하였지만 이는 '원칙'에 근거한 것이 아니라 일종의 정치적 타결이었다.

해방 이후에도 미션스쿨에서의 종교교육을 둘러싼 종교자유 논쟁은 계속되었지만 논쟁의 주체와 맥락이 바뀌었다. 일제하에서는 국가와 종교집단이 대립하였지만 이번에는 학교와 학생의 대립구도가 형성되었다. 학교의 건학이념 실현 방안으로서의 종교교육의 자유와 학생의 종교자유가 전면 충돌한 것이다. 그런데 이 논쟁에는 좀더 복잡한 요인이 작용하고 있다. 평준화 정책의 도입으로 인한 무시험 제도의 배경 하에서 개신교의 개종주의적 선교전략에 따른 채플 의무화, 예배 참석을 강요당하지 않을 수 있는 학생의 기본권으로서 양심(종교)의 자유, 그리고 거대종교의 '표'를 의식한 정부의 정치적 현실주의가 동시적으로 작용하였다. 대법원은 학생의 종교자유를 침해하지 않는 범위 안에서 학교의 종교교육의 자유를 인정하였지만 종교자유를 둘러싼 이 논쟁에는 각 주체의 욕망이 잘 드러나 있다. 세 주체 즉 교육청의 배후에 있는 국가, 학교당국의 배후에 있는 종교집단, 그리고 학생의 배후에 있는 시민단체는 모두 종교자유의 원칙을 표방하지만 서로 다른 동기와 이해관계를 그 안에 투영하고 있다.

한편 백투예루살렘 운동으로 대변되는 개신교 선교전문단체의 해외선교도 셋째 유형에 속한다. 이러한 성격을 지닌 해외선교 단체들은 선교활동이 허락되지 않은 위험한 지역에서 활동하다 자주 추방되곤 하는데 정부가 이들의 여권 발급을 제한하려다 종교자유 논란이 일어나기도 했다. 이와 같은 개신교의 공세적 선교는 시민사회로부터 역풍을 맞기도 하는데 안티기독교 운동의 개신교 공격이 대표적인 예다. 안티기독교 운동은 보수 개신교가 자신의 종교자유만을 강조하고 타인의 양심자유는 무시한다고 비판한다. 요컨대 양심의 자유는 타자의 양심자유를 포함하는 개념인데 개신교가 이러한 이해를 결여하고 있다는 비판이다.

개신교 선교단체 중에는 진보적 성격을 지닌 단체도 있다. 군사정권 시대의 도시산업선교회는 진보 개신교 진영의 대표적인 선교단체로서 '하느님의 선교' 개념에 근거하여 노동자의 생존권 보호와 인권 수호를 선교활동의 범주에 포함시켰다. 그러나 군사정권은 산업선교를 종교의 정치개입으로 간주하고 정교분리 위반으로 비판하였다. 이에 대해 진보 개신교 진영은 산업선교를 선교자유의 행사라고 반박하였다.

넷째 유형은 공직자의 종교자유와 정교분리 원칙이 충돌하면서 일어나는 논쟁이다. 공무원이나 기관장과 같은 공직자는 사인으로서 종교자유의 권리가 있지만 공인으로서 종교적 중립성의 의무가 있다. 그런데 이 둘 사이에 균형을 잃으면 논쟁과 갈등이 야기되기 쉽다. 이와 관련하여 자주 언급되는 것은 개신교 보수 진영의 선교활동인 성시화운동이다. 이 운동에는 개신교 신앙을 지닌 공직자들이 상당수 참여하였는데 이들의 활동이 시민사회 특히 불교계의 눈에는 종교적 중립성을 잃은 것으로 비쳐지고 있기 때문이다. 불교계는 성시화운동에 참여한 개신교인 공직자들이 그들의 지위와 공적 자원을 이용하여 선교활동을 한다고 하면서 이를 정교분리 위반이자 종교차별이라고 주장하였다. 그러면서 종교차별금지법 제정을 요구하였다. 이에 대해 보수 개신교 진영에서는 공직자도 자연인으로서 종교의 자유가 있음을 강조하는 동시에 종교차별금지법이 종교자유를 침해할 수 있다고 반박하였다. 이처럼 이 논쟁에는 정교분리, 종교차별금지, 종교자유라고 하는 헌법적 규범이 교차하고 있는데 불교는 정교분리와 종교차별금지, 개신교는 종교자유를 각각 비판의 무기로 활용하고 있음을 알 수 있다.

그런데 이 논쟁의 배후에서 작동하는 하나의 힘은 개신교인 공직자들의 아비투스다. 종교편향이나 종교차별 논란을 일으키는 개신교인 공직자들의 신앙은 어린 시절의 가정교육과 교회생활을 통해 몸에 각인된 것으로서 그들의 생활 속에서 일종의 아비투스로서 작동하고 있다. 이들의 신앙을 특징짓는 보수적 복음주의는 신자들로 하여금 세상에 나아가 '참된 크리스천'이 될 것을 강조한다. 이때 참된 크리스천은 보수적 복음주의 신앙으로 무장한 대통령, 시장, 판사, 장교, 교사 등이 되어 세상을 위해 봉사하는 것이다. 그런데 이들의 보수적 복음주의 신앙은 몸에 배인 아비투스로 존재하기 때문에 공직자로서 판단을 내리거나 정책을 결정할 때 무의식적 차원에서 작동한다. 이러한 그들의 몸짓이 시민사회의 눈에는 공직자의 종교적 중립성의 의무를 망각한 종교편향 내지 종교차별 행위로 보이게 되는 것이다.

이처럼 한국 근현대사에서 종교자유는 크게 네 유형으로 존재하면서 자신의 모습을 빚어 왔다. 물론 네 유형은 어디까지나 복잡한 현실을 서술하기 위한 분석도구에 지나지 않으며 구체적 현실에서는 서로 겹치는 부분이 적지 않다. 그리고 이러한 유형에 포함되지 않는 종교자유도 있을 것이다. 그렇지만 거시적으로 보았을 때 한국 근현대사의 종교자유는 다음과 같이 그 성격을 요약할 수 있을 것이다. 초기에는 소수종교의 선교자유를 보장하기 위한 무기 역할을 하던 종교자유가 점차 권위주의적 국가권력의 지배 테크놀로지와 거대한 종교권력의 자기방어용 무기 역할을 하게 되었다.

주석 ▶▶

I. 서론

1) '종교' 개념이 등장하기 이전 사회에 종교 개념을 무비판적으로 적용하였을 때 생겨나는 문제점에 대해서는 Brent Nongbri, *Before Religion: A History of a Modern Concept*, New Heaven and London: Yale University Press, 2013.

2) 최종고, 「한국에 있어서 종교자유의 법적 보장과정」, 『교회사연구』 3집, 1981, 75-110쪽.

3) Pew Forum on Religion and Public Life · Global Restrictions on Religion, December 2009; Brian J. Grim, "Restrictions on Religion in the World: Measures and Implications," *The Future of Religious Freedom: Global Challenges, ed by Allen D. Hertzke*, New York: Oxford University Press, 2013, p. 97.

4) 민경식, 「2010년 종교법 판례의 동향」, 『종교문화비평』 19호, 2011. 195-243쪽; 민경식, 「2011년 종교법 판례의 동향」, 『종교문화비평』 21호, 2012. 228-281쪽; 민경식, 「2012년 종교법 판례의 동향」, 『종교문화비평』 23호, 2013. 215-265쪽.

5) 헌재 2010.11.25. 2010헌마199 헌재 2010.6.24. 2010헌마41 헌재 2010.4.29. 2009헌마399.

6) 서울동부지법 제21민사부 2010.10.21. 선고 2010카합2341 결정.

7) 추광규 · 김영남, 〈'개종 강요' 사망자 추모식… '강제개종금지법' 촉구〉, 《오마이뉴스》, 2018. 1. 22.

8) 인권위 2010. 7. 23. 10진정0049700.

9) 〈[사설] '지뢰 제거 대체복무'는 반인권적 보복〉, 《한겨레신문》, 2018. 8. 21.

10) 국가인권위원회는 육군3사관학교에서 가입교 기간 중 가용시간의 부족으로 군의관 후보생들의 종교행사 참석을 불허한 사건에 대해 "종교활동의 자유는 인간의 가장 기본적인 자유에 해당하는 것으로서 훈련소 내의 시간의 부족이라는 이유로 제한될 수 있는 성질의 자유가 될 수 없다"고 하여 종교의 자유 침해라고 판단하였다(인권위 2008.7.17. 08진인480).

11) 인권위 2006. 6. 28. 06진인952.

12) 헌재 2011.11.29. 2009한마527.

13) 헌재 2010.10.28. 2008헌마332.

14) 헌재 2010.5.25. 2010헌마277.

15) 서울고등법원 2010.12.17. 선고 2010누9398.

16) 국가인권위원회 2010.5.10. 09진차1241 결정.

17) 최종고, 『국가와 종교』, 현대사상사, 1983, 108쪽.

18) 종교자유의 다양한 양상에 대해서는 Catharine Cookson (ed), *Encyclopedia of Religious Freedom*, New York and London: Routledge, 2003; Kevin Boyle & Sheen, Juliet (eds), *Freedom of Religion and Belief: A World Report,* London and New york: Routledge, 1997; Barry Lynn, et al, *The Right to Religious Liberty: The Basic ACLU Guide to Religious Rights*, Southern Illinois University Press, 1995.

19) 이 과정을 둘러싼 논쟁에 대해서는 고병철, 『한국 중등학교의 종교교과교육론』, 박문사, 2012, 149-294쪽 참조.

20) 대한불교조계종 자성과쇄신결사추진본부 종교평화위원회, 『대한민국종교차별사례집 1945-2011』, 2012, 63-154쪽.

21) 이 네 유형과 관련하여 주목할 필요가 있는 것은 시민단체의 인권운동이다. 민주화 이후 부상한 시민단체들은 사회적 약자나 소수집단의 인권문제에 깊이 개입하는 경향이 있는데 그 과정에서 국가나 종교집단과 종종 충돌한다. 양심적 병역거부 논쟁과 미션스쿨의 종교자유 논쟁 배후에는 사회적 약자의 양심과 종교자유를 옹호하는 시민단체들의 인권운동이 있었다.

22) Saba Mahmood and Peter G. Danchin, "Immunity or Regulation? Antinomies of Religious Freedom," *The South Atlantic Quarterly* 113:1, Winter 2014, pp. 129-159.

23) 베일 논쟁의 복합적 측면에 대해서는 Joan Wallach Scott, *The Politics of The Veil,* Princeton and Oxford: Princeton University Press, 2007, pp. 21-41; 박단, 『프랑스의 문화전쟁: 공화국과 이슬람』, 책세상, 2005 참조.

24) Jason Ananda Josephson, *The Invention of Religion in Japan*, Chicago and London: The University of Chicago Press, 2012, pp. 222-244.

25) 한국사회의 종교-세속 이분법의 형성과 그 의미에 대해서는 Jang Sukman, "The Historical Formation of the Religious-Secular Dichotomy in Modern Korea," in Marion Eggert and Lucian Holscher (eds), *Religion and Secularity: Transformations and Transfers of Religious Discourses in Europe and Asia*, Leiden · Boston: Brill, 2013, pp. 257-279.

26) Craig Martin, *Making Hegemony: A Genealogy of Liberalism, Religion and the Private Sphere*, London and New York: Routledge, 2010, pp. 164-165; 한국 개신교의 아비투스에 대해서는 김재명, 『종교의 지구지역화에 대한 이론적 연구: 한국개신교를 중심으로』, 서울대학교 박사학위논문, 2014, 참조.

27) *Journal of church and state*(1959-)가 대표적 저널이다.

28) *Journal of Law and Religion*(1983-)가 대표적 저널이다.

29) W. Cole Durham Jr. and Noel B. Reynolds, *Religious Liberty in Western Thought,* Atlanta, Georgia: Scholars Press, 1996; Perez Zagorin, *How the Idea of Religious Toleration Came to the West*, Princeton and Oxford: Princeton University Press, 2003; Benjamin J. Kaplan, *Divided by Faith: Religious Conflict and the Practice of Toleration in Early Modern Europe*, 『유럽은 어떻게 관용사회가 되었나』, 김응종 옮김, 푸른역사, 2015; Russell Blackford, *Freedom of Religion and the Secular State*, Wiley-Blackwell, 2012; W. Cole Durham Jr., Matthew K. Richards, and Donlu D. Thayer, "The Status of and Threats to International Law on Freedom of Religion or Belief," *The Future of Religious Freedom*, Oxford: Oxford University Press, 2013.

30) John Witte, Jr. and van der Vyver, Johan D., *Religious Human Rights in Global Perspective: Religious Perspectives*, Hague: Martinus Nijhoff Publishers, 1996; Johan D. van der Vyver and John Witte, Jr., Religious Human Rights in Global Perspective: legal Perspectives, Hague: Martinus Nijhoff Publishers, 1996.

31) Roger Trigg, *Equality, Freedom, and Religion*, Oxford: Oxford University Press, 2012.

32) Shimon Shetreet, "The Model of State and Church Relations and Its Impact on the Protection of Freedom of Conscience and Religion: A Comparative Analysis and a Case Study of Israel," in Winfried Brugger and Michael Karayanni (eds), *Religion in the Public Sphere: A Comparative Analysis of German, Israeli, American and International Law*, Berlin Heidelberg; Springer, 2007.

33) Anthony Gill, *The Political Origins of Religious Liberty*, Cambridge: Cambridge University Press, 2013.

34) Tisa Wenger, *We Have A Religion: The 1920s Pueblo Indian Dance Controversy and American Religious Freedom*, Chapel Hill: The University of North Carolina Press, 2009.

35) James T. Richardson, "The Sociology of Religious Freedom: A Structural and Socio-Legal Analysis," *Sociology of Religion,* 2006(67:3), pp. 271-294.

36) Arvind Sharma, *Problematizing Religious Freedom*, Dordrecht: Springer, 2011.

37) Winnifred Fallers Sullivan, *The Impossibility of Religious Freedom*, Princeton and Oxford: Princeton University Press, 2005.

38) John Anderson, *Religious Liberty in Transitional Societies: The Politics of Religion*, Cambridge: Cambridge University Press, 2003.

39) David Sheat, *The Myth of American Religious Freedom*, Oxford: Oxford University Press, 2011; Kenneth R. Craycraft Jr., *The American Myth of Religious Freedom*, Dallas: Spence Publishing Company, 1999.

40) John T. Noonan, JR., *The Lustre of Our Country: The American Experience of Religious Freedom*, Berkely: University of California Press, 1998.

41) Catharine Cookson et al, *Encyclopedia of Religious Freedom*, New York: Routledge, 2003.

42) Barry Lynn, Marc D. Stern, Oliver S. Thomas, *The Right to Religious Liberty: The Basic ACLU Guide to Religious Rights*, Carbondale and Edwardsville: Southern Illinois University Press, 1995.

43) 김철수, 「종교·양심에 대한 판례 경향」, 『법정』 25권 4호, 1970; 권영성, 「종교의 자유의 헌법적 고찰」, 『헌법학의 제문제』, 문홍주박사회갑논문집, 1978; 양건, 「국가와 종교에 관한 법적 고찰」, 『국가권력과 기독교』, 민중사, 1982; 송기춘, 「미군정 및 대한민국 건국 초기의 종교관련제도의 정립과 관련한 헌법적 논의」, 『법과 사회』 24권, 2003, 161-188쪽; 송기춘, 「종교 관련 제도의 헌법적 문제점과 그 개선 방향」, 『헌법학연구』 12권 5호, 2006; 송기춘, 「판례분석: 사학의 종교교육의 자유와 학생의 종교의 자유」, 『민주법학』 37호, 2008, 405-444쪽.

44) 최종고, 『국가와 종교』, 현대사상사, 1983; 최종고, 「한국종교법학의 현황과 전망」, 『종교와 문화』 5호, 1999, 139-155쪽.

45) 당시 발간한 책으로는 『종교법학문헌집』(한국교회사연구소 출판부, 1982)과 『종교법판례집』(육법사, 1982)이 있고 학회지로 「법과 종교」를 발간하였다.

46) 샤를르 달레, 안응렬·최석우 역주, 『한국천주교회사』(상, 중, 하), 한국교회사연구소, 1980.

47) 山口正之, 『朝鮮西教史』, 雄山閣, 東京: 1967.

48) 조광, 『조선후기 천주교사 연구』, 고려대학교민족문화연구소, 1988.

49) 한국교회사연구소, 『한국천주교회사』(1), 2009; 한국교회사연구소, 『한국천주교회사』(2), 2010; 한국교회사연구소, 『한국천주교회사』(3), 2010.

50) 도날드 베이커, 김세윤 역, 『조선후기 유교와 천주교의 대립』, 일조각, 1997.

51) 유홍렬, 『(증보)한국 천주교회사』(上, 下), 가톨릭출판사, 1975; 최석우, 『한국교회사의 탐구』, 한국교회사연구소, 1982; 이원순, 「한불조약과 종교자유의 문제」, 『교회사연구』 5집, 1987.

52) 장동하, 『한국 근대사와 천주교회』, 가톨릭출판사, 2006; 장동하, 『개항기 한국사회와 천주교회』, 가톨릭출판사, 2006; 노용필, 「천주교의 신앙자유 획득과 선교자유 확립」,

『교회사연구』 30집, 2008, 153-159쪽; 한국교회사연구소, 『한국천주교회사』(4), 2011.

53) 노길명, 『조선후기 가톨릭과 사회변동』, 고려대학교출판부, 1988.

54) 조현범, 『조선의 선교사, 선교사의 조선』, 한국교회사연구소, 2008, 285-330쪽.

55) 강인철, 『한국 천주교의 역사사회학: 1930-1940년대를 중심으로』, 한신대학교출판부, 2006.

56) 윤선자, 『일제의 종교정책과 천주교』, 경인문화사, 2001.

57) 김재득, 「일제의 종교정책과 가톨릭교회: 조선총독부의 법·제도 및 행정을 중심으로」, 『한국 근현대 100년 속의 가톨릭교회(상)』, 가톨릭출판사, 2003, 387-418쪽; 김재득, 「미군정기-장면 정부, 종교정책 변동과 가톨릭교회」, 『한국 근현대 100년 속의 가톨릭교회(중)』, 가톨릭출판사, 2005, 487-521쪽; 김재득, 「김영삼 정부 이후 종교정책과 가톨릭교회」, 『한국 근현대 100년 속의 가톨릭교회(하)』, 가톨릭출판사, 2006, 403-433쪽.

58) 김홍수, 「조선후기 천주교도들의 종교자유 구상」, 『민경배교수화갑기념한국교회사논집』, 1994; 서정민, 『한국 가톨릭의 역사』, 살림, 2017.

59) 이만열, 「개신교의 전래와 일제하 교회와 국가」, 『국가권력과 기독교』, 민중사, 1982; 민경배, 「한국교회사에 나타난 교회와 국가의 관계」, 『한국종교』 3집, 1976.

60) 김승태 편, 『한국기독교와 신사참배문제』, 한국기독교역사연구소, 1991; 김승태, 『식민권력과 종교』, 한국기독교역사연구소, 2012; 김홍수, 「감리교회와 국가: 일제하 정교관계에 대한 사례연구」, 『신학과현장』 4집, 1994; 안유림, 『일본제국의 법과 조선기독교』, 경인문화사, 2018; 박혜진, 『일제하 한국기독교와 미션스쿨』, 경인문화사, 2015.

61) 성백걸, 「한국 초기 개신교인들의 교회와 국가 이해 1884-1910」, 『한국기독교사연구』 21호, 1988; 류대영, 『개화기 조선과 미국 선교사: 제국주의 침략, 개화자강, 그리고 미국 선교사』, 한국기독교역사연구소, 2004; 신광철, 『천주교와 개신교, 만남과 갈등의 역사』, 한국기독교역사연구소, 1998.

62) 김용복, 「해방 후 교회와 국가」, 『국가권력과 기독교』, 민중사, 1982; 서정민, 『한국교회의 역사』, 살림, 2003; 강인철, 『한국 기독교와 국가, 시민사회: 1945-1960』, 한국기독교역사연구소, 1996; 김홍수, 『자유를 위한 투쟁: 김관석 목사 평전』, 대한기독교서회, 2017; 류대영, 『한국 근현대사와 기독교』, 푸른역사, 2009.

63) 이혜원, 『의화단과 한국기독교』, 대한기독교서회, 2016.

64) 김홍수·류대영, 『북한 종교의 새로운 이해』, 다산글방, 2002; 김홍수 엮음, 『해방후 북한교회사: 연구·증언·자료』, 다산글방, 1992; 한국기독교역사연구소북한교회사 집필위원회, 『북한교회사』, 한국기독교역사연구소, 1996.

65) 구병진, 「가톨릭교회와 종교자유(I)」, 『신학전망』, 1981 봄; 구병진, 「종교자유와 인권: 종교자유의 윤리신학적 고찰」, 『현대가톨릭사상』 2집, 1988.

66) 오경환, 「교회문헌에서의 정교관계」, 『가톨릭사회과학연구』 4집, 1987.

67) 서남동, 『전환시대의 신학』, 한국신학연구소, 1976; 서광선, 『神 앞에 민중과 함께』, 한울, 1991; 김진호, 『권력과 교회』, 창비, 2018; 최형묵, 『한국 기독교의 두 갈래 길(개정증보판)』, 이야기쟁이낙타, 2013.

68) 홍정수, 「종교의 자유, 그 신학적 반성」, 『기독교사상』 34권 7호, 1990.

69) 정진홍, 「종교들은 어떻게 함께 있나: 종교 다원 문화의 구조와 대화의 유형」, 『하늘과 순수와 상상; 정진홍 교수의 종교문화 읽기』, 강, 1997, 153-187쪽.

70) 정진홍, 「다원사회 속에서의 그리스도교: 종교의 생존원리와 관련하여」, 『정직한 인식과 열린 상상력: 종교담론의 지성적 공간을 위하여』, 청년사, 2010, 23-45쪽.

71) 윤이흠, 『한국종교연구(1)』, 집문당, 1986; 윤이흠, 『한국종교연구(2)』, 집문당, 1988; 혼합현상에 주목하여 종교문화의 만남을 서술하려는 시도도 종교자유 문제를 파악하는데 통찰력을 줄 수 있다. 방원일, 「혼합현상에 관한 이론적 고찰: 종교문화의 만남을 서술하기 위하여」, 『종교문화비평』 33호, 2018, 55-89쪽.

72) 장석만, 「종교와 그 개념적 타자: 종교와 정치의 관계를 중심으로」, 『불교와 국가권력, 갈등과 상생』, 조계종출판사, 2010.

73) 장석만, 「19세기말 20세기초 한중일 삼국의 정교분리담론」, 『역사와 현실』 4호, 1990.

74) 윤승용, 「한국의 정교분리와 종교정책」, 『종교문화비평』 25호, 2014, 195-241쪽; 고병철, 「한국 종무행정의 역사적 경향과 전망」, 『종교문화비평』 14호, 186-222쪽.

75) 강돈구, 「현대한국의 종교, 정치, 그리고 국가」, 『종교연구』 51호, 2008, 1-28쪽; 강돈구, 『현대한국의 종교와 정치』, 한국학중앙연구원 문화와종교연구소, 2009.

76) 강인철, 『한국의 종교·정치·국가 1945-2012』, 한신대출판부, 2013; 강인철, 『민주화와 종교: 상충하는 경향들』, 한신대출판부, 2012; 강인철, 『저항과 투항: 군사정권들과 종교』, 한신대출판부, 2013; '한국적 근대'의 탄생과 '종교와 공공성'에 각각 주목한 다음의 글들도 현대 한국사회의 종교자유 문제를 파악하는데 참고가 된다. 조성환, 『한국 근대의 탄생: 개화에서 개벽으로』, 도서출판모시는사람들, 2018; 전명수, 『좋은 사회로 가는 길: 종교 시민사회 공공성』, 집문당, 2018.

77) Winnifred Fallers Sullivan (eds), *Politics of Religious Freedom*, Chicago and London: The University of Chicago Press, 2015.

II. 한국사회의 근대성 수용과 종교자유

1) Noel B. Reynolds & W.Cole Durham, Jr, (eds), *Religious Liberty in Western Thought*, Atlanta, Georgia: Scholars Press, 1996, p. 13.

2) Peter L. Berger, *The Social Reality of Religion*, 이양구 옮김, 『종교와 사회』, 종로서적, 1981, 154-155쪽.

3) José Casanova, "Public Religions Revisited," *Hent de Vries, ed.*, *Religion: Beyond a Concept*, New York: Fordham University Press, 2008, p. 110.

4) 아메리카 대륙에서도 종교자유 담론이 전 사회적으로 확산되는 데는 상당한 시간이 걸렸다. 유럽에서 소수파로 존재하던 청교도가 신대륙에서는 다수파로 되자 타교파의 종교자유를 인정하지 않는 국교 담론을 상당한 기간 동안 전개하였던 것이다. Sidney E, Mead, *The Lively Experiment: The Shaping of Christianity in America*, New York: Harper & Row Publishers, 1963, pp. 16-37.

5) Peter Harrison, *'Religion' and the religions in the English Enlightenment*, Cambridge: Cambridge Universtiy Press, pp. 61-98.

6) Peter van der Veer, "Hindu Nationalism and the discourse of modernity," *The Fundamentalism Project, Accounting for fundamentalisms: the dynamic character of movements*, Chicago : University of Chicago Press. 1994 p. 658; Peter Byrne, *Natural Religion and The Nature of Religion: The Legacy of Deism*, London and New York: Routledge, 1989, pp. 209-225.

7) 장석만, 「개항기 한국사회의 '종교' 개념 형성에 관한 연구」, 서울대학교 박사학위논문, 1992. 21-22쪽.

8) 국가와 시민사회의 분리에 초점을 두는 경우에는 정치와 국가의 영역을 '공적 영역', 경제와 시민사회의 영역을 '사적 영역'으로 표현하기도 한다. S. Avineri, *The Social and Political Thought of Karl Marx*, 이홍구 옮김, 『칼 마르크스의 사회사상과 정치사상』, 까치, 1983, 36-41쪽.

9) 장석만, 「19세기말 20세기초 한중일 삼국의 정교분리담론」, 『역사와 현실』 제4호, 1990.

10) 종교자유에 대한 가톨릭교회의 입장과 태도에 대한 구체적 이해를 위해서는 『제2차 바티칸공의회문헌해설 5』, 1993; 구병진, 「가톨릭교회와 종교자유(1)」, 『신학전망』, 1981 봄; 구병진, 「종교자유와 인권: 종교자유의 윤리신학적 고찰」, 『현대가톨릭사상』 제2집, 1988 참조.

11) Ch. Dallet, *Histore de L'église De Corée, Tome II*, Paris: Librairie Victor Palme, 1874, p.

443.

12) *Ibid*., p. 360.

13) *Ibid*., p. 443.

14) 제2차 바티칸공의회는 「종교자유에 관한 선언」(1965)을 발표하였는데 이 선언에 끝까지 반대한 주교들도 있었다. Perez Zagorin, *How the Idea of Religious Toleration Came to the West*, Princeton and Oxford: Princeton University Press, 2003, p. 309; 선언문은 『종교신학연구』 제2집, 종교신학연구소 1989에 번역되어 있다.

15) 당시 선교사들이 조정에서도 함부로 건드릴 수 없는 막강한 힘을 지닌 '양대인'으로 비쳐지자, 천주교에 입교한 사람들이 선교사의 치외법권과 교회의 힘을 이용하는 현상을 가리킨다.

16) 〈敎民條約〉(1899).

17) 〈法案〉(1929호), 〈犯法敎民의 團束을 爲한 條例作成件〉; 이원순, 「한불조약과 종교자유의 문제」, 『교회사연구』 5집, 1987, 93쪽.

18) "傳敎師毋得干預行政 行政官勿得關涉傳敎事", 〈敎民條約〉(1899)

19) 〈나라의 목적이라〉, 《경향신문》, 1909. 11. 19.

20) 〈정부가 백성을 도움〉, 《경향신문》, 1910. 12. 16.

21) 〈나라의 목적이라〉, 《경향신문》, 1909. 11. 19.

22) 〈사립학교에 큰 상관되는 규칙〉, 《경향신문》, 1908. 9. 18.

23) 〈합병에 대하여 하는 말〉, 《경향신문》, 1910. 9. 9.

24) 『가톨릭청년』, 1935. 2, 18쪽.

25) 《그리스도신문》, 1901. 10. 3.

26) A. J. Brown, "Japanese Nationalism and Mission Schools in Chosen", *International Review of Missions*, 1919, p. 594.

27) "정치는 정치의 分域이 有할지요 종교는 종교의 分域이 有할지다. 종교는 심령상 문제이요 정치는 국무상 행정이 아닌가. 피차 한계를 침범치 아니하여야 할 것이다." 윤태경, 〈종교법 실시에 관한 일고찰〉, 《기독신보》, 1936. 1. 15.

28) 〈信敎自强〉, 《대한매일신보》, 1905. 12. 1.

29) 〈한국종교계의 장래(속)〉, 《대한매일신보》, 1910. 5. 18.

30) 「宗敎的戰爭」, 『大韓學會月報』 8호, 1908. 10. 25.

31) 〈한국종교계의 장래(속)〉, 《대한매일신보》 1910. 5. 18.

32) 장석만, 앞의 글(1992), 39-57쪽.

33) 이는 "종교적 통일없이는 국가적 통일이 어렵다"고 보고 종교를 국가의 엔진으로 삼은 서구 절대주의 시대의 종교관과 유사하다. Leo Pfeffer, *Church, State, and*

Freedom, Boston: Beacon Press, 1967, p. 26.

34) 《皇城新聞》, 1909. 11. 20.

35) 유성준, 『法學通論』, 아세아문화사, 1907(1980), 3쪽.

36) 유길준, 『西遊見聞』, 대양서적, 1895(1972), 384쪽.

37) 이광린·신용하 편, 『사료로 본 한국문화사: 근대편』, 일지사, 1984, 119-122쪽.

38) 유길준, 앞의 글, 410쪽.

39) 위와 같음.

40) 위와 같음.

41) 위와 같음.

III. 일제하 종교교육 논쟁과 종교자유

1) 당시 문헌에는 개신교에서 운영하는 학교를 미션학교, 선교학교, 기독교학교, 기독교 계학교, 기독교주의학교, 종교학교 등 다양한 명칭으로 부르고 있지만 여기서는 맥락에 따라 이 용어들을 적절히 혼용하고자 한다.

2) 한 통계에 의하면 1910년 5월말 현재, 학부의 인가를 받은 사립학교는 총 2,250개교이고 그 중 종교학교는 801개교였다. 종교학교 중 가톨릭 계통 46개교와 불교 계통 5개교를 제외하면 나머지 750개 학교가 모두 개신교에서 운영하는 학교였다. 손인수, 『한국근대교육사: 1885-1945』, 연세대학교 출판부, 1971, 86쪽.

3) 대표적인 것으로 한규원, 『한국 기독교학교의 민족교육연구』, 국학자료원, 2005; 이만열, 『한국기독교문화운동사』, 대한기독교서회, 1987; 손인수, 앞의 책 등이 있다. 이 분야와 관련된 최근의 연구로는 이성전 지음, 서정민·가미야마 미나코 옮김, 『미국 선교사와 한국 근대교육』, 한국기독교역사연구소, 2007; 박혜진, 『일제하 한국기독교와 미션스쿨』, 경인문화사, 2015가 있다.

4) 서구의 충격에 따른 개국, 존왕양이 운동, 그 결과로서의 메이지유신의 성립과정에 대해서는 大石嘉一郎, 차태석·김리진 역, 「일본근대사의 개관」, 『일본근대사론』, 지식산업사, 1981, 133-152쪽.

5) 일본의 근대사를 국권론과 민권론의 상호작용으로 파악하는 관점은 丸山眞男, 「명치 국가사상」, 『일본 현대사의 구조』, 한길사, 1980 참조.

6) 근대 일본에서 등장한 종교자유 담론의 전개과정에 대해서는 安丸良夫·宮地正人, 『宗教と國家』, 岩波書店, 1988.

7) 메이지 정부의 핵심적 관료이자 정책입안자의 한 사람이었던 이노우에 고와시(井上

穀)의 『敎導職廢止意見案』(1884)이라는 글이다. 中島三千男, 「明治國家と宗敎」, 『歷史學硏究』, 1973, 41쪽.

8) 中島三千男, 위의 글, 41-42쪽.

9) 〈제국헌법〉(1889) 제28조를 통해 '신교의 자유'를 선언하였다.

10) 이노우에 고하시는 불교를 인가교, 기독교를 비인가교로 하자는 구체적 제안까지 하고 있다. 中島三千男, 앞의 글, 41-42쪽.

11) 막부시대에는 기독교를 'キリシタン(切支丹) 邪宗門'으로 부르며 엄금 정책을 취하였다. 笠原一男, 『日本宗敎史 II』, 山川出版社, 1977, 147-178쪽.

12) 당시 서양제국은 일본이 기독교 신앙의 자유를 보장하지 않는 한 일본 측이 요구하는 조약 개정에 임할 수 없다고 강력히 주장하였다. 이에 일본정부로서는 일본 측에 불리하게 체결된 과거의 조약을 개정하기 위한 방편으로 기독교에 대한 완화된 조치를 취할 수밖에 없었다. 1873년 기독교 금지포고령[高札]을 철폐한 것이 상징적 조치였다. 五野井隆史, 『日本キリスト史』, 吉川弘文館, 1990, 263-265쪽.

13) 도히 아키오 지음, 김수진 옮김, 『일본기독교사』, 기독교문사, 1991, 125쪽.

14) Arthur Judson Brown, *The Mastery of The Far East: The Story of Korea's Transformation and Japan's Rise to Supremacy in the Orient*(New York: Charles Scribner's Sons, 1919, p. 589.

15) 도히 아키오, 앞의 책, 124쪽.

16) 중학교 재학생들에게 징집을 유예하고 졸업생에게는 상급학교 진학 자격을 부여하는 등의 특권을 말한다. 도히 아키오, 앞의 책, 86쪽.

17) 도히 아키오, 앞의 책, 126-127쪽.

18) 훈령에는 '과외'의 종교교육도 허용하지 않는다는 규정이 있었지만 학교 당국은 문부성을 설득하는데 성공하였다. 도히 아키오, 앞의 책, 127쪽.

19) 초등학교와 대학교는 대부분 정부에 의해 운영되는 관공립학교였다. Arthur Judson Brown, *op. cit*, p. 590.

20) 당시 저명한 기독교인 교육자는 "종교자유의 원칙을 고수하기 위하여 우리는 중요한 특권들을 포기하였다. 그러나 정부와의 지속적인 교섭과정을 통하여 잃었던 특권들을 점차 회복하였다"라고 말하였다. *Ibid.*, pp. 589-590.

21) 도히 아키오, 앞의 책, 128쪽.

22) "제국에 있어서 신도, 불교, 기타 종교에 속하는 제 종파로서 포교에 종사하려 할 시(時)는 해당 관장 또는 차(此)에 준할 자, 한국에 있어서의 관리자를 선정하고 이력서를 첨부하고 다음 사항을 갖춰 통감의 인가를 수(受)함이 가(可)하다." 統監府令 第45號, 1907.

23) 朝鮮總督府學務局, 『朝鮮の統治と基督教』, 朝鮮總督府學務局, 1920, 6쪽.

24) 일제는 평양 감리교 교당 건축과 경성 기독교청년회 사업유지의 일환으로 국고를 보조하였다. 위의 책, 6쪽.

25) "宗教 取締에 관해서는 명치 39년 統監府令 第45號로 內地人의 宗教宣布手續節次를 定한 바 있다. 하지만 조선인 및 외국인의 종교에 관한 것은 하등의 법규도 없어서 그로 인해 포교소가 함부로 설치되고 있어 그 폐해가 크다." 『朝鮮總督府施政年譜』, 1911, 77쪽.

26) "특히 조선인의 조직과 관계되는 것으로는 天道教, 侍天教, 大倧教, 大同教, 太極教, 圓宗宗務院, 孔子教, 大宗教, 敬天教, 大成宗教 등의 여러 宗이 있는데, 그 종류가 너무 많고 잡다할 뿐 아니라, 그 움직임도 정치와 종교를 서로 혼돈하여 순연(純然)히 종교라 인정하기 어려운 것이 많아 그 취체(取締)가 불가피하다." 『朝鮮總督府施政年譜』, 1911, 77쪽; 한편 1912년 대동자유기독교회(大同自由基督教會)라는 단체가 창설되자, 총독부는 "政教를 혼돈하여 순연한 종교로 보기 어렵다"는 이유로 적절히 이를 취체하였다 한다. 『朝鮮總督府施政年譜』, 1912, 100쪽.

27) 『朝鮮總督府施政年譜』, 1915, 66-67쪽.

28) 박승길, 「일제 무단통치 시대의 종교정책과 그 영향」, 『현대한국의 종교와 사회』, 문학과 지성사, 1992. 44쪽.

29) "제2조 종교의 선포에 종사하려는 자는 左의 사항을 구비하여 포교자로서의 자격을 증명할 수 있는 문서 및 이력서를 첨부하여 조선총독에게 제출하여야 한다.… 제4조 조선총독은 포교방법, 포교관리자의 권한 및 포교자 감독의 방법 또는 포교 관리자를 부적합한 자로 인정할 때는 이의 변경을 명할 수 있다.… 제12조 조선총독은 현재 종교용으로 쓰이는 교회당, 설교소 또는 강의소 등에 대해 안녕질서를 문란케 하거나 그럴 우려가 있다고 인정될 때에는 그 설립자 또는 관리자에 대해 그것의 사용을 정지 또는 금지시킬 수 있다.… 제14조 조선총독은 포교관리자, 포교담임자 또는 조선 사찰 주지에 대해 필요하다고 인정될 때에는 보고서의 신고를 명할 수 있다."

30) 박승길, 앞의 글, 50-51쪽.

31) "사립학교의 교과과정은 보통학교규칙, 고등보통학교규칙, 여자고등보통학교규칙 또는 전문학교규칙에 규정한 교과과정에 준하여 이를 정하고, 이 밖의 학과목은 일체 부과할 수 없다." 개정사립학교규칙(1915), 제6조 2항.

32) 「私立學校聖書教授에 관한 通牒」(1915), 『朝鮮教育法規例規側大全』, 朝鮮教育會, 1927, 531쪽; 손인수, 앞의 책, 123-124쪽.

33) 위와 같음.

34) 小松綠, 「교육, 종교분리주의를 논하여 조선의 교육제도에 미침」, 김승태 편, 『일제강

기 종교정책사 자료집, 기독교편 1910-1945』, 한국기독교역사연구소, 1996, 103쪽.

35) Arthur Judson Brown, *op. cit*, pp. 593-594.

36) 장로교 소속 선천여자중학교와 남장로교 소속 순천중학교는 이 법령이 나오기 이
전에 세워진 학교들로서 10년의 유예기간을 보장받을 수 있었지만 기술적인 지연
(technical delays)으로 총독부 당국의 허가를 받지 못하고 폐쇄되었다. *Ibid.*, pp. 592-
593.

37) *Ibid.*, p. 594.

38) 1905년 장로교 4개 선교부와 감리교 2개 선교부가 참여한 한국복음주의선교회연
합공의회(The General Council of Protestant Evangelical Missions in Korea)가 모
체이며 1911년 재한복음주의연합공의회(Federal Council of Protestant Evangelical
Missions in Korea)로 명칭을 바꾸었다. Harry A. Rhodes, *History of Korea Mission
Presbyterian Church 1884-1934*, Seoul: The Presbyterian Church of Korea Department
of Education, 1934, pp. 452-455.

39) Arthur Judson Brown, *op. cit*, pp. 84-85.

40) *Ibid.*, p. 596.

41) *Ibid.*, pp. 597-599.

42) 당시 선교사들은 한국의 모든 제도가 종교적 중립을 지키고 있는 것이 아니라 '기독
교적'이든지 '비기독교적' 혹은 '반기독교적' 영향을 미친다고 보았다. 예를 들면 당시
국가에서 편찬한 윤리교과서에서 조상숭배를 예찬하는 내용, 국경일에 행하는 제사,
신격화된 천황 사진에 대한 절 등은 모두 종교적인 의미를 지니고 있다고 보았다. 이
는 일제의 국가주의적 교육이 종교적 성격을 가지고 있음을 지적한 것이다. *Ibid.*, pp.
600-602.

43) *Ibid.*, p. 603.

44) 건의안 내용 전체가 「全鮮宣敎師大會陳情書」라는 제목으로 朝鮮總督府學務局, 『朝
鮮の統治と基督敎』(1921)의 부록에 실려 있다.

45) 선교사들은 이때 "한국시대에 우리들이 향유한 종교 및 교육의 자유를 제한하고" 라
고 말했다. 朝鮮總督府學務局(1921), 45쪽.

46) 위의 책, 46쪽.

47) 위의 책, 48쪽.

48) 위의 책, 48-46쪽.

49) 위의 책, 50쪽.

50) Harry A. Rhodes, *op. cit.*, p. 503.

51) 『朝鮮監理會年會錄』(1915) 제7권, 기독교대한감리회백주년기념사업위원회, 1984;

Allen D. Clark, *A History of the Church in Korea*, Seoul: The Christian Literature Society of Korea, 1971, p. 192.

52) 朝鮮總督府學務局, 『朝鮮諸學教一覽』, 朝鮮總督府學務局, 1927, pp. 337-343; 물론 감리교 선교부내에서는 종교교육을 행할 수 없다면 차라리 학교를 폐쇄하는 것이 낫다는 견해를 가진 선교사들도 있었다. 남감리교 선교사인 무스(J.R. Moose)는 "우리가 공개적으로 우리 학교들에서 종교의식을 거행하지 못하고 성경을 가르치지 못하고 졸업장에 서기 1900년이라고 쓰지 못하는 때가 온다면 그때는 우리가 우리의 모든 학교들을 폐쇄하고 우리의 시간과 힘을 복음 전하는데 바치는 때가 되리라고 믿는다"라고 했다. Charles D. Stokes, *History of Methodist Missions in Korea*: 1885-1930, Ph.D. diss., Yale University, 1947, p. 259.

53) Allen D. Clark, *op. cit.*, p. 195.

54) 이로 인해 장로교 학교 학생들은 전문학교나 대학과 같은 상급학교 진학이 허가되지 않는 불이익을 감수해야 했다. 따라서 그들은 동맹휴학을 통해 학교당국이 총독부 인가를 받도록 촉구하기도 하였다. J. E. Fisher, *Democracy and Mission Education in Korea*, New York: Bureau Publications, Teachers College, Columbia University, 1928, p. 77; 반면 캐나다장로회 소속 학교와 경신학교, 그리고 정주 오산학교는 총독부의 시책을 따라 '고등보통학교' 등록을 하였다. 손인수, 앞의 책, 118쪽.

55) 총독부가 요구하는 시설과 요건을 갖추어 고등보통학교와 거의 동등한 자격이 부여된 학교이다.

56) Stokes, *op. cit.*, p. 296.

57) *Ibid.*, p. 297.

58) 이만열, 앞의 책, 294-298쪽.

59) 감리교 내부에서 감리교 교회법에 '양심의 자유'와 '교회의 자유' 조항을 명기할 필요가 있다는 제안이 나온 바 있다. 김흥수, 「감리교회와 국가: 일제하 정교관계에 대한 사례 연구」, 『신학과 현장』 제4집, 1994, 205쪽.

60) 따라서 이 종교교육 논쟁에서는 학교의 문을 닫는 폐교 사태는 거의 나타나지 않았다. 기독교학교들이 종교적 이유로 폐교되는 것은 일제말 신사참배에 대응하는 과정에서였다. 자세한 것은 김승태, 「일제하 '천황제' 이데올로기와 기독교 학교」, 『신학사상』 74집, 1991 참조.

Ⅳ. 일제하 신사참배 논쟁과 종교자유

1) 고신파나 재건파 인사들은 신사참배 문제를 계속해서 부각시키고 있고 기독교장로회와 같은 교단은 잘 언급하지 않는 경향이 있다.

2) 박준영, 「가톨릭은 신사참배를 진짜 옹호한다?」, 『경향잡지』 98권 1호, 2006, 80-83쪽; 정동훈, 「일제 강점기하의 한국 천주교회와 신사참배에 대한 고찰」, 『교회사연구』 11집, 1996.

3) 신사참배 문제의 복잡성에 주목한 최근의 연구로는 다음의 논문이 있다.
Ryu, Dae Young, "Missionaries and Imperial Cult: Politics of the Shinto Shrine Rites Controversy in Colonial Korea," Diplomatic History, vol 40(4), 2016, pp.606-634.

4) 이노우에 노부타카 외 지음, 박규태 옮김, 『신도, 일본 태생의 종교 시스템』, 제이앤씨, 2010, 290-295쪽.

5) 위의 책, 295-296쪽.

6) 신사비종교론의 자세한 전개과정은 박규태, 「국가신도와 신사비종교론」, 『일본의 발명과 근대』, 이산, 2006, 55-62쪽 참조.

7) 戶村政博, 「近代 日本의 天皇制 國家와 基督教」, 『國家權力과 基督教』, 민중사, 1982, 346쪽.

8) 김승태, 「일제하 조선의 신사에 관한 연구」, 『근대 한·일간의 상호인식』, 동북아역사재단, 2009, 256-281쪽; 산돌손양원기념사업회 엮음, 김승태 편역, 『신사참배문제자료집Ⅱ』, 한국기독교역사연구소, 2014, 587-607쪽.

9) "병합 이래 百揆가 振暢하고 皇化가 率土에 널리 퍼져 민풍습속도 점차 구비되어 융합 동화의 道를 더하기에 이르렀다. 그렇지만 아직 조선 全土의 민중 일반이 존숭해야 할 신사가 없어 민심의 귀일을 도모하고 충군애국의 念을 깊게 할 점에 있어 유감스러운 점이 없지 않다. 따라서 此際에 國風移植의 大本으로서 內鮮人이 함께 존숭할 神祇를 勸請하여 반도주민으로 하여금 영구히 報本反始의 誠을 바치도록 하는 것은 조선 통치상 가장 긴요한 일이라 생각된다." 朝鮮總督府 編, 『朝鮮神宮造營誌』, 朝鮮總督府, 1927, 9쪽.

10) "신사에 참배하는 것은… 일종의 조선숭배에 불과한 것입니다. 신사참배는 조선숭배와 함께 우리 보통학교 교육뿐만 아니라 우리 국민교육상 중요한 위치를 차지하고 있는 것입니다. 즉 국민도덕의 神髓라고도 해야 할 것입니다. 그래서 本校는 연중행사의 하나로 매년 신사참배를 행하고 있는 것입니다.… 이러한 일이 당신의 교회의 규칙과 저촉된다고 하더라도 어쩔 수가 없습니다. 결코 당신의 서면에서와 같이 불합리하고 무리한 것을 강요하고 있는 것은 아닙니다." 高橋濱吉, 『朝鮮敎育史考』, 帝國地方

行政學會朝鮮本部, 1927, 503-504쪽.

11) 위의 책, 505-506쪽.

12) 정동훈, 앞의 글, 68쪽.

13) William C. Kerr, "Shinto Shrine in Chosen," *Korea Mission Field*, vol. 21, no. 4, 1925. pp. 82-83; 안종철, 『미국선교사와 한미관계 1931-1948』, 한국기독교역사연구소, 2010, 39-40쪽.

14) 高橋濱吉, 앞의 책, 509쪽; 김승태 편역, 『일제강점기 종교정책사 자료집, 기독교편 1910-1945』, 한국기독교역사연구소, 1996, 181쪽.

15) 그는 당시 나가사키 주재 천주교 사제가 저술한 책에 대해서도 다음과 같이 비판적으로 언급하고 있다. "천주교 공회장 나가사키 司教 J.C. 콤바즈(Combaz) 씨의 「신사참배에 대하여」(로마 구교 신자가 본다)를 읽을 때 참으로 동감인 것이 많지만 아직 우리 국민의 성정을 충분히 연구한 것이라고는 말할 수 없다. 만약 그의 이 「신사참배에 대하여」의 의견이 우리 국민 다수에게 읽혀진다면 많은 반대의견이 나올 것으로 생각한다. 그의 의견에 의하면 伊勢의 대묘, 메이지 신궁까지 참배할 수 없게 된다." 高橋濱吉, 앞의 책, 509쪽; 김승태 편역, 앞의 책, 181쪽.

16) 국사편찬위원회, 『한국독립운동사 자료』 1~4(임정편), 國史編纂委員會, 1970, 118쪽.

17) 〈사설: 제사문제를 재론하노라(2)〉, 《동아일보》, 1920. 9. 25.

18) 〈사설: 강제 참배 문제〉, 《동아일보》, 1925. 3. 18-19.

19) 이만열 엮음, 『신사참배문제 영문자료집 II』, 한국기독교역사연구소, 2004, 74쪽.

20) 위의 책, 74-75쪽.

21) George S. McCune, "Thou Shalt Have No Other Gods Before Me", "The Korean Shrine Question: A Dabate- Condensed from the Presbyterian Tribune", *World Christianity*(March 1938); 김승태 엮음, 『한국기독교와 신사참배문제』, 한국기독교역사연구소, 1991, 383-384쪽.

22) 김승태, 위의 책(1991), 384쪽.

23) 위의 책, 385쪽.

24) 맥큔은 총독부 학무국에서 발행한 초급 교과서에서 나온 구절을 인용하면서 이 구절이 천조대신과 황실의 조상들이 사람들에 의해 숭배되는 신 혹은 신령임을 보여준다고 말했다. 그 구절의 내용은 다음과 같다. "전국의 모든 신사에는 천조대신을 비롯하여 천황과 제국의 위대한 인물들이 숭배되고 있다. 서울의 조선신궁에서도 천조대신과 명치천황이 숭배되고 있다. 아주 옛날부터 우리 제국의 사람들은 신령숭배에 대한 열정적 감정을 지녀 왔으며 진실한 마음을 가지고 신사참배를 해왔다. 우리는 신령을 숭배해야만 한다." George S. McCune, "Friends in America", 1936. 5. 7, 『신사참배영

문자료집 I』, 246-247쪽.

25) 김승태, 앞의 책(1991), 379-380쪽.

26) 김승태, 「부록: 신사문제 관계 재판기록」, 앞의 책(1991), 449-525쪽; 산돌손양원기념 사업회 엮음, 김승태 편역, 『이기선목사 등 21인 평양지방법원 예심 종결 결정문」,『신사참배문제자료집III: 재판기록편』, 한국기독교역사연구소, 2014, 545-604쪽.

27) 김승태, 앞의 책(1991), 449-450쪽.

28) 위의 책, 461-469쪽.

29) 위의 책, 507쪽.

30) 위의 책, 474-476쪽.

31) 김양선, 『한국기독교해방십년사』, 대한예수교장로회총회, 1956, 195쪽.

32) 콜만, 「De Jinja Sampai」, 4-9; 정동훈, 앞의 글, 86쪽.

33) 콜만, 위의 글, 13-16쪽; 정동훈, 위의 글, 88쪽.

34) 코너스(Joseph W. Conners) 신부가 드라우트 신부에게 보낸 1935년 2월 12일자 서한; 정동훈, 위의 글, 91쪽.

35) 콜만, 위의 글, 25-26쪽; 정동훈, 위의 글, 90쪽.

36) 초대 내한 선교사인 언더우드(H.G. Underwood, 1859-1916)의 아들이다.

37) Horace H. Underwood, "Render Unto Caesar The Things That Are Caesar's", "The Korean Shrine Question: A Dabate- Condensed from the Presbyterian Tribune", *World Christianity*(March 1938); 김승태, 앞의 책(1991), 386쪽.

38) 위의 책, 387쪽.

39) 위의 책, 387쪽.

40) 위의 책, 387-388쪽.

41) "우리 천주교의 엄중한 규칙은 異敎의 의식에 참여하는 것을 절대로 금하고 있습니다. 천황의 사진에 절하는 것만은 기꺼이 하지만 神佛을 예배하는 신사에 참배하는 것 등은 결코 할 수 없습니다.… 헌법상 이미 각 개인의 종교의 신봉이 자유인 이상, 그 규칙 의식이 부인되는듯한 모순은 결코 있어서는 안될 것입니다.… 귀하께서는 귀교의 생도 중 천주교 신자들에게 이러한 교의에 위반되는 행위를 강요하고 있다는데, 이렇게 불합리하고 무리한 일은 부디 이후로는 그만두어 주기를 바랍니다." 高橋濱吉, 앞의 책, 502-503쪽.

42) 최루수, 민 아오스딩 감준, 『천주교요리대문답』1권, 제2판, 1932, 1; 정동훈, 앞의 글, 82쪽에서 재인용.

43) 사와 마사히코, 「일제하 신사문제와 기독교주의 학교」, 『한국기독교와 신사참배문제』, 한국기독교역사연구소, 1991, 420쪽.

V. 일제하 종교법과 개신교

1) 한국기독교역사학회 편, 『한국기독교의 역사 II』, 기독교문사, 2012, 251-252쪽; 김흥
수, 「감리교회와 국가: 일제하 정교관계에 대한 사례연구」, 『신학과 현장』 4집, 목원
신학연구소, 1994에서 부분적으로 취급되고 있을 뿐이다. 최근에 나온 대표적인 연구
로는 안유림, 『일본제국의 법과 조선기독교』, 경인문화사, 2018이 있다.
2) 대표적인 것으로 강위조, 『일본통치와 한국의 종교와 통치』, 대한기독교서회, 1977; 박
승길, 「일제무단통치 시대의 종교정책과 그 영향」, 『현대한국의 종교와 사회』, 문학
과 지성사, 1992; 안유림, 「일제의 기독교 통제정책과 포교규칙」, 『한국기독교와 역
사』, 29호, 2008 등이 있다.
3) 이 시기에 종교법, 〈종교법안〉, 〈종교단체법〉, 〈종교단체법안〉 등의 용어가 혼용되고
있었기 때문에 혼동을 초래하기 쉽다. 여기서는 다음과 같이 구별한다. '종교법'은 이
시기에 등장한 모든 종교관계 법안을 지칭하는 포괄적 용어이고, '〈종교법안〉'은 1899
년과 1927년 의회에 상정된 법안을 가리킨다. '〈종교단체법안〉'은 1929년과 1939년
의회에 상정된 법안을 가리키며 이중 1939년에 통과된 법안을 '〈종교단체법〉'으로 지
칭한다. 戶村政博, 「近代 日本의 天皇制 國家와 基督敎」, 『國家權力과 基督敎』, 민중
사, 1982, 346쪽 참조.
4) 구체적인 것은 五野井隆史, 『日本キリスト史』, 吉川弘文館, 1990, 263-265쪽 참조.
5) 佐波亘, 『植村正久と其の時代』 II, 敎文館, 昭和51年(再版), 440쪽.
6) 위의 책, 441쪽.
7) 위와 같음.
8) 澤正彦, 『日本基督敎史』, 대한기독교서회, 1979, 138쪽.
9) 佐波亘, 앞의 책, 442-447쪽.
10) 이때 불교 각 종파는 지방에 있는 승려들에게 상경을 명령하고 폭력시위를 전개하기
도 하였다. 이 때문에 〈종교법안〉에 반대하는 사람들조차 불교 승려들의 이러한 행동
을 비난하였다. 본파본원사(本派本願寺)의 경우는 처음에는 다른 종파들과 행동을 같
이 하였으나 정부안이 나온 뒤에는 그것을 다소 수정하여 통과시킬 것을 희망하였다.
불교 종파 중에 가장 강력한 반대운동을 전개한 것은 대곡파본원사(大谷派本願寺)인
데 반대운동의 본부라고 불렸으며, 어떤 승려는 이 법안을 불교박멸책이라고 예언하
기도 하였다. 위의 책, 451-487쪽.
11) 당시 법안 검토위원으로 선정된 개신교 지도자는 西原淸東, 押川方義, 小崎弘道, 井深
梶之助, 本多庸一 등 5명이다. 佐波亘, 앞의 책, 487쪽.
12) 위와 같음.

13) 佐波亘, 앞의 책, 490쪽.

14) 위와 같음.

15) 佐波亘, 앞의 책, 491-492쪽.

16) 위의 책, 492쪽.

17) 위의 책, 492-498쪽.

18) 위의 책, 495쪽.

19) 교사의 피선거권에 대해서는 이중적인 태도를 취하는 것 같다. 어떤 경우에는 인정하지 않는듯한 표현이 등장하는가 하면 어떤 경우에는 인정해야 된다는 입장을 취하기도 한다. 위의 책, 495-496쪽.

20) 당시 조선예수교장로회총회록은 다음과 같이 기록하고 있다. "현금 당국에서 수정 중에 있는 〈종교법안〉은 우리 종교계에 중대한 관계가 있은 즉 특별히 심사위원 사인을 택하여 그 법안을 상세히 심사한 후 당국에 진정 항변하여 포교에 장애가 없도록 교섭할 전권을 맡기는 것이 좋을 줄 알고 심사위원을 여좌히 선정보고 하오며", 『조선예수교장로회 제15회 회록』, 1926, 22쪽.

21) 조선예수교연합공의회(Korean National Christian Council)는 1924년 한국교회(조선예수교장로회, 조선미감리회, 조선남감리회)와 외국선교부(미국북장로회, 미국남장로회, 오스트레일리아장로회, 캐나다연합교회, 미감리회, 남감리회), 그리고 기독교기관(대영성서공회, 조선기독교청년회)의 연합기관으로 조직되었다. 1931년부터 '조선기독교연합공의회'로 명칭을 바꾸었으며 더 많은 기독교기관이 회원으로 가입함으로써 한국개신교를 대표하는 연합기관의 역할을 하였다. 그러나 일제말엽의 전시체제하에서 해산되고 조선기독교연합회(1938)가 등장하였다. 한국기독교역사학회 편, 앞의 책 (2012), 271쪽.

22) 『조선예수교장로회총회 제16회 회록』, 1927, 28쪽.

23) 진정서의 5개 항목은 다음과 같다.
一. 第18條 [宗教教師 資格制限]의 不可, 二. 第21條 [宗教教師 安寧秩序 妨害 等時 業務停止]의 苛酷, 三. 第56條 [教團管理者 存置]와 我 耶蘇教義 及 宗制와의 違背, 四. 第92條 [教會設立時 地方長官의 許可 先要]와 我 耶蘇教 習例上 事實 不可能 手續, 五. 第110條 [指定宗教教師外 宗教教師 業務 行爲時 處罰]과 信者 皆 教師의 主義宗旨되는 我 耶蘇教 發展上 根本的 防碍事情 等 以上.《기독신보》, 1926. 10. 6.

24) 제17조 本法에서 宗教教師라 함은 宗教團體에 屬하여 其教義의 宣布 又는 儀式의 執行에 從事하는 者를 謂함.

25) 第18條 宗教教師는 左의 各號의 一에 該當치 아니한 者로서 中學校 又는 高等女學校 卒業과 同等 以上의 學力을 有하고 當該 宗教에 關한 相當의 學業을 受하고 年齡

二十歲 以上되는 者를 要함. 一.禁治産者 準治産者, 二.破産者로서 復權을 不得한 자, 三.懲役 6年 以上의 禁錮 舊刑法의 重罪의 刑 又는 重禁錮에 處하였던 者.

26) "우리는 本文[제21조]의 意義가 너무 廣範한 줄로 思惟하는 同時에 이러한 法網은 宗教의 行動을 或 過度히 取締치 아니할가 하는 疑訝가 없지 못하다",《기독신보》, 1926. 10. 30.

27) "어떤 鄕村에서… 어떤 警官이 基督教의 淸晨祈禱會를 安眠妨害로 禁止하고 또 예수는 우리의 王과 主라는 것을 獨立思想 宣傳이라하여 說教中止를 命하는 것을 보았다"고 하면서 "本條는 有限한 條件附로 明白히 修正치 아니하면 안될 것이다",《기독신보》, 1926. 10. 30.

28) 第110條 宗教教師가 아니고 宗教教師의 業務를 한 者 又는 第18條의 資格을 有치 못하고 第26條의 結社의 教義의 宣布 或은 儀式의 執行을 한 者는 白圓 以下의 罰金에 處함.

29) [指定宗教教師外 宗教教師 業務 行爲時 處罰]과 信者 皆 教師의 主義宗旨되는 我 耶蘇教 發展上 根本的 防碍事情.《기독신보》, 1926. 10. 6.

30) 第92條 教會를 設立하려 하는 者는 教會規則 幷 法令의 定한 事項을 具하여 其 屬한 教派 又는 宗派의 管長 或은 教團管理者의 承認을 經하여 地方長官의 許可를 受함이 可함.

31) "本 法案에서 神道 又는 佛教는 그 名義를 明文으로 詳錄하여 教派, 宗派에 系케 하였으나 基督教에 對하여는 何等의 明文指示가 없고 다만 教團으로 暗示한 여러 宗教를 廣範的으로 等閑히…",《기독신보》, 1926. 10. 30.

32)《기독신보》, 1926. 10. 30.

33) "四次 회집하여 이 법안을 심사한 바 전 법안과 상위가 없으므로 이 법안 반대운동을 하기로 결의",『조선예수교장로회총회 제18회 회록』, 1929, 47쪽.

34)《기독신보》, 1929. 2. 6.

35)《기독신보》, 1929. 2. 20.

36)《기독신보》, 1929. 2. 6.

37) 위와 같음.

38) 위와 같음.

39) "다시 거듭 말하는 것은 이 〈종교법안〉을 다시 고쳐서 〈종교단체법안〉이라 하고 그 몇가지를 삭제 또는 정정하였다함은 일백이십오조를 구십팔조로 줄이고 또 제목을 달리한 것 밖에 더 되지 아니한다. 그 사례를 들어 말하자면 허가주의를 신고(届出)주의로 고쳤다는 것이다. 그러나… 종교단체 설립에 대하여든지 종교단체 근본법규에 대하여 일절을 일일이 행정관청의 허가 또는 인정을 얻을 것이라고 하였다."《기독신

보》, 1929. 2. 6.

40) 위와 같음.

41) 위와 같음.

42) 澤正彦, 앞의 책, 1979, 138쪽; 일제시대에 이미 김태련(金泰鍊)은 종교법 제정 시도가 3차례나 제국의회를 통과하지 못한 주요한 원인을 "동 법안이 헌법이 보장하는 신교 자유에 저촉된다는 것과 또 종교는 양심관계인 고로 법으로 此를 구속할 수 없다는데 있었다"고 지적했다, 김태련, 『〈종교단체법〉해석』, 기독신문사, 1939, 2쪽.

43) 1905년부터 1926년에 이르는 이 시기에는 정치적 민주화와 보통선거제로 대표되는 정당내각제가 확립되었다. 三谷太一郞, 『近代日本の司法權と政黨: 部審制成立の政治史』, 書房, 1980, 228-233쪽.

44) 한국기독교역사학회 편, 앞의 책(2012), 295쪽.

45) 윤태경, 〈宗敎法 實施에 關한 一考察(一)〉, 《기독신보》, 1936. 1. 15.

46) 위와 같음.

47) 위와 같음.

48) 위와 같음.

49) 위와 같음.

50) 위와 같음.

51) 교회재산의 법인화는 오히려 개신교측에서 요구한 사항이다. 3.1운동 이후 개신교계의 건의에 의해 선교부 재산의 법인화가 가능해졌다. 이만열, 「개신교의 전래와 일제 하 교회와 국가」, 『국가권력과 기독교』, 민중사, 1982, 169쪽

52) 윤태경, 〈宗敎法 實施에 關한 一考察(二)〉, 《기독신보》, 1936. 1. 22.

53) 위와 같음.

54) 위와 같음.

55) 위와 같음.

56) 정일형, 『神學世界』 24권 4호, 1939, 38쪽.

57) 위와 같음.

58) 포교규칙(1915)에서는 교회설립의 허가제를 취하다가 3.1운동 이후 이를 개정한 개정 포교규칙(1921)에서 신고제로 바꾸었다.

59) 정일형, 앞의 글, 39쪽.

60) 위의 글, 40쪽.

61) 위의 글, 39쪽.

62) 〈종교단체법〉 제정에 환영하는 개신교인도 있었다. 장로교 목사 김우현은 "일찍이 이 법안에 대한 주의와 관심을 가져오든 바에 이제 그 성립을 보게 됨에 경하를 마지않는

바이다"라고 서문을 쓰고 있다. 김태련, 앞의 책, 서문.

63) 제1조(양심조항) "일반 인류는 종교에 관계되는 각 항 사건에 대하여 속박을 받지 않고 각기 양심대로 판단할 권리가 있은 즉 수모(誰某)라든지 이 권리를 침해하지 못할 것이니라", 제2조(종교자유) "교회는 국가의 세력을 의지하지 아니하고 오직 국가에서 각 종교의 종교적 기관을 안전보장하며 동일시함을 기망(企望)하는 것 뿐이니라."

64) 1965년 종교단체의 감독과 통제를 목적으로 하여 국회에 상정된 사회단체등록법 개정안에 대한 개신교계의 적극적인 반대운동이 대표적인 사례다. 박형규, 「신교자유는 어디로?-사회단체 등록법 개정안이 의미하는 것」, 『사상계』 155호, 1966, 88-93쪽.

VI. 군사정권 시대의 인권문제와 종교자유

1) 강돈구, 「미군정의 종교정책」, 『종교학연구』, 제12호, 1993, 15-42쪽.

2) 제1공화국에서의 국가와 개신교의 관계에 대해서는 강인철, 『한국기독교회와 국가시민사회 1945-1960』, 한국기독교역사연구소, 1996, 참조.

3) 윤승용, 『현대 한국종교문화의 이해』, 한울, 1997, 106쪽.

4) 강인철, 앞의 책, 247쪽.

5) 위의 책, 253-256쪽; 미군정과 자유당 정권하 종교와 정치의 관계에 대해서는 강인철, 『종속과 자율; 대한민국의 형성과 종교정치』, 한신대학교출판부, 2013; 허명섭, 『해방 이후 한국교회의 재형성: 1945-1960』, 서울신학대학교출판부, 2009, 참조.

6) 군사정권하 종교와 정치의 관계에 주목한 대표적인 연구로는 다음과 같은 것이 있다. 강인철, 『저항과 투항: 군사정권들과 종교』, 한신대학교출판부, 2013; 강인철, 『한국의 종교, 정치, 국가 1945-2012』, 한신대학교출판부, 2013; 유신체제하 개신교의 인권운동에 주목한 연구로는 손승호, 『유신체제와 한국기독교 인권운동』, 한국기독교역사연구소, 2017가 있다.

7) 조승혁, 「하나님의 선교의 자유와 법적 한계: 노동관계법을 중심으로」, 『기독교사상』 제289호, 1982.7, 44-45쪽.

8) 1974년 6월 13일 경상북도 연락사무실을 순시한 후 기자들과 만난 자리에서 한 발언, 한국기독교교회협의회 인권위원회, 『1970년대 기독교민주화운동 II』, 한국기독교교회협의회, 1987, 499쪽.

9) 〈외국인 성직자 추방령도 가능: 김외무 反政데모에 밝혀〉, 《동아일보》, 1974. 11. 9.

10) 〈외국인 교역자의 반정선동은 탈선: 김총리 지적, '인권침해' '종교 탄압' 운운도 부당〉, 《동아일보》, 1974. 11. 9.

11) 위와 같음.

12) 1974년 2월 9일 당시 문공부 장관이 한 발언, 김용복, 「해방후 교회와 국가」, 『국가권력과 기독교』, 민중사, 1982, 229쪽.

13) 1979년 8월 22일 김성진 문공부 장관이 한 발언, 《조선일보》, 1979. 8. 23.

14) 1974년 11월 25일에 발표한 「KCCC의 기독교 반공 시국 선언문」, 『1970년대 기독교 민주화운동 II』, 509쪽.

15) 1974년 11월 27일에 발표한 「대한기독교연합회 성명서: 시국에 대한 우리의 견해」, 위의 책, 512쪽.

16) 대판 1973. 5. 22. 73도525; 한국종교법학회 편, 『종교법판례집』, 육법사, 1982, 62쪽.

17) 장숙경, 「한국 개신교의 산업선교와 정교유착」, 성균관대학교 박사학위논문, 2009, 299-230쪽.

18) 1975년 3월 20일에 발표된 「기독교정의구현전국성직자단 발기위원회 시국관련성명서」, 『1970년대 기독교민주화운동 I』, 413쪽.

19), 1974년 11년 18일 발표된 「최근 정부요인들의 기독교에 대한 발언에 관하여」, 위의 책, 506쪽.

20) 1974년 6월 17일에 발표된 「한국기독교교회협의회 인권위원회 결의문: 이효상씨의 종교인에 대한 공적 발언에 대하여」, 위의 책, 500쪽.

21) 1974년 11월 18일에 발표된 「최근 정부요인들의 기독교에 대한 발언에 관하여」, 위의 책, 506쪽.

22) 1974년 6월 17일에 발표된 「한국기독교교회협의회 인권위원회 결의문: 이효상씨의 종교인에 대한 공적 발언에 대하여」, 위의 책, 500쪽.

23) 1978년 6월 23일에 발표된 「라벤더 선교사 추방에 관한 성명서」, 위의 책, 543-544쪽.

24) 한국종교법학회, 앞의 책, 53-55쪽.

25) 1975년 5월 1일에 발표된 「기독교정의구현전국성직자단 성명서」, 『1970년대 기독교 민주화운동 I』, 417쪽.

26) 1974년 6월 18일에 발표된 「한국기독교장로회총회, 이효상 망언 관련 성명서」, 위의 책, 501쪽.

27) 1975년 1월 6일에 발표된 「선교동역자 (오명걸 목사) 추방에 대한 우리의 견해: 한국기독교장로회 총회장 인광식, 선교 활동자유수호위원회 위원장 은명기」, 위의 책, 531쪽.

28) 《한국기독공보》, 1975. 10.25; 1975. 11. 22; 1975. 12.6; 1976.12.4.

29) 오태양은 2001년 양심적 병역거부를 선언했고, 불구속기소 상태에 있다가 2004년 8월 30일 1년 6개월의 실형을 선고받았다. 《인터넷한겨레》, 2004. 8. 31.

30) 다른 나라들에서는 퀘이커교도를 비롯하여 그 밖의 기독교 소종파에서 많이 발견되지만 국내에서는 이 두 종파 이외에는 확인이 어렵다. 오만규,「한국의 양심적 참전 거부자들과 그 기독교적 비판자들의 신학 전통」,『한국기독교신학논총』, 제26집, 109쪽.

31) 미국의 징병제도하에서 여호와의증인은 전면적 군복무 거부자(Complete Objectors), 안식교인은 비무장 군복무자(Noncombatants)로 분류된다. 오만규, 위의 글, 110쪽.

32) 안식교의 정식 명칭은 제칠일안식일예수재림교회(Seventh-Day Adventist Church)이다. 교단 차원에서는 '안식교인'보다는 '재림교인', '안식교'보다는 '재림교회'로 부르는 경향이 있지만 이 글에서는 '안식교'와 '안식교인'이라는 명칭을 사용한다.

33) 오만규, 앞의 글, 110쪽.

34) 이 『진정서』의 입장은 제칠일안식일예수재림교회 세계 대총회가 1954년에 채택한「정부와 전쟁에 대한 제칠일안식일예수재림교회의 입장 (The Relationships of Seventhday Adventists to Civil Government and War)과 같은 취지의 것이다. 오만규, 위의 글, 117쪽.

35) 1957년 4월 3일자로 김용우 국방장관의 특명「국방 총 제2288호」를 각 군 참모총장에게 하달하여 (1) 재림교인 병무 소집 피교육자에게 매 토요일 예배 행사를 허용하고 필요한 편의를 도모할 것, (2) 재림교인 병사들을 위생병 또는 기타 직접 무기를 휴대치 않는 병과에 가급적 배치할 것을 명령했다.

36) 한국 안식교의 경우는 세계 안식교의 결정보다 더 이른 시기인 1960년대 중반부터 '실질적으로' '무장 전투원 군복무'를 허용하였다. 강인철,「한국사회와 양심적 병역거부: 역사와 특성」,『종교문화연구』, 제7호, 2005, 126-127쪽.

37) 이 과정에서 교단에서 분립되어 나간 소수파 집단이 생겨나기도 하였는데 '재림교회 개혁운동파'가 그것이다. 이 소수파 집단의 실체는 명확하게 드러나 있지 않지만 '비폭력 군복무'를 '특별히 강조해야 할 재림신앙의 하나'로 간주하고 있다고 한다. 강인철, 위의 글, 128쪽.

38) 1965년에 안식교인 몇 명이 대법원에 항소하였으나 패소한 적이 있다. 1996년에 동해안에 출몰한 무장공비 소탕전에 차출된 안식교 청년 병사 한 명이 집총과 실탄 사격을 거부하여 2년의 징역형을 선고받았고 2002년 3월에 신학교 재학 중 군대에 입대한 안식교회 청년이 집총 훈련을 거부하여 군사재판에서 3년형을 선고받았다. 2006년에도 안식일 준수로 인해 영창에 끌려가거나 집총을 거부하여 실형을 선고받은 안식교 청년들이 등장하였다.
http://www.adventist.or.kr/nc/view.html?sec=%B1%B3%C8%B8&cat=%C1%BE%C7%D5&num=2972

39) 오만규,『하나님의 것과 가이사의 것: 재림교회와 종교자유 신앙』, 삼육대학교출판

부, 2004, 144쪽; 안식교는 극단적인 평화주의와 극단적인 양심적 참전 반대에 대해서도 비판적인 입장을 취하고 있다. 오만규, 「제칠일안식일예수재림교회의 비무장 군복무의 기원과 발전」, 『한국교회사학회지』, 12, 2003, 108쪽; 강돈구, 「제칠일안식일재림교의 교리와 역사」, 『어느 종교학자가 본 한국의 종교교단』, 박문사, 2017, 250쪽.

40) 자세한 것은 진상범, 「한국사회 양심적 병역거부에 대한 국가와 종교의 대응」, 『종교문화연구』, 제8호, 2006, 191-218쪽 참조.

41) 《한국일보》, 1957. 3. 8.

42) 《서울신문》, 1957. 3. 8; 1957. 3. 9.

43) 당시 개신교계의 대표적 신문인 《기독공보》(예장통합측)에 안식교 관련 기사가 발견되지 않고 있다.

44) 이장식, 「역사적으로 본 전쟁과 평화에 대한 그리스도인의 태도」, 『기독교사상』 19호, 1959, 8-18쪽.

45) 강원룡, 「평화주의의 입장과 그 한계」, 『기독교사상』 19호, 1959. 3, 19-25쪽.

46) 홍현설, 「안식교도의 집총거부 사건에 대하여」, 『기독교사상』 19호, 1959, 32-36쪽.

47) 한국종교법학회, 앞의 책, 76-85쪽.

48) 전 세계적으로 보면 여호와증인들의 양심적 병역거부 역사가 시작된 것은 제1차 세계대전 이후이고 본격화 한 것은 제2차 세계대전에서였다.

49) 여호와증인의 집회 장소인 왕국회관을 병무청 직원들이 포위하여 35세 이하의 남자 중 군대를 다녀온 것으로 보이는 사람은 예비군으로 강제 연행하고 더 어리게 보이는 청년들은 군부대로 강제로 연행하여 그곳에서 영장을 발부하는 일들이 발생하였다.

50) 오만규, 앞의 글. 113쪽.

51) 한국전쟁 이후 양심적 병역거부로 처벌받은 여호와증인들의 수효는 1만여 명에 달한다.

52) 기독경영연구원 편저, 『기독교판례집』, 육법사, 1999, 73-75쪽.

53) N 여호와의증인 정보카페 http://www.cafe.naver.com/jwinfo; 이와 관련된 현상의 하나는 교단 본부에 의한 하부조직 통제의 문제이다. 강돈구에 의하면 하부 조직에 어느 정도의 자율성을 부여할 것인가는 여호와의증인이 성장하면 할수록 끊임없이 제기될 소지가 있는 문제이다. 강돈구, 「'여호와의증인'의 특징과 전개」, 『어느 종교학자가 본 한국의 종교교단』, 박문사, 2017, 172쪽.

54) 한국기독교총연합회, 「병역을 거부하는 '여호와의증인'을 위한 대체복무제 입법을 반대한다」, 2001. 6. 1 http://www.cck.or.kr

55) 한국기독교교회협의회 인권위원회 위원장 문장식의 발언. 2004년 5월 21일, http://www.kncc.or.kr/

56) 볼프강 후버 지음, 손규태·김윤옥 옮김, 『평화윤리』, 대한기독교서회, 1997, 115-117 쪽.

VII. 종교법인법과 한국종교

1) 유헌, 〈부패한 한국 종교계의 처방은 '종교법인법뿐'이다〉, 《뉴스앤조이》, 2007. 4. 25.

2) 종교법인법제정추진시민연대, 「창립선언문」, 『종교법인법 제정 세미나 자료집: 종교 법인법 왜 필요한가?』, 2007. 6. 22, 6-7쪽.

3) 上別府 正信, 「일본국헌법과 종교법인법에 본 일본의 종교정책·종교행정과 그 문제 점」, 『종교와 문화』 21호, 77-102쪽; 박규태, 「일본의 종교와 종교정책」, 『종교연구』 46호, 2007, 135-168쪽; 윤승용, 「외국의 종교법인법 시행형태 및 현황」, 『불교와 문 화』 23호, 2001 참조.

4) 澤正彦, 『日本基督教史』, 대한기독교서회, 1979, 138쪽.

5) 植村正久, 『植村正久と其時代』(2), 教文館, 1938, 451쪽.

6) 특히 1995년 옴진리교 사건 이후 종교법인의 정보공개 의무 등 종교법인에 대한 규제 를 강화하는 개정 작업이 있었다. 《조선일보》, 1995. 10. 11; 박규태, 「현대 정보화사 회에서의 종교와 폭력: 오옴진리교와 가상의 현실화」, 『종교와 문화』 6호, 2000, 131-156쪽; 〈종교단체법〉, 종교법인령, 종교법인법의 번역문이 한국종교법학회 편, 『종교 법판례집』, 육법사, 1983, 426-452쪽에 실려 있다.

7) 이 법령에 의하면 주무장관은 '반국가적이고 반민주적인 활동'을 한 것으로 간주된 사 회단체를 각의의 의결을 거쳐 해체할 수 있다. 당시 국가최고재건회의는 '반공정신의 선양계몽', '신생활과 국민도의 앙양', '혁명과제 수행'에 필요한 사회단체만을 허가하였 는데 이는 이 법령이 '사회공익'의 논리를 내세워 사회단체들을 강력하게 통제하는 법 적 장치임을 드러낸다. 〈사회단체 등록에 관한 법률 내용〉, 《동아일보》, 1961. 6. 14.

8) 성락승, 「종무행정의 실제」, 『한국의 종교와 종교법: 종교단체의 법인체 등록』, 민족문 화사, 1991, 29쪽.

9) 길진경, 「사회단체 등록에 관한 법률중 개정법률안에 대하여: 특히 종교단체 등록법안 을 중심한 나의 소견」, 『기독교사상』, 1966. 2, 6쪽.

10) 한철하, 「논설: 종교단체 등록법안을 철회하라」, 『기독교사상』, 1966. 1, 6쪽.

11) 위와 같음.

12) 위와 같음.

13) 한철하, 앞의 글, 7쪽.

14) 위와 같음.

15) 길진경, 앞의 글, 6쪽.

16) 길진경, 앞의 글, 7쪽.

17) 유호준, 「종교단체 등록법에 대하여」, 『기독교사상』, 1966. 2, 8쪽.

18) 박형규, 「신교의 자유는 어디로: 「사회단체등록법개정안」이 의미하는 것」, 『사상계』, 1966. 1, 88쪽.

19) 위의 글, 93쪽.

20) 〈사회단체등록법: 전교파 일치해 악법철회에 총궐기 가톨릭, 불교, 유교서도 일체 호응〉, 《기독공보》, 1965. 12. 4.

21) 〈비준반대에 보복조치: 정부측 답변에 교회지도자 반발」, 《기독공보》, 1965. 12. 18.

22) 〈숱한 과제: 71년의 종교계〉, 《중앙일보》, 1971. 1. 20.

23) 위와 같음.

24) 위와 같음.

25) 〈종교법인엔 면세: 여야 국회의원 51인이 제안한 법인세법 개정안 요지와 배경〉, 《중앙일보》, 1971. 12. 6.

26) 제104회 시민논단으로 개최된 이 공개토론회의 전체 내용은 기록으로 남아 있지 않고 단지 그 내용의 일부만 발췌되어 서울YMCA사회개발부, 『시민논단: 20주년 기념호, 1968-1987』, 1988, 95쪽에 실려 있다.

27) 위의 책, 95쪽.

28) 위의 책, 95쪽.

29) 이 무렵 기독교교회협의회의 김관석 총무도 종교법인법은 기독교계에 대한 관권의 간섭을 초래할 우려가 있다고 주장했다. 공종원, 〈제정 서두르는 종교법인법: 종교의 보호육성에의 기대와 문제점〉, 《중앙일보》, 1971. 8. 31.

30) 서울YMCA사회개발부, 『시민논단: 20주년 기념호, 1968-1987』, 1988, 95쪽.

31) 이은윤 기자, 〈'종교법인법' 제정 움직임: 종교계서 찬반론 일 듯〉, 《중앙일보》, 1977, 7, 2.

32) 위와 같음.

33) 한국종교사회연구소 편, 『한국의 종교와 종교법: 종교단체의 법인체 등록』, 민족사, 1991, 91쪽.

34) 〈종교법인법 제정 필요〉, 《조선일보》, 1980. 12. 3; 〈종교법인법, 학계, 교계 활발한 논의〉, 《조선일보》, 1980. 12. 4.

35) 민경배, 〈종교법인법 제정의 입법성을 말한다」, 『시민논단: 20주년 기념호, 1968-1987』, 1988, 111쪽.

36) 김지견, 위의 책, 112쪽.

37) 나학진, 위의 책, 111-112쪽.

38) 〈종교법인법 제정 필요〉, 《조선일보》, 1980. 12. 3.

39) 그 내용은 주로 관계법령의 개정, 종교관계 숙원사업의 해결, 정부의 재정지원, 종교행사의 협조 요구 등이다. 성락승, 앞의 글, 35쪽.

40) 위의 책, 35쪽.

41) 위의 책, 34쪽.

42) 기조발제에는 성락승의 발표 이외에 원광대학교 교수 유병덕의 「한국종교의 현실과 그 문제」, 헌법학자 양건의 「한국의 종교법제와 그 기본문제」, 종교사회학자 김종서의 「해외사례를 통해 본 종교법제의 문제」가 발표되었다. 한국종교사회연구소 편, 앞의 책, 9-49쪽.

43) 해마다 향교의 예결산을 정부에 보고하고 향교의 대표를 전교나 장이 출신으로 제한하는 것은 유교의 활동을 제약하는 조항들이고, 향교의 설립을 시도별로 정한 것은 유교의 역량을 분산시킨다고 비판하고 있다. 한국종교사회연구소 편, 위의 책, 51-76쪽.

44) 한국종교사회연구소 편, 위의 책, 85쪽.

45) 개신교계 신문인 《교회연합신문》의 발행자 강춘오 목사의 발언이다. 한국종교사회연구소 편, 위의 책, 95-96쪽.

46) 위의 책, 91-92쪽.

47) 위의 책, 92-93쪽.

48) 위의 책, 102쪽.

49) 위와 같음.

50) 한국종교사회연구소 편, 위의 책, 127-128쪽.

51) EBS, 〈종교법인법: 문제해결의 열쇠인가?〉, 1999. 5. 29; 《현대불교》, 1999. 6. 9.

52) 전승훈 기자, 〈종교단체 인허가-감시 '종교법인법' 도입 움직임〉, 《동아일보》, 1999. 5. 20.

53) EBS, 위의 글; 《현대불교》, 위의 글.

54) 전승훈 기자, 위의 글.

55) EBS, 위의 글; 《현대불교》, 위의 글.

56) 위와 같음.

57) 〈MBC 난입/PD수첩 내용: 이재록 목사 신격화 고발〉, 《동아일보》, 1999. 5. 12.

58) 문민정부는 직접적인 종교 통제를 목표로 하지 않았지만 개혁 정책을 전개하는 과정에서 종교계와 일정한 갈등을 보였는데 그것은 주로 종교계의 재산에 대한 세금 부과 문제였다. 이 문제에 대해서는 강인철, 「민주화 시대의 새로운 종교 통제 방식: 조세

분쟁을 중심으로」, 『종교연구』 34집, 2004. 봄, 43-76쪽 참조.

VIII. 성시화, 템플스테이, 땅밟기

1) 이 대회에서는 한국기독교교회협의회를 대표하여 성공회 김광준 신부가 "불교계의 종교 편향 지적에 공감한다."라는 연대사를 발표하기도 하였다. 정웅기, 「범불교도대회의 배경과 성격」, 『불교와 국가권력: 갈등과 상생』, 조계종출판사, 2010, 311-353쪽.
2) 대한민국 헌법 제11조 1항의 전문은 다음과 같다. "모든 국민은 법 앞에 평등하다. 누구든지 성별·종교 또는 사회적 신분에 의하여 정치적·경제적·사회적·문화적 생활의 모든 영역에 있어서 차별을 받지 아니한다."
3) 대한민국 헌법 제20조 1항과 2항은 다음과 같다. "① 모든 국민은 종교의 자유를 가진다. ② 국교는 인정되지 아니하며, 종교와 정치는 분리된다."
4) 전용태 장로는 이렇게 말한다. "기관장 한 명을 변화시키면 일당 100을 감당해 낸다. 도시마다 이런 영적 자원을 활용해 이 사람들을 깨우면 도시마다 놀라운 변화가 일어나게 되면서 민족복음화를 효과적으로 일으키고 하나님 나라를 성취할 수 있다." 김철영, 〈우리, 성시화운동에 전심전력합시다〉, 《뉴스파워》, 2005. 8. 29.
5) 서울홀리클럽 홈페이지 자료실 http://holycitym.com/index.php?document_srl=2460.
6) 김준곤 엮음, 『성시화운동 편람』, 순출판사, 2006, 42쪽.
7) 배병태, 「왜곡된 전도선언, 기독교 성시화운동의 실체」, 『격월간 참여불교 웹블로그』, 2008. 7.
8) 유철주, 「종교차별, 정부 복음화를 위한 계획된 시나리오」, http://cafe.daum.net/budvoice/Lhbp/18.
9) 정웅기, 앞의 글, 337쪽.
10) 대한불교조계종 자성과쇄신결사추진본부 종교평화위원회, 『종교평화 대응 핸드북』, 2012, 25쪽.
11) 유철주, 앞의 글.
12) 위와 같음.
13) 대회의 자세한 경과 및 전개과정은 정웅기, 앞의 글, 309-353쪽 참조.
14) 국회를 통과한 최종법안에서는 처벌조항이 삭제되었기 때문에 개정된 국가공무원법의 해당 내용은 다음과 같다. 제51조의 2(종교중립의 의무) ① 공무원은 종교에 따른 차별 없이 직무를 수행하여야 한다. ② 공무원은 소속 상관이 제1항에 위배되는 직무상 명령을 한 경우에는 이를 따르지 않을 수 있다.

15) 대한불교조계종 자성과쇄신결사추진본부 종교평화위원회,『대한민국종교차별사례집 1945-2011』, 2012, 63-154; 이 자료집에 포함된 종교차별 사례는 총 500여 개에 이른다.

16) 위의 책, 63-154쪽.

17) 〈이명박 시장 '수도 서울을 하나님께 봉헌'〉,《오마이뉴스》, 2004. 7. 2.

18) 범불교대책위원회,〈결의문: 이명박 시장 '서울시 봉헌' 규탄〉,『미디어조계사』, 2004. 7. 12.

19) 〈시민 · 불자 108명, '서울봉헌' 집단소송〉,《오마이뉴스》, 2004. 7. 27.

20) 한국교회언론회 논평,「이명박 서울시장의 발언문제 제기에 대하여」, 2004. 7. 5.

21) 한교교회언론회 논평,「종교 편향 주장에 대하여」, 2008. 12. 11.

22) 〈대법원, '서울 봉헌' 발언한 이명박 前서울시장 손배소… 기각〉,《법률신문》, 2006. 9. 25.

23) 한국홀리클럽연합회가 발표한「종교 편향대책위원회의 정장식 포항시장에 대한 '포항기관장홀리클럽' 탈퇴 및 종교 편향 정책에 대한 사과 주장에 대한 반박」, 2004. 12. 14에 근거하여 재정리한 것이다. 이 반박문은 한국교회언론회 홈페이지 자료실에 게재되어 있다.

24) 한국교회언론회 논평,「기독교가 설립한 교도소 직원 채용에 종교 표시가 '종교 편향'이다」, 2012. 3. 9.

25) 한국교회언론회 논평,「종교 편향 주장으로 차별당하는 기독교」, 2009. 11. 6.

26) 한국기독교지도자협의회, 한국장로회총연합회, 한국교회언론회, 한국교회평신도단체협의회, 민족복음화부흥협의회의 광고,《문화일보》, 2010. 7. 14.

27) 한국교회언론회 논평,「지금 우리국민들은 정종유착의 폐해를 보고 있다」, 2010. 12. 15.

28) 황평우,「정교분리정책과 종교예산책정문제에 관한 연구」,『정부의 종교문화재 예산지원 어디까지 해야 하나?: 2014 종자연 연구용역 결과발표 및 학술토론회 자료집』, 2014, 31-32쪽.

29) 위의 책, 31쪽.

30) 위의 책, 31쪽.

31) 위의 책, 165-166쪽.

32)《문화일보》, 2010. 7. 14.

33)「(사)한국불교종단협의회 성명서」, 2010. 11. 2.

34) 한국교회언론회 논평,「'종교평화법'이 과연 필요한가?」, 2012. 11. 22.

35) 고영일,「'종교평화법', 과연 필요한가?」, 한국교회언론회 주관 포럼, 2012. 12. 7.

36) 양봉식,「불교의 종교평화법은 기독교 고립전략」,『교회와 신앙』, 한국교회문화사, 2012. 12. 12.

IX. 학교와 종교자유

1) 〈청소년에게 종교의 자유를 허하라!〉,《한겨레》, 2004. 6. 20.
2) '종립학교'는 '종교재단 사립학교', '종교학교', '종교계 학교' 등 다양한 명칭으로 사용되는데 여기서는 혼용한다.
3) 손원영,「기독교계 사립학교에서의 종교교육: '초·중등교육법 일부 개정법률안'과 관련하여」,『종교교육학연구』32집, 2010, 224쪽.
4) 박상진,「종교교육의 자유 및 종교의 자유 보장을 위한 회피 및 전학제도」,『장신논단』46집 4호, 2014, 361-388쪽.
5) 법학 분야의 가장 대표적인 논문으로는 송기춘,「종립학교에서의 종교교육과 학생의 종교의 자유: 평준화 지역의 중등학교를 중심으로」,『공법연구』33집 1호, 한국공법학회, 2004.
6) 강돈구 외,『종교교육의 현황과 개선방안』, 문화관광부·한국학중앙연구원, 2005.
7) 강돈구 외,『종교교육 비교연구』, 한국학중앙연구원 문화와종교연구소, 2009.
8) 고병철·정상우,『학교 내 종교차별 기준 설정 연구』, 한국학중앙연구원 문화와종교연구소, 2010.
9) 한신인문학연구소는 '종립사학과 종교의 자유'를『종교문화연구』(12호, 한신인문학연구소, 2009)의 특집으로 삼았으며 한국종교학회는 2011년 '한국 종교교육 제도 개선을 위한 세미나'를 개최하였다.『한국 종교교육 제도 개선을 위한 세미나 자료집』, 한국종교학회, 2011.
10) 정진홍,「제7차 교육과정과 종교교육」,『종교교육학연구』, 13집, 2001, 3-42쪽.
11) 강돈구,「한국의 종교정책과 종교교육」,『종교교육비교연구』, 한국학중앙연구원 문화와종교연구소, 2009, 9-40쪽.
12) 고병철,「한국의 종교교육: 중등 종립학교를 중심으로」,『종교연구』46호, 2007; 고병철,「종립사학과 종교 교과교육의 공공성과 자율성」,『정신문화연구』32집 4호, 2009; 고병철,『한국 중등학교의 종교교과교육론』, 박문사, 2012.
13) 류성민,「근대 이후 한국사회 변동과 개신교 학교의 '종교교육: 종교의 자유와 정교분리를 중심으로'」,『원불교 사상과 종교문화』51집, 2012, 171-212쪽.
14) 윤용복,「한국 중등학교의 종교교육」,『종교교육 비교연구』, 한국학중앙연구원 문화

와종교연구소, 2009.

15) 이창익, 「종교 사용 설명서: 종교교육에 대한 시론적 접근」, 『종교문화연구』 19호, 2012, 225쪽.

16) 강인철, 「정부 지원을 중심으로 본 종립학교와 국가의 관계」, 『종교문화연구』 12호, 2009, 1-28쪽.

17) 조규훈, 「한국사회 법의 영역에서 형성된 종교 개념」, 『종교문화연구』 12호, 2009, 125-144쪽.

18) 개신교 사학은 개항기에 '미션 스쿨' 혹은 '선교학교'로 불렸으며 그후 기독교사학, 기독교재단 사립학교, 기독교학교, 기독교계 학교, 기독교계통 학교 등 다양한 명칭으로 사용되었다. 여기서는 맥락에 따라 적절히 혼용한다.

19) 현재 국내에는 천주교, 불교, 신종교 등이 운영하는 종립학교도 있지만 개신교 사학이 70% 정도를 차지한다. 2005년 현재, 종립고등학교는 개신교 163개교, 천주교 38개교, 불교 13개교, 안식교 8개교, 원불교 6개교, 통일교 3개교, 대순진리회 3개교, 정교회 1개교 등 모두 235개교다. 강돈구 외, 앞의 글(2005), 24-26쪽; 2004년 현재 종립대학 49개교 중 개신교계 대학은 34개교다. 〈2004년 12월 현재 종립학교 현황〉, 《서울신문》, 2005. 12. 15.

20) 류대영, 『개화기 조선과 미국 선교사 : 제국주의 침략, 개화자강, 그리고 미국 선교사』, 한국기독교역사연구소, 2004, 411쪽.

21) 장석만, 「개항기 한국사회의 "종교" 개념 형성에 관한 연구」, 서울대학교박사학위논문, 1992.

22) 거시적으로 보면 당시 서구 개신교는 '문명화'를 '기독교화'의 전제로 삼는 기독교문명론(Christian civilization)을 채택하고 있었기 때문에 양자는 분리되기 어려웠지만 선교전략의 측면에서는 구별되고 있었다.

23) 한국사회에서 종교와 세속의 이분법이 형성되는 과정에 대해서는 Sukman Jang, "The Historical Formation of the Religious-Secular Dichotomy in Modern Korea," Religion and Secularity: Transformations and Transfers of Religious Discourses in Europe and Asia, Marion Eggert, ed, Leiden and Boston: Brill, 2013, pp. 257-280.

24) 이진구, 「일제하 종교/교육 정책과 종교자유 문제: 기독교학교를 중심으로」, 『종교연구』 38호, 2005, 205-230쪽.

25) 자세한 것은 류성민, 앞의 글, 참조.

26) 위의 글, 171-212쪽.

27) 고병철, 앞의 책(2012), 205-208쪽.

28) 위의 책, 226쪽.

29) 한국기독교학교연맹, 『한국기독교학교연맹 45년사』, 2009, 123-124쪽; 고병철, 앞의 책(2012), 225쪽에서 재인용.

30) 『종교와 삶』(2014)은 한국기독교학교연합회에서 발간하였고, 『종교와 생활』(2014)은 한국기독교학교연맹에서 발간하였다.

31) 박상진, 「기독교학교의 정체성에 근거한 종교학 교육과정의 문제점」, 『기독교교육논총』 36집, 2013, 35-63쪽.

32) 1999년 12월 30일에 사단법인 한국기독교학교연합회 임원 일동으로 발표된 「교육부 장관님께 드리는 전국기독교학교의 청원서: 종교계 학교에서의 종교교육 정상회복을 위하여」, 『한국기독교학교연합회60년사』, 2014, 223쪽.

33) 박현범 교목(숭의여중), 「기독교학교에서의 종교교육의 문제와 해결방안 모색」, 2010, 23쪽.

34) 이화여대에서는 〈기독교와 세계〉, 연세대에서는 〈기독교의 이해〉, 숭실대에서는 〈현대인과 성서〉가 교양필수 과목으로 지정되어 있다.

35) 「채플자율화, 그 끝없는 논쟁은 어디로」, 《연세춘추》, 2006. 9. 18.

36) 이 조사는 연세대학교 교목인 정종훈 교수가 2002년 채플에 참석한 총 4,170명의 학생을 대상으로 한 설문지 분석 결과에 의한 것이다. 정종훈, 「연세대학교 신촌캠퍼스 학생채플의 현황과 개선방안의 모색」, 『대학과 선교』 4집, 2002, 59-99쪽.

37) 대판 1998. 11. 10. 96다37268.

38) 류상태, 「기독교 대학의 채플 이수 의무제, 이대로 좋은가?」, 『공동선』, 2011. 11/12월호.

39) 〈이대생들 '졸업담보 채플강요 인권침해'〉, 《경향신문》, 2004. 2. 20.

40) 〈특집: 채플 자유화, 그 끝없는 논쟁은 어디로〉, 《연세춘추》, 2006. 9. 18; 류상태, 앞의 글.

41) 〈대학 채플 참석 의무…종교의 자유 침해 논란〉, 《뉴시스》, 2012. 4. 25.

42) 〈스님이라도 개신교 종교 수업을 받아야 졸업?〉, 《인터넷뉴스 신문고》, 2012. 12. 5.

43) 〈'채플, 종교자유 침해' 숭실대 학생, 헌법소원〉, 《한겨레》, 2007. 2. 16.

44) 종교자유정책연구원 홈페이지.

45) 헌재 2007. 3. 13. 2007헌마214, 결정문[각하(4호)].

46) 강인철, 앞의 글, 1-28쪽.

47) 당시 숭실전문학교 교장은 북장로회 소속 선교사 매큔(McCune)이다. 김승태 엮음, 『한국기독교와 신사참배문제』, 한국기독교역사연구소, 1991.

48) 이 조사는 강의석이 2004년 7월 14-20일 동안 대광고 3학년 12개반(2반-13반), 총 369명을 대상으로 한 것이다. 예배참석 문제에 대해서는 의무 참석 6.5%, 자유선택제

48.5%, 의무참석이되 강요적 요소 배제 34.7%, 무응답 10.3%였다. 종교과목에 대해서
는 복수개설 25.5%, 단독개설 35.5%, 무응답 39.0%로 나타났다. 「학내 종교의 자유,
어떻게 보장할 것인가?」, 『제404회 YMCA시민논단보고서』, 2004. 25쪽.

49) 강의석, 「학교 내 종교의 자유와 학생 인권」, 『민주법학』 26호, 2004, 326-327쪽.

50) 「서울중앙지방법원 판결문」(2007년 10월 5일 선고).

51) 「서울고등법원 제17민사부 판결」(2008년 5월 8일 선고).

52) 대판 2010. 4. 22. 2008다38288.

53) 대판 1998. 11. 10. 96다37268.

54) 대판 2010. 4. 22. 2008다38288.

55) 상대방의 종교를 바꾸기 위해 선교할 자유와 자신의 신앙을 지킬 자유의 관계에 대해
서는 Arvind Sharma, Problematizing Religious Freedom, New York : Springer, 2011.

56) 이 단체는 2004년 개신교 인사 중심으로 출발하여 활동하다가 2008년 종교자유정책
연구원과 통합하였다.

57) 〈대광고 사태 26개월… 대광학원 이사장 이철신 목사 드디어 입을 열다〉, 《국민일
보》, 2012. 6. 21.

58) 〈목회자 1000여 명 길러낸 '경천애인'… 대표적 기독교 사학 서울 대광고 설립 68년 만
에 '동문선교대회'〉, 《국민일보》, 2015. 10. 8.

59) 김정섭, 「편집자의 말」, 『한국기독교학교연합회60년사』, 장로교출판사, 2014, 30쪽.

60) 박상진, 「기독교학교의 정체성 확립을 위한 기독교학교와 한국교회의 대응방안」,
2010, 33쪽.

61) 위의 글, 37쪽.

62) 위의 글, 37쪽.

63) 위의 글, 14-15쪽.

64) 김재웅, 「기독교학교의 자율성 확립을 위한 제도적 개선방안, 기독교학교에서의 종교
의 자유에 관한 대법원 판결과 향후 기독교학교의 방향 모색」, 『기독교학교교육연구
소정책세미나자료집』, 2010, 7-8쪽.

65) 최순영 의원이 대광고 교장에게 질의를 하는 과정에서 느낀 소감을 표현한 것이다.
『YMCA시민논단자료집』, 24쪽.

66) 최규명 정신여고 교목이 발언한 것이다. 『YMCA시민논단자료집』, 21쪽.

67) 〈남한 땅은 가나안이었나… 탈북자 눈으로 본 한국교회〉, 《국민일보》, 2014. 3. 22.

68) 〈21세기 종교재판이 시작됐다. 불상 앞에 절한 건 우상숭배?〉, 《오마이뉴스》, 2006.
9. 6.

69) 『YMCA시민논단자료집』, 22쪽.

332 | 한국 근현대사와 종교자유

70) 구체적 내용은 다음과 같다. 1~3단계: 준수여부 확인, 계도, 경고. 4단계: 위반 경우 관계자 신분상 조치. 5단계: 행 · 재정적 조치를 시행.

71) 이대의 경우 교직원 5명의 퇴직, 학생 21명의 퇴학으로 종결되고, 연대의 경우 교수 1명의 퇴직, 학생 2명의 퇴학으로 종결되었다. 자세한 것은 세계기독교통일신령협회 역사편찬위원회, 『수난의 현장: 통일교회 수난과 그 진상』, 성화사, 1983, 55-94쪽.

72) 위의 책, 65쪽.

73) 위의 책, 68쪽.

74) 위의 책, 69쪽.

75) 황환채, 「연희대학교 퇴학사건」, 위의 책, 75쪽.

76) 〈사설: 신앙의 이유로 퇴학을 시킬 것인가〉, 《한국일보》, 1955. 5. 23.

77) 홍철성, 〈이단신봉 학생 제적에 일언〉, 《한국일보》, 1955. 5. 26.

78) 위의 글, 《한국일보》, 1955. 5. 26.

79) 위와 같음.

80) 위와 같음.

81) 〈사설, 덕화력의 경쟁〉, 《동아일보》, 1955. 5. 17.

82) 위와 같음.

X. 개신교의 해외선교와 백투예루살렘 운동

1) 한국세계선교사협의회 자료에 의하면 2018년 12월 현재 171개국에 27,993명의 선교사를 파송하고 있다. 파송 단체별로 보면 교단 파송 43.60%, 선교단체 파송 56.40%로 비슷하게 나타나고 있다. 파송국가별로 보면 중국을 필두로 아시아가 50%를 상회할 정도로 큰 비중을 차지하고 있다. http://www.kwma.org/

2) 김경재 · 김창락 · 김진호 외, 『무례한 복음: 한국 기독교의 선교, 그 문제와 대안을 성찰한다』, 산책자, 2007.

3) 인터콥의 정식명칭은 전문인국제협력단이며 Intercp은 International Cooperation의 약칭이다. 인터콥의 주장에 의하면 2011년 현재 40여 종족에 600여 명의 전문인 선교사를 파송하고 있으며, 국내 40여 개 지부와 해외 40여 개 지부에서 1천여 명의 스텝이 활동하고 있다. 산하기구로 아시아협력기구(IACD), 자매기관으로 한반도대학원대학교, 훈련프로그램으로 비전스쿨과 BTJ스쿨을 운영하고 있으며, 해마다 미션캠프를 개최하고 있다. http://www.intercp.net/01_01.jsp.

4) 〈선교한국, 인터콥 퇴출〉, 《뉴스앤조이》, 2007. 12. 3; 인터콥은 신학적 노선과 관련해

서도 논란에 휩싸이면서 한국 개신교 주류 진영으로부터 '권고'와 '지도'의 대상이 되었다. 〈인터콥, 사과문 발표… '교계 지도 받겠다'〉, 《크리스천투데이》, 2011. 3. 15.

5) 미국 개신교 해외선교의 일환으로 한국에서 전개된 미국 선교사들의 선교 활동에 대해서는 적지 않은 연구성과가 나왔지만 한국 개신교의 해외선교에 관한 역사적 연구는 드물다. 한국교회사학계의 대표적 저널 『한국기독교와 역사』 28호, 한국기독교역사학회(2008)에서 「한국교회의 해외선교의 역사」를 특집으로 다뤘는데 3편의 논문이 실렸다. 김은수, 「한국교회 해외선교정책」, 5-38쪽; 손승호, 「한국교회 태국선교의 역사」, 45-88쪽; 김영남, 「한국교회의 아시아 지역 선교역사와 그 추이: 이슬람 분쟁지역 파키스탄 선교역사를 중심으로」. 91-118쪽.

6) 김성건, 「9.11테러 사태 이후 급부상한 한국판 기독교 시온주의에 관한 고찰」, 『현상과 인식』 32권 1/2호, 2008. 봄/여름, 38-58쪽 참조.

7) 박설희, 「선교동원운동의 이데올로기와 정체성 정치: 종교의 '민족화' 현상에 주목하여」, 『제2회 CAIROS 포럼: 선교라는 스캔들?! 자료집』, 청어람, 2011. 2. 26, 1-16쪽.

8) 이러한 논의와 관련하여 해외선교와 해외파병의 관계를 국가와 종교 사이의 '위험의 상승작용'이라는 관점에서 파악한 다음의 논문도 주목할 만하다. 강인철, 「선교와 파병의 이중주: 위험의 상승작용, 미묘해지는 국가-종교 관계」, 『종교문화연구』 14호, 2010, 137-168쪽.

9) 이병길 편저, 『중국의 개신교 첫 선교사, 로버트 모리슨』, 한국기독교역사연구소, 1994.

10) 李時岳, 이은자 옮김, 『근대중국의 반기독교 운동』, 고려원, 1992 참조.

11) 1924년 당시 중국에서 활동한 서양 선교사는 7,633명이다. Beach and Fahs, *World Missionary Atlas*, 82; Kenneth Scott Latourette, *History of the Expansion of Christianity vol. VII*, 서정민 편역, 『폭풍을 넘어서: 현대 기독교 선교사』, 한들출판사, 2002, 275쪽에서 재인용; Philip Jenkins, *The Next Christendom: The Coming of Global Christianity*, 김신권 · 최요한 옮김, 『신의 미래』, 도마의 길, 2009, 89쪽.

12) Robert G. Orr, *Religion in China*, 신대균 옮김, 『현대중국의 종교』, 노출판, 1987, 34쪽.

13) 중국에서 등장한 백투예루살렘 운동의 이데올로기적 토대, 사회정치적 의미와 효과에 대하여 분석한 대표적 논문으로는 Tobias Brandner, *"Mission, Millennium, and Politics: A Continuation of the History of Salvation - from the East," Missiology: An International Review, Vol. XXXVII, no.3*, July 2009, pp. 317-332.

14) Paul Hattaway, *Back to Jerusalem: Three Chinese House Church Leaders Share Their Vision to Complete the Great Commission*, 류응렬 옮김, 『백투예루살렘』, 홍성사,

2005, 80쪽.

15) Brother Yun with Paul Hattaway, *The Heavenly Man*, 고석만 옮김, 『하늘에 속한 사람』, 홍성사, 2004, 321쪽.

16) Kim-Kwong Chan, "Mission Movement of the Christian Community in Mainland China: The Back to Jerusalem Movement"(Draft), 27 Feb, 2009, http://www.edinburgh2010.org

17) 이 성경학원(Bible Institute)은 중국내지선교회(China Inland Mission)를 세운 허드슨 테일러의 손자인 허드슨 테일러 2세와 그의 아내에 의해 창설된 기관이다.

18) 당시 여선교사 헬렌 베일리(Helen Bailey)가 영문 뉴스레터에서 편전복음단을 The Back To Jerusalem Evangelistic Band라고 표기하면서 Back To Jerusalem이 영어권에서 널리 사용되기 시작하였다. Kim-Kwong Chan, p. 21.

19) 서북성경학원에서 마마가의 지도를 받고 편전복음단에 합류한 메카 차오라는 인물은 이름에서 이슬람 선교를 암시하고 있다. 그는 기독교를 받아들인 후 얼마 뒤 기도하는 중 환상을 보았는데 눈앞에 '메카'라고 쓰인 종이 한 장이 있었다. 그는 이 용어가 무엇을 뜻하는지 전혀 모르고 살다가 후일 마마가 목사를 통해 사우디아라비아의 메카임을 알게 되었고 이것이 하느님이 자신에게 이슬람 선교를 명한 것임을 깨달았다고 한다. 폴 해터웨이, 위의 책, 68-71쪽.

20) 위의 책, 58쪽.

21) *Back to Jerusalem*, 저자나 출판사, 출간 일자도 없는 기도 소책자, 3-4쪽; 1947년에 출간된 것으로 추정된다. 위의 책, 220쪽에서 재인용.

22) 위의 책, 61쪽.

23) 폴 해터웨이, 앞의 책, 61-62쪽.

24) "이 하늘 나라의 복음이 온 세상에 전파되어서, 모든 민족에게 증언될 것이며, 그 때에야 끝이 올 것이다", 『표준새번역 성경전서』; 이 전도대의 찬송가의 마지막 구절은 다음과 같다. "승리의 찬가와 함께 복음이 예루살렘에 다시 선포될 것이다. 시온산 위에서 우리는 주님의 재림을 찬미하리라".

25) 신장, 내몽골, 티베트, 시캉(西康, 오늘날 서부 쓰촨의 티베트지역), 칭하이(青海), 간쑤, 닝샤를 가리킨다.

26) 폴 해터웨이, 앞의 책, 63-64쪽.

27) 세 단체 외에도 이와 유사한 비전을 지녔던 단체가 더 있었다고 한다. Tony Lambert, "Back to Jerusalem: Origins of a Missionary Vision (Part II)," China Insight, March-April, 2003; 폴 해터웨이, 앞의 책, 82쪽에서 재인용.

28) Kim-Kwong Chan, *op. cit.*, p. 72.

29) 폴 해터웨이, 앞의 책, 80-94쪽; Kim-Kwong Chan, *op. cit.*, pp. 69-70.

30) 유럽에서는 피터 포거스트롬(Peter Fagerstrom)이 운영하는 The BTJ Foundation이 이 운동의 확산을 주도하고 있다. 한철호, 「'백 투 예루살렘'운동에 대한 이해와 한국교회 선교」 http://www.missionchina.kr/

31) 중국 기독교인의 숫자에 관해서는 1,800만, 8천만, 1억3천만 등 여러 주장이 있지만 통계 조사의 어려움 때문에 정확한 통계는 획득하기 어렵다. 자세한 것은 Kim-Kwong Chan, *op. cit.*, p. 67.

32) Kim-Kwong Chan, *op. cit.*, p. 72; 서구 선교단체와 접촉하기 오래 전에 중국 가정교회 지도자들은 자체적으로 10만 명의 선교사를 파송하겠다고 공언한 바 있다. 폴 해터웨이, 앞의 책, 152-153쪽.

33) Kim-Kwong Chan, *op. cit.*, p. 72.

34) 위와 같음.

35) 김성태, 『세계선교전략사』, 생명의말씀사, 1994, 152-178쪽; 김요한, 『한국 선교전략 미래 25년 시스템과 컨텐츠』, 강승삼 편, 『한국전교의 미래와 전방개척선교』, 한선협, 2006, 561쪽.

36) 김요한, 앞의 글, 562쪽.

37) 그동안 한국 개신교 선교계에서는 'tent-maker'를 스스로 양식(생계)을 갖춘 선교사라는 의미에서 '자비량선교사'로 불러 왔으나 최근에는 '전문인선교'라는 용어를 선호하고 있다. 한국전문인선교회 엮음, 『선교의 패러다임이 바뀐다: 전문인선교의 전문인 진단』, 창조, 2000.

38) 최바울, 『백투예루살렘』, 펴내기, 2004, 67쪽.

39) 『하늘에 속한 사람』(홍성사)의 표지를 보면 이 번역본의 추천사를 쓴 인사들이 나오는데 최바울은 그 중의 하나다. 이 책은 국내에서 2004년 초판이 발행된 이후 2011년 2월 현재 72쇄를 찍을 만큼 베스트셀러가 되었는데 이러한 현상을 통해서도 백투예루살렘 운동에 대한 국내 교인들의 인지도를 어느 정도 추론할 수 있다.

40) 인터콥 대표 최바울의 백투예루살렘 비전을 알 수 있는 그의 주요 저서로는 『백투예루살렘』이외에 『왕의 대로』, 펴내기, 2003; 『시대』, 서로사랑, 2004; 『세계 영적도해: 하나님의 세계경영』, 펴내기, 2004 등이 있다.

41) 2000년 선교전문방송 및 교육전문방송을 표방하며 인터넷방송으로 시작한 CGN TV는 현재는 위성방송으로 운영되고 있다.

42) CGN TV, 〈실크로드 칼럼: 실크로드와 백투예루살렘〉, 2007. 1. 31. 상영

43) CGN TV, 〈행복토크, 책으로 보는 세상: 백투예루살렘〉, 2006. 7. 11. 상영

44) 함태경 기자, 〈세상을 보는 눈 CGN 칼럼: 백투예루살렘운동을 새롭게 보자〉(CGN

TV, 2010. 2. 27 상영);〈기획: 북방선교와 백투예루살렘, CIS선교〉(CGN TV, 2005. 7. 2. 상영);〈중국의 '백투예루살렘운동'〉(CGN TV, 2010. 12. 20. 상영)

45) 피터 수,〈백투예루살렘 비전 & 간증〉(CTS TV, 2005. 3. 23; 3. 30; 4. 6. 상영)

46) http://www.inbora.com/

47) 선교중국 홈페이지 http://www.missionchina.kr/

48) 모퉁이돌선교회는 "평양에서 예루살렘까지"라는 구호를 내세우면서 '서진선교'를 주장하고 있는데 백투예루살렘이라는 용어를 직접 사용하지 않지만 내용적으로 유사한 모습을 보이고 있다. 자세한 것은 http://www.conerstone.or.kr.

49) 서울 봉천동 소재 '꿈꾸는교회' 벽에는 복음의 서진을 지도로 표시한 세계 지도가 붙어 있었다. 김세진,〈교육과 선교를 외치다 부름받다〉,《뉴스앤조이》, 2008. 8. 28.

50) Philip Jenkins, 앞의 책, 50-96쪽.

51) 최바울,『세계 영적도해: 하나님의 세계경영』, 펴내기, 2004.

52) 최바울,『백투예루살렘』, 90쪽.

53) 최바울,『시대』, 서로사랑, 2004, 147쪽.

54) 기독교시온주의는 종교개혁 이후 등장한 것으로서 유대인의 귀환은 성서에 예언되어 있는 것으로 보고 1948년 이스라엘의 건국을 성서의 예언이 실현된 것으로 간주한다. 자세한 것은 김성건, 앞의 글, 38-58쪽 참조.

55)「이사야서」11:10-16, 19:21-25; 최바울,『시대』, 147쪽.

56) 최바울,『전문인선교』, 펴내기, 2011, 132쪽.

57) 최바울,『백투예루살렘』, 5쪽

58) Steve Hawthorne and Graham Kendrick, *Prayer Walking: Praying on Site with Insight*, 최요한 옮김,『그리스도인의 땅밟기 기도』, 예수전도단, 2008.

59)「신명기」11:24.

60)「여호수아」1:3.

61) Paul Hiebert, "The Flaw of the Excluded Middle," *Missiology: An International Review, vol. 10, no. 1*(January, 1982), p. 43.

62) 피터 와그너는 교회성장학파의 핵심 인물이었으나 영적 도해에 근거한 '지역신들' 개념을 강조하는 신사도운동과 관련되어 복음주의 진영으로부터 이단 시비를 당하였다. 정이철,〈인터콥의 백투예루살렘과 영적 도해에 대해서〉,《뉴스파워》, 2011. 5. 24.

63) 땅밟기는 한국의 전통적인 지신밟기(음력 정초에 지신을 진압함으로써 악귀와 잡신을 물리치고 마을의 안녕과 풍작, 가정의 다복을 축원하는 민속놀이)를 연상시키므로 이 용어의 부정적 의미를 탈각시키기 위해 '걷기기도'나 '동행기도' 등으로 바꾸자는 제안도 나왔다. 노윤식,〈특별기고: '땅밟기' 기도에 대한 선교신학적 평가〉,《크리스

천투데이》, 2010. 12. 16.

64) 최바울, 『시대』, 166쪽.

65) 위의 책, 166-167쪽.

66) 「누가복음」 19:41-42; 최바울, 『백투예루살렘』, 141-142쪽.

67) 위의 책, 4쪽.

68) 위의 책, 4-5쪽.

69) 최바울, 『시대』, 167-168쪽.

70) 위의 책, 178-179쪽.

71) 위와 같음.

72) 2010년에는 몇몇 찬양인도자학교 대학생과 직장인 5명으로 구성된 팀이 학교 수업의 일환으로 봉은사에서 땅밟기 기도를 한 사건이 터져 사회를 뜨겁게 했다. 이때 인터콥 최바울 선교사는 이렇게 말했다. "불교는 우상숭배이다. … 할 수만 있으면 불교 절간에서뿐만 아니라 그 분들의 집에까지 방문하여 우상에서 벗어나도록 축복하며 기도해야 한다. 아프리카까지 가서 그 땅을 밟고 기도하는데 왜 가까운 우리 이웃 절간에 가서 그분들을 위해 기도하지 않겠는가?", 〈봉은사 땅밟기 기도 관련 최바울 선교사 '땅밟고 기도하기가 뭐가 문제인가?〉, 《국민일보》, 2010. 10. 28.

73) "내가 나의 모든 산을 길로 삼고 나의 대로를 돋우리니 어떤 사람은 먼 곳에서, 어떤 사람은 북쪽과 서쪽에서, 어떤 사람은 시님 땅에서 오리라", 「이사야서」 49:11-12, 『굿뉴스 스터디 바이블: 개역개정판』, 대한성서공회, 2001.

74) 최바울, 『시대』, 148쪽; 이 용어는 히브리어로서 마소라본에서는 '시님'으로 나와있지만, 사해사본에서는 아스완의 고대명칭인 '스웨님'으로 추정되는데 이는 애굽 남부에 위치한 도시로서 대규모의 유대인 공동체가 자리잡고 있었다. 『굿뉴스 스터디 바이블: 개역개정판』, 대한성서공회, 2001, 1056쪽.

75) 여기서 복음화 비율 10%는 가톨릭을 제외한 개신교의 교세를 반영하는 수치이다. 최바울, 『백투예루살렘』, 119쪽.

76) 최바울, 『백투예루살렘』, 5-6쪽.

77) 최바울, 『시대』, 148-149쪽.

78) 최바울, 『백투예루살렘』, 6쪽.

79) 유해석, 『우리 곁에 다가온, 이슬람』, 생명의말씀사, 2009, 233쪽.

80) 선교한국 상임위원장인 한철호 선교사의 말; 이승규, 〈선교는 명령이 아니라 과제〉, 《뉴스앤조이》, 2008. 12. 31.

81) 김종필 파토스파운데이션 대표도 "하나님은 한국 민족에게 세계선교의 마지막을 완성하라는 사명을 주셨다"며 "마지막 때에 한국교회가 이스라엘 잇사갈 지파처럼 연합

해 주님 오실 길을 예비해야 한다"고 말했다. 〈8월 아시아, 구소련에는 한국발 '선교 태풍'〉, 《국민일보》, 2011. 7. 26.

82) 최바울, 『백투예루살렘』, 131쪽.

83) 위의 책, 131-132쪽.

84) 위의 책, 37-38쪽.

85) 위의 책, 139쪽.

86) 서동찬, "여권법 시행령 일부개정령안에 대한 폐기 요구", 〈미션투데이〉, 2013.8.19.

XI. 안티기독교 운동

1) 안티기독교 사이트에서는 이외에도 '미친개신교', '모세저격수', '안티크리스트', '예수귀신', '야소멸절' 등의 필명이 발견된다,

2) 김진호, 「안티기독교의 사이버테러 vs./and 기독교의 공격적 해외선교」, 『무례한 복음: 한국 기독교의 선교, 그 문제와 대안을 성찰한다』, 산책자, 2007, 108-123쪽.

3) 김영동, 「반(反)기독교운동의 도전과 선교」, 『장신논단』, 38집, 2010, 357-379쪽.

4) MBC PD수첩이 〈2000년, 대형교회〉(2000년 12월 19일 방영)라는 제목 하에 압구정동 광림교회의 세습 문제를 중점적으로 다루면서 여의도순복음교회의 재정문제도 함께 다룬 것이 대표적인 예다.

5) 당시 대형교회와 주류교회들은 MBC 시청거부와 MBC 광고상품 불매와 같은 반MBC 운동을 전개하였다. 한국기독교교수협의회 · 한국교수불자연합회, 『현대사회에서 종교권력, 무엇이 문제인가』, 동연, 2008, 141쪽.

6) 교회개혁실천연대 홈페이지 http://www.protest2002.org/

7) 기독교윤리실천운동 홈페이지 http://trusti.kr/

8) 예수동아리카페 홈페이지 http://cafe.daum.net/jsclubch

9) 이찬경, 「반기독교단체의 입장」, 『목회와 신학』, 2008. 1, 62-63쪽.

10) 엑소더스 홈페이지 http://antijms.or.kr/exodusmember.htm

11) 장규식, 『일제하 한국 기독교민족주의 연구』, 혜안, 2001, 165쪽.

12) 강원돈, 「일제하 사회주의 운동과 한국 기독교」, 김흥수 엮음, 『일제하 한국 기독교와 사회주의』, 한국기독교역사연구소, 1992, 31쪽.

13) 배성룡, 「반종교운동의 의의」, 『개벽』, 1925. 11, 58쪽.

14) 김권정, 「일제하 사회주의자들의 반기독교 운동에 관한 연구」, 『숭실사학』 10호, 1997, 195-229쪽.

15) 마르크스주의의 종교관에 대해서는 D.B. 맥코운, 강돈구 · 박정해 옮김, 『마르크스주의 종교이론』, 서광사, 1991; 일제하 기독교와 사회주의의 관계에 대한 논의는 김흥수 엮음, 『일제하 한국 기독교와 사회주의』, 1992 참조.

16) 김권정, 「1920년대 기독교세력의 반기독교 운동 대응과 민족운동의 전개」, 『한국기독교와 역사』 14호, 2001, 79-92쪽.

17) 이대위, 「사회주의와 기독교의 귀착점이 엇더한가?」, 『청년』, 1923. 10, 12쪽; 장규식, 앞의 책, 167-169쪽.

18) 김응순, 「사회문제와 기독교회」, 『청년』, 1927. 3, 153쪽.

19) 해방 후 개신교의 친미반공 이데올로기에 대해서는 강인철, 『한국의 개신교와 반공주의: 보수적 개신교의 정치적 행동주의 탐구』, 중심, 2007 참조.

20) 안티삼성카페 홈페이지 http://cafe.naver.com/nosamsung/

21) 강정옥, 「사회운동으로서의 안티조선운동 연구: 안티조선일보운동을 중심으로」, 성공회대학교 석사논문, 2006; 인터넷 안티조선 커뮤니티 우리모두 홈페이지 http://neo.urimodu.com/

22) 최근 한국사회의 종교권력에 대한 비판적 논의에 대해서는 한국기독교교수협의회 · 한국교수불자연합회, 『현대사회에서 종교권력, 무엇이 문제인가』, 동연, 2008 참조.

23) 단군상 건립 및 철거와 관련된 논쟁에 대해서는 이만열, 「단군상 문제와 기독교계의 대응」, 『한국기독교와 민족통일운동』, 한국기독교역사연구소, 2001, 333-348쪽 참조.

24) 클럽안티기독교 홈페이지 http://cafe.daum.net/clubanti/

25) 클럽안티기독교, 『우리는 왜 기독교를 반대하는가』, 기독교비평카페, 2003; 이 책은 기독교측의 반발을 고려하여 서점 판매는 하지 않고 회원 및 일반인의 주문을 받아 우편으로 배송하는 판매 방식을 취하였다.

26) 김영동, 앞의 글, 366-367쪽.

27) 왜 안티운동을 하느냐는 질문에 대한 어느 사이트 방장(뉴에이지님)의 답글.

28) 클럽안티기독교, 앞의 책, 26-27쪽.

29) 2018년 현재 1만 명이 넘는 네티즌이 서명하였다.

30) 이계석, 『일반인이 알아야 할 악서 바이블 이야기』, 유마북, 2011. 6쪽.

31) http://cafe.daum.net/antidogma

32) http://cafe.daum.net/clubanti

33) 민희식, 『법화경과 신약성서』, 블루리본, 2007 등의 책을 근거로 한 논리이다.

34) 이드, 『자유로운 사유를 위한 이드의 종교비평: 예수평전』, 종교와 비평, 2007.

35) 티모시 프리크 · 피터 갠디, 승영조 옮김, 『예수는 신화다』, 동아일보사, 2002.

36) 클럽안티기독교, 앞의 책, 20쪽.

37) 안티기독교 대응 전략 연구 자료실 http://blog.daum.net/antistudy/524

38) http://www.antichrist.or.kr/

39) 네이버 카페 안티기독교(http://cafe.naver.com/antichristianity)의 회원 가입시 질문인데 2018년 현재는 질문이 약간 바뀌었다.

40) http://www.antiyesu.org/display.asp?tn=bboard&id=520&page=1&s=&sm=&sf=

41) "카페 엑스터시(검은 십자가)"라는 이름으로 활동하던 이 안티기독교 사이트는 현재 폐쇄되었지만 이 카페의 취지를 알리는 「전문」이 아래의 사이트에 보관되어 있다. http://blog.naver.com/PostView.nhn?blogId=dolgamja69&logNo=60131757879

42) http://www.antiyesu.org/display.asp?tn=bboard&id=40&page=12&s=&sm=&sf=

43) http://cafe.daum.net/clubanti

44) 그 이유는 개천절을 "B.C. 2457년 상원갑자년(上元甲子年) 하늘의 문이 최초 열리고 우리의 국조께서 홍익인간, 이화세계 대업을 알리며 우리의 겨레를 일으킨 성스러운 날"로 간주하기 때문이다. http://cafe.daum.net/clubanti

45) http://cafe.daum.net/clubanti

46) "나라의 존엄한 국법을 어기어 참수를 당하였던 대역죄인들을 성인이라 칭하며 오히려 그들의 악행을 영광스럽게 여기는 한강변 저 절두산의 작태도 한심하기 그지없거늘. 이 소중한 우리의 한강에 겨레의 뿌리를 부정하고. 아름다운 미풍양속들을 짓밟으며 조상의 고귀한 넋마저 그릇되다 짖어대고 있는, 저 흉측스런 순복음이란 교회당이 웬 말이며 유대의 사악한 잡신 예수를 섬기는 통성의 울림이 가당키나 한 말입니까." http://cafe.daum.net/clubanti

47) http://www.antiyesu.org/display.asp?tn=bboard&id=520&page=1&s=&sm=&sf=

48) http://cafe.daum.net/AdConversion

49) http://cafe.naver.com/antichristianity

50) 버트란트 러셀, 황동문 옮김, 『나는 왜 기독교인이 아닌가』, 한그루, 1988.

51) 피터 싱어 외, 김병화 옮김, 『무신예찬: 신 없이 살아가는 50가지 방식』, 현암사, 2012은 무신론을 신봉하는 지식인 50명의 글을 엮은 책으로서 안티기독교 진영이 무신론을 선전할 수 있는 좋은 무기다.

52) 대표적인 것으로는 http://www.infidels.org/infidels/index.shtml; http://www.positiveatheism.org/; http://humanism.org.uk/ 등이 있다.

53) 「반기독교 선언」, 『우리는 왜 기독교를 반대하는가』, 119-120쪽.
http://www.antichrist.or.kr/?doc=bbs/gnuboard.php&bo_table=faq&page=1&wr_id=1

54) 리처드 도킨스, 이한음 옮김, 『만들어진 신』, 김영사, 2007.

55) 버스 광고를 위해 BHA가 모금한 금액은 14만 파운드였고 이 중 도킨스 교수가 5,500

파운드를 기부했다고 한다. http://www.atheistbus.org.uk/bus-photos/

56) 미국 신학자 테드 피터스(Ted Peters)가 열정적인 무신론자를 지칭하기 위해 만든 용어이다. 〈'무신론자들의 교주' 도킨스, 다윈을 오해했다〉, 《크리스천투데이》, 2009, 3. 18.

57) 《국민일보》, 2010. 2. 7.

58) 대표적인 글로는 다음과 같은 것이 있다. 김태현, 「'우리는 이래서 기독교가 싫다': 안티 기독교 사이트 어떻게 바라보아야 할 것인가?」, 2004. 2. 2; 임병인, 「안티기독교인의 이유있는 반항: 안티기독교카페 탐방기 / 안티인과 기독교인의 논쟁·욕설 살펴보니」, 2005. 7. 15; 정강길, 「안티기독교, 어떻게 볼 것인가: 기존 기독교와 「적대적 공생관계」에 있는 안티 기독교에 대한 고찰 및 그 한계」, 2007. 2. 26.

59) 실천신학대학원대학교 조성돈 교수와 안티기독교의 논객으로 활동한 박대범이 두 차례에 걸쳐 대담했다. 하민지 기자, 〈[대담] 기독교 악플러, 목사를 만나다(1)(2)〉, 《데일리굿뉴스》, 2007. 9. 15.

60) 이 특집에서는 반기련 회장(이찬경)이 연동교회에서 기조 발제한 내용의 요약문을 "반기독교 단체의 입장"이라는 제목으로 맨 앞에 싣고, 이어 기독교계 인사들이 안티 기독교 운동을 진단하고 처방한 8편의 글이 실렸다. 『목회와 신학』, 2008. 1, 59-116쪽.

61) 「특집: 반기독교 세력을 극복하라〉, 『목회와 신학』, 2008. 1. 60쪽.

62) 구권효, 〈인터넷 선교사 육성해 안티 기독교 퇴치하자〉, 《뉴스앤조이》, 2012. 6. 12.

63) 〈인터넷 점령한 안티 기독교…한국교회 대응 전략은?〉, 《국민일보》, 2012. 2. 17.

64) 김태현, 〈우리는 이래서 기독교가 싫다: 안티 기독교 사이트 어떻게 바라보아야 할 것인가?〉, 《뉴스앤조이》, 2004. 2. 2.

65) 김종희, 〈'언론비평' 온라인에 판치는 반기독정서?〉, 《뉴스앤조이》, 2001. 3. 9.

참고문헌 ▶▶

1. 자료

『開闢』

《京鄉新聞》

『基督教朝鮮監理會教理와 章程』(1935)

《基督申報》

《大韓每日申報》

《獨立新聞》

『聖書朝鮮』

『神學世界』

『神學指南』

『尹致昊日記』

《帝國新聞》

『朝鮮예수教長老會憲法』(1934)

『카톨릭靑年』

『活泉』

《皇城新聞》

兪吉濬, 『西遊見聞』(1895)

兪星濬, 『法學通論』(1907)

최루수, 민 아오스딩 감준, 『천주교요리대문답』 1권(제2판, 1932)

吉川文太郎, 『朝鮮諸宗教』, 朝鮮興文會, 1922.

靑柳綱太郎, 『朝鮮宗教史』, 朝鮮研究會, 1911.

佐波亘, 『植村正久と其の時代(II)』, 教文館, 昭和51年(再版)

朝鮮總督府學務局, 『朝鮮の統治と基督教』, 1920.

朝鮮總督府 編, 『朝鮮神宮造營誌』, 1927.

高橋濱吉, 『朝鮮教育史考』, 帝國地方行政學會朝鮮本部, 1927

山口正之, 『朝鮮西教史』, 雄山閣, 東京: 1967.

Brother Yun with Paul Hattaway, *The Heavenly Man*, 윈 형제 · 폴 해터웨이, 고석만 옮김,

『하늘에 속한 사람』, 홍성사, 2004.

Brown, Arthur Judson, *The Mastery of The Far East: The Story of Korea's Transformation and Japan's Rise to Supremacy in the Orient,* New York: Charles Scribner's Sons, 1919, 류대영·지철미 옮김, 『극동의 지배』, 한국기독교역사연구소, 2013.

Dallet, Charles. *Histore de L'église De Corée*, Paris: Librairie Victor Palme, 1874; 샤를르 달레, 안응렬·최석우 역주, 『한국천주교회사(상, 중, 하)』, 한국교회사연구소, 1979.

Fisher, J. E., *Democracy and Mission Education in Korea*, New York: Bureau Publications, Teachers College, Columbia University, 1928.

Hattaway, Paul, *Back to Jerusalem: Three Chinese House Church Leaders Share Their Vision to Complete the Great Commission*, 폴 해터웨이, 류응렬 옮김, 『백투예루살렘』, 홍성사, 2005.

Hawthorne, Steve and Graham Kendrick, *Prayer Walking: Praying on Site with Insight,* 스티븐 호돈·그래함 켄드릭, 최요한 옮김, 『그리스도인의 땅밟기 기도』, 예수전도단, 2008.

Rhodes, Harry A., *History of Korea Mission Presbyterian Church 1884-1934*, Seoul: The Presbyterian Church of Korea Department of Education, 1934.

Stokes, Charles D., *History of Methodist Missions in Korea: 1885-1930*. Yale University, 1947, 장지철·김홍수 옮김, 『미국 감리교회의 한국선교 역사 1885-1930』, 한국기독교역사연구소, 2010.

국사편찬위원회, 『한국독립운동사 자료1~4(임정편)』, 국사편찬위원회, 1970.

기독경영연구원 편저, 『기독교판례집』, 육법사, 1999.

대한불교조계종 자성과쇄신결사추진본부 종교평화위원회, 『대한민국종교차별사례집 1945-2011』, 2012.

산돌손양원기념사업회 엮음, 김승태 편역, 『신사참배문제자료집I, II, III』, 한국기독교역사연구소, 2014.

이만열 엮음, 『신사참배문제 영문자료집 II』, 한국기독교역사연구소, 2004.

최종고, 『종교법학문헌집』, 한국교회사연구소 출판부, 1982.

한국종교법학회 편, 『종교법판례집』, 육법사, 1983.

2. 연구논저

강돈구 외, 『종교교육 비교연구』, 한국학중앙연구원 문화와종교연구소, 2009.

──────, 『종교교육의 현황과 개선방안』, 문화관광부 · 한국학중앙연구원, 2005.

──────, 『현대 한국의 종교와 정치』, 한국학중앙연구원 문화와종교연구소, 2009.

강돈구, 「미군정의 종교정책」, 『종교학연구』 12호, 1993.

──────, 『종교이론과 한국종교』, 박문사, 2011.

강승삼 편, 『한국전교의 미래와 전방개척선교』, 한선협, 2006.

강원돈, 「일제하 사회주의 운동과 한국 기독교」, 김흥수 엮음, 『일제하 한국 기독교와 사
    회주의』, 한국기독교역사연구소, 1992.

강원룡, 「평화주의의 입장과 그 한계」, 『기독교사상』 2권 3호, 1959.

강위조, 『일본통치하 한국의 종교와 통치』, 대한기독교서회, 1977.

강인철, 『민주화와 종교: 상충하는 경향들』, 한신대출판부, 2012.

──────, 『저항과 투항: 군사정권들과 종교』, 한신대출판부, 2013.

──────, 『한국 기독교와 국가 · 시민사회 1945-1960』, 한국기독교역사연구소, 1996.

강인철, 『한국 천주교의 역사사회학: 1930-1940년대를 중심으로』, 한신대학교출판부,
    2006.

──────, 『한국의 개신교와 반공주의: 보수적 개신교의 정치적 행동주의 탐구』, 중심,
    2007.

──────, 『종속과 자율; 대한민국의 형성과 종교정치』, 한신대학교출판부, 2013.

──────, 『한국의 종교, 정치, 국가 1945-2012』, 한신대학교출판부, 2013.

고건호, 「한말 신종교의 문명론: 동학 · 천도교를 중심으로」, 서울대학교 박사학위논문,
    2002.

고병철, 「종립사학과 종교 교과교육의 공공성과 자율성」, 『정신문화연구』 32집 4호, 2009.

──────, 「한국의 종교교육: 중등 종립학교를 중심으로」, 『종교연구』 46호, 2007.

──────, 『한국 중등학교의 종교교과교육론』, 박문사, 2012.

고병철 · 정상우, 『학교 내 종교차별 기준 설정 연구』, 한국학중앙연구원 문화와종교연구
    소, 2010.

구병진, 「가톨릭교회와 종교자유(I)」, 『신학전망』, 1981.

──────, 「종교자유와 인권: 종교자유의 윤리신학적 고찰」, 『현대가톨릭사상』 2집, 1988.

구형찬, 「혐오와 종교문화: 한국 개신교에 관한 소고」, 『종교문화비평』 33호, 2018.

권영성, 「종교의 자유의 헌법적 고찰」, 『헌법학의 제문제』, 문홍주박사회갑논문집, 1978.

김경재 · 김창락 · 김진호 외, 『무례한 복음: 한국 기독교의 선교, 그 문제와 대안을 성찰

한다』, 산책자, 2007.

김권정, 「1920년대 기독교세력의 반기독교운동 대응과 민족운동의 전개」, 『한국기독교와 역사』 14호, 2001.

김권정, 「일제하 사회주의자들의 반기독교운동에 관한 연구」, 『숭실사학』 10호, 1997.

김성건, 「9.11테러 사태 이후 급부상한 한국판 기독교 시온주의에 관한 고찰」, 『현상과인식』 32권 1/2호, 2008.

김성태, 『세계선교전략사』, 생명의말씀사, 1994.

김승태 편, 『한국기독교와 신사참배문제』, 한국기독교역사연구소, 1991.

김승태 편역, 『일제강점기 종교정책사 자료집, 기독교편 1910-1945』, 한국기독교역사연구소, 1996.

김승태, 「일제하 '천황제' 이데올로기와 기독교 학교」, 『신학사상』 74집, 1991.

_____, 「일제하 조선의 신사에 관한 연구」, 『근대 한·일간의 상호인식』, 동북아역사재단, 2009.

_____, 『식민권력과 종교』, 한국기독교역사연구소, 2012.

김양선, 『한국기독교해방십년사』, 대한예수교장로회총회, 1956.

김영남, 「한국교회의 아시아 지역 선교역사와 그 추이: 이슬람 분쟁지역 파키스탄 선교역사를 중심으로」, 『한국기독교와 역사』 28호, 2008.

김영동, 「반(反)기독교운동의 도전과 선교」, 『장신논단』 38집, 2010.

김용복, 「해방 후 교회와 국가」, 『국가권력과 기독교』, 민중사, 1982

김은수, 「한국교회 해외선교정책」, 『한국기독교와 역사』 28호, 한국기독교역사학회, 2008.

김재득, 「김영삼 정부 이후 종교정책과 가톨릭교회」, 『한국 근현대 100년 속의 가톨릭교회(하)』, 가톨릭출판사, 2006.

_____, 「미군정기-장면 정부, 종교정책 변동과 가톨릭교회」, 『한국 근현대 100년 속의 가톨릭교회(중)』, 가톨릭출판사, 2005.

_____, 「일제의 종교정책과 가톨릭교회: 조선총독부의 법·제도 및 행정을 중심으로」, 『한국 근현대 100년 속의 가톨릭교회(상)』, 가톨릭출판사, 2003,

김재명, 『종교의 지구지역화에 대한 이론적 연구: 한국개신교를 중심으로』, 서울대학교 박사학위논문, 2014.

김준곤 엮음, 『성시화운동 편람』, 순출판사, 2006.

김진호, 『권력과 교회』, 창비, 2018.

김철수, 「종교·양심에 대한 판례 경향」, 『법정』 25권 4호, 1970.

김흥수, 「감리교회와 국가: 일제하 정교관계에 대한 사례 연구」, 『신학과 현장』 4집, 1994.

김흥수 엮음, 『일제하 한국 기독교와 사회주의』, 한국기독교역사연구소, 1992.

───────, 『해방후 북한교회사: 연구・증언・자료』, 다산글방, 1992.

김흥수, 「감리교회와 국가: 일제하 정교관계에 대한 사례연구」, 『신학과현장』 4집, 1994.

───────, 「조선후기 천주교도들의 종교자유 구상」, 『민경배교수화갑기념한국교회사논집』, 1994.

김흥수・류대영, 『북한 종교의 새로운 이해』, 다산글방, 2002.

노길명, 『조선후기 가톨릭과 사회변동』, 고려대학교출판부, 1988.

노용필, 「천주교의 신앙자유 획득과 선교자유 확립」, 『교회사연구』 30집, 2008.

도날드 베이커, 김세윤 역, 『조선후기 유교와 천주교의 대립』, 일조각, 1997.

류대영, 『개화기 조선과 미국 선교사: 제국주의 침략, 개화자강, 그리고 미국 선교사』, 한국기독교역사연구소, 2004.

류상태, 「기독교 대학의 채플 이수 의무제, 이대로 좋은가?」, 『공동선』 101호, 2011.

류성민, 「근대 이후 한국 사회변동과 개신교 학교의 종교교육: 종교의 자유와 정교분리 문제를 중심으로」, 『원불교사상과 종교문화』 51집, 2012.

민경배, 「한국교회사에 나타난 교회와 국가의 관계」, 『한국종교』 3집, 1976.

민경식, 「2010년 종교법 판례의 동향」, 『종교문화비평』 19호, 2011.

───────, 「2011년 종교법 판례의 동향」, 『종교문화비평』 21호, 2012.

───────, 「2012년 종교법 판례의 동향」, 『종교문화비평』 23호, 2013.

민희식, 『법화경과 신약성서』, 블루리본, 2007.

박규태, 「국가신도와 신사비종교론」, 『일본의 발명과 근대』, 이산, 2006.

───────, 「일본의 종교와 종교정책」, 『종교연구』 46호, 2007.

───────, 「현대 정보화사회에서의 종교와 폭력: 오옴진리교와 가상의 현실화」, 『종교와 문화』 6호, 2000.

박단, 『프랑스의 문화전쟁: 공화국과 이슬람』, 책세상, 2005.

박상진, 「기독교학교의 정체성에 근거한 종교학 교육과정의 문제점」, 『기독교교육논총』 36집, 2013.

───────, 「종교교육의 자유 및 종교의 자유 보장을 위한 회피 및 전학제도」, 『장신논단』 46권 4호, 2014.

박설희, 「선교동원운동의 이데올로기와 정체성 정치: 종교의 '민족화' 현상에 주목하여」, 『제2회 CAIROS 포럼: 선교라는 스캔들?! 자료집』, 청어람, 2011.

박승길, 「일제 무단통치 시대의 종교정책과 그 영향」, 『현대한국의 종교와 사회』, 문학과지성사, 1992.

박준영, 「가톨릭은 신사참배를 진짜 옹호한다?」, 『경향잡지』, 2006.

박형규, 「신교의 자유는 어디로: '사회단체등록법개정안'이 의미하는 것」, 『사상계』 155
    호, 1966.

박혜진, 『일제하 한국기독교와 미션스쿨』, 경인문화사, 2015.

버트란트 러셀 지음, 황동문 옮김, 『나는 왜 기독교인이 아닌가』, 한그루, 1988.

서광선, 『神 앞에 민중과 함께』, 한울, 1991.

서남동, 『전환시대의 신학』, 한국신학연구소, 1976.

서울YMCA사회개발부, 『시민논단: 20주년 기념호, 1968-1987』, 1988.

서정민, 『한국 가톨릭의 역사』, 살림, 2017.

———, 『한국교회의 역사』, 살림, 2003.

성락승, 「종무행정의 실제」, 『한국의 종교와 종교법: 종교단체의 법인체 등록』, 민족문화
    사, 1991.

성백걸, 「한국 초기 개신교인들의 교회와 국가 이해 1884-1910」, 『한국기독교사연구』 21
    호, 1988.

세계기독교통일신령협회 역사편찬위원회, 『수난의 현장: 통일교회 수난과 그 진상』, 성
    화사, 1983.

손승호, 「한국교회 태국선교의 역사」, 『한국기독교와 역사』 28호, 한국기독교역사학회,
    2008.

———, 『유신체제와 한국기독교 인권운동』, 한국기독교역사연구소, 2017.

손원영, 「기독교계 사립학교에서의 종교교육: '초·중등교육법 일부 개정법률안'과 관련
    하여」, 『종교교육학연구』 32집, 2010.

손인수, 『한국근대교육사:1885-1945』, 연세대학교 출판부, 1971.

송기춘, 「미군정 및 대한민국 건국 초기의 종교관련제도의 정립과 관련한 헌법적 논의」,
    『법과 사회』 24권, 2003.

———, 「종교 관련 제도의 헌법적 문제점과 그 개선 방향」, 『헌법학연구』 12권 5호, 2006.

———, 「종립학교에서의 종교교육과 학생의 종교의 자유: 평준화 지역의 중등학교를 중
    심으로」, 『공법연구』 33집 1호, 2004.

———, 「판례분석: 사학의 종교교육의 자유와 학생의 종교의 자유」, 『민주법학』 37호,
    2008.

송현주, 「한용운의 불교,종교담론에 나타난 근대사상의 수용과 재구성」, 『종교문화비평』
    11호, 2007.

안유림, 『일본제국의 법과 조선기독교』, 경인문화사, 2018.

안종철, 『미국선교사와 한미관계 1931-1948』, 한국기독교역사연구소, 2010.

양건, 「국가와 종교에 관한 법적 고찰」, 『국가권력과 기독교』, 민중사, 1982.

오경환, 「교회문헌에서의 정교관계」, 『가톨릭사회과학연구』 4집, 1987.

오만규, 「제칠일안식일예수재림교회의 비무장 군복무의 기원과 발전」, 『한국교회사학회지』 12권, 2003.

———, 「한국의 양심적 참전 거부자들과 그 기독교적 비판자들의 신학 전통」, 『한국기독교신학논총』 26집, 2002.

오만규, 『하나님의 것과 가이사의 것: 재림교회와 종교자유 신앙』, 삼육대학교출판부, 2004.

오승철, 「종교의 자유에서 종교의 개념: 종교와 미신의 구별 문제를 중심으로」, 『종교연구』 55호, 2009.

유해석, 『우리 곁에 다가온, 이슬람』, 생명의말씀사, 2009.

유홍렬, 『(증보)한국 천주교회사』(上, 下), 가톨릭출판사, 1975.

윤선자, 『일제의 종교정책과 천주교』, 경인문화사, 2001.

윤승용, 「외국의 종교법인법 시행형태 및 현황」, 『불교와 문화』 23호, 2001.

———, 「한국의 정교분리와 종교정책」, 『종교문화비평』 25호, 2014.

———, 『한국 신종교와 개벽사상』, 모시는사람들, 2017.

———, 『현대 한국종교문화의 이해』, 한울, 1997.

윤용복, 「한국 중등학교의 종교교육」, 『종교교육 비교연구』, 2009.

윤이흠, 『한국종교연구(1)』, 집문당, 1986

———, 『한국종교연구(2)』, 집문당, 1988.

윤해동·이소마에 엮음, 『종교와 식민지 근대』, 책과함께, 2013.

이계석, 『일반인이 알아야 할 악서 바이블 이야기』, 유마북, 2011.

이광린·신용하 편, 『사료로 본 한국문화사: 근대편』, 일지사, 1984.

이드, 『자유로운 사유를 위한 이드의 종교비평: 예수평전』, 종교와 비평, 2007.

이만열, 「개신교의 전래와 일제하 교회와 국가」, 『국가권력과 기독교』, 민중사, 1982.

———, 「단군상 문제와 기독교계의 대응」, 『한국기독교와 민족통일운동』, 한국기독교역사연구소, 2001.

———, 『한국기독교문화운동사』, 대한기독교서회, 1987.

이병길 편저, 『중국의 개신교 첫 선교사, 로버트 모리슨』, 한국기독교역사연구소, 1994.

이원순, 「한불조약과 종교자유의 문제」, 『교회사연구』 5집, 1987.

이장식, 「역사적으로 본 전쟁과 평화에 대한 그리스도인의 태도」, 『기독교사상』 19호, 1959.

이진구, 『한국 개신교의 타자인식』, 모시는사람들, 2018.

이진구, 「한국 개신교사에 나타난 정교분리의 정치학」, 『종교문화비평』 33호, 2018.

이찬경,「반기독교단체의 입장」,『목회와 신학』, 2008. 1.

이찬수,『한국 그리스도교 비평』, 이화여자대학교 출판부, 2009.

이창익,「종교 사용 설명서: 종교교육에 대한 시론적 접근」,『종교문화연구』 19호, 2012.

이혜원,『의화단과 한국기독교』, 대한기독교서회, 2016.

장규식,『일제하 한국 기독교민족주의 연구』, 혜안, 2001.

장동하,『개항기 한국사회와 천주교회』, 가톨릭출판사, 2005.

———,『한국 근대사와 천주교회』, 가톨릭출판사, 2006.

장석만,「19세기말 20세기초 한중일 삼국의 정교분리담론」,『역사와 현실』 4호, 1990.

———,「개항기 한국사회의 "종교" 개념 형성에 관한 연구」, 서울대학교박사학위논문, 1992.

———,「종교와 그 개념적 타자: 종교와 정치의 관계를 중심으로」,『불교와 국가권력, 갈등과 상생』, 조계종출판사, 2010.

———,『한국 근대종교란 무엇인가?』, 모시는사람들, 2017.

장숙경,「한국 개신교의 산업선교와 정교유착」, 성균관대학교 박사학위논문, 2009.

정동훈,「일제 강점기하의 한국 천주교회와 신사참배에 대한 고찰」,『교회사연구』 11집, 1996.

정웅기,「범불교도대회의 배경과 성격」,『불교와 국가권력: 갈등과 상생』, 조계종출판사, 2010.

정재현,「종립사학과 종교의 자유」,『종교문화연구』 12호, 2009.

정종훈,「연세대학교 신촌캠퍼스 학생채플의 현황과 개선방안의 모색」,『대학과 선교』 4집, 2002.

정진홍,「다원사회 속에서의 그리스도교: 종교의 생존원리와 관련하여」,『정직한 인식과 열린 상상력: 종교담론의 지성적 공간을 위하여』, 청년사, 2010.

———,「제7차 교육과정과 종교교육」,『종교교육학연구』 13권, 2001.

———,「종교간의 대화: 대화 이외의 대안 모색」,『정직한 인식과 열린 상상력: 종교담론의 지성적 공간을 위하여』, 청년사, 2010.

———,「종교들은 어떻게 함께 있나: 종교 다원 문화의 구조와 대화의 유형」,『하늘과 순수와 상상; 정진홍 교수의 종교문화 읽기』, 강, 1997.

조광,『조선후기 천주교사 연구』, 고려대학교민족문화연구소, 1988.

조국,『양심과 사상의 자유를 위하여』, 책세상, 2001.

———,「양심적 집총거부권: 병역기피의 빌미인가 양심의 자유의 구성요소인가?」,『민주법학』 20호, 2001.

조규훈,「한국사회 법의 영역에서 형성된 종교 개념」,『종교문화연구』 12호, 2009.

조승혁,「하나님의 선교의 자유와 법적 한계: 노동관계법을 중심으로」,『기독교사상』26 권 7호, 1982.

조현범,『조선의 선교사, 선교사의 조선』, 한국교회사연구소, 2008.

———,「조선 후기 근대적 양심 개념의 도입 경위와 천주교의 역할」,『코기토』75호, 2014.

종교법인법제정추진시민연대,『종교법인법 제정 세미나 자료집: 종교법인법 왜 필요한 가?』, 2007.

종교자유정책연구원,『종교차별과 종교인권』, 초록마을, 2009.

진상범,「한국사회 양심적 병역거부에 대한 국가와 종교의 대응」,『종교문화연구』8호, 2006.

최기영,「개화기 경향신문의 논설 분석」,『한국천주교회 창립이백주년 기념 한국교회사 논문집』, 한국교회사연구소, 1984.

———,『한국근대 계몽사상 연구』, 일조각, 2003.

최바울,『백투예루살렘』, 펴내기, 2004.

———,『세계 영적 도해: 하나님의 세계경영』, 펴내기, 2004.

———,『시대』, 서로사랑, 2004.

———,『전문인선교』, 펴내기, 2011.

최석우,『한국교회사의 탐구』, 한국교회사연구소, 1982.

최영호,「교회-국가 관계에서 본 종교의 자유」,『종교문화연구』12호, 2009.

최종고,「한국에 있어서 종교자유의 법적 보장 과정」,『교회사연구』3집, 1981.

———,「한국종교법학의 현황과 전망」,『종교와 문화』5호, 1999.

———,『국가와 종교』, 현대사상사, 1983.

최형묵,『한국 기독교의 두 갈래 길(개정증보판)』, 이야기쟁이낙타, 2013.

카미벳부 마사노부,『근현대 한일 종교정책 비교연구: 불교교단의 변천을 중심으로』, 지 식과교양, 2011.

택정언,『일본기독교사』, 대한기독교서회, 1979.

한국교회사연구소,『한국천주교회사』(1), 2009.

—————,『한국천주교회사』(2), 2010.

—————,『한국천주교회사』(3), 2010.

—————,『한국천주교회사』(4), 2011.

한국기독교교회협의회 인권위원회,『1970년대 기독교민주화운동 II』, 한국기독교교회협 의회, 1987.

한국기독교사회문제연구원 편,『국가권력과 기독교』, 민중사, 1982.

한국기독교역사연구소북한교회사집필위원회, 『북한교회사』, 한국기독교역사연구소, 1996.

한국기독교역사학회 편, 『한국 기독교의 역사 I(개정판)』, 기독교문사, 2011.

──────, 『한국기독교의 역사 II(개정판)』, 기독교문사, 2012.

──────, 『한국기독교의 역사 III』, 한국기독교역사연구소, 2009.

한국사회사연구회 편, 『현대한국의 종교와 사회』, 문학과 지성사, 1992.

한국전문인선교회 엮음, 『선교의 패러다임이 바뀐다: 전문인선교의 전문인 진단』, 창조, 2000.

한국종교사회연구소 편, 『한국의 종교와 종교법: 종교단체의 법인체 등록』, 민족사, 1991.

한국종교연구회, 『한국종교문화사 강의』, 청년사, 1998.

한규원, 『한국 기독교학교의 민족교육연구』, 국학자료원, 2005.

한철하, 「논설: 종교단체 등록법안을 철회하라」, 『기독교사상』 10권 1호, 1966.

허명섭, 『해방 이후 한국교회의 재형성: 1945-1960』, 서울신학대학교출판부, 2009.

홍정수, 「종교의 자유, 그 신학적 반성」, 『기독교사상』 34권 7호, 1990.

홍현설, 「안식교도의 집총거부 사건에 대하여」, 『기독교사상』 2권 3호, 1959.

李時岳 外, 『近代中國反洋敎運動』, 이은자 옮김, 『근대중국의 반기독교운동』, 고려원, 1992.

土肥昭夫, 『日本プロテスタントキリスト敎史』, 東京: 新敎出版社, 1980, 도히 아키오, 김수진 옮김, 『일본기독교사』, 기독교문사, 1991.

井上順孝 外, 『神道: 日本生まれの宗教システム』, 이노우에 노부타카 외, 박규태 옮김, 『신도, 일본 태생의 종교 시스템』, 제이앤씨, 2010.

安丸良夫・宮地正人, 『宗敎と國家』, 岩波書店. 1988.

五野井隆史, 『日本キリスト史』, 吉川弘文館, 1990.

中島三千男, 「明治國家と宗敎, 井上毅の宗敎觀, 宗敎政策の分析」, 『歷史學硏究』 413號, 1973.

笠原一男, 『日本宗敎史 II』, 山川出版社, 1977.

磯前順一, 『近代日本の宗敎談論とその系譜: 宗敎・國家・神道』, 岩波書店, 2003, 이소마에 준이치, 제점숙 옮김, 『근대일본의 종교담론과 계보: 종교・국가・신도』, 논형, 2016.

Ananda, Josephson J., *The Invention of Religion in Japan*, Chicago: The University of Chicago Press, 2012.

Anderson, John, *Religious Liberty in Transitional Societies*: The Politics of Religion, Cambridge: Cambridge University Press, 2003.

Asad, Talal, Wendy Brown, Judith Butler, and Saba Mahmood, *Is Critique Secular? Blasphemy, Injury and Free Speech*, Berkeley: University of California Press, 2010.

Baker, Don, "The Religious Revolution in Modern Korean History: From Ethics to Theology and from Ritual Hegemony to Religious Freedom, *Review of Korean Studies* 9(3), 2009.

Baker, Don, *Korean Spirituality*, University of Hawaii Press, 2008, 돈 베이커, 박소정 옮김, 『한국인의 영성』, 모시는사람들, 2012.

Berger, Peter L. *The Social Reality of Religion*, Harmondsworth: Penguin, 1973, 피터 버거, 이양구 옮김, 『종교와 사회』, 종로서적, 1993.

Blackford, Russell, *Freedom of Religion and the Secular State*, Wiley-Blackwell, 2012.

Boyle, Kevin & Sheen, Juliet (eds), *Freedom of Religion and Belief: A World Report*, London and New york: Routledge, 1997.

Byrne, Peter, *Natural Religion and The Nature of Religion: The Legacy of Deism*, London and New York: Routledge, 1989.

Casanova, José. *Public Religions in the Modern World*. Chicago: University of Chicago Press, 1994.

Casanova, José, "Public Religions Revisited," in Hent de Vries (ed), *Religion: Beyond a Concept*, New York: Fordham University Press, 2008.

Collinson, Patrick, *The Reformation,* Random House, 2004, 패트릭 콜린슨, 이종인 옮김, 『종교개혁』, 을유문화사, 2005.

Cookson. Catharine, et al, *Encyclopedia of Religious Freedom*, New York: Routledge, 2003.

Craycraft Jr., Kenneth R. *The American Myth of Religious Freedom*, Dallas: Spence Publishing Company, 1999.

Danchin, Peter. "The Emergence and Structure of Religious Freedom in International Law Reconsidered," *Journal of Law and Religion 23* (2008), pp. 455-534.

Dawkins, Richard, *The God Delusion*, Boston: Houghton Mifflin Company, 2006, 리처드 도킨스 지음, 이한음 옮김, 『만들어진 신』, 김영사, 2007.

Durham Jr., W. Cole and Noel B. Reynolds, *Religious Liberty in Western Thought*, Atlanta, Georgia: Scholars Press, 1996.

Durham Jr., W. Cole, Matthew K. Richards, and Donlu D. Thayer, "The Status of and

Threats to International Law on Freedom of Religion or Belief," in Allen D. Hertzke (ed), *The Future of Religious Freedom: Global Challenges*, Oxford: Oxford University Press, 2013.

Evans, Malcolm D. *Religious Liberty and International Law in Europe.* Cambridge: Cambridge University Press, 1997, pp. 42-144.

Freke, Timothy and Peter Gandy, *Jesus Mysteries*, 티모시 프리크 · 피터 갠디, 승영조 옮김, 『예수는 신화다』, 동아일보사, 2002.

Gill, Anthony, *The Political Origins of Religious Liberty*, Cambridge: Cambridge University Press, 2013.

Goossaert, Vincent and David A. Palmer, *The Religious Question in Modern China*, Chicago: University Of Chicago Press, 2011.

Grim, Brian J., "Restrictions on Religion in the World: Measures and Implications," in Allen D. Hertzke (ed), *The Future of Religious Freedom: Global Challenges*, New York: Oxford University Press, 2013, p. 97.

Hackett, Rosalind I. J., *Proselytization Revisited: Rights Talk, Free Markets and Culture Wars*, Equinox Publishing Ltd. 2008.

Harrison, Peter, *'Religion' and the religions in the English Enlightenment*, Cambridge: Cambridge University Press, 1990.

Hiebert, Paul, "The Flaw of the Excluded Middle," *Missiology: An International Review* 10(1), 1982.

Jang, Sukman, "Protestantism in the name of modern civilization", *Korea Journal* 39(4), 1999, pp. 187-204.

Jang, Sukman, "The Historical Formation of the Religious-Secular Dichotomy in Modern Korea," in Marion Eggert (ed), *Religion and Secularity: Transformations and Transfers of Religious Discourses* in Europe and Asia, Leiden and Boston: Brill, 2013, pp. 257-280.

Jenkins, Philip, *The Next Christendom: The Coming of Global Christianity*, Oxford: Oxford University Press, 필립 젠킨스, 김신권 · 최요한 옮김, 『신의 미래: 종교는 세계를 어떻게 바꾸는가?』, 웅진씽크빅, 2009.

Kaplan, Benjamin J, *Divided by Faith: Religious Conflict and the Practice of Toleration in Early Modern Europe*, Harvard: Belknap, 2007, 벤자민 J. 카플란, 김웅종 옮김, 『유럽은 어떻게 관용사회가 되었나』, 푸른역사, 2015.

Keane, Webb. *Christian Moderns: Freedom and Fetish in the Mission Encounter.*

Berkeley: University of California Press, 2007.

Lakoff, George, *Whose Freedom?: The Battle over America's Most Important Idea,* 조지 레이코프, 나익주 옮김, 『자유전쟁』, 프레시안북, 2009.

Lindholm, Tore, W. Cole Druham, Jr (eds), *Facilitating Freedom of Religion or Belief: A Deskbook,* Leiden, The Netherlands: Koninklijke Brill NV, 2004.

Lynn, Barry, Marc D. Stern, Oliver S. Thomas, *The Right to Religious Liberty: The Basic ACLU Guide to Religious Rights*, Carbondale and Edwardsville: Southern Illinois University Press, 1995.

Mahmood, Saba and Peter G. Danchin, "Immunity or Regulation? Antinomies of Religious Freedom," *The South Atlantic Quarterly* 113(1), 2014.

Martin, Craig, *Making Hegemony: A Genealogy of Liberalism, Religion and the Private Sphere,* London and New York: Routledge, 2010.

Mutua, Makau. "Limitations on Religious Rights: Problematizing Religious Freedom in the African Context," in J. D. van der Vyver & J. Witte, Jr. (eds), *Religious Human Rights in Global Perspective: Legal Perspectives*, 1996.

Nongbri, Brent, Before Religion: *A History of a Modern Concept,* New Heaven and London: Yale University Press, 2013.

Oak, Sung-Deuk, *The Making of Korean Christianity: Protestant Encounters with Korean Religions*, 1876-1915, Baylor University Press, 2013.

Radan, Peter, "From Dayton to Dover: the legacy of the Scopes Trial," in Peter Cane, Carolyn Evans, Zoe Robinson (eds), *Law and Religion in Theoretical and Historical Context*, Cambridge: Cambridge University Press. 2008.

Richardson, James T. "The Sociology of Religious Freedom: A Structural and Socio-Legal Analysis," *Sociology of Religion* 67(3), 2006.

Ryu, Dae Young, "Missionaries and Imperial Cult: Politics of the Shinto Shrine Rites Controversy in Colonial Korea," *Diplomatic History* 40(4), 2016.

Scott, Joan Wallach, *The Politics of The Veil,* Princeton and Oxford: Princeton University Press, 2007.

Sharma, Arvind, *Problematizing Religious Freedom*, Dordrecht: Springer, 2011.

Sheat, David, *The Myth of American Religious Freedom*, Oxford: Oxford University Press, 2011.

Shetreet, Shimon, "The Model of State and Church Relations and Its Impact on the Protection of Freedom of Conscience and Religion: A Comparative Analysis and a

Case Study of Israel," in Winfried Brugger and Michael Karayanni (eds), *Religion in the Public Sphere: A Comparative Analysis of German, Israeli, American and International Law*, Berlin Heidelberg: Springer, 2007.

Sullivan, Winnifred Fallers, Robert A. Yelle, and Matteo Taussig-Rubbo (eds), *After Secular Law*. Stanford: Stanford University Press, 2011.

Sullivan, Winnifred Fallers (eds), *Politics of Religious Freedom*, Chicago and London: The University of Chicago Press, 2015.

Sullivan, Winnifred Fallers, *The Impossibility of Religious Freedom*, Princeton and Oxford: Princeton University Press, 2005.

Trigg, Roger, *Equality, Freedom, and Religion,* Oxford: Oxford University Press, 2012.

Van der Vyver, Johan D. and John Witte Jr., (eds), *Religious Human Rights in Global Perspective: Legal Perspectives*. The Hague: Martinus Nijhoff Publishers, 1996.

Wenger, Tisa, *We Have A Religion: The 1920s Pueblo Indian Dance Controversy and American Religious Freedom*, Chapel Hill: The University of North Carolina Press, 2009.

Witte, John, Jr. and Richard C. Martin, eds., *Sharing the Book: Religious Perspectives on the Rights and Wrongs of Mission*, 1999.

Witte, John, Jr. and Johan D. van der Vyver, R*eligious Human Rights in Global Perspective: Religious Perspectives*, The Hague: Martinus Nijhoff Publishers, 1996.

Yelle, Robert A., "The Hindu Moses: Christian Polemics Against Jewish Ritual and the Secularization of Hindu Law under Colonialism," *History of Religions* 49(2), 2009.

Zagorin, Perez, *How the Idea of Religious Toleration Came to the West,* Princeton and Oxford: Princeton University Press, 2003.

출전 ▶▶

II장은 다음 글을 고쳐 쓴 것이다.
「근대 한국사회의 종교자유 담론: 양심의 자유와 종교집단의 자유」, 『종교문화비평』 1호, 종교문화비평학회, 2002, 50-79쪽.

III장은 다음 글을 수정 보완한 것이다.
「일제의 종교/교육 정책과 종교자유의 문제: 기독교학교를 중심으로」, 『종교연구』 38호, 한국종교학회, 2005, 205-230쪽.

IV장은 다음 글을 수정 보완한 것이다.
「일제하 신사참배 논쟁과 기독교: 신사비종교론과 신사종교론을 중심으로」, 『일본학』 31호, 동국대학교 일본학연구소, 2010, 71-101쪽.

V장은 다음 글을 수정 보완한 것이다.
「일제하 종교법에 대한 한국 개신교의 대응 논리」, 『한국기독교와 역사』 7호, 한국기독교역사학회, 1997, 180-197쪽.

VI장은 다음 글을 고쳐 쓴 것이다.
「해방 이후 종교자유 담론의 전개 양상: 선교의 자유와 양심의 자유를 중심으로」, 『종교문화연구』 13호, 한신대학교 종교와문화연구소, 2009, 181-216쪽.

VII장은 다음 글을 수정 보완한 것이다.
「해방 이후 종교법인법 제정을 둘러싼 논쟁」, 『한국종교』 32호, 원광대학교 종교문제연구소, 2008, 5-37쪽.

VIII장은 다음 글을 수정 보완한 것이다.
「최근 한국 불교와 보수 개신교의 갈등: 종교차별, 정교분리, 종교자유 개념을 중심으로」, 『종교문화비평』 28호, 종교문화비평학회, 2015, 183-214쪽.

「성시화, 템플스테이, 땅밟기: 최근 한국 불교와 보수 개신교의 갈등」, 『당신들의 신국: 한국사회의 보수주의와 그리스도교』, 제3시대그리스도교연구소 엮음, 돌베개, 2017, 395-423쪽.

IX장은 다음 글을 보완한 것이다.
「한국 개신교사학의 종교교육 공간에 나타난 종교자유 논쟁: 개종주의와의 관련을 중심으로」, 『종교문화비평』 29호, 종교문화비평학회, 2016, 134-167쪽.

X장은 다음 글을 보완한 것이다.
「한국 개신교 해외선교에 나타난 종교적 군사주의: 백투예루살렘 운동을 중심으로」, 『종교문화비평』 20호, 종교문화비평학회, 2011, 261-295쪽.

XI장은 다음 글을 고쳐 쓴 것이다.
「최근 한국사회의 안티기독교 운동과 기독교의 대응양상」, 『한국기독교와 역사』 38호, 한국기독교역사학회, 2013, 51-85쪽.

찾아보기 ▶▶

한국 근현대사와 종교자유

등록 1994.7.1 제1-1071
1쇄 발행 2019년 5월 28일
2쇄 발행 2019년 12월 25일

지은이 이진구
펴낸이 박길수
편집장 소경희
편 집 조영준
관 리 위현정
디자인 이주향
펴낸곳 도서출판 모시는사람들
       03147 서울시 종로구 삼일대로 457(경운동 88번지) 수운회관 1207호
전 화 02-735-7173, 02-737-7173 / 팩스 02-730-7173
홈페이지 http://www.mosinsaram.com/

인 쇄 천일문화사(031-955-8100)
배 본 문화유통북스(031-937-6100)

값은 뒤표지에 있습니다.
ISBN 979-11-88765-48-5   93200

＊ 잘못된 책은 바꿔 드립니다.
＊ 이 책의 전부 또는 일부 내용을 재사용하려면 사전에 저작권자와 도서출판 모시
는사람들의 동의를 받아야 합니다.

이 도서의 국립중앙도서관 출판예정도서목록(CIP)은 서지정보유통지원시스템 홈
페이지(http://seoji.nl.go.kr)와 국가자료공동목록시스템(http://www.nl.go.kr/
kolisnet)에서 이용하실 수 있습니다.(CIP제어번호: CIP2019018555)

＊ 이 저서는 2009년 정부(교육부)의 재원으로 한국연구재단의 지원을 받아 수행된
  연구임(NRF-2009-812-A00205)